4

Encontrarás los recursos digitales y el formato digital del libro en

ecasals.net/latin4eso

W0215810

ESO

Martí Duran

LATÍN

Casals

ÍNDICE

LAS COMPETENCIAS

- CL Comunicación lingüística
- CS Competencias sociales y cívicas
- CC Conciencia y expresiones culturales
- CD Competencia digital
- CA Aprender a aprender
- CI Sentido de iniciativa y espíritu emprendedor
- CM Competencia matemática y competencias en ciencia y tecnología

LAS ACTIVIDADES

- AVANZADA
- RETO

HISTORIA ET VITA CS CC CM			FABULA CC
Historia de Roma	**Vida cotidiana**	**Monumentos**	
1. La fundación de Roma 2. La Monarquía	1. Los primeros años de vida	Las termas	Las diosas
1. La República	1. La educación	Los acueductos	Los dioses
1. Magistraturas e instituciones de la República	1. La alimentación	Los teatros	La casa de Micenas
Preposiciones. Imperfecto			
1. El fin de la República	1. El vestido	Los anfiteatros	Perseo
1. El Alto Imperio	1. Los gladiadores	Los circos	La casa de Tebas
1. El Bajo Imperio	1. El ejército	Los mausoleos	Las aventuras de Ulises
Temas en nasal. Temas en nasal neutra. Temas en consonante. Temas en vocal. Temas asimilados a vocal. Temas mixtos			
Adjetivos de dos terminaciones. Adjetivos de una terminación. Infinitivo concertado			
1. Las clases sociales	1. La mujer y la vida familiar	Los arcos de triunfo	Jasón y los argonautas
1. Los romanos en Hispania	1. Las carreteras	Las villas	Los dioses primigenios y los primeros hombres
1. La religión romana	1. El derecho romano	Los templos	Teseo
Pronombre relativo. Texto			
Pronombre relativo. Texto			

ARACNE

Aracne es una joven de origen humilde que vive en la región de Lidia. A pesar de no ser de familia notable, todos la conocen por su talento a la hora de manejar el telar. Tiene una destreza admirable: mueve las manos con una gran precisión y de su telar salen todo tipo de formas y colores, dibujos y cenefas nacidos únicamente de su imaginación. Al contemplarlos la gente se queda embelesada: «Qué cosa más bonita...», piensan.

Pero la joven es tan mañosa como orgullosa y quiere que su habilidad sea reconocida por todos sin discusión. Por este motivo, en un momento de vanidad, reta a Atenea, diosa de las artes, a elaborar la tela más bella que se haya realizado jamás. Atenea intenta disuadir a la muchacha: se le aparece como una anciana bondadosa y le aconseja modestia y humildad. Aracne no sigue su consejo y el reto sigue adelante.

Ambas contendientes se sientan ante sus telares; Atenea borda escenas heroicas protagonizadas por los dioses, mientras que Aracne, desafiadora, escoge los episodios más oscuros de los dioses, las ocasiones en que se han mostrado deshonestos o libidinosos.

En el momento de comparar las obras, queda bien claro, incluso para Atenea, que el trabajo de Aracne es muy superior. La diosa se enfurece y golpea a la muchacha en la frente. Aracne se espanta y, temiendo la venganza de Atenea, busca una soga para colgarse de una viga en su taller. Atenea se compadece de ella y la coge en el último momento para detenerla, pero le lanza una maldición: vivirá para siempre colgada de un hilo y tejerá y tejerá durante toda su vida, ella y su futura progenie. Entonces los brazos y las piernas de Aracne se le empiezan a encoger, se le alargan los dedos, se le hincha el cuerpo y va quedando cubierta por una capa de pelo corto y negro: Aracne se ha transformado en araña.

LINGUA

1. ¿Cómo se lee el latín?

1.1. Temas en vocal

Algunas lenguas, como el árabe o el griego, tienen alfabetos distintos del nuestro, e incluso otras no poseen alfabetos, sino ideogramas, como el chino o el egipcio antiguo. En cambio, el latín sí posee un alfabeto, y además se parece mucho al nuestro, precisamente porque una de las cosas que nos han legado los romanos es el alfabeto.

Terencio Neo y su esposa. Pompeya. S. I d. C. Museo Arqueológico Nacional de Nápoles.

El alfabeto latino consta de **veintitrés letras**:

A B C D E F G H I K L M N O P Q R S T U X Y Z

Como puedes comprobar, nos resultan bien conocidas, pero no todas se pronuncian como lo hacemos nosotros. El latín «suena» diferente del castellano, de forma que, al leer textos en latín, debes tener en cuenta las siguientes **normas básicas de pronunciación**:

- La **c** se pronuncia siempre [k]: *Cicero*.
- La **g** siempre suena débil [g]: *leges*.
- La **u** se pronuncia también en los grupos **gu**, **qu** [gw, kw]: *anguis*, *Quintus*.
- La **ll** se pronuncia como ele geminada [ll]: *puella*.
- La **v** se pronuncia [u]: *vir*.
- La **x** se pronuncia [ks]: *dixi*.
- La **z** se pronuncia [dz]: *zephyrus*.

Por otra parte, en latín no todas las sílabas duran lo mismo; hay **sílabas largas**, que contienen una vocal larga o diptongo, y **sílabas breves**, que contienen una vocal breve. Las vocales breves deben pronunciarse más rápido que las largas; la diferencia es mínima, de menos de un segundo, pero es suficiente para conferir una musicalidad especial a la lengua.

Las reglas generales para determinar la cantidad de las vocales son las siguientes:

- Los diptongos siempre son largos. Los diptongos en latín clásico son: **ae**, **au**, **oe**, **eu** (*cāelum*).
- Una vocal seguida de dos o más consonantes o de consonante doble es larga (*ancīlla*).
- Una vocal seguida de otra vocal es breve (*filĭa*).

En latín no hay acento gráfico. El **acento** está marcado por la cantidad de la penúltima sílaba:

- Si la penúltima sílaba es larga, la palabra es llana (*autumnus*).
- Si la penúltima sílaba es breve, la palabra es esdrújula (*proelium*).
- No hay palabras agudas.

aurea dicta

El latín tiene una facilidad especial para condensar grandes pensamientos en pocas palabras. Por este motivo, algunos de los pensamientos más agudos se han expresado, a lo largo de la historia, en latín, y se conocen con el nombre de *aurea dicta* (dichos de oro).

Scientia potentia.
«El conocimiento es poder», afirma esta sentencia, porque permite entender la realidad y tomar decisiones con autonomía y seguridad. A lo largo del libro descubriremos *aurea dicta*, para alimentarnos de la sabiduría de los antiguos romanos.

ACTIVIDADES

1 Lee las siguientes palabras fijándote en la forma de pronunciación que se aplica.

maximus	decedo	callidus	genus	quia	circumspicio
iudex	zona	certus	cibus	mollis	civitas

2 CC Escucha atentamente este texto. Después, léelo en voz alta.

Miser Catulle, desinas ineptire
et quod vides perisse perditum ducas.
Fulsere quondam candidi tibi soles,
cum ventitabas quo puella ducebat
amata nobis quantum amabitur nulla.
Ibi illa multa cum iocosa fiebant,
quae tu volebas nec puella nolebat,
fulsere vere candidi tibi soles.
Nunc iam illa non vult; tu quoque impotens noli
nec quae fugit sectare nec miser vive,
sed obstinata mente perfer, obdura.
Vale puella, iam Catullus obdurat
nec te requiret nec rogabit invitam.
At tu dolebis, cum rogaberis nulla,
scelesta, vae te, quae tibi manet vita?
quis nunc te adibit? cui videberis bella?
quem nunc amabis? cuius esse diceris?
quem basiabis? cui labella mordebis?
At tu, Catulle, desinatus obdura.

Catulo, *Carmina*.

Pobre Catulo, deja de hacer locuras; da por perdido lo que ves perdido. En otro tiempo, brillaron para ti unos días radiantes, cuando ibas por donde te llevaba una muchacha, aquella a la que amabas como nunca será amada ninguna otra. En aquel tiempo, todo era entregarse a los placeres que tú querías y que ella en absoluto rechazaba. Sí; es cierto que brillaron para ti unos días radiantes.
Ahora ella ya no quiere estos placeres: no los quieras tú tampoco, insensato; y si ella huye, no la persigas ni vivas apenado. Resiste con corazón fuerte; mantente firme. ¡Adiós, amiga! Catulo ya se mantiene firme y no te buscará ni te requerirá contra tu voluntad.
Pero a ti ha de pesarte su indiferencia. ¡Ay de ti, pérfida! ¡Qué vida te espera! ¿Quién te vendrá a buscar? ¿Quién te encontrará hermosa? ¿A quién amarás ahora? ¿De quién dirás que eres? ¿A quién besarás? ¿A quién morderás los labios? Pero tú, Catulo, no cedas; mantente firme.

2. Morfología del sustantivo

Las palabras se pueden clasificar en función de su forma en **variables** (determinante, nombre, adjetivo, pronombre y verbo) e **invariables** (adverbio, preposición, conjunción e interjección). Las variables presentan morfemas flexivos y las invariables, no.

Las palabras variables son las que cambian de forma según su función en la oración. Se componen de un lexema y de uno o distintos morfemas.

El lexema es el elemento que no varía y que contiene el significado léxico del término.

Los morfemas (flexivos y derivativos) únicamente tienen significado gramatical, y modifican o completan el significado del lexema. Así, estos morfemas expresan género, número u otros accidentes gramaticales.

El latín tiene los mismos tipos de palabras que el castellano, salvo el artículo. Asimismo, la estructura básica de la palabra variable también es la misma (lexema y morfemas).

2.1. Género y número

El sustantivo en latín también tiene género y número. Hay tres **géneros** (**masculino, femenino** y **neutro**) y dos números (**singular** y **plural**).

2.2. Caso

Fíjate ahora en estas oraciones:

La luna es clara. Ve **la luna** por la ventana. Ha compuesto un poema **a la luna**.
sujeto — CD — CI

En todas aparece la palabra *luna*, pero no en todas tiene la misma función sintáctica: en la primera hace de sujeto; en la segunda, de complemento directo, y en la tercera, de complemento indirecto.

Nosotros detectamos la función sintáctica del sustantivo *luna* por la posición que ocupa en la oración o por las preposiciones que lleva delante. Sin embargo, en algunas lenguas la función sintáctica de las palabras en la oración se señala añadiendo distintas terminaciones. Esto es lo que sucede con el latín (y con el ruso o el alemán, por ejemplo).

Observa las anteriores oraciones, traducidas al latín:

Luna est clara. Videt **lunam** e fenestra. Fecit poemam **lunae**.
sujeto — CD — CI

La palabra *luna* ha ido cambiando, y no porque cambie de género o de número (siempre es femenina y singular), sino porque su función sintáctica es distinta.

Esta variación no ha afectado a toda la palabra: una parte de ella se mantiene invariable (la raíz o lexema) y otra se modifica (el morfema o terminación):

lexema		morfema
lun	+	**a**
lun	+	**am**
lun	+	**ae**

Cada variación del sustantivo a partir de su función en la oración se denomina **caso**. Y el conjunto de todos los casos posibles de un mismo sustantivo recibe el nombre de **declinación**.

Te preguntarás cuántas funciones puede desempeñar un sustantivo en una oración o, dicho de otro modo, cuántas variaciones o casos hay en latín: aunque las funciones son numerosas, y en ocasiones difíciles de precisar, en latín se determinaron seis muy importantes. A cada función le correspondió un caso; lo puedes ver en esta tabla:

Caso	Funciones
Nominativo	Sujeto, atributo (Suj., Atr.)
Vocativo	Interpelación (Voc.)
Acusativo	Complemento directo (CD)
Genitivo	Complemento del nombre (CN)
Dativo	Complemento indirecto (CI)
Ablativo	Complemento circunstancial (CC)

Además de los sustantivos, en latín también se declinan los adjetivos y los pronombres. En cambio, algunas palabras no se declinan y son, por lo tanto, invariables: se trata de los adverbios, las preposiciones y las conjunciones.

Selene, diosa lunar griega, entre Fósforo (el lucero del alba) y Héspero (el lucero vespertino). Su equivalente romana era la diosa Luna, que tenía su templo en el monte Aventino. Mármol romano del s. II d. C.

Para **declinar un sustantivo**, debemos determinar a qué declinación pertenece. Para averiguarlo, debemos fijarnos en la terminación del genitivo, que es la segunda forma del enunciado:

- 1.ª declinación: genitivo **-ae** (*rosa, ros**ae***)
- 2.ª declinación: genitivo **-i** (*dominus, domin**i***)
- 3.ª declinación: genitivo **-is** (*gladiator, gladiator**is***)
- 4.ª declinación: genitivo **-us** (*domus, dom**us***)
- 5.ª declinación: genitivo **-ei** (*res, r**ei***)

Una vez determinada la declinación, extraemos la raíz del sustantivo, que es lo que nos queda si le quitamos la terminación de genitivo.

domin**us**, domin**i**
Declinación: 2.ª (genitivo en ***-i***)
Raíz: *domin-*

A la raíz le añadimos las desinencias de cada caso, según el modelo de la declinación a la que pertenece el sustantivo.

2.3. Las declinaciones

Como hemos visto, según la terminación del sustantivo –es decir, según el caso en el que esté–, podemos determinar su función sintáctica en la oración. Sin embargo, no siempre un mismo caso se expresa con la misma terminación. Por ejemplo, el genitivo singular acaba a veces en **-ae** y otras en **-i**, en **-is**, en **-us** o en **-ei**. Sucede lo mismo con el resto de casos.

Si se recopilan todas las terminaciones posibles para cada caso, los sustantivos se agrupan en **cinco declinaciones**. Se trata de cinco modelos o paradigmas para flexionar un sustantivo: cuando una palabra pertenezca a la primera declinación, tendrá una terminación para el nominativo, otra para el vocativo, otra para el acusativo, etc., que serán siempre las mismas para todas las palabras de esta declinación. Lo mismo sucede con las otras cuatro declinaciones.

Para averiguar a qué declinación pertenece un sustantivo, debemos fijarnos en su nominativo y en su genitivo. Por ello, siempre que te proporcionemos una palabra latina (siempre que te la enunciemos), te indicaremos su nominativo y su genitivo.

lupus, **lupi**, *m.* lobo
nom. gen.

Si una palabra (como la del ejemplo) tiene el nominativo acabado en **-us** y el genitivo acabado en **-i**, debe ser forzosamente de la segunda declinación. Si conocemos el nominativo y el genitivo de un sustantivo siempre podremos identificar a qué declinación pertenece y flexionarlo correctamente.

ACTIVIDADES

3 Indica en qué caso estarían en latín las palabras subrayadas de cada oración.

a He visto <u>cosas maravillosas</u>.
b <u>Mañana</u> hará mal tiempo.
c Javier regaló un reloj <u>a su padre</u>.
d Dejamos el coche <u>en el aparcamiento</u>.
e <u>Paula</u> tiene hambre.
f Ana vive <u>en Zaragoza</u>.
g Vimos <u>a un animal extraño</u>.

- ¿En qué debes fijarte, en latín, para averiguar qué función sintáctica tienen las palabras? ¿Y en castellano?

4 Analiza sintácticamente las oraciones y responde a las preguntas.

a Dale de comer al perro.
b Vivo en un edificio de ocho plantas.
c Las habitaciones de este hotel son alegres y espaciosas.
d Juan ha regalado a Berta una cartera de color rojo.
- ¿Qué palabras pondrías en dativo en la oración **a** si la escribieses en latín?
- ¿Cuáles pondrías en genitivo en la oración **b**?
- ¿Cuáles pondrías en nominativo en la oración **c**?
- ¿Y en acusativo en la oración **d**?

5 Imagina que inventas un idioma en el que se marcan los sustantivos de la siguiente forma:

- Cuando tienen función de Suj. o Atr., acaban en **-t**.
- Cuando tienen función de CD, acaban en **-l**.
- Cuando tienen función de CI, acaban en **-s**.
- Si su función es la de CC, acaban en **-c**.
- Si se trata de CN, acaban en **-d**.

a Reescribe las oraciones de la actividad anterior en el nuevo idioma.

6 Indica por qué, para declinar un sustantivo latino, debemos conocer su nominativo y su genitivo. ¿Cómo acaba el genitivo de cada una de las declinaciones?

7 Completa esta tabla sobre los casos latinos.

Caso	Función
Nominativo	
Vocativo	
	CD, CC
Genitivo	
	CI
Ablativo	

3. La primera declinación

La primera declinación se caracteriza por tener el nominativo singular acabado en **-a** y el genitivo singular acabado en **-ae**. Su tema o raíz acaba en **-a**, aunque esta vocal se contrae en contacto con las desinencias y, en ocasiones, no es perceptible inmediatamente.

La gran mayoría de sustantivos de esta declinación son de género femenino, y solo un grupo bastante reducido son de género masculino:

- Nombres propios de hombre: *Agrippa, -ae; Caligula, -ae; Catilina, -ae;* etc.
- Nombres de oficios tradicionalmente masculinos: *agricola, -ae* ('campesino'); *nauta, -ae* ('marinero'); *poeta, -ae* ('poeta'); etc.
- Nombres acabados en **-cola** y **-gena**: *incola, -ae* ('habitante'); *indigena, -ae* ('indígena'); etc.

Tomemos como paradigma *rosa, -ae* ('rosa') y *via, -ae* ('camino').

	SINGULAR		
	Terminación	**Ejemplos**	
Nominativo	**-a**	ros**a**	vi**a**
Vocativo	**-a**	ros**a**	vi**a**
Acusativo	**-am**	ros**am**	vi**am**
Genitivo	**-ae**	ros**ae**	vi**ae**
Dativo	**-ae**	ros**ae**	vi**ae**
Ablativo	**-a**	ros**a**	vi**a**

	PLURAL		
	Terminación	**Ejemplos**	
Nominativo	**-ae**	ros**ae**	vi**ae**
Vocativo	**-ae**	ros**ae**	vi**ae**
Acusativo	**-as**	ros**as**	vi**as**
Genitivo	**-arum**	ros**arum**	vi**arum**
Dativo	**-is**	ros**is**	vi**is**
Ablativo	**-is**	ros**is**	vi**is**

Si observamos estas tablas, detectamos que hay **casos que son iguales**.

- El nominativo y el vocativo, del singular y del plural.
- Aparentemente, el vocativo y el ablativo del singular, aunque presentan una diferencia de cantidad vocálica (las vocales no se pronuncian igual).
- El dativo y el ablativo del plural.
- El genitivo y el dativo del singular, que coinciden con el nominativo y el vocativo del plural.

En todos estos casos, el **contexto** es el que nos indicará el caso de la palabra.

Este modelo de declinación se aplica tanto a los sustantivos como a los adjetivos (concretamente a los femeninos, ya que los del resto de géneros se declinan según otras declinaciones, que presentaremos más adelante). Así, el adjetivo *bona, -ae* ('buena'), por ejemplo, debemos declinarlo siguiendo el modelo de *rosa, -ae* o *via, -ae*. A continuación te presentamos la declinación de un sintagma formado por un sustantivo y un adjetivo (*domina bona*, 'señora buena').

	SINGULAR	PLURAL
Nominativo	domina bona	dominae bonae
Vocativo	domina bona	dominae bonae
Acusativo	dominam bonam	dominas bonas
Genitivo	dominae bonae	dominarum bonarum
Dativo	dominae bonae	dominis bonis
Ablativo	domina bona	dominis bonis

vocabula

Sustantivos femeninos

amicitia, -ae amistad
ancilla, -ae esclava
aqua, -ae agua
aquila, -ae águila
ara, -ae altar
domina, -ae señora
historia, -ae historia
insula, -ae isla
laetitia, -ae alegría
lingua, -ae lengua
paeninsula, -ae península
puella, -ae niña
pugna, -ae lucha
regina, -ae reina
sagitta, -ae flecha
silva, -ae bosque
tabula, -ae mesa
terra, -ae tierra

Sustantivos masculinos

agricola, -ae campesino
incola, -ae habitante
nauta, -ae marinero
pirata, -ae pirata
poeta, -ae poeta

ACTIVIDADES

8 **Declinación y concordancia.** Declina la palabra *hora*.

Caso	Singular	Plural
Nominativo	hor▲	hor▲
Vocativo	hor▲	hor▲
Acusativo	hor▲	hor▲
Genitivo	hor▲	hor▲
Dativo	hor▲	hor▲
Ablativo	hor▲	hor▲

9 Analiza morfológicamente y cambia de número las siguientes palabras.

pecunias, paeninsulam, villae, undarum, coloniis, incolam, amica, agricolae

10 Declina estas palabras de la primera declinación en acusativo singular, genitivo plural y acusativo plural.

ruga, -ae / constantia, -ae / domina, -ae / oliva, -ae
pugna, -ae / planta, -ae / flamma, -ae / nauta, -ae

11 Indica en qué caso y en qué número pueden estar las siguientes formas: *audacia, magistris, fiduciam, litterarum, gratiae*.

12 Copia la siguiente tabla y clasifica estos sintagmas en su lugar correspondiente.

viae latae
cauda longa
columba parva
rosis albis
magnis procellis
via lata
columbarum parvarum
rosae albae
reginam malam
lunarum clararum

Nominativo singular	
Acusativo singular	
Genitivo singular	
Genitivo plural	
Ablativo plural	

13 Subraya la terminación de cada palabra.

hora, sagittarum, umbris, victoriam, tubas, nuptiarum, campana, lacrimis, orae, plantarum, filias, veniam, viduarum, muscarum, litteris, insulis, ira

14 CI Escribe en latín estas expresiones.

a a las libertas
b del dinero
c el agua
d de la araña
e para las amigas
f de Atenea
g ¡oh, victoria!
h por las calles

En esta web, con un simple clic, puedes conjugar todos los verbos en latín.

4. El presente de indicativo del verbo *sum*

El verbo *sum* es el verbo latino del que derivan gran parte de las formas del verbo *ser* en castellano y en otras lenguas románicas.

Número	Persona	Forma
SINGULAR	1.ª	sum (*soy*)
	2.ª	es
	3.ª	est
PLURAL	1.ª	sumus
	2.ª	estis
	3.ª	sunt

ACTIVIDADES

15 Traduce las formas verbales *sois, son, es, soy* y *eres*.

16 Traduce las oraciones.

a Deae antiquae multae sunt.
b Diana silvarum regina est.
c Siciliae incolae nautae atque agricolae sunt.
d Augusta Liviae filia est.
e Vesta domesticae vitae dea est.
f Amicitiae pretiosae sunt.
g Magistra sum, non serva.

5. El verbo *sum* en oraciones atributivas y predicativas

Oración atributiva

El verbo *sum* normalmente es copulativo, es decir, une el sujeto con el predicado, actuando solo como unión (o cópula). En este caso, el predicado recibe el nombre de **atributo** o predicado nominal.

Domina	est **alta**.	/ *La señora*	*es **alta***.
sujeto	atributo	sujeto	atributo

Oración predicativa

No es lo más habitual, pero el verbo *sum* también puede funcionar como verbo predicativo, es decir, con un significado concreto. En estos casos el predicado es verbal (un complemento circunstancial o un adverbio de lugar) y el verbo *sum* se suele traducir por 'haber' o 'estar'.

In insula sunt	silvae.	/ ***En la isla*** *hay*	*bosques*.
CC Lugar	sujeto	CC Lugar	sujeto

In Italia est	Roma.	/ *Roma está*	***en Italia***.
CC Lugar	sujeto	sujeto	CC Lugar

5.1. La concordancia del predicado nominal

El predicado nominal puede estar formado por un sustantivo o un adjetivo.

- Si es un **adjetivo**, concuerda con el sujeto en **género**, **número** y **caso**:

Puella	**severa** est.	/ *La muchacha*	*es **severa***.
sujeto fem. sing. nomin.	atributo fem. sing. nomin.	sujeto	atributo

- Si es un **sustantivo**, concuerda con el sujeto solo en **caso**, y conserva su propio género y número.

Athenae	**patria** poetarum sunt.	/ *Atenas es la*	***patria** de los poetas*.
sujeto femenino plural	atributo femenino singular	sujeto	atributo

Los constituyentes de la oración

La oración consta de dos elementos: el **sujeto** (la persona o cosa de que se habla) y el predicado (lo que se dice del sujeto). Solo es esencial el **predicado**, ya que el sujeto puede sobreentenderse o no existir gramaticalmente (como en el caso de las oraciones impersonales).

El sujeto tiene un núcleo formado por un **sustantivo** o un **elemento equivalente**, y complementos como los determinantes, los adjetivos o las aposiciones. Estos elementos limitan la extensión del significado del núcleo, indican sus cualidades o explican algo de él.

El núcleo del predicado está formado por el **verbo**, que puede ser predicativo o copulativo con un atributo. Los verbos predicativos pueden llevar distintos tipos de complementos: CD, CI, CC, CRV, etc.

ACTIVIDADES

17 CI Explica en qué se diferencian un verbo atributivo y un verbo predicativo.

18 Traduce las oraciones.

- **a** Silva densa et aspera est.
- **b** Curarum causa inopia est.
- **c** Verae amicitiae aeternae sunt.
- **d** Ibi semper est victoria ubi concordia est.
- **e** Divitiae saepe discordiarum causa sunt.
- **f** In Gallia sunt longae viae.
- **g** Diana est dea silvarum.
- **h** Est in insula nauta.
- **i** Multae sunt in Italia statuae et arae Minervae.
- **j** In fabulis sunt magnae historiae.
- **k** Discipulae sumus.

- Indica qué oraciones tienen predicado nominal y cuáles, predicado verbal.

19 Indica en qué casos el verbo *ser* tiene predicado verbal y en qué otros casos, predicado nominal. Después, traduce las oraciones al latín.

- **a** La Tierra es redonda.
- **b** ¿Dónde estoy?
- **c** Minerva es la diosa de la sabiduría.
- **d** Italia está en Europa.
- **e** Hispania es una península.
- **f** La vida de los marineros es arriesgada.
- **g** Las siervas están en la villa.
- **h** Los antiguos altares de la diosa son bellos.
- **i** Las hierbas son la medicina de los habitantes.
- **j** Somos esclavas de Domitila.
- **k** Sicilia es una isla famosa y fértil.

20 Lee de nuevo las oraciones de la actividad anterior. En las que presenten predicado nominal, indica cómo está formado y qué tipo de concordancia se establece.

6. Morfología del verbo

El verbo latino tiene prácticamente los mismos accidentes que el verbo castellano. Son los siguientes:

- **Voz:** activa y pasiva.
- **Tiempo:** presente, imperfecto, futuro, perfecto, pluscuamperfecto y fut. perfecto.
- **Modo:** indicativo, subjuntivo e imperativo; infinitivo, participio y supino.
- **Número:** singular y plural.
- **Persona:** primera, segunda y tercera.

Sin embargo, el verbo latino puede presentar diferentes raíces según el tiempo en que se conjugue. Así, el presente de indicativo (por ejemplo, ***duc**-o*) no se forma sobre la misma raíz que el perfecto de indicativo (***dux**-i*). Es un fenómeno similar al de los verbos irregulares ingleses (*drink* – presente; *drank* – pasado; *drunk* – participio).

Para conocer todas las raíces de un verbo, debemos saber cuál es su enunciado. Los verbos latinos se enuncian citando cinco formas:

pres. indicativo primera persona	pres. indicativo segunda persona	infinitivo presente	perfecto indicativo	supino
am-o	*am-as*	*am-are*	*amav-i*	*amat-um*

- Las tres primeras (*amo, amas, amare*) permiten averiguar a qué conjugación pertenece el verbo (hay cuatro conjugaciones).
- El enunciado del verbo permite conocer sobre qué raíz debe conjugarse cada tiempo:

Algunos tiempos se forman sobre la **raíz** o **tema de presente** (el tema de presente lo indican las tres primeras formas del enunciado). Sirve para conjugar el presente, el imperfecto y el futuro imperfecto de indicativo, activos y pasivos.

Otros, sobre la **raíz** o **tema de perfecto** (el tema de perfecto lo indica la cuarta forma del enunciado, *amavi*). Permite conjugar el perfecto, el pluscuamperfecto y el futuro perfecto de indicativo activos.

Otros se forman sobre la **raíz** o **tema de supino** (la quinta forma del enunciado, *amatum*). Sirve para formar el participio, que a su vez se utiliza en algunos tiempos pasivos. En latín también hay verbos irregulares (como *sum*, 'ser') y verbos que presentan irregularidades en la formación de alguno de sus temas. Deberá consultarse el diccionario en caso de duda.

ACTIVIDADES

21 Contesta a las siguientes preguntas.

- ¿El verbo se declina?
- ¿Cuántas voces tiene el verbo latino?
- ¿Qué números tiene? ¿Tiene géneros?
- ¿Cuántas conjugaciones hay?

22 La primera conjugación latina se enuncia del siguiente modo: *amo, amas, amare, amavi, amatum*. Indica cuál de los siguientes verbos no es de la primera conjugación y por qué.

- *laudo, laudas, laudare, laudavi, laudatum*
- *audio, audis, audire, audivi, auditum*
- *orno, ornas, ornare, ornavi, ornatum*
- *aro, aras, arare, aravi, aratum*

23 El verbo *clamo* ('gritar, llamar, proclamar') tiene el siguiente enunciado: *clamo, clamas, clamare, clamavi, clamatum*. Indica con qué raíz comenzarían en latín las siguientes formas verbales:

- proclamas
- proclamaba
- ha proclamado
- proclamado
- proclamada

7. El presente de indicativo activo

En esta web, con un simple clic, puedes conjugar todos los verbos en latín.

El presente de indicativo es el tiempo que expresa las acciones que tienen lugar en el momento en que se habla. Cuando es activo, indica que el sujeto gramatical es el mismo que realiza la acción expresada por el verbo.

En la **primera y la segunda conjugaciones**, las desinencias se unen a la raíz.

ama + **s** (raíz + desinencia) mone + **s** (raíz + desinencia)

En la **tercera conjugación**, como la raíz acaba en consonante, se intercala la vocal **-i-** entre la raíz y la terminación, salvo en la tercera persona del plural, donde aparece una **-u-**.

reg + **i** + **s** (raíz + vocal de unión + desinencia) reg + **u** + **nt** (raíz + vocal de unión + desinencia)

En la **cuarta conjugación** hay una vocal de unión en la tercera persona del plural, que se introdujo por analogía o similitud con la tercera conjugación.

La **tercera conjugación mixta**, por lo que respecta al presente, sigue el modelo de la cuarta. Sin embargo, se clasifica como una modalidad de la tercera porque forma el infinitivo como esta conjugación y no como la cuarta.

Número	Persona	1.ª conjugación	2.ª conjugación	3.ª conjugación	3.ª conjugación mixta	4.ª conjugación
SINGULAR	1.ª	am-**o** (*amo*)	mone-**o** (*advierto*)	reg-**o** (*gobierno*)	capi-**o** (*cojo*)	audi-**o** (*escucho*)
	2.ª	ama-**s**	mone-**s**	reg-**i**-**s**	capi-**s**	audi-**s**
	3.ª	ama-**t**	mone-**t**	reg-**i**-**t**	capi-**t**	audi-**t**
PLURAL	1.ª	ama-**mus**	mone-**mus**	reg-**i**-**mus**	capi-**mus**	audi-**mus**
	2.ª	ama-**tis**	mone-**tis**	reg-**i**-**tis**	capi-**tis**	audi-**tis**
	3.ª	ama-**nt**	mone-**nt**	reg-**u**-**nt**	capi-**u**-**nt**	audi-**u**-**nt**

ACTIVIDADES

24 Análisis morfosintáctico. Analiza morfológicamente las siguientes formas verbales y tradúcelas. Después, cámbialas de número.

sciunt, administrant, haurit, creamus, vulneratis, sedes, discedunt, praebes, quiescunt, relinquis, vivunt, custodit, timetis, sunt

25 Completa con las desinencias que faltan.

- **a** Stell▲ fulgent.
- **b** Belua▲ sagitt▲ nauta necat.
- **c** Multae besti▲ ferae sunt.
- **d** Afric▲ incolae sagittis pugnant.
- **e** Puella ros▲ ar▲ ornat.
- **f** Domin▲, ancill▲ ir▲ tuam timent.
- **g** Victori▲ memoria iucunda est.
- **h** Avia fabul▲ nepticul▲ narrat.
- **i** Magistr▲ discipul▲ laudat.
- **j** Invidi▲ caus▲ discordi▲ est.

26 Traduce las siguientes oraciones.

- **a** Perfidia et invidia saepe amicitias corrumpunt.
- **b** Cum laetitia tibicina canit puellaeque saltant.
- **c** Procellas atque piratarum insidias nautae timent.
- **d** Hastis et sagittis insulae incolae piratas repellunt atque familias defendunt.
- **e** Puellae diligenter aviae fabulas audiunt.
- **f** Puellae rosis mensam ornant.
- **g** Perfuga latebras exquirit sed accolae perfugam non adiuvant.
- **h** Matronarum filias magistra reprehendit.
- **i** Deae pudicitiam et industriam amant.
- **j** Agricola feram fugat et filiam servat.

ACTIVIDADES

k Magistra poetarum epistulas legit.
l Lacrimis veniam verna implorat et domina concedit.
m Taeda viam illumino.

27 Traduce las siguientes oraciones.

a Romae deae incolas protegunt.
b Silvarum fera parvam praedam necat.
c Minerva cruentas pugnas diligit.
d Syracusarum incolae multas et magnas aras aedificant.
e Alauda matronae filiam delectat.
f Scriba legit epistulam et in arca ponit.
g Vitam fortuna regit.
h Pecunia avaritiam non satiat.
i Ancilla aquam dominae ministrat.
j Ob dominae saevitiam dominam ancillae timent.
k Roma et Graecia magna gloria florent.
l Nautae stellas spectant: stellae nautis viam monstrant.

28 CM Traduce este texto.

Aquilae magnas alas habent, rapide volitant et gallinas et ranas interdum raptant. Saepe in silvis aquila columbis appropinquat et columbae cum cura fugitant. Etiam puellae aquilam timent; si aquilas vident, agricolam vocant. Agricola venit, furca aquilam in fugam vertit et puellas recreat.

29 Traduce este texto y realiza las actividades que figuran a continuación.

Villa latam culinam habet, cellam oleariam et vinariam. In culina ancillae mensam parant atque familia cenat. In era cisterna est, unde servae aquam hauriunt. Agricolae terram arant, glebas frangunt, serunt, fossas fodiunt ubi aqua fluit; nam sine aqua aspera miseraque agricultura est. In horto (*jardín*) villica violas ac rosas colit: multas in platea vendit atque pecunia corbulas et fiscinas emit.

a Indica de qué conjugación son los verbos del texto. Clasifícalos en singular o plural.
b ¿Qué oración del texto tiene la estructura conj. + CCM + atributo + Suj. + V?
c Indica qué palabras castellanas proceden de estos términos latinos del texto:

culina, frango, aspera, platea, hortus

30 CC Traduce el texto y realiza las actividades.

Tres diosas romanas

Minerva, Diana Vestaque clarae Romanorum deae sunt. Minerva sapientiae dea, silvarum Diana, familiae vitae Vesta dea est. Incolae Romae has (*a estas*) deas amant, sed potentiam iramque etiam timent. Igitur iis (*a ellas*) aras dedicant et hostias in provinciis propinquis immolant. Romanorum matronae deis primitias praebent ac puellae rosarum violarumque coronis statuas ornant. Minervae sacrae sunt noctua oleaque, Dianae cervae, Vestae flamma perpetua. Pater familias filiis ac filiabus deorum dearumque reverentiam imponit. Romani Minervam, Dianam et Vestam amant et colunt.

a Copia todas las palabras que están en genitivo.
b ¿Qué conjunciones coordinadas copulativas aparecen en el texto? ¿Qué palabras unen?
c ¿Hay algún complemento circunstancial en el texto? ¿Cuál es? ¿Qué estructura tiene?
d Busca información y explica brevemente quién era el *pater familias* en Roma.

31 CM Traduce las oraciones.

a Aquila alis volat atque ungulis praedam captat.
b Minerva hastam portat, nam saepe pugnat.
c Domina bonae puellae parvae pecuniam dat.
d Galliae nautae procellas non timent.
e Feminae insularum nautis pecuniam praebent.
f Puellae aras Dianae, deae lunae et silvarum, rosis ornant.
g Matrona filiae nuptias epulis celebrat.
h Parvae scintillae magnam flammam excitant.
i Litterae gloriam poetis dant.
j Gallinas filiae agricolae curant.
k Domina rosis statuam deae ornat.
l Agricola sagitta cervam vulnerat.
m Pavidae columbae sunt praeda aquilarum.
n Cena est grata agricolae et agricola bonam filiam laudat.

LINGUA

1. La lengua latina

El latín es una lengua del tronco indoeuropeo situada geográficamente en sus orígenes en la región del Lacio, una pequeña zona de la península Itálica cuyo epicentro es Roma. Por ser una lengua indoeuropea, el latín está emparentado con numerosas lenguas que, a partir del segundo milenio a. C., se fueron implantando en Europa y en otras regiones vecinas.

Paulatinamente, y a partir de este pequeño núcleo, el latín fue extendiendo su área de influencia a medida que Roma conquistaba territorios. La lengua latina quedó, así, definitivamente vinculada a la política expansionista de los hombres que la hablaban. En el siglo III a. C., estos hombres ya habían conquistado toda la península Itálica. Entre los siglos III y I a. C., los romanos ocuparon y conquistaron Hispania, la Galia, el norte de África y los reinos helenísticos. En el siglo I d. C., el Imperio romano había sometido a todos los pueblos del Mediterráneo. Durante los siglos I y II d. C., el Imperio alcanzó su máxima expansión con la anexión de la actual Gran Bretaña, de los pueblos del sur del Rin y del Danubio y, finalmente, con la ocupación de la Dacia, en tiempos del emperador Trajano.

En todos estos territorios, los romanos implantaron el latín, aunque la zona oriental del Imperio siempre fue de expresión predominantemente griega. Asimismo, el latín no proscribió del todo las lenguas vernáculas y en algunos territorios predominó el bilingüismo o hubo poca penetración del latín.

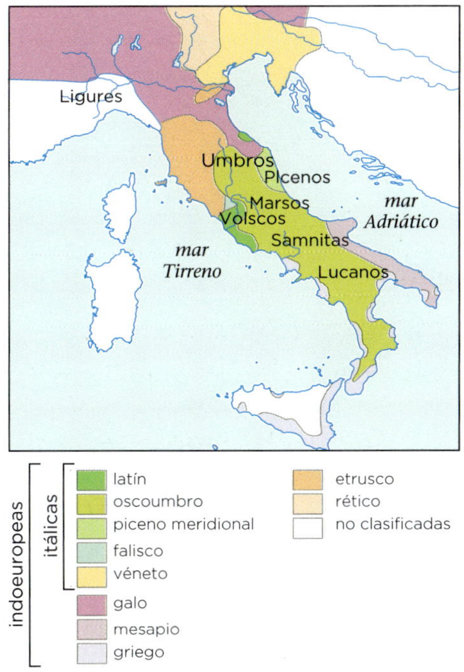

Como se puede ver en el mapa, el Imperio romano fue básicamente bilingüe: latín en Occidente y griego en Oriente. Además, no todos los territorios se romanizaron con igual intensidad.

Situación de Italia en los siglos III y II a. C.; se advierte la notable extensión del latín por la península.

El latín no solo se extendió por muchos territorios, sino que su expansión en el tiempo también es muy dilatada. Los testimonios más antiguos en latín datan del siglo VI a. C. Desde entonces, una gran cantidad de obras de todo tipo constituye la mejor prueba de la constante vitalidad de la lengua latina, que no se detuvo con la caída del Imperio romano, ya que el latín se convirtió en lengua de cultura durante toda la Edad Media y hasta hace poco.

Por otra parte, el latín perdura, en cierto modo, en las lenguas que derivan de él, las lenguas románicas, entre las que se encuentra el castellano. Con la expansión de las lenguas románicas por todo el mundo, se puede afirmar que la cultura que representaba esta lengua ha traspasado los océanos.

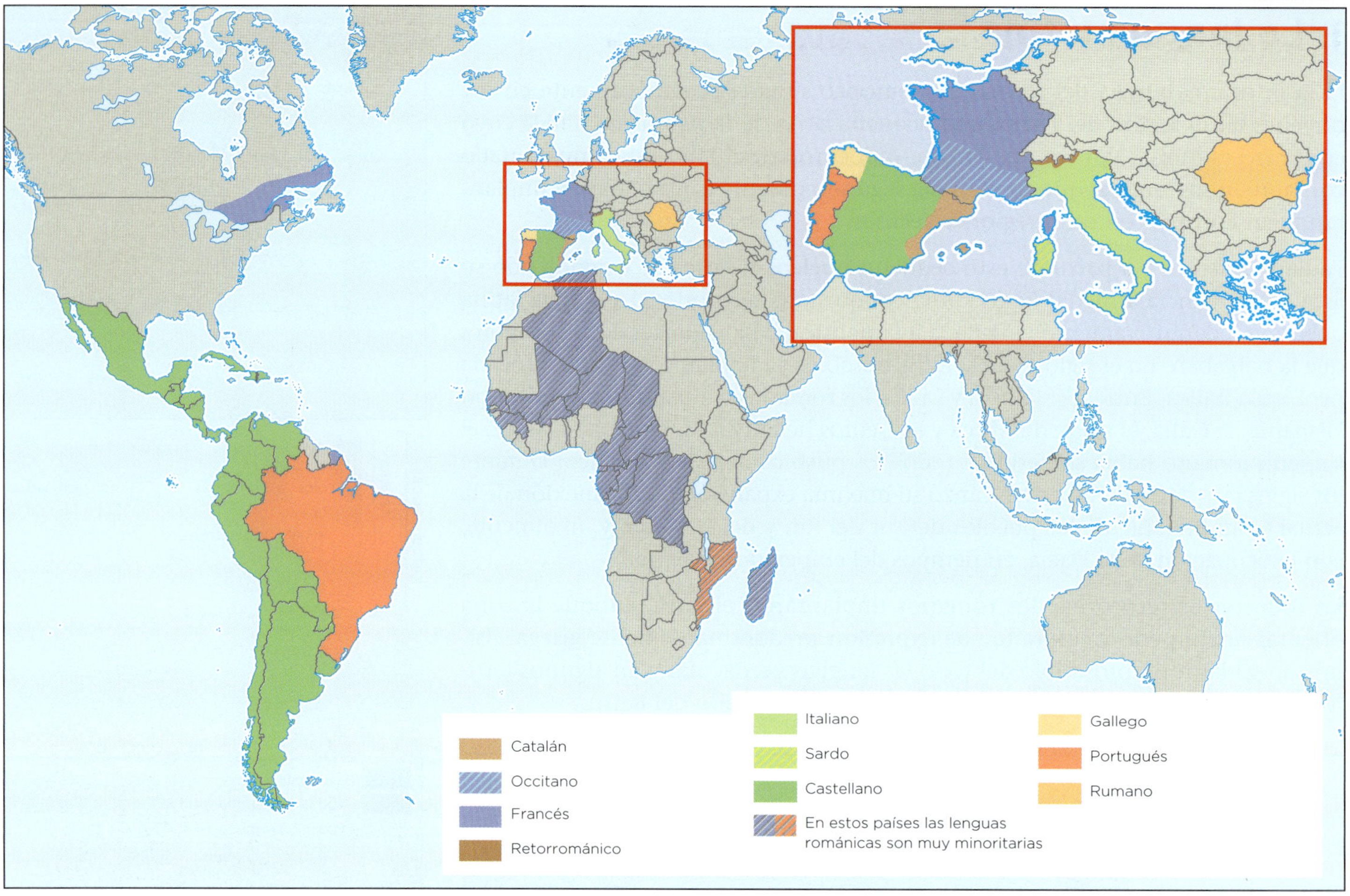

2. El indoeuropeo

En el año 1813 se acuñó la denominación de indoeuropeo para designar la lengua madre de una serie de lenguas que, habladas por distintos pueblos de Europa y de la India, presentaban similitudes significativas.

Más adelante, Friedrich von Schlegel y Franz Bopp estudiaron en profundidad esta lengua madre e intentaron reconstruirla. A pesar de que no hay nada escrito en indoeuropeo, los estudios de estos autores y de otros posteriores permiten afirmar, sin margen de error, que entre el quinto y el cuarto milenio a. C. vivió en la Europa central y en las estepas de Siberia un pueblo, el indoeuropeo, que hablaba una lengua de la que surgieron, entre otras, el latín y el griego.

ACTIVIDADES

32 CI Responde a estas preguntas.

- **a** ¿Cómo sabemos que existió el indoeuropeo, si no se conserva ningún testimonio de esta lengua?
- **b** ¿Dónde se originó el latín?
- **c** ¿Qué importancia tuvo para el latín la expansión del Imperio romano?
- **d** ¿Se puede afirmar que, en cierto modo, todavía hablamos latín? Razona tu respuesta.
- **e** ¿En qué momento dejó de utilizarse el latín como lengua de cultura?

33 CD Busca en libros o en Internet la siguiente información sobre el pueblo indoeuropeo y su lengua.

- **a** Lugar del que procedía la civilización indoeuropea y momento en que se empezó a disgregar.
- **b** Estadio de evolución de la agricultura y de la ganadería entre los indoeuropeos.
- **c** Tipo de religión que practicaban.
- **d** Grupos más importantes de las lenguas indoeuropeas. Muestra de alguna palabra que evidencie su parentesco.

LINGUA

1. Léxico patrimonial y cultismos

La base del léxico castellano es el latín hablado, también llamado latín vulgar. De esta variante de la lengua de Roma proceden la mayoría de las palabras que forman el **léxico patrimonial** o **hereditario** de la lengua castellana. Así, palabras que designan las partes del cuerpo, el parentesco, la vivienda, los animales, la agricultura, los objetos de la casa, los nombres de los árboles más comunes y de los fenómenos naturales, etc. derivan del latín vulgar, tanto en castellano como en la mayoría de lenguas románicas. Por ejemplo:

capillu(m) → cabello

De igual modo, del latín culto o escrito, sin apenas cambios fonéticos, proviene un numeroso grupo de palabras del castellano. Se trata de cultismos de algún campo específico del vocabulario (eclesiástico, jurídico, técnico o administrativo, etc.), que han pasado al castellano con alguna mínima acomodación. Por ejemplo:

scientia(m) → ciencia

En otros casos ha habido una evolución fonética parcial, al haber actuado de freno el contexto culto. Hablamos entonces de semicultismos. Por ejemplo:

ecclesia(m) → iglesia *regula(m)* → regla *miraculu(m)* → milagro

nos gustan las palabras

Los verbos **considerar** y **desear** se relacionan con las estrellas.

Sidus ('estrella') se encuentra en la base del latín *considerare*, que significaba 'contemplar las estrellas, el firmamento', una acción que llevaban a cabo los campesinos para deducir qué tiempo atmosférico haría y planificar, en consecuencia, sus trabajos del campo. Por ello, nuestro verbo *considerar* significa 'pensar, valorar, examinar'.

A partir de *sidus* también se formó el verbo *desiderare*, 'esperar algo de las estrellas', 'rogar unas condiciones atmosféricas favorables para el crecimiento de las plantas', de donde proviene nuestro verbo *desear*.

Mecanismo de Anticitera, diseñado para seguir el movimiento de los cuerpos celestes.

ACTIVIDADES

34 Completa la siguiente tabla.

Palabra latina	Léxico patrimonial	Cultismo
directu(m)		directo
amygdala(m)	almendra	
parabola(m)	palabra	
somnu(m)		somnífero
rotundu(m)	redondo	
auricula(m)		auricular

35 Subraya los cultismos que aparezcan en las siguientes listas. Después, relaciona cada lista con el término latino del que proceden las distintas palabras.

fructus aqua
insula lex

a fruta, fructuoso, fructífero, frutero
b península, isla, insular, islote
c acuoso, acueducto, agua, acuático
d legalizar, ley, legal, leal

36 Relaciona cada palabra latina con la parte del cuerpo humano que le corresponda.

oculus
caput
dens
auricula
facies
nasus
pectus
genu

bracchium
pes
ungula
capillus
manus
cor
digitus

– Busca cultismos derivados de cada una de estas palabras latinas.

1. La fundación de Roma

Eneas, Anquises y Ascanio, Bernini (1598-1680). Eneas salvó a su padre del incendio de Troya llevándolo sobre sus hombros.

Según el mito, cuando los griegos se apoderaron de Troya, el príncipe troyano Eneas –hijo de la diosa Venus y del mortal Anquises– consiguió salvarse de la destrucción junto con su padre y su hijo. Huyó hacia Italia y desembarcó en la región del **Lacio**, cerca de la desembocadura del río Tíber. Allí se alió con el rey indígena Latino, se casó con su hija Lavinia y fundó la ciudad de Lavinio.

Su hijo Ascanio fundó Alba Longa, cuyo decimotercer rey, Numitor, fue destronado por su hermano Amulio. Este último convirtió a su sobrina, Rea Silvia, en una virgen vestal consagrada a la castidad, a fin de evitar que sus hijos le arrebatasen el poder. Sin embargo, Rea Silvia, violentada por el dios Marte, engendró a dos gemelos, **Rómulo** y **Remo**. Para protegerlos de Amulio, su madre los abandonó junto al Tíber. El río creció y los depositó en una colina, el Palatino. Allí los alimentó una loba y finalmente los recogió un pastor.

Ya de adultos, Rómulo y Remo, que conocían su origen, reunieron a un ejército y mataron a Amulio para restablecer en el trono de Alba Longa a su abuelo Numitor; ellos se instalaron en el emplazamiento de la futura Roma.

Para establecer cuál de los dos constaría como fundador de la ciudad, recurrieron a la observación del vuelo de las aves, los augurios, que designaron a Rómulo como fundador, en una fecha mítica que se ha fijado en el 753 a. C. Sin embargo, los hermanos se pelearon por la forma en que debía interpretarse el auspicio y Remo fue asesinado por su hermano. **Rómulo** se convirtió en el **primer rey de Roma**.

Una vez fundada la ciudad de Roma, sus habitantes se percataron de que no tenían mujeres. Para poner remedio a esta situación, Rómulo invitó a una fiesta al pueblo vecino de los **sabinos**, con la intención de que cada uno de los romanos raptase a una de las mujeres sabinas y se la llevase a Roma. Rómulo secuestró a la mujer del rey de los sabinos, Hersilia, y mató a su esposo. Esta muerte habría desencadenado una guerra entre romanos y sabinos, pero las mujeres lo impidieron: no querían ver morir a sus hijos, padres y maridos. Finalmente, romanos y sabinos firmaron la paz y dispusieron que Roma fuese gobernada alternativamente por un romano y un sabino.

Es probable que esta leyenda tenga algo de cierta. Seguramente, las tribus de latinos que vivían cerca de la desembocadura del Tíber, perseguidas, se establecieron en las colinas y crearon una federación para defender el territorio de sus enemigos más cercanos: los etruscos y los sabinos. El centro geográfico y estratégico de esta federación fue la colina del **Palatino**, la primera de las siete colinas de Roma que fue ocupada.

A finales del siglo VIII a. C., los latinos y los sabinos, preocupados por el riesgo que comportaba la expansión de los etruscos, formaron una unidad política y religiosa, la **confederación del Septimontium** (de las siete colinas). El relato legendario del rapto de las sabinas se referiría a este hecho histórico.

Las sabinas,
Jacques-Louis David (1748-1825).

2. La Monarquía

A partir de Rómulo (753 a. C.) y hasta el año 509 a. C., el gobierno de Roma fue monárquico. Durante la etapa monárquica hubo un total de siete reyes, que se dividen en dos grupos: los latinosabinos (los cuatro primeros) y los etruscos (los tres últimos).

Todos los reyes, salvo Rómulo, que había sido el fundador de la ciudad, fueron elegidos para gobernar con carácter vitalicio. Los antiguos historiadores afirman que el rey era designado por sus virtudes y no por su ascendencia, pero sabemos que a partir del quinto rey, Tarquino Prisco, la monarquía fue hereditaria.

Los reyes tenían en exclusiva el **derecho de *auspicium***, es decir, la capacidad de interpretar los designios de los dioses en nombre de Roma. Este poder era importante, ya que en Roma no se podía llevar a cabo ninguna actividad pública sin la voluntad favorable de los dioses, que se manifestaba mediante los auspicios. Por ello, el rey era considerado por el pueblo el jefe de la religión nacional y mediador ante los dioses, por lo que era reverenciado con temor religioso.

El rey también disponía de un poder llamado ***imperium***, que le otorgaba, por una parte, poderes militares y, por otra, la capacidad de emitir juicios legales. Aunque podía designar a pontífices o sacerdotes para que actuasen como jueces, solo él tenía la autoridad suprema. Un consejo asistía al rey durante todos los juicios, pero no tenía poder efectivo para controlar las decisiones del monarca.

Asimismo, correspondía al rey nombrar a los senadores. El **Senado** solo se podía reunir por orden del rey y únicamente podía discutir los asuntos que este le había expuesto previamente. Así, el Senado podía aconsejar al rey, pero no imponerle sus opiniones. La única ocasión en la que el rey debía contar con la aprobación del Senado era cuando quería declarar una guerra.

Los símbolos del poder de los reyes de Roma consistían en un séquito de doce personas que llevaban las insignias o ***fasces***, el derecho de sentarse sobre la **silla curul** (su trono), la **toga *picta*** –una túnica púrpura–, un calzado rojo y una diadema plateada sobre la cabeza.

Altar romano con tres *fasces* en relieve (Museos Capitolinos, Roma). La palabra *fascismo* deriva de este atributo propio de los reyes y magistrados romanos.

Los siete reyes romanos

Rómulo (753-715 a. C.). Durante su reinado se produjo el episodio del rapto de las sabinas. Nombró a un Senado compuesto por cien senadores. Se dice que fue elevado a los cielos durante una tormenta y divinizado con el sobrenombre de Quirino.

Numa Pompilio (715-673 a. C.). Inspirado por la ninfa Egeria, estableció los fundamentos de la religión, con la creación de colegios sacerdotales y la elaboración del calendario de doce meses.

Tulio Hostilio (672-641 a. C.). Inició un periodo bélico que alcanzó su punto álgido con la destrucción de Alba Longa. Este hecho comportó la consolidación de Roma como ciudad más importante del Lacio.

Anco Marcio (640-617 a. C.). Continuó las gestas de su predecesor al expandir el poder de Roma hacia otras ciudades del Lacio, en dirección al mar.

Tarquino Prisco (616-578 a. C.). Llevó a cabo grandes reformas políticas y urbanísticas. Entre otras, construyó la Cloaca Máxima, que permitió la disminución de enfermedades como el paludismo.

Servio Tulio (577-535 a. C.). Bajo su reinado se llevó a cabo el primer censo de la población romana y se instauró un sistema de división de la población según el patrimonio de cada uno. Además, Servio Tulio fue el artífice de la construcción de la primera muralla defensiva de la ciudad.

Tarquino el Soberbio (534-509 a. C.). Como su sobrenombre indica, fue un rey tiránico y cruel: inició su reinado asesinando a Servio Tulio con la ayuda de la hija de este, Tulia. Durante su reinado se produjeron tensiones importantes con el Senado, que finalmente logró enviarlo al exilio. De este modo se inicia la etapa republicana.

ACTIVIDADES

1 Completa este texto sobre el mito de la fundación de Roma con la información que falta.

Según la mitología, Eneas era hijo del mortal Anquises y de la diosa ▲. Junto con su padre y su hijo ▲ salvó la vida y huyó de ▲ en busca de un lugar donde fundar una nueva ciudad.
Así llegó al ▲ y Eneas se casó con ▲. Allí fundó una ciudad que llamó ▲, en honor de su esposa.
Por su parte, Ascanio fundó la ciudad de ▲ e inició la dinastía albana. Uno de los reyes de este linaje tuvo dos hijos: ▲ y Amulio. Numitor tuvo una hija, llamada ▲, que a su vez, y por intervención del dios Marte, engendró dos hijos, ▲ y ▲. Rómulo, por designio divino, fundó una nueva ciudad: ▲.

2 CA Lee el texto sobre el rapto de las sabinas y observa la pintura de la página 18. Indica a qué momento de la narración corresponde el cuadro y explica cómo lo has averiguado.

3 Los latinos y los sabinos, en un momento de la historia, se unieron para hacer frente a los etruscos. ¿Cómo se llama la confederación que formaron? Busca información sobre ella y exponla en un breve escrito.

4 Elabora una ficha para cada rey de Roma con la siguiente información:

a Nombre e imagen relacionada.
b Fechas del reinado.
c Hechos más importantes.

5 Explica en qué consistían los derechos de *auspicium* y de *imperium*.

6 Observa las imágenes e indica qué rey mandó construir estas obras.

Muralla romana, siglo VI a. C.

Cloaca Máxima.

7 CI Indica a qué se refiere esta explicación.

Basándose en la fortuna o riqueza de cada uno, no en la sangre, porque así quien tenía más posesiones debía contribuir más a pagar los gastos y las necesidades de la ciudad, distribuyó a los habitantes en cinco clases, según sus respectivas haciendas. El conjunto de clases quedaba repartido en 193 centurias.

8 Compara la monarquía romana con la monarquía española actual, en relación con los siguientes aspectos: **a** Poder religioso; **b** Poder judicial y político; **c** Importancia del Senado o del Parlamento.

Escucha el audio sobre Tarquino el Soberbio, el último rey romano, y completa el documento con la información que falta.

Ambición de Tulia, Michel F. Dandré-Bardon, 1735. Tulia asesina a su padre con la complicidad de Tarquino el Soberbio.

HISTORIA ET VITA

1. Los primeros años de vida

A fin de seguir la costumbre romana, justo al nacer, el niño o la niña se dejaba a los pies de su padre, que podía:

- **Reconocerlo como hijo legítimo.** Para demostrar que lo aceptaba y lo reconocía, el padre lo levantaba en brazos y después lo abrazaba. Al cabo de algunos días (ocho en el caso de los niños y nueve en el de las niñas), el recién nacido era purificado y se le daba un nombre.
- **Repudiarlo.** En este caso, el padre daba la espalda al niño o niña y lo abandonaba. El niño que era repudiado podía morir, ser adoptado por alguien o convertirse en esclavo de quien lo recogiese.

La **adopción** se llevaba a cabo mediante una ceremonia privada ante un magistrado. Además de adoptar niños abandonados o huérfanos, también se podían adoptar los hijos ilegítimos de otros padres y de cualquier edad, siempre que se contase con el consentimiento de todos los implicados.

Desde su nacimiento hasta los tres años (*alumnus*), los niños se quedaban en casa durante un largo periodo de lactancia. Podían ser amamantados indiferentemente por su madre o por una nodriza (*nutrix*). A los siete años, los niños empezaban a participar en la vida familiar: se ponían la toga *praetexta* y se colgaban del cuello la *bulla*, una cajita redonda en la que llevaban sus amuletos. Asimismo, a partir de esta edad los niños empezaban a ir a la escuela.

La niñez concluía formalmente entre los dieciséis y diecisiete años, el día en que el niño vestía la toga viril.

Carro de juguete guiado por niños y tirado por pavos reales. Fresco de la Villa del Casale, en Pompeya.

1.1. Los juguetes

Además de ir a la escuela, los niños romanos dedicaban gran parte del tiempo a jugar. Se han encontrado restos o testimonios de una gran diversidad de juguetes utilizados por los niños de la antigua Roma, como los siguientes:

- **Carros de madera** (*plostella*). El tamaño de los carros era muy variable: si los vehículos eran pequeños, los hacían arrastrar por animales también pequeños (a menudo, ratones); pero los carros también podían ser lo bastante grandes para que el niño se pudiese subir a ellos, y entonces un perro o una cabra los arrastraban.
- **Canicas**, de vidrio o de terracota, **peonzas** (*turbo*) y **aros** (*orbis*, *trochus*), que se hacían girar con un pequeño bastón (*clavis*). Algunos aros estaban adornados con anillas o sonajas, de modo que emitían ruido. También tenían **cometas** y **columpios**, introducidos en Roma por los griegos.
- Las niñas jugaban preferentemente con **muñecas** (*pupae*), que podían ser de tela, de cera, de marfil, de madera o de terracota. Las más bonitas tenían piernas y brazos articulados, y vestidos y muebles para la casa.

1.2. Los juegos

De entre los muchos juegos a los que jugaban los niños romanos, destacamos:

- El *capita aut navia*, **cara o cruz**, que consistía en lanzar una moneda y tratar de adivinar si caería con la cara hacia arriba (*capita*) o con la cruz hacia arriba (*navia*).
- El **juego de las nueces** (*nuces*): consistía en apilar nueces y después darle un golpe a la pila para tirar el mayor número posible de estas. El premio eran las nueces que habían caído. Este juego era tan habitual entre los niños que para expresar que un niño había dejado atrás la infancia para ingresar en la edad adulta a menudo se utilizaba la expresión *decir adiós a las nueces* o *dejar las nueces*.
- La **gallinita ciega** o jugar a la **pelota** (*pila*). Ambos entretenimientos eran muy frecuentes para jugar en grupo.
- Probablemente, los niños romanos también jugaban a emular a los adultos: imitaban a soldados, jueces, magistrados...

Muñeca de marfil articulada encontrada en Tarragona (siglo I d. C.).

el nombre de los romanos

Como hemos visto, cuando un padre reconocía a su hijo, le ponía un nombre al cabo de unos días de su nacimiento. El nombre de los **ciudadanos varones** y **libres** constaba de tres elementos, ***tria nomina***: el *praenomen*, el *nomen* y el *cognomen*. Por ejemplo, el nombre completo de Julio César era el siguiente:

Gaius	Iulius	Caesar
praenomen	*nomen*	*cognomen*

Praenomen

Era el nombre que se otorgaba a cada individuo para diferenciarlo del resto de personas de su misma *gens* o familia. Se utilizaba, sobre todo, en el ámbito familiar o coloquial, y se solía abreviar. En los primeros tiempos, el *praenomen* dado a los hijos respondía al orden en que habían nacido: *primus, secundus*...

El *praenomen* se imponía al hijo en el noveno día de su nacimiento, y la lista de posibles nombres era escasa y repetitiva.

De hecho, solo tenemos testimonio de diecisiete nombres, entre ellos, los siguientes:

Appius	Publius
Caius	Quintus
Flavius	Servius
Gaius	Titus
Marcus	Tiberius
Manius	Lucius

Nomen

Era un nombre colectivo, compartido por todos los miembros de la *gens* o familia a la que pertenecía el individuo que lo llevaba.

Era la única de las tres partes del nombre que perduraba a lo largo de los años, como sucede con nuestros apellidos, y la que se utilizaba más a menudo.

Son ejemplos de *nomina* los siguientes:

Acilius	Granius
Antius	Helvetius
Barrius	Iulius
Bruttius	Iustus
Calidius	Lampronius
Clodius	Ligustinius
Domitius	Nepius
Egnatius	Placidius
Fabius	Vergilius
Flaccus	Vitrubius

Cognomen

Se utilizaba para designar una cualidad física o mental de la persona o alguna característica relevante en ella. Podía ser de dos tipos:

- ***Cognomina ex virtute***. Se referían a alguna virtud o gesta victoriosa del personaje. Por ejemplo, Pompeyo era conocido como Gnaeus Pompeius Magnus; *magnus*, en su caso, es un *cognomen* que significa 'el grande'.
- ***Cognomina ex adoptione***. Se ponían en casos de adopción: cuando una persona era adoptada, el que hasta entonces había sido su *nomen* pasaba a utilizarse como *cognomen*. Por ejemplo, cuando Lucius *Aemilius* Paullus fue adoptado por Publius Cornelius Scipio Africanus, pasó a llamarse Publius Cornelius Scipio *Aemilianus*.

A Helvia Cornelia, hija dulcísima, su padre Quieto. Helvia es el *praenomen* y Cornelia, el *nomen* del padre en forma femenina. Inscripción sepulcral de Ostia.

En ocasiones, además de los *tria nomina*, el nombre de la persona podía contener una indicación de la tribu a la que pertenecía, es decir, de su lugar de origen. También podían aparecer en el nombre el domicilio y la patria, el municipio o la colonia a la que se pertenecía.

Cicerón cita de la siguiente forma el nombre de su hijo, a raíz de su nacimiento:

M. Tullius Cicero M[arci] F[ilius] M[arci] N[epos] M[arci] PR[onepos] COR[-nelia tribu]

Las **mujeres** solo tenían *praenomen* y *nomen*: recibían como *nomen* la forma femenina de la *gens* o familia en la que habían nacido; por ejemplo, si el padre de una niña tenía el *nomen* de Iulius, ella recibía el de Iulia. Si la familia tenía más de una hija, se utilizaban los adjetivos *maior* y *minor* para diferenciarlas, o bien los numerales *prima, secunda, tertia*...

Los **esclavos**, aparte de los nombres de su etnia de origen, solo eran designados con un *praenomen* o por la palabra *servus* ('esclavo'). A menudo en las tumbas solo consta la mención S, primera letra de *servus*, para economizar piedra y ahorrar trabajo al grabador.

En relación con los **peregrinos**, hombres libres extranjeros que habían nacido en alguna de las provincias conquistadas por Roma, pero que no tenían la consideración de ciudadanos romanos, eran designados con su nombre, seguido de la filiación, es decir, del nombre de su padre.

in illo tempore

En Roma, frente a un templo llamado de la Pietas, se encontraba la columna *lactaria*. Recibía este nombre porque los romanos tenían la costumbre de dejar a los niños abandonados al pie de esta columna y allí eran recogidos por personas que los quisieran adoptar. Habitualmente, los recogían para explotarlos como esclavos o como prostitutas, si eran niñas.

Los niños que tenían alguna discapacidad física eran eliminados, tal y como establecía la ley. Cicerón, en uno de sus escritos, dice: «Que muera enseguida el niño deforme, tal y como disponen las XII Tablas».

Lampadario que representa a un niño etíope esclavo. Museo de Tarragona.

ACTIVIDADES

9 Describe estos juguetes romanos.

10 Completa la transcripción de estas inscripciones con el nombre de la persona.

A los dioses manes. ▲▲▲ lo hizo para él y sus libertos y libertas, y descendientes de estos, y para los que puedan nacer de estos.

A los dioses manes, ▲▲▲, liberto de Cayo. Está enterrado aquí. Vivió 21 años.

11 Lee este texto y responde a las preguntas.

> No podemos decir cuál fue el tercer nombre de Cayo Mario, de la misma forma que tampoco conocemos el de Quinto Sertorio, que mandó en Hispania, ni el de Lucio Mumio, que tomó Corinto; porque el sobrenombre de Acaico, dado a este último, venía de su victoria, como el de Africano dado a Escipión y el de Macedonio a Metelo.
>
> Por esta circunstancia, particularmente, Posidonio cree poder contradecir a los que opinan que el tercer nombre dado a los romanos es el nombre propio de ellos, como Camilo, Marcelo y Catón; porque, según él, de ser así no tendrían nombre todos los que solo llevan dos. Sin embargo, no repara en que con este razonamiento deja sin nombre a las mujeres; porque no se pone a ninguna mujer el primer nombre, el que Posidonio cree que es el nombre propio de los romanos, mientras que de los otros dos, afirma, uno es el común de toda la familia, por ejemplo, los Pompeyos, los Manlios y los Cornelios, como si dijéramos los Heráclidas o los Pelópidas, y el otro, una apelación dada por epíteto en relación con la naturaleza, las acciones, la figura del cuerpo o sus defectos, como Macrino, Torcuato y Sila, de la misma forma que tenemos Mnemón, Gripo y Calínico. Así, en estas materias, la irregularidad de la costumbre ofrece muchos argumentos para la discusión.
>
> Plutarco, *Vidas paralelas*, «Cayo Mario».

a ¿Acaico y Africano serían un *praenomen*, un *nomen* o un *cognomen*?

b ¿Cuántos nombres tenían las mujeres romanas? ¿Dónde se explica esto, en el texto?

c Pompeyo, Manlio y Cornelio serían *praenomina*, *nomina* o *cognomina*? ¿Y Macrino, Torcuato y Sila?

d ¿Qué nombre cree Posidonio que es propio de los romanos?

HISTORIA ET VITA

Las termas

Las termas eran instalaciones abiertas al público, dotadas de una o varias **piscinas** y una **palestra** para el ejercicio físico. Si bien estaban relacionadas principalmente con la higiene corporal, también tenían una función social importante: eran un lugar para encontrarse con los amigos, practicar deporte, jugar a los dados, hacer negocios, leer o escuchar a los nuevos poetas. Las termas son de origen griego, aunque los romanos las ampliaron y mejoraron considerablemente.

Podían ser públicas o privadas. Termas privadas solo se han encontrado en las villas de los grandes potentados, mientras que a las **públicas** iban todos los romanos, sin distinción de clase social. Normalmente la entrada era gratuita, aunque también las había de pago. Estaban abiertas a hombres y mujeres, pero debían permanecer en espacios distintos, y acudir en horarios también diferentes. Las termas públicas pertenecían al Estado –cuando eran construidas por el emperador o sus representantes– o a particulares, ya que a menudo las clases ricas de las provincias hacían construir termas que ponían gratuitamente a disposición del público.

En época imperial, las termas se ampliaron con zonas de ocio con jardines, salas de espectáculos y bibliotecas. Además de hacer ejercicio y bañarse, los romanos podían recibir masajes, depilarse o perfumarse en las termas; también se cubrían el cuerpo con aceite, que tenía la función del jabón actual. Solían acudir a ellas por la tarde, una vez acabado el trabajo.

Las termas comprendían estas **salas**:

- ***Apodyterium***: vestuarios.
- ***Sudatorium***: sala para sudar.
- ***Caldarium***: cámara para el baño caliente, por aspersión o por inmersión. En esta sala a menudo se utilizaba el estrígil, que era una especie de rastrillo de hierro curvado con el que se podía rascar la piel para que quedase limpia.
- ***Tepidarium***: cámara para el baño tibio.
- ***Frigidarium***: cámara para el baño frío.

El agua se calentaba mediante un complejo sistema llamado **hipocausto**: los pavimentos de las salas que se debían calentar no se apoyaban directamente sobre el suelo, sino que estaban suspendidos sobre pequeñas columnas de ladrillo, de modo que bajo el suelo se formaba una cámara por la que circulaba aire que se calentaba en hornos subterráneos alimentados con leña.

Frigidarium de las termas de Caldas de Montbui (Barcelona).

ACTIVIDADES

12 Lee este texto sobre las termas y responde a las preguntas.

> Vivo sobre unos baños. Imagínate, juntos, los ruidos de todo tipo que pueden molestar a cualquiera que tenga oído. Cuando los más robustos practican sus ejercicios corporales levantando pesas; cuando, ya cansados, oigo sus resoplidos, silbidos y jadeos cada vez que expulsan aire... Si me encuentro con un ocioso que tiene bastante con dejarse dar masajes rudamente, oigo las palmas [del masajista] sobre su espalda, que cambian de tono según esté la mano plana o curva. Para colmo, viene un jugador de pelota que cuenta las veces que la hace rebotar; entonces estoy perdido. Añade a todo esto un solo pendenciero, un ladrón que haya sido pillado y uno de aquellos a los que les gusta escuchar su propio canto en el baño; y el agua escandalosa que cae a borbotones en las piscinas. Aparte de esto, que al menos son sonidos naturales, imagínate también al encargado de depilar a los bañistas: para llamar la atención, alza su voz aguda y chillona, y solo se calla cuando le puede arrancar a alguien el vello de las axilas; entonces grita el otro en su lugar. Finalmente, los distintos gritos del cocinero, del vendedor ambulante, del de dulces y de todos los de las tiendas, que se dedican a alabar sus mercancías al mismo tiempo, con ese tono peculiar y penetrante.
>
> Séneca, *Epístolas*.

a Elabora una lista de todos los personajes nombrados por Séneca que se podían encontrar en unas termas.
b En las termas, ¿dónde se practicaba el ejercicio físico?
c ¿En qué parte de las termas crees que debía de haber más ladrones? ¿Por qué?

1 Siguiendo los movimientos del caballo del juego de ajedrez, e iniciando cada movimiento en las casillas destacadas, encuentra tres genitivos y tres ablativos del plural de palabras latinas. Anótalos y tradúcelos.

				EL	RUM		
		FA				LA	
	NAU		PU	MA		RIS	
				LY			RUM
TA		FE				CU	
		RUM			NIS		
			MI				RIS

2 Relaciona cada palabra latina con su traducción; después, indica su caso y número.

a rosarum	llama (CD)
b puellae	con la lengua
c sagittis	para la niña
d ingua	con las flechas
e flammam	de las rosas
f portam	paloma (Suj.)
g nautas	de la lira
h ancillis	puerta (CD)
i lyrae	para las esclavas
j columba	marineros (CD)

3 Busca estas palabras en el diccionario e indica de qué género es cada una.

a caelum, -i	**g** ripa, -ae
b pons, pontis	**h** flumen, -inis
c arcus, -us	**i** aqua, -ae
d otium, -ii	**j** ora, -ae
e gradus, -us	**k** sal, salis
f grex, gregis	**l** ignis, -is

- ¿Cuáles de estas palabras son de la primera declinación? ¿Cómo lo sabes?

4 Escoge, de las dos opciones que te ofrecemos, la que consideres correcta para cada oración.

a Puellis ▲ porto. (*rosam/rosae*)
b Magistra ▲ fabulas narrat. (*discipulas/discipulis*)
c Romae ▲ Dianae ▲ colunt. (*incolis/incolae*; *aram/ara*)
d Nautae in ▲ ▲ occidunt. (*silvas/silvis*; *capras/caprae*)
e In arca ▲ pono et magna ▲ custodio (*pecuniae/pecuniam; curam/cura*)

5 CA Lee estas tres oraciones y su traducción. Después, contesta a las preguntas.

a Dominus gladium servo dat.
El señor da una espada al esclavo.

b Gladius magnus est.
La espada es grande.

c Miles gladio pugnat.
El soldado lucha con una espada.

- ¿Cómo acaba la palabra *gladius* cuando es CD? ¿Y cuando es CC?
- ¿Aparece alguna vez la palabra *gladius*, exactamente así? ¿Qué función tiene?

6 Establece la correspondencia entre las oraciones latinas y su traducción.

a Agricola cervam vulnerat.
b Agricola cervas vulnerat.
c Agricolae cervam vulnerant.
d Agricolae cervas vulnerant.

1 Los campesinos hieren a una cierva.
2 El campesino hiere a una cierva.
3 El campesino hiere a unas ciervas.
4 Los campesinos hieren a unas ciervas.

7 Completa las oraciones con las formas adecuadas del verbo *sum*; después, tradúcelas.

a Diana silvarum dea ▲.
b Famularum industria magna ▲.
c Nymphae silvarum incolae ▲.
d Gallia pulchra ▲.
e Terra frugifera ▲ cum multis plantis.
f Agricolarum casae parvae ▲.
g Procella nautis noxia ▲.
h Ranae incolae aquarum ▲.
i Luna et terra rotundae ▲.
j Stellae clarae ▲.
k Vera amicitia pretiosa ▲.

8 Subraya el predicado de las siguientes oraciones e indica si es nominal o verbal. Después, tradúcelas.

a Diana silvarum dea est.
b Dulcissima es, avia!
c Nymphae in silvis sunt.
d Luna plena in caelo est.
e Sicilia et Sardinia insulae sunt.
f Magistrae in schola sunt.
g Domitilla pulchra puella est.
h Aviarum fabulae antiquae sunt.
i Deae ara marmorea est.
j Insularum incolae estis.

9 CM Traduce este texto y contesta a las preguntas.

Italia
Europae paeninsula est Italia, terra laeta et fecunda. In Italia amplae silvae, amoenae orae, purae aquae sunt; Italiae incolis silvarum umbrae et aquarum undae gratae sunt. Campania, Aemilia, Apulia, Etruria in Italia sunt. Multae coloniae sunt: Cumae Graeca colonia sunt. In Aemilia autem Romae coloniae sunt: Placentia et Mutina. Clarae sunt Italiae insulae: Sicilia, magna insula; Sardinia, antiqua terra, Corsica et Melita laetae insulae Italiae sunt. Italiae terra incolis et advenis amoena et pulchra est.

Teatro romano de Taormina, en la isla de Sicilia.

a Copia todas las palabras que están en nominativo plural.
b Indica qué aposiciones aparecen en el texto.
c Subraya los atributos del texto.

10 Responde a estas preguntas.

a ¿De qué género son predominantemente las palabras de la primera declinación?
b ¿Cuál es la terminación de acusativo singular de la primera declinación? ¿Y la de nominativo plural?
c ¿Cuál es el singular de *dominarum bonarum*?
d Indica qué dos valores puede tener el verbo *sum* y explícalos.

11 Traduce este texto y realiza las actividades.

Preparativos de boda
Filiae nuptias cum laetitia mater (*la madre*) instruit atque dearum statuas cum cura disponit. In mensa epulas ancillae collocant et ad epularum delicias convivas domina invitat. Scurra facetiis convivas delectat; cithara citharista athletarum aurigarumque victorias celebrat. Tenebrae adventant atque domina taedis et lucernis casam illuminat; interea ancillae filiae comam vittis ornant atque pectunt; deinde puella cum ancillis aram Vestae, pudicitiae deae, coronis ornat atque deae flammam alit.

Mosaico hallado en la villa de Centocelle (20 a. C.-20 d. C.).

a Detecta las palabras que estén en genitivo y clasifícalas según aparezcan en singular o plural.
b ¿Qué términos del texto son invariables? ¿A qué categoría morfológica pertenecen?
c ¿Qué formas verbales aparecen en el texto? ¿Cuáles están en singular y cuáles, en plural?

post data

Europa

1. Italia est paeninsula.
2. Hispania quoque paeninsula est.
3. Pollentia in pulchra insula Maiorca est.
4. Britannia, Creta et Sicilia magnae insulae Europae sunt.
5. Gallia neque paeninsula neque insula est.
6. In Italia Roma est.
7. Multae villae in insulis Italiae sunt.
8. Sicilia Romanarum provinciarum est prima.
9. In insula Sicilia Aetna est.
10. In fera provincia Germaniae densae silvae sunt.

Pollentia in pulchra insula Maiorca est.

12 Fabula picta. ¿Qué pasaje del mito explica cada viñeta? Traduce su leyenda.

MAGNA LANIFICAE ARACHNEAE FAMA IN LYDIA EST.

ARACHNEA MINERVAM PROVOCAT: «MINERVA, SUM DOCTA ET SEDULA».

SED IRATA MINERVA ARACHNEAE RESPONDIT: «PUELLA, NIMIS CALLIDA ES!».

MINERVA PUELLAM IN ARANEAM MUTAT. ECCE POENA PUELLAE NIMIS ANIMOSAE.

13 CD Realiza las actividades de autoevaluación de esta unidad que hallarás en los recursos digitales.

verba in glossario

Tengamos claro qué buscamos

Antes de consultar una palabra en el diccionario, debemos tener claro qué es lo que queremos buscar. Cuando consultamos el significado de un sustantivo, tenemos que haber concebido mentalmente el nominativo, para buscarlo.

Por ejemplo, si en el texto encontramos la palabra *dominam*, debemos pensar que se tratará del acusativo de *domina*. Sería incorrecto fijarnos en *dominus*, por ejemplo, palabra contigua pero que en ningún caso puede resultar en *dominam*.

Hay que ser prudentes, ya que en ocasiones la precipitación hace que busquemos palabras similares o de la misma familia. Debemos ser, además, muy rigurosos con las reglas de la declinación.

Las diosas

HERA (JUNO)

Es la hermana y esposa de Zeus, protectora de los imperios y de las esposas. Tiene un carácter malhumorado y vengativo, sobre todo cuando Zeus le es infiel.

Persiguió a Heracles, hijo de Zeus y Alcmena. Le envió un ataque de locura a raíz del cual Heracles mató a sus hijos. Para obtener el perdón, Heracles tuvo que afrontar los famosos doce trabajos, bajo las órdenes del rey Euristeo de Micenas.

Hera intentó impedir el parto de Leto, al prohibir que se le diera refugio en los últimos días de su gestación. Finalmente, Leto fue acogida en la isla de Delos, donde alumbró a sus gemelos, Apolo y Artemisa.

Hostigó a Ío, amante de Zeus. Este, para protegerla, la había convertido en vaca, designando como vigilante a Argos. Los ojos de Argos, asesinado por Hermes, son los que Hera luce en la cola del pavo real, el animal consagrado a la diosa.

Diana y Acteón, de Giuseppe Cesari (1602).

ATENEA (MINERVA)

Zeus había dejado embarazada a la ninfa Metis (la Prudencia), pero un oráculo predijo que el hijo de la ninfa lo destronaría. Por eso Zeus la devoró. Un día, este sufría grandes dolores de cabeza, por lo que Hefesto le practicó un corte en el cráneo, del que nació Atenea, ya adulta. Atenea era la protectora de la sabiduría y de las artes, y había inventado la escritura, la pintura y el bordado. Se enfrentó con Poseidón por el patronazgo de Atenas.

Se vengó de Medusa, una de las tres Gorgonas, que había osado retarla compitiendo en belleza con la diosa: esta transformó su cabellera en serpientes.

El nacimiento de Atenea, vaso ateniense del siglo VI a. C.

TRADITIO

1 Identifica los episodios que ilustran estas dos páginas.

2 Lee el fragmento del siguiente poema de William Shakespeare (*Venus y Adonis*) y contesta a las preguntas.

- **a** ¿Recuerdas el mito de Venus y Adonis? ¿Qué pasaje se recoge aquí?
- **b** ¿Cómo reacciona Adonis? ¿Por qué crees que aparece la larga comparación del águila cazadora?
- **c** Cita el título de tres tragedias de Shakespeare ambientadas en el mundo antiguo.

Él arde en pudorosa vergüenza; ella con lágrimas
apaga el virginal rubor de sus mejillas;
luego con sus suspiros y sus cabellos de oro
intenta abanicarle y secarle de nuevo;
la acusa él de descaro, le echa en cara su error;
lo que venía luego, ella lo mata a besos.

Como un águila hambrienta, que el ayuno espabila,
desgarra con su pico plumas, huesos y carne,
sacudiendo las alas, devorando con prisa,
hasta que se atraganta o acaba con su presa;
así ella le besaba frente, mejillas, barba,
y donde terminaba volvía a comenzar.

El rapto de Perséfone, Gianlorenzo Bernini (1622-1625).

ARTEMISA (DIANA)

Hermana gemela de Apolo, con quien compartía algunos atributos (por ejemplo, el arco y las flechas). Era la diosa de los animales salvajes y de la caza. Permaneció siempre virgen y era muy celosa de su intimidad. Por este motivo se vengó de Acteón, que la había visto bañándose desnuda en la fuente Partenia. Lo convirtió en un ciervo que fue destrozado por su propia jauría.

AFRODITA (VENUS)

Nació de la espuma del mar, fecundado por Urano. Era la diosa de la belleza y una de las tres diosas participantes en el juicio de Paris: concretamente, prometió al príncipe troyano que le ofrecería a Helena como compañera, si la escogía a ella.

Estaba casada con Hefesto, pero cometía adulterio con Ares. Hefesto los sorprendió y los ridiculizó ante todos los dioses.

Estuvo enamorada de Adonis, un hermosísimo cazador que murió destrozado por un jabalí. A su muerte, la diosa consiguió que Adonis regresase a la tierra durante seis meses al año. Por este motivo Adonis se convirtió en un símbolo de la llegada de la primavera.

DEMÉTER (CERES)

Era la diosa de los cereales y las cosechas. Su hija Perséfone fue raptada por Hades, que se la llevó al inframundo y se casó con ella. Puesto que Perséfone había ingerido seis granos de granada, había quedado ligada definitivamente al mundo de los muertos. Deméter, su madre, estaba muy triste por la pérdida de su hija; por orden de Zeus, se llegó a un compromiso: Perséfone pasaría seis meses en el Hades, con su marido, y seis meses en el mundo de los vivos. Esta alternancia explicaba para los griegos el ciclo de las estaciones.

HESTIA (VESTA)

Era una de las tres diosas eternamente vírgenes, junto con Atenea y Artemisa. Era venerada en todas las casas y ciudades como protectora del fuego, que simbolizaba la continuidad de las familias o de la sociedad. En Roma, las vestales eran sacerdotisas vírgenes que custodiaban el fuego sagrado de la ciudad.

Juno descubre a Júpiter con Ío, de Pieter Lastman (1618).

LATINE DICTUM

3 Mitología grecolatina. Análisis morfosintáctico. Traduce el texto.

El culto de Vesta en Roma

Ante deae Vestae statuam ara est, rotunda et cava. In ara flamma sacra ardet. Deae aram innuptae puellae custodiunt et sacram flammam alunt: flamma in ara numquam cessat. Ad aram Vestae saepe veniunt Romanae matronae cum filiabus (*con las hijas*), et aram ornant. Non solum publice, sed etiam privatim Vestam colunt, quia dea familias in sua tutela habet. Matronae, cum insidias filiabus suis timent, Vestae tutelam invocant et ante aram deae albas columbas et alias victimas immolant. Sic deae benevolentiam petunt: nam parvae statuae apud flammam domesticam saepe positae sunt.

II

IFIGENIA

El rey griego Agamenón se encuentra en el puerto de Áulide con la flota a punto de zarpar hacia Troya y participar en la guerra contra los troyanos. Pero las naves no pueden salir del puerto, ya que los vientos no les son favorables. La culpable es la diosa Artemisa, que, enfadada con el rey porque sus hombres han cazado uno de sus ciervos sagrados, lo retiene en el puerto como castigo.

Agamenón, impaciente, interroga al adivino Calcante para descubrir cómo aplacar la ira de la diosa. Su respuesta es estremecedora: debe sacrificar a su propia hija Ifigenia, como ofrenda a Artemisa. En un primer momento, el rey se siente incapaz de hacer algo semejante, pero finalmente accede, ya que no parece que haya otra solución posible. Su hija se encuentra en Micenas y la hace viajar a Áulide engañada, bajo el pretexto de prometerla en matrimonio con el héroe Aquiles. Una vez que llegue Ifigenia, Calcante será el encargado de inmolarla.

Cuando todo está a punto para el sacrificio y la muerte de la muchacha parece inminente, Artemisa se compadece de Ifigenia y la salva poniendo a una cierva en su lugar, sobre el ara de inmolación. A continuación, se lleva a la joven a Táuride y allí la convierte en su sacerdotisa.

Ifigenia vive muchos años en Táuride al servicio del templo de Artemisa, donde debe sacrificar a los náufragos extranjeros que van a parar a la costa. Pero un día reconoce entre los navegantes a su hermano Orestes. El joven viaja con un amigo con el encargo de coger la estatua de Artemisa y llevársela a Atenas. Ifigenia les entrega la estatua y huye con ellos a Grecia, poniendo fin a su cautiverio a manos de la diosa.

1. La segunda declinación

Los sustantivos de la segunda declinación se conocen como temas en **-o**/**-e**, o bien, de forma simplificada, como temas en **-o**. Como sucede con los temas en **-a**, tras el lexema se añaden las desinencias propias de cada caso.

Los sustantivos de la segunda declinación presentan estos géneros:

- Por lo general, son masculinos: **hortus** ('jardín'), **puer** ('niño, muchacho').
- Sin embargo, hay un grupo reducido de nombres de género femenino (nombres de árbol, topónimos y otros): **pinus** ('pino'), **fagus** ('haya'), **Aegyptus** ('Egipto').
- También hay un grupo bastante numeroso de sustantivos de género neutro: **bellum** ('guerra'), **gaudium** ('alegría'), etc.

La segunda declinación tiene **tres paradigmas** o **modelos**: dos modelos para los sustantivos masculinos y femeninos (**a** y **b**) y uno para los neutros (**c**).

a Modelo de los sustantivos con el nominativo en *-us*

Nos basamos en **dominus, -i** ('señor') y **lupus, -i** ('lobo').

	Caso	Terminación	Ejemplos	
SINGULAR	Nominativo	**-us**	domin**us**	lup**us**
	Vocativo	**-e**	domin**e**	lup**e**
	Acusativo	**-um**	domin**um**	lup**um**
	Genitivo	**-i**	domin**i**	lup**i**
	Dativo	**-o**	domin**o**	lup**o**
	Ablativo	**-o**	domin**o**	lup**o**

	Caso	Terminación	Ejemplos	
PLURAL	Nominativo	**-i**	domin**i**	lup**i**
	Vocativo	**-i**	domin**i**	lup**i**
	Acusativo	**-os**	domin**os**	lup**os**
	Genitivo	**-orum**	domin**orum**	lup**orum**
	Dativo	**-is**	domin**is**	lup**is**
	Ablativo	**-is**	domin**is**	lup**is**

aurea dicta

¿Qué enseñanza crees que transmiten estos dichos?

Tradúcelos y reflexiona sobre ellos.

Después, comprueba su traducción escuchando el audio.

- Vita est somnium.
- Ex scintilla incendium.
- Dubium sapientiae initium.
- Mendacium semper in multiloquio.
- Nullum magnum ingenium sine mixtura dementiae.

Lámpara romana.

b Modelo de los sustantivos con el nominativo en *-er* o *-ir*

Nos basamos en **puer**, **-i** ('niño'), **magister**, **magistri** ('maestro') y **vir**, **-i** ('hombre').

	Caso	Terminación	Ejemplos		
SINGULAR	Nominativo	**-er/-ir**	pu**er**	magist**er**	v**ir**
	Vocativo	**-er/-ir**	pu**er**	magist**er**	v**ir**
	Acusativo	**-um**	puer**um**	magistr**um**	vir**um**
	Genitivo	**-i**	puer**i**	magistr**i**	vir**i**
	Dativo	**-o**	puer**o**	magistr**o**	vir**o**
	Ablativo	**-o**	puer**o**	magistr**o**	vir**o**

	Caso	Terminación	Ejemplos		
PLURAL	Nominativo	**-i**	puer**i**	magistr**i**	vir**i**
	Vocativo	**-i**	puer**i**	magistr**i**	vir**i**
	Acusativo	**-os**	puer**os**	magistr**os**	vir**os**
	Genitivo	**-orum**	puer**orum**	magistr**orum**	vir**orum**
	Dativo	**-is**	puer**is**	magistr**is**	vir**is**
	Ablativo	**-is**	puer**is**	magistr**is**	vir**is**

Podemos observar que la palabra **magister** ('maestro') pierde la **-e-** en el acusativo singular (**magistrum**), en el genitivo singular (**magistri**), en el dativo y en el ablativo singular (**magistro**), así como en todas las formas del plural.

Para saber si una palabra acabada en **-er** se declina según **puer** o según **magister**, tendremos que consultar el diccionario para averiguar su genitivo singular, que nos indicará si la **-e-** cae o no.

c Modelo de los sustantivos neutros

Nos basamos en **templum**, **-i** ('templo') y **bellum**, **-i** ('guerra').

	Caso	Terminación	Ejemplos	
SINGULAR	Nominativo	**-um**	templ**um**	bell**um**
	Vocativo	**-um**	templ**um**	bell**um**
	Acusativo	**-um**	templ**um**	bell**um**
	Genitivo	**-i**	templ**i**	bell**i**
	Dativo	**-o**	templ**o**	bell**o**
	Ablativo	**-o**	templ**o**	bell**o**

	Caso	Terminación	Ejemplos	
PLURAL	Nominativo	**-a**	templ**a**	bell**a**
	Vocativo	**-a**	templ**a**	bell**a**
	Acusativo	**-a**	templ**a**	bell**a**
	Genitivo	**-orum**	templ**orum**	bell**orum**
	Dativo	**-is**	templ**is**	bell**is**
	Ablativo	**-is**	templ**is**	bell**is**

Templo de la Concordia, de Agrigento (siglo v a. C.)

Como se puede observar, la característica principal de los neutros es que el nominativo, el vocativo y el acusativo comparten la misma terminación: en singular **-um** y en plural **-a**.

El resto de casos, es decir, el genitivo, el dativo y el ablativo, tanto del singular como del plural, tienen las mismas terminaciones que los nombres masculinos y femeninos.

vocabula

aedificium, -ii *n.* edificio
ager, agri *m.* campo
agnus, -i *m.* cordero
animus, -i *m.* espíritu
aratrum, -i *n.* arado
arbiter, -tri *m.* árbitro
asinus, -i *m.* burro
avus, -i *m.* abuelo
bellum, -i *n.* guerra
caelum, -i *n.* cielo
campus, -i *m.* campo
cerebrum, -i *n.* cerebro
cibus, -i *m.* comida
consilium, -ii *n.* consejo
dominus, -i, *m.* señor
donum, -i *n.* regalo
equus, -i *m.* caballo
fagus, -i *f.* haya
gener, -eri *m.* yerno
hortus, -i *m.* jardín
humus, -i *f.* tierra
laurus, -i *f.* laurel
liber, libri *m.* libro
lupus, -i *m.* lobo
magister, -tri *m.* maestro
malum, -i *n.* mal
malum, -i *n.* manzana
malus, -i *f.* manzano
medicus, -i *m.* médico
minister, -tri *m.* sirviente
morbus, -i *m.* enfermedad
oculus, -i *m.* ojo
officium, -ii *n.* deber
oppidum, -i *n.* ciudad fortificada
otium, -ii *n.* ocio
pirum, -i *n.* pera
pirus, -i *f.* peral
platanus, -i *f.* plátano
populus, -i m. pueblo
proelium, -ii *n.* batalla
puer, -i *m.* niño
radius, -ii *m.* rayo
rivus, -i *m.* arroyo
servus, -i *m.* esclavo
signum, -i *n.* señal
socer, -eri *m.* suegro
socius, -ii *m.* aliado
templum, -i *n.* templo
venenum, -i *n.* veneno
ventus, -i *m.* viento
verbum, -i *n.* palabra
vesper, -eri *m.* anochecer
vitium, -ii *n.* vicio

ACTIVIDADES

1 Declina los siguientes sustantivos.

	Caso	*asinus, -i*	*socer, -eri*	*ager, agri*	*castrum, -i*	*telum, -i*
SINGULAR	Nominativo					
	Vocativo					
	Acusativo					
	Genitivo					
	Dativo					
	Ablativo					
PLURAL	Nominativo					
	Vocativo					
	Acusativo					
	Genitivo					
	Dativo					
	Ablativo					

2 Traduce estas oraciones, que contienen sustantivos y adjetivos acabados en –us.

a In ludo discipuli grammaticam litterasque Latinas discunt.
b Syracusani Dionysium tyrannum valde timent; nam Dionysius saevus tyrannus est.
c Avarus continenter pecuniam cupit, nam inopiam semper timet.
d Antiqui Siciliae incolae non solum seduli agricolae sed etiam periti nautae sunt.
e Socii Romanorum copiis auxilium ferunt.
f In altae fagi ramis lusciniae suaviter canunt et agricolarum animos delectant.
g Dominus servis bonis et fidis custodiam vitae suae committit.

3 Indica en qué caso y número pueden estar las siguientes formas:

populi, magistro, bella, verbum, agros, ludorum

ACTIVIDADES

4 CA Busca en la sopa de letras las formas latinas correspondientes a las expresiones indicadas.

A	M	I	C	E	L	S	E	R	V	I
G	V	A	G	N	U	M	R	O	S	A
R	I	V	O	E	P	R	G	A	R	A
O	L	U	D	I	I	C	E	R	V	O
S	M	A	G	I	S	T	R	O	S	I
C	E	R	A	S	O	R	U	M	I	L
P	U	E	R	O	R	U	M	A	L	I
P	L	A	T	A	N	U	M	L	V	U
D	I	S	C	I	P	U	L	O	A	S

al maestro	con los lobos	el bosque (sujeto)
al ciervo	de las cerezas	del esclavo
al río	la rosa (Suj.)	el plátano (CD)
del juego	de los niños	al alumno
¡oh, amigo!	los campos (CD)	el cordero (CD)
con el manzano	el altar (Suj.)	

5 Analiza y traduce estas oraciones, que presentan sustantivos y adjetivos en -er o -ir.

- **a** Et in bona et in adversa fortuna libri semper amici fidi sunt.
- **b** Virorum clarorum fama numquam evanescit.
- **c** Matronae Romanae liberos custodiunt.
- **d** Pila et trocho pueri Romanorum ludunt.
- **e** Vulcanus, flammarum deus, deorum faber est et in Aetna officinam habet.
- **f** Aquarum violentia agros vastat.
- **g** Vergilius poeta Aeneam, virum Troianum, canit.
- **h** In historiae libris Alexandri Magni memoria etiam nunc vivit.
- **i** Incolae agros et oppida relinquunt et in propinquis pagis vivunt.

6 CA Completa las siguientes oraciones con la traducción al latín de la expresión entre paréntesis. A continuación, tradúcelas al castellano.

- **a** Athenae ▲ (*de poetas y filósofos*) patria sunt.
- **b** In domini hortis piri et ▲ (*manzanos*) sunt.
- **c** Poetae ▲ (*de los pueblos*) gloriam celebrant.
- **d** In ▲ (*de la isla*) silva magna ursa latebat.
- **e** Coloni dominorum ▲ (*los jardines*) cum diligentia curant.
- **f** Medicus ▲ (*de los muchachos*) morbos curat.
- **g** Dominus imperat, ▲ (*el esclavo*) paret.
- **h** Uva suppeditat ▲ (*abundancia*) ▲ (*de vino*).
- **i** In ▲ (*de los romanos*) villis, ▲ (*de las ninfas*) statuae muros ornant.

7 Traduce el texto y realiza las actividades relacionadas.

La vida de los campesinos

In agris dura et laboriosa vita est sed agricolae magna cum patientia multas curas ferunt. Cum aurora apparet, agricolae iam vigilant: agros arant, aridas glebas irrigant, aristas secant, in hortis malos pirosque colunt, in vinea uvas vindemiant. Interdum murum vel fossam vel puteum aedificant aut casam reficiunt. Sub vesperum feminae, dum viros lassos exspectant, lucernas accendunt mensasque parant. Post cenam in area avia puellis puerisque pulchras fabellas narrat. Poetae saepe agricolarum vitam beatam appellant, quia agricolae avaritiam ignorant. Avaritia saepe virorum animos perturbat et causa aerumnarum est; agricolae vitam tranquillam sed certe modestam agunt.

- **a** Identifica todos los sustantivos de la segunda declinación que hay en el texto y clasifícalos.
- **b** Busca en el diccionario los verbos del texto e indica a qué conjugaciones pertenecen.
- **c** Indica qué palabras castellanas se derivan de estos términos latinos: *laboriosos, patientia, ager, pirus, vinea, puteus, exspecto, fabella, appello, avaritia, perturbo, tranquillus*.
- **d** Busca información sobre los productos que se cultivaban en Roma.

8 Traduce estas oraciones.

- **a** Tota Britannia aurum et argentum et alia metalla fert.
- **b** Non verbis, sed exemplis boni magistri pueros erudiunt.
- **c** Vir probus magnum studium in negotiis suis ponit.
- **d** Supplicia excruciant membra, mala conscientia animum.
- **e** Romani oppidum Alesian obsident atque capiunt.
- **f** Multa verba facis, sed promissa non servas.
- **g** Notum est antiquum proverbium: «Verba volant, scripta manent».
- **h** Etiam in Asia et in Africa multi populi Romanorum imperio oboediunt.

ACTIVIDADES

9 Completa las oraciones con la forma adecuada, entre las dos que se proporcionan.

- **a** Amicis ▲ porto. (liber/librum)
- **b** Saepe Graeci ▲ oraculum consulunt. (Phoebi/Phoebus)
- **c** Servus ducit domini ▲ ad grammatici scholam. (filio/filium)
- **d** Iugurtha in Italiam ▲ mittit. (legati/legatos)
- **e** Agricola ▲ (ager/agrum) arat.
- **f** Puer ▲ (calamum/calamorum) sonat.
- **g** In ▲ (Aventino/Aventinum) Minervae templum est.
- **h** Aurum et argentum saepe ▲ (causa/causarum) bellorum sunt.
- **i** ▲ (Dominus/Domini) in horto est cum amicis.
- **j** Dionysius, Syracusarum tyrannus, multas statuas e ▲ (templis/templum) Siciliae detrahit.
- **k** Aegypti ▲ (monumenti/monumenta) advenas delectant.
- **l** Romani aedificia ▲ (incedio/incendium) deleunt.
- **m** Discipulae cum ▲ (socios/sociis) ad scholam festinant.
- **n** In caelo non video ▲ (astri/astra).
- **ñ** Graeci Troiam ▲ (dolum/dolo) expugnant atque praeclaram victoriam obtinent.
- **o** Saepe non ▲ (libri, libros), sed vitae exempla docent.

10 CM Traduce el siguiente texto.

Los metales

Aurum, argentum et ferrum metalla sunt. In terra multae venae auri, argenti et ferri sunt. Ferrum necessarium est; at aurum et argentum rara et pretiosa sunt. Antiqui populi aurum, argentum, ferrum et alia metalla cognoscunt. Multa simulacra ex auro et argento deorum templa ornant; ex ferro multa instrumenta et arma sunt facta. Fabri in officinis metalla cudunt, et cultros gladiosque fabricant.

Mercurius est deorum nuntius et fabrorum patronus. Aurei anuli et argenteae fibulae matronarum ornamenta sunt. Fibulae aurae saepe dearum statuas ornant. Statua Minervae ex auro est in Graecia. Multi nummi ex aureo vel ex argento sunt; sunt etiam nummi aenei. Argentarii vel mensarii pecuniam custodiunt. Metalla pretiosa saepe bellorum causa sunt.

11 Traduce al latín estas oraciones.

- **a** Los jabalíes devastan los campos.
- **b** El maestro habla al muchacho.
- **c** Los campos de los agricultores trabajadores son productivos.
- **d** El campesino trabaja los campos.
- **e** La sombra del cerezo es agradable a los niños.
- **f** La fama del maestro es grande.
- **g** El médico cura las enfermedades.
- **h** Los romanos tienen templos muy grandes.
- **i** Las niñas miran el cielo lleno de estrellas.
- **j** Las guerras traen siempre destrucción y daños.
- **k** Las estatuas de los dioses decoran las ciudades de Italia.
- **l** ¡Oh, médico! Con el conocimiento de la medicina curas las enfermedades.

12 CM Traduce el texto y responde a las preguntas que figuran a continuación.

Egipto

Aegyptus Africae terra est, magna sed arida. Solum apud ripas Nili vita operaeque florent; procul a Nilo loca deserta sunt, quia inopia terram reddit aridam. Ubi Nilus fluit, ibi vivunt Aegyptii: itaque Aegyptum antiqui vocant «donum Nili» et populus Aegyptius Nilum ut deum adorat. Cum Nili aquae redundant, limum supra campos relinquunt: ibi frumentum celeriter crescit et annona semper est copiosa. Necesse non est arare terram (*labrar la tierra*): agricolae frumentum in umido limo serunt ac deinde metunt. Imperium Aegypti Pharaones tenent; etiam sacerdotes et scribae magnam potentiam habent, quia scripturam cognoscunt.

Birreme romana en el río Nilo. Mosaico de Palestrina, siglo I a. C.

- **a** Detecta las palabras del texto que son de la segunda declinación. Señala en qué caso están y de qué género son.
- **b** Identifica los CN del texto. Indica en qué caso están y ponlos en nominativo.
- **c** Completa la oración, en latín: Aegyptii terram ▲ et metunt ▲ in umido limo.

2. Las preposiciones

La preposición es una palabra invariable que convierte el sintagma que introduce en complemento de otra palabra (generalmente de un verbo, aunque también puede complementar a un adjetivo o un sustantivo).

En latín, las preposiciones se clasifican según el caso que rigen, es decir, atendiendo al caso en que ponemos la palabra o las palabras que vendrán a continuación. La mayoría de preposiciones latinas rigen acusativo, pero también las hay que rigen ablativo; otras rigen tanto ablativo como acusativo.

Preposiciones de acusativo

ad a, hacia
ante antes, delante de
apud cerca de
circa alrededor de
contra contra
infra bajo, debajo de
inter entre, durante
ob a causa de, por
per por medio de, a través de
post después de, detrás de
praeter excepto, además de
prope cerca de, casi
propter al lado de, por causa de
supra por encima de, sobre

Preposiciones de ablativo

a, ab, abs de, a partir de
e, ex de, desde
cum con
de de, desde
prae delante de
pro delante de, en favor de
sine sin

Preposiciones de acusativo y ablativo

Con acusativo indican dirección.
Con ablativo indican «lugar donde».

in + acusativo a, hacia
in + ablativo a, en
sub + acusativo hacia abajo
sub + ablativo bajo, debajo de

ACTIVIDADES

13 CA Traduce estas palabras y expresiones de tantas formas como sea posible.

ad ripas	in templo
de philosophia	cum ancillis
populo	per silvas
ex vita	operae
in regia	ira
coronas	de terris
per undas	propter piratas
o ancillae!	cum capris
servum	Syracusis

14 Análisis morfosintáctico. Traduce las oraciones y clasifica las preposiciones (de acusativo o de ablativo).

a E casa agricolam ducunt piratae.
b Nauta cum filia agricolae in ora insulae ludit.
c Ex oppido Romanorum exercitum Caesar educit.
d Propter domini avaritiam Marci servi vitam in angustiis trahunt.
e In oppidi foro magnum viri simulacrum cum gladio et scuto stat.
f Inter viros ac deos amicitia est.
g Ad studia puerorum animos excitat paedagogorum custodia.
h Per servum ad Marcum epistula mitto.
i Troiarum turba e patria migrat.

15 Traduce estas oraciones, en las que hay preposiciones que indican procedencia o destino.

a Romani bellum contra Poenos ab Italia in Africam transferunt.
b E tectis fumus ad caelum ascendit.
c Tribunus ex equo descendit et pedibus (*a pie*) procedit.
d Corvus de villae fenestra caseum rapit.
e Galli magnum sagittarum numerum de muro coniciunt.
f Fluvius Rhenus Gallos a Germanis separat.
g Pompeius ab Hispania copias movet.
h Iulia a filio longas litteras accipit.

16 Completa las oraciones con la preposición y la palabra entre paréntesis declinada correctamente; a continuación, tradúcelas.

a In puerorum vita interdum ▲ ▲ discordiae sunt. (a causa de + *nugae, -arum*, 'bagatelas')
b Vigiliae ▲ ▲ vulnerant sagittis non solum piratas, sed etiam agricolas. (a causa de + *tenebrae, -arum*, 'tinieblas')
c ▲ ▲ aper capros haedosque lacerat. (en + *area, -ae*, 'arena, circo')
d ▲ Romae ▲ numquam otium est. (en + *via, -ae*, 'calle')

ACTIVIDADES

e ▲ malorum vitiorum ▲ magister discipulos admonet. (sobre + *periculum, -i,* 'peligro')

f Saepe etiam ▲ ▲ sordido est sapientia. (bajo + *palliolum*, -i, 'capa pequeña')

g Herodoti historiae pugnam ▲ ▲ narrant. (cerca de + *Thermopylae, -arum*, 'Termópilas')

h Regnorum fundamentum ▲ ▲ in iustitia est. (sin + *dubium, -i*, 'duda').

17 Relaciona cada dibujo con un sintagma preposicional.

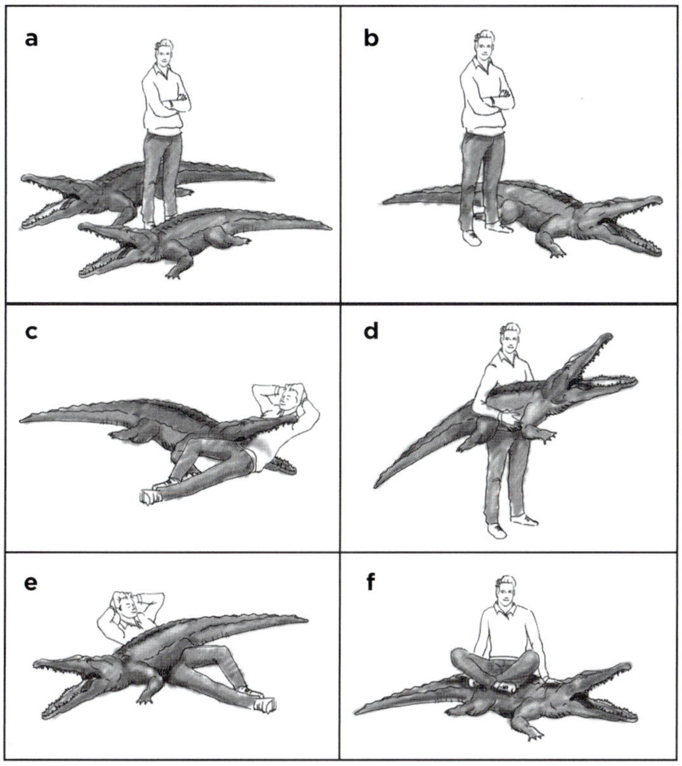

inter crocodilos; sub crocodilo; cum crocodilo; in crocodilo; ad crocodilum; supra crocodilum

18 CS Traduce el texto y contesta a las preguntas.

El asesinato de un tirano

Tyrannus dolo et audacia patriam opprimit, ergo Graeciae incolae liberi non sunt, praecepta iusta non habent et ob tyranni iniurias semper in periculo vivunt. At iusti incolae iniquum tyrannum coniurant et concordia animoque pugnant et patriam liberant a tyranni impio imperio. In moenia incolae et advenae veniunt, arma conducunt intra moenia et, cum tyrannus ad aram appropinquat, pauci viri gladiis et pilis tyrannum petunt et occidunt: nam socii tyranni non pugnant pro iniquo et patriam cum incolis et advenis liberant.

a Clasifica las palabras invariables del texto.

preposiciones	adverbios	conjunciones

b ¿Qué diferencia adviertes entre las preposiciones, los adverbios y las conjunciones?

c Indica a qué palabras castellanas han dado lugar los siguientes términos latinos: *tyrannus, patria, iustus, pecunia, imperium, venio, socius, corruptus, liber, iustus.*

d Busca información sobre Harmodio y Aristogitón, los tiranicidas representados en la imagen.

19 CM Traduce el texto y contesta a las preguntas.

Cicerón y el sepulcro de Arquímedes

Cicero Syracusas venit et oppidi incolas interrogat: «Ubi Archimedis sepulcrum est?». Semper tamen respondent: «Nescimus». Sed, haud multo post, Cicero in oppidi loco, ubi multa sepulcra sunt, deambulat: videt columellam cum figura sphaerae et cylindri. Incolae locum purgant et aperiunt: Cicero legit titulum et exclamat: est summi mathematici sepulcrum!

a Busca todas las palabras invariables que aparecen en el texto y clasifícalas.

b Indica la conjugación de los verbos de este texto.

c ¿Por qué crees que en el sepulcro de Arquímedes había una esfera y un cilindro?

Pictograma

Ideograma

a					
Ꭰ	a				
Ꭶ	ga	Ꭷ	ka		
Ꭽ	ha				
Ꮃ	la				
Ꮉ	ma				
Ꮎ	na	Ꮏ	hna	Ꮐ	nah
Ꮖ	qua				
Ꮝ	s	Ꮜ	sa		
Ꮣ	da	Ꮤ	ta		
Ꮬ	dla	Ꮭ	tla		
Ꮳ	tsa				
Ꮹ	wa				
Ꮿ	ya				

Silabario

1. Los sistemas de escritura

La escritura es la representación visual de la lengua mediante un sistema de signos gráficos adoptados convencionalmente por una comunidad de personas. Utiliza soportes muy variados: piedra, arcilla seca, barro cocido, papiro, pergamino, papel o pantallas de ordenador. Permite que nos comuniquemos en el tiempo y en el espacio.

En la larga historia de la humanidad, la escritura es de reciente invención: mientras que el lenguaje articulado se utiliza desde hace unos cien mil años, la plasmación por escrito de este lenguaje no tiene más de cinco mil. La necesidad de la escritura surge en las sociedades comerciales y urbanizadas, que deben elaborar listas de cuentas, repertorios, registros administrativos y marcas de propiedad. A este fin, la escritura nace simultáneamente en Egipto y en Mesopotamia durante la segunda mitad del cuarto milenio a. C. Distinguimos, básicamente, los siguientes tres grandes sistemas de escritura:

1.1. Los sistemas ideográficos

En estos sistemas, cada signo representa a un objeto (hablamos entonces de pictogramas) o una idea (ideogramas).

En teoría, los ideogramas pueden entenderlos personas que no hablen la lengua en cuestión, pero en la práctica cada cultura tiene sus propias representaciones. Por ejemplo, los egipcios representan el agua como una ola en movimiento; los chinos, como la corriente del agua, y los aztecas, con el color azul en el interior de un recipiente.

La escritura ideográfica exige miles de signos y un larguísimo aprendizaje.

1.2. Los sistemas silábicos (silabarios)

En estos sistemas, cada signo representa a una sílaba. Una escritura silábica exige un promedio de 40 a 120 signos.

1.3. Los sistemas alfabéticos

En estos sistemas, cada signo suele representar a un sonido. Por lo general, gracias a las múltiples combinaciones posibles, unos treinta signos son suficientes para transcribir las palabras de una lengua.

Los orígenes semíticos del alfabeto

Se tiende a localizar el nacimiento de la escritura alfabética en una región que actualmente corresponde a Oriente Próximo (Líbano, Israel, Siria, Jordania), hacia el segundo milenio a. C. El antiguo alfabeto semítico de Oriente Próximo fue originariamente un préstamo de la civilización egipcia. La escritura egipcia era de carácter jeroglífico y cada pictograma se podía utilizar para representar el primer sonido de la palabra representada. Por ejemplo, el signo que representaba a la lechuza equivalía a una *m*, dado que 'lechuza' en copto era **mûlotch**. Puesto que en las lenguas semíticas todas las palabras empiezan por consonante, los jeroglíficos dieron lugar a un alfabeto consonántico.

Paralelamente, en torno al siglo XIV a. C. se inventó en Ugarit, en la costa fenicia, una escritura alfabética consonántica de treinta signos que utilizaba el sistema gráfico cuneiforme.

El cuneiforme desapareció, pero la escritura alfabética siguió evolucionando. A finales del siglo XII a. C., los fenicios definieron un alfabeto de 22 signos. Asimismo, estabilizaron la forma de las letras y fijaron el sentido de la lectura, de derecha a izquierda. El alfabeto fenicio representaba las consonantes, pero carecía de signos para las vocales.

La escritura cuneiforme utiliza principalmente ideogramas, con algunos pictogramas o signos esquemáticos derivados de estos. Los sumerios crearon este sistema hacia el 3150 a. C.

La aparición de las vocales

La lengua griega ofrecía unas particularidades que hacían difícil representar únicamente las consonantes: por ejemplo, muy a menudo en griego había grupos de dos o tres consonantes, por lo que, si no se representaban las vocales, el texto resultaba casi ininteligible.

Ante esta situación, los griegos transformaron el alfabeto fenicio y lo adaptaron a su lengua. Estas modificaciones afectaron a algunas consonantes, pero lo más destacado es que se otorgó el valor de vocales a letras fenicias que tenían valor consonántico: esto es lo que sucedió con la alfa, la épsilon, la ómicron y la ípsilon. La iota fue incorporada al alfabeto.

De los fenicios y los griegos también heredaron el nombre de las letras (la alfa se corresponde con la aleph fenicia; la beta, con la beth, etc.) y el orden en que están dispuestas.

Inicialmente las palabras se escribían sin separación; los acentos también aparecieron posteriormente. Asimismo, los griegos escribían originariamente en bustrófedon. En este sistema, el sentido de la lectura era de izquierda a derecha y de derecha a izquierda, alternativamente en cada línea, a la manera de los bueyes que labran. El bustrófedon constituye un paso intermedio entre el sentido de la lectura fenicio y el que se acabó imponiendo, de izquierda a derecha, en el alfabeto griego estándar (el alfabeto jónico).

Código de Gortina (siglo V a. C.), escrito en bustrófedon.

En el año 403 a. C., bajo el arcontado de Euclides, Arquino hizo adoptar en Atenas una disposición según la cual las leyes, que hasta entonces se habían escrito en alfabeto local, se reeditarían en el alfabeto jónico. El resto de ciudades griegas siguieron progresivamente este ejemplo; de este modo se reconocía la superioridad de este alfabeto.

Los alfabetos itálicos

El alfabeto griego inspiró a las civilizaciones vecinas. Así, los etruscos, una civilización que se extendió por la actual Toscana en el siglo VII a. C., adoptaron el alfabeto griego para transcribir su idioma, una lengua que todavía no podemos interpretar aunque dispongamos de 13.000 inscripciones.

Los reyes etruscos gobernaron Roma hasta el siglo VI a. C., cuando fueron expulsados por las tribus originarias del Lacio. Una de estas tribus, los latinos (los futuros romanos), adoptó el alfabeto etrusco para transcribir su lengua. Así, hacia el siglo III a. C., se creó un alfabeto de diecinueve letras, la base del alfabeto latino posterior. La X, la Y y la Z se volvieron a introducir en el alfabeto en el siglo I a. C., ya que los etruscos habían renunciado a estas letras, que no se correspondían con ningún sonido en su lengua.

El alfabeto castellano y el de la mayoría de lenguas de Europa proceden de este alfabeto latino, con algunas modificaciones posteriores, como la generalización de las minúsculas o la introducción de nuevas letras (W, Ñ, distinción entre u/v o i/j, etc.).

Web con actividades interactivas sobre el origen y la evolución de la lengua latina: mapas, sopas de letras...

2. El latín, lengua con historia

Las primeras manifestaciones escritas del latín datan, aproximadamente, del año 500 a. C., época en la que Roma estaba bajo el poder de los etruscos, de los cuales tomó el alfabeto. Los etruscos, a su vez, lo habían adoptado de los griegos de la Magna Grecia. Los caracteres latinos, que todavía usamos, proceden, por lo tanto, de una versión occidental del alfabeto griego.

La historia de la lengua latina comprende un largo periodo en el que se pueden distinguir varias etapas:

1 **Latín preliterario** (s. VI-III a. C.). Los testimonios de este periodo son fundamentalmente inscripciones. Las primeras se remontan al s. VI a. C.: actualmente se considera que el ***Lapis niger*** (una inscripción sobre un bloque de piedra negra encontrada en el foro de Roma) es el primer testimonio de la lengua latina. Se trata de una lengua con influencias de otras lenguas de la península Itálica, sobre todo del griego y del etrusco. La etimología de numerosas palabras denota el origen campesino de la lengua (así, *versus*, 'vuelta del arado' o 'surco', pasa a significar 'verso').

2 **Latín arcaico** (s. III-I a. C.). En esta etapa encontramos los primeros testimonios de textos literarios. Es la época de **formación del latín literario**: los escritores inician un proceso de normalización de una lengua que hasta entonces no había sido empleada en la literatura escrita. Tomando como modelo el griego literario y con la voluntad de buscar una lengua pura y unificada, crean el léxico necesario para los distintos géneros y reflexionan sobre la ortografía, la gramática y los procedimientos estilísticos.

3 **Latín clásico** (s. I a. C.-I d. C.). Culmina el proceso de construir una lengua **apta para todas las necesidades de expresión**, abriéndose a nuevas modalidades de escritura hasta entonces poco cultivadas, como la filosofía, la lírica o la medicina. El latín literario o escrito alcanza su forma clásica, fundamentada en la lengua de las clases cultivadas de la ciudad de Roma.

4 **Latín posclásico** (s. I-III d. C.). El latín clásico, fijado como lengua literaria, se mantiene casi sin cambios, alcanzando una gran unidad en todo el Imperio, mientras que el latín hablado sigue la evolución normal de toda lengua viva y se distancia cada vez más del escrito, con **notables diferencias entre las variantes geográficas**.

5 **Latín tardío** (s. III-VII d. C.). Este periodo acaba en el momento en el que **el latín y la lengua hablada se perciben como entidades diferentes**. Tal percepción no aparece de pronto ni al mismo tiempo en todas partes. Dentro del latín tardío se integra el latín cristiano.

Posteriormente, el latín se emplea en la Edad Media y durante el Renacimiento. En cierto modo, es todavía una lengua viva, pues se continúan publicando obras en latín y es objeto de estudio para conocer mejor las lenguas románicas y la cultura que nos caracteriza como occidentales.

Las etapas que hemos presentado en este apartado se refieren siempre al latín que podríamos denominar «culto» o «literario». Sin embargo, el latín es una lengua que siempre presentó una marcada diglosia, es decir, una diferencia importante entre la lengua más formal y la que se hablaba normalmente.

Esta distinción es importante, ya que las lenguas románicas, y entre ellas el castellano, se basan en el latín hablado o vulgar, que evolucionó relativamente al margen de las etapas que hemos visto aquí.

nugae

La epigrafía estudia las inscripciones grabadas sobre piedra u otros soportes perdurables (metales, hueso, barro cocido, etc.). Con frecuencia, la inscripción aparece fragmentada y es tarea de los estudiosos intentar completarla. Existen dos procedimientos para restituir las partes perdidas: el estudio de la longitud de las líneas (generalmente las inscripciones presentaban un número de letras muy similar en cada línea) y el conocimiento de las fórmulas epigráficas empleadas normalmente, es decir, expresiones que se repiten a menudo, como DMS, *Dis manibus sacrum* ('dedicado a los dioses manes').

Relieve en mármol, siglo I d. C. Mérida.

ACTIVIDADES

20 CS **Identificación de escrituras.** Indica si en estos casos estamos ante un pictograma, un ideograma, un silabario o un alfabeto.

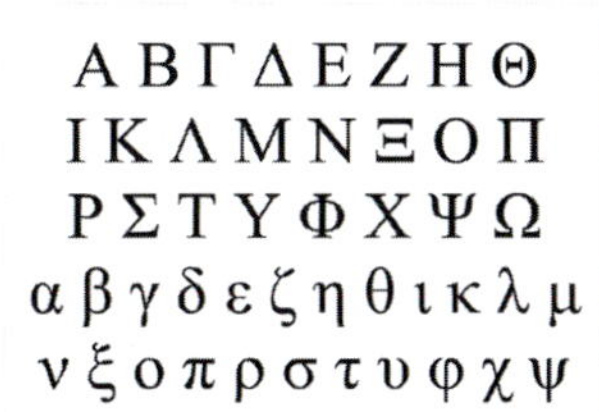

22 Explica qué significa que el latín «siempre presentó una marcada diglosia» y qué importancia tiene este hecho para entender el paso del latín a las lenguas románicas.

21 Sitúa en la tabla las características de cada etapa y los siglos que abarca.

Latín preliterario	
Latín arcaico	
Latín clásico	
Latín posclásico	
Latín tardío	

- siglos I-III d. C.
- siglos I a. C.-I d. C.
- siglos III-I a. C.
- siglos VI-III a. C.
- siglos III-VII d. C.

- Se forma el latín literario a partir del modelo griego literario.
- La lengua literaria y la hablada se distancian.
- El latín, conservado en inscripciones, recibe influencias de otras lenguas.
- El latín literario y el vulgar se llegan a percibir como lenguas diferentes.
- Se consigue una lengua culta y apta para todos los géneros.

23 CD Consulta en la página web el apartado *Latinitas nova* y escribe el nombre de cinco autores posteriores al siglo XV que hayan escrito en latín.

24 CI Observa esta inscripción latina y contesta a las preguntas.

Inscripción sepulcral para Octavia y Arbúscula (CLI VI 7872).

a ¿Qué orden de lectura se sigue, de izquierda a derecha o de derecha a izquierda?
b ¿Están separadas las palabras? ¿Cómo?
c En cuanto a las letras, ¿son mayúsculas o minúsculas? ¿Hay distinción entre *u* y *v*?
d ¿Qué letras de nuestro alfabeto no aparecen nunca?

Igual que el latín, el **griego** nos ha dejado muchos prefijos que perviven en nuestra lengua.

prefijo	significado	ejemplos
a-, an-	negación, privación	átono analfabeto
anti-, ant-	contra	anticuerpo
dia-	a través de	diámetro
ec-, ex-	fuera, hacia fuera	eclipse, éxodo
endo-	dentro	endorfina
exo-	fuera	exogamia
cata-	de arriba abajo, debajo	cataplasma
meta-, met-	más allá de, cambio de lado de	metafísica, metamorfosis
peri-	alrededor de	periplo
sin-, sim-, sil-	unión, compañía	sincronía, simbiosis, sílaba
hiper-	por encima de	hipertensión
hipo-	por debajo de	hipotensión

Adán y Eva expulsados del paraíso, de Charles-Joseph Natoire (1740). Adán y Eva son *antediluvianos*, ya que vivieron antes del diluvio universal.

1. Los prefijos de origen latino

En castellano se han formado y se continúan formando muchas palabras con la ayuda de prefijos latinos. Estos prefijos eran mayoritariamente preposiciones (**ad**, 'a, hacia') y adverbios (**infra**, 'abajo, más abajo').

A continuación encontrarás una tabla con los principales prefijos de origen latino. Algunos han experimentado cambios fonéticos y ortográficos.

- El prefijo **in-** se transforma:
  - en **im-** delante de lexemas que empiezan con **b**, **p** (***im**berbe*, ***im**potente*);
  - en **i-** delante de lexemas que empiezan con **l** (***i**lógico*);
  - en **ir-** delante de lexemas que empiezan con **r** (***ir**real*).
- El prefijo **ex-** se conserva en castellano (***ex**poliar*). En otras lenguas románicas también puede conservarse, o bien convertirse en **es-** o **e-** (italiano, ***es**posizione*, francés: ***é**tendu*).
- El prefijo **con-** se transforma:
  - en **com-** delante de lexemas que empiezan con **b**, **p** (***com**probar*, ***com**bustión*);
  - en **co-** delante de lexemas que empiezan con **l** (***co**laborar*);
  - en **cor-** delante de lexemas que empiezan con **r** (***cor**romper*).

Prefijo latino	Significado	Ejemplo en castellano
ab-, abs-	separación, alejamiento	abjurar, abstención
ad-	hacia	adviento
ante-	anterioridad en el espacio	anteposición, antediluviano
circum-	alrededor	circunferencia
con-	juntamente, con	conciudadano
contra-	oposición	contraindicación
des-, dis-	opuesto a, separación	desunir, dislocar
ex-	fuera, más allá	excéntrico
extra-	fuera de	extralimitación
in-	negación, hacia dentro	inhábil, incluir
infra-	en situación inferior	infrahumano
inter-	entre	interacción
post-	detrás, después	posdiluviano
pre-	delante, antes	prefijo, prehistoria
pro-	en lugar de, delante, a favor de	prótesis, propuesta, proamericano
re-	de nuevo, otra vez	recobrar
sub-	debajo, en grado inferior	subterráneo, subalterno
super-	sobre, más allá	supersónico
trans-, tra-	más allá, a través	transiberiano, traslúcido
ultra-	más allá, en alto grado	ultraderecha, ultramar

ACTIVIDADES

25 CI **Identificación de prefijos y sufijos.** Escribe dos palabras con cada uno de los siguientes prefijos y explica sus significados.

ad-	in-, im-, ir-
circum-	re-
con-	trans-
des-	ultra-

26 Forma palabras derivadas relacionando los lexemas con los prefijos y/o con los sufijos (incorpora los cambios fonéticos que sean necesarios). Escribe, como mínimo, diez palabras de cada combinación.

a lexema + sufjo **b** prefijo + lexema + sufijo

Prefijos: in-, des-, re-
Lexemas: lig-, incorpor-, produc-, imagin-, sustitu-, construc-, alquil-
Sufijos: -ar, -able, -ada, -tivo, -ible, -ción, -ir

27 Detecta los prefijos y los sufijos de estas palabras y subráyalos.

interpretación, proactivo, tránsfuga, adyacente, circunvalación, abstraer, deshumanizado, extracomunitario, reunión, incomunicar, descatalogada, infrarrojos, pedrada, superhéroe, posmodernidad, irreal, empedrado, precintado, abstinencia, correligionario extensivo, impersonal, regenerar

28 Clasifica estas palabras, que tienen prefijos griegos, según estos indiquen *dentro* o *fuera*.

endocrino, exoftalmia, endocardio, endogastritis, fonendoscopio, exorcismo, exotérico, endógeno, exótico, exógeno, exogamia.

dentro	fuera

29 CA Construye palabras combinando los prefijos de la columna de la izquierda con las palabras de la columna de la derecha. Después, escribe una oración con cada una de las palabras que hayas obtenido.

ad-	histórico
des-	yacente
ex-	alterno
extra-	consciente
in-	data
pos-	regidor
pre-	fino
sub-	ocupado

30 CS Clasifica las palabras según la forma que presenta en ellas el prefijo griego *sin*-.

síndrome, silogismo, simbiosis, sinécdoque, sintaxis, síntesis, sinfonía, sínodo, sinonimia, sintético, simetría, simpático, sinapsis, síncope, sinestesia, asíndeton, sinagoga, sinalefa, polisíndeton, símbolo, sincretismo, sincronizar, sindicato, sinopsis, síntoma, sistema, sílaba, fotosíntesis, idiosincrasia

sin-	sim-	sil-	sis-	se halla en el interior de la palabra

31 CI A partir de las palabras proporcionadas, forma, como mínimo, una palabra nueva por derivación: añade, al menos, un prefijo. Puedes consultar un diccionario.

costumbre	sentir
sustancia	razón
grande	vencer
sucio	pequeño
flojo	bravo
tocar	presión
valor	tratar
triste	presentar

nos gustan las palabras

La palabra **candidato** procede de *candidatus* ('persona vestida de blanco') y esta, del verbo *candere* ('ser blanco, brillar intensamente'), y se utilizaba en Roma para designar a los aspirantes a cargos públicos.

En el ritual político romano, los candidatos debían cambiar su toga habitual por una túnica blanca (*candida*) con la que se exhibían públicamente para manifestar la pureza y honradez que cabe esperar de los hombres públicos.

Candere, a su vez, procede de la raíz indoeuropea *kand-* o *kend-* ('brillar'), de la que han derivado palabras como *candelabro*, *candente*, *candela*, *cándido*, *incandescente* o *incendio*.

Expansión de Roma durante la República

Conquista de Italia (509-272 a. C.)

La amenaza de los pueblos itálicos vecinos duró dos siglos.

- **Guerras samnitas**
  - Disolución de la Liga Latina (latinos y volscos), en el 338 a. C.
  - Derrota de los pueblos del norte (etruscos, umbros y galos) en el 283 a. C.
- **Guerra de Tarento** contra el rey Pirro (280-276 a. C.). Roma anexionó la Magna Grecia.

Expansión mediterránea (272-27 a. C.)

Guerras contra Cartago: las guerras púnicas.

- **Primera Guerra Púnica.** Se desarrolla en Sicilia e Hispania.
- **Segunda Guerra Púnica.** Publio Cornelio Escipión el Africano venció a Aníbal en Zama (202 a. C.).
- **Tercera Guerra Púnica.** Destrucción de Cartago.

Anexión de Macedonia, Grecia, Asia Menor, Egipto, Siria, las Galias e Hispania.

El vídeo sigue los movimientos de romanos y cartagineses en su enfrentamiento durante las guerras púnicas.

1. La República

Después de la caída de la Monarquía, con la expulsión del último rey, Lucio Tarquino el Soberbio (509 a. C.), Roma inició el periodo republicano, que llegó hasta el 27 a. C.

1.1. El funcionamiento de la República

El rasgo más importante de la República es que, en sustitución del rey, se instauró un sistema de gobierno más complejo representado por:

- Dos **magistrados** elegidos por los ciudadanos, conocidos como pretores, que más tarde recibieron el título de cónsules. Para evitar los abusos cometidos por los reyes, estos magistrados tenían dos limitaciones claras de poder: eran dos y ambos tenían el mismo poder (es decir, actuaban colegiadamente), y su cargo duraba solo un año.
- Aparecieron un conjunto de **magistraturas** que se encargaban de distintas funciones. Los primeros magistrados que no eran cónsules fueron los censores. Aparecieron en el 435 a. C. y tenían como principal misión elaborar un censo –o clasificación– de los ciudadanos.
- El **Senado**, órgano asesor que ya existía en la Monarquía, se modificó para dar entrada a los plebeyos.

Desde el siglo v a. C., los ciudadanos estaban divididos esencialmente en dos clases sociales: los **patricios**, que constituían la clase noble y que se consideraban descendientes de los fundadores de Roma, y los **plebeyos**, que no gozaban de plena ciudadanía y que eran mayoritariamente comerciantes y artesanos.

En el año 494 a. C., los plebeyos se amotinaron en el Aventino y amenazaron con fundar una nueva ciudad, rival de Roma. Este hecho obligó a los patricios a concederles una institución, los **tribunos de la plebe**, elegidos anualmente como representantes de los plebeyos para defender sus intereses. En el 445 a. C. los plebeyos consiguieron, mediante la ley Canuleya, legalizar los matrimonios entre patricios y plebeyos; más adelante, las leyes Licinias Sextias (367 a. C.) establecieron que uno de los dos cónsules tenía que ser plebeyo.

Estos cambios políticos dieron paso a una nueva aristocracia compuesta por patricios y plebeyos enriquecidos, y propiciaron que el ingreso en el Senado fuese casi un privilegio hereditario de estas familias. El Senado se convirtió en un órgano fundamental de poder: declaraba la guerra y firmaba la paz, establecía alianzas con pueblos extranjeros, decidía la fundación de colonias y gestionaba las finanzas públicas.

1.2. La expansión por Italia

El periodo republicano se caracterizó por una importante expansión territorial. La expansión de Roma empezó por Italia: debemos recordar que en sus inicios Roma era una pequeña población que a duras penas dominaba la región del Lacio. En la conquista de Italia fueron determinantes dos conflictos:

- Las **guerras samnitas** (343-290 a. C.). Roma encontró la oposición de varios pueblos itálicos que se unieron entre sí. En el año 338 a. C., Roma consiguió disolver la Liga Latina, de la que formaban parte los latinos y los volscos. La confederación de los pueblos itálicos del norte (etruscos, umbros y galos) fue derrotada en el año 283 a. C., y poco después lo fue la de los pueblos del sur.
- En el 281 a. C. la colonia griega de **Tarento**, al sur de la península Itálica (Magna Grecia), solicitó ayuda a Pirro, rey de Epiro, contra Roma. Aunque este resultó vencedor en distintas batallas, no detuvo a los romanos y tuvo que regresar a Grecia. Durante los diez años siguientes, Roma completó la conquista del sur de Italia y de esta manera consiguió dominar toda la península.

1.3. El control del Mediterráneo

Una vez dominada Italia, Roma se propuso expandirse por el Mediterráneo. El episodio más conocido de esta etapa son las guerras púnicas, que enfrentaron a Roma con la poderosísima Cartago. Comprenden tres etapas:

- La **Primera Guerra Púnica** (264-241 a. C.) se desarrolló inicialmente en Sicilia, pero después llegó a Hispania, territorio que se repartieron romanos y cartagineses. Fue, sobre todo, una guerra naval, en la que los cartagineses estaban bajo el mando de Amílcar Barca y, después, de Asdrúbal Barca.
- La **Segunda Guerra Púnica** (218-202 a. C.) es la más conocida, sobre todo por la expedición de Aníbal contra Roma cruzando los Alpes. Esta guerra provocó la derrota de Aníbal en la batalla de Zama, así como la llegada de Cneo Cornelio Escipión a Ampurias en el año 218 a. C.
- La **Tercera Guerra Púnica** (149-146 a. C.) tuvo lugar en territorio africano y significó la total destrucción de Cartago por Publio Cornelio Escipión Emiliano.

Termas de Antonino Pío, Cartago, siglo II d. C. Sobre las ruinas de la vencida Cartago, los romanos levantaron una nueva ciudad, con el mismo nombre.

1.4. Los conflictos internos

Los principales beneficiarios de la expansión territorial romana fueron los comerciantes plebeyos ricos y, sobre todo, las grandes familias patricias, que recibieron inmensos latifundios trabajados por esclavos.

En cambio, la guerra arruinó a los campesinos pobres, que se vieron obligados a emigrar. Roma se convirtió en una gran urbe con una numerosa plebe empobrecida que sobrevivía gracias a los repartos públicos o a su actividad como clientes (es decir, como plebeyos al servicio de los patricios). En este contexto se desarrollaron, desde el siglo II a. C., las **guerras sociales**, que tuvieron tres hitos significativos:

- Los **intentos de reforma agraria** de los hermanos Graco, a mediados del siglo II a. C., en virtud de los cuales se repartía el suelo público entre los pobres y se distribuía trigo al pueblo. Los senadores no vieron con buenos ojos estas reformas y los dos hermanos fueron asesinados.
- El **levantamiento de los pueblos itálicos** para reclamar el derecho de plena ciudadanía (91-89 a. C.). El tribuno Marco Livio Druso había prometido tierras a los plebeyos y el derecho de ciudadanía romana a los pueblos itálicos. Esto no gustó a los senadores y Druso fue asesinado en el 91 a. C. Entonces, los ejércitos aliados itálicos se rebelaron e iniciaron la Guerra Social (91-88 a. C.). Aunque estos pueblos fueron derrotados, finalmente consiguieron la plena ciudadanía.
- La **revuelta de esclavos de Espartaco** (73-71 a. C.). Los esclavos derrotaron varias veces a los ejércitos romanos. Finalmente, Craso y Pompeyo los sometieron. Espartaco murió y gran parte de sus hombres fueron crucificados a lo largo de la Vía Apia, en las afueras de Roma.

Fotograma de la serie *Spartacus*, dirigida por Steven S. DeKnight y protagonizada por Andy Whitfield en 2010.

ACTIVIDADES

1 CA **Sistema político romano.** Compara el sistema político de la Monarquía con el de la República.

	Monarquía	República
¿Cómo se repartía el poder?		
¿Qué papel tenía el Senado?		
¿Qué clases sociales había?		

2 Explica qué importancia tuvieron la ley Canuleya y las leyes Licinias Sextias.

3 Completa la siguiente tabla sobre las guerras púnicas.

	Primera Guerra Púnica	Segunda Guerra Púnica	Tercera Guerra Púnica
Escenario en el que tiene lugar			
Personajes que intervienen			
Consecuencias para los cartagineses			

4 CC Explica brevemente los episodios del periodo al que pertenecen estas imágenes. Te ayudará escuchar el audio propuesto en esta página.

Escucha la narración de los avatares de Aníbal en su incesante esfuerzo por vencer a Roma. Después, completa el texto con la información que falta.

Muerte de Cayo Graco. François Jean-Baptiste Topino-Lebrun (1764-1801).

Tapiz que representa la batalla de Zama, cerca de Cartago.

5 Indica a qué hecho hace referencia este pasaje de Plutarco.

En primer lugar, habiéndole llevado su caballo, desenvainó la espada y lo degolló, diciendo que, si ganaba, encontraría muchos y buenos caballos entre los enemigos, y que, si perdía, no necesitaría ninguno. Enseguida se dirigió contra Craso, avanzando entre armas y heridos, y aunque no lo tenía al lado, permaneció en pie, rodeado de muchos. Se defendió hasta que murió cosido a puñaladas. Craso tuvo la suerte de su parte. Había dirigido bien la guerra y no dejó de poner en riesgo su persona.

1. La educación

1.1. Finalidad

La educación romana tenía como principal objetivo transmitir a los muchachos el ideal de ***virtus***. El modelo de virtud romano era el del hombre consagrado totalmente a la comunidad, por lo que a los jóvenes se les ofrecían ejemplos de heroísmo cívico, que se presentaban como históricos incluso si eran legendarios.

La *virtus* comprendía también el **respeto por las tradiciones ancestrales** y familiares: el joven romano vivía en la admiración de sus antepasados y debía esforzarse por imitarlos. Continuamente contemplaba los bustos de los antepasados familiares, ya que estaban expuestos en el atrio de la casa y eran paseados solemnemente en cada entierro.

La *virtus* tenía también una dimensión religiosa. El hombre verdaderamente virtuoso debía ser capaz de anteponer el **respeto por las leyes divinas** no solo por delante de su propia vida y sus necesidades, sino también del interés inmediato de la patria. El verdadero patriotismo empezaba por la piedad y el respeto hacia los mensajes de los dioses.

1.2. Tipos de escuelas

Entre los romanos no existían las escuelas tal y como las conocemos actualmente. La escuela podía ser una simple habitación (*taberna*) o un local abierto, que daba a la calle (*pergula*). Las clases empezaban por la mañana, con una breve interrupción a mediodía para comer, y continuaban durante la tarde. Se impartía un total de seis horas de clase.

El curso se iniciaba a finales de marzo y el año escolar parece que duraba ocho meses, aunque no se sabe con exactitud si había un periodo oficial de vacaciones de verano: es probable que las escuelas estuviesen abiertas también durante los meses de verano, aunque debían de estar poco frecuentadas, ya que los padres solían hacer descansar a los niños en esta estación. No había escuela los días festivos ni los de mercado, que tenían lugar cada nueve días.

Sin embargo, la enseñanza no era obligatoria ni estaba controlada por el Estado, como hoy en día, sino que los padres decidían libremente sobre la educación de sus hijos, de forma que muchos niños no recibían instrucción.

Niños jugando a pelota, Museo del Louvre (s. II d. C.).

nos gustan las palabras

La palabra **escuela** viene del latín *schola, -ae* ('ocio', 'lección', 'estudio', 'escuela'), que a su vez proviene del griego *skholé* ('ocio', 'tiempo libre'). La evolución de este término, que pasó de denominar el divertimento y el ocio en griego a designar el lugar donde se estudia –realidades que en la actualidad nos parecen contradictorias–, se entiende porque el tiempo de ocio era el único momento en el que los aristócratas no tenían que dedicarse al trabajo y podían dedicarse al estudio; debe tenerse en cuenta que se trataba de un lujo que no estaba al alcance de la mayoría de la población.

1.3. Niveles educativos

DE LOS SIETE A LOS DOCE AÑOS

Maestro privado. A partir del siglo II a. C., los ciudadanos acomodados confiaban a sus hijos, desde los siete años, a un maestro privado, el *paedagogus*. Se trataba normalmente de un esclavo o liberto instruido, a menudo de origen griego, que enseñaba al niño la lengua griega, que se había difundido por todo el mundo antiguo y era considerada de prestigio.

Escuela o *ludus*. Los ciudadanos menos ricos que no podían permitirse un maestro privado enviaban a sus hijos a la escuela (*ludus* o *ludus litterarius*). La escuela no era pública, sino que pertenecía al maestro, que era retribuido por las familias de los alumnos. Las ventajas de saber leer y escribir eran tan apreciadas que la mayoría de padres estaban dispuestos a pagar.

Con el maestro (*ludi magister*) los niños aprendían a leer, a escribir y a contar. Había distintos profesores: el *litterator*, que enseñaba a leer y a escribir; el *calculator*, que enseñaba a contar, y el *librarius*, que perfeccionaba las habilidades de escritura de los niños. En ocasiones, las niñas también frecuentaban esta escuela, aunque no era lo habitual.

MÁS DE DOCE AÑOS

Muchachos. A partir de los doce años, los muchachos y las muchachas seguían caminos diferentes. Ellos continuaban sus estudios durante tres o cuatro años más con el ***grammaticus***, que impartía lecciones de lengua y literatura latina y griega, y nociones de historia, geografía, física y astronomía.

Muchachas. Las muchachas aprendían el oficio de *dominae*, es decir, de amas de casa, y se preparaban para casarse. Las hijas de las familias patricias podían aprender a tocar algún instrumento, a cantar o a hablar griego, con un preceptor privado.

TRAS LA ESCUELA

Los muchachos destinados a la vida política o la abogacía, tras la escuela del *grammaticus*, aprendían la retórica de los ***rhetores***. La retórica era el arte de hablar bien, en el Senado o en el foro.

1.4. Material didáctico

Los estudiantes romanos escribían sobre *cerae* o *tabulae*, unas tablillas de madera recubiertas de cera de color oscuro. La cera se esparcía por la tablilla, que tenía sus bordes en relieve, de forma que quedaba fijada y bien retenida. Las tablillas normalmente se ataban entre sí mediante un cordón que pasaba por unos orificios practicados en el margen, y así formaban una especie de libreta, el *codex*.

Para trazar las letras se utilizaba una caña rígida terminada en punta, el *stilus* o *graphium*, que rayaba la cera. Como en algunos lápices actuales, en la otra punta del *stilus* había una especie de espátula plana que servía para rascar las letras que se habían escrito por error.

En otros casos, los estudiantes escribían con tinta sobre rollos de papel (*papyrus*). Esta se elaboraba con negro de humo mezclado con pez, posos de vino o tinta de sepia. Para trazar las letras sobre el papiro se utilizaba una caña acabada en punta (*calamus*) o una pluma de ave también acabada en punta, similar a las plumas de oca de nuestros antepasados.

Tablilla de cera y *stilus*.

El papiro ya había sido utilizado antes por los griegos. Se guardaba enrollado. Los rollos de papiro tenían ventajas considerables: se podía escribir sobre ellos fácilmente con tinta, se podían borrar con agua los errores cometidos y era fácil hacer ilustraciones de color sobre ellos. Además, no pesaban demasiado y se podían transportar con facilidad. Pero también presentaban inconvenientes: al ser extensos, era difícil localizar un pasaje concreto; eran muy frágiles, se rasgaban fácilmente; debían sujetarse con las dos manos para leerlos y era preciso volver a enrollarlos al acabar cada lectura. Para que fuesen manejables, no podían ser demasiado largos.

Papiro.

Por este motivo, a finales del Imperio romano se adoptó un nuevo material de escritura, el pergamino, y un nuevo formato de encuadernación, el códice. El códice ya se parece a un libro actual: hojas plegadas, cosidas por un lado y protegidas por unas tapas duras. Era más resistente porque estaba cubierto por las tapas, más fácil de almacenar y transportar, más barato y manejable, y se localizaban en él los pasajes con mayor rapidez.

Para ayudarse en las cuentas matemáticas, los niños utilizaban sencillamente pequeñas piedras (*calculi*) o un ábaco (*abacus*), un instrumento de cálculo que permite realizar todas las operaciones aritméticas básicas. Los romanos operaban con pequeñas piedras o botones. Finalmente, para guardar los distintos utensilios, como estuche utilizaban una caja rígida.

ACTIVIDADES

6 Fíjate en esta imagen de un maestro con sus alumnos y realiza las actividades.

a Indica quién es el maestro y quiénes, los alumnos.
b ¿Se trata de un maestro privado o de un *ludus*?
c ¿De qué grupo de edad son los alumnos?
d ¿Qué materiales didácticos aparecen?

7 CI Compara el sistema educativo romano con el vigente en nuestro país (Infantil, Primaria, Secundaria, Bachillerato y estudios universitarios). ¿Dónde residen las principales diferencias?

a En la igualdad de oportunidades entre niños y niñas.
b En la edad de inicio y finalización del aprendizaje.
c En el material didáctico.
d En la estructura de los centros educativos.
e En las asignaturas y las especializaciones.

8 Explica cómo eran y para qué se utilizaban estos objetos en la escuela romana: *cerae, stilus, calamus, abacus.*

9 CC Lee el texto y responde a las preguntas.

a ¿Horacio pertenecía a una familia adinerada?
b ¿Quién crees que era Flavio? ¿Se puede tratar del maestro de escuela del pueblo?
c ¿Qué llevaban los niños que iban a la escuela de Flavio? ¿Cuánto pagaban?
d ¿A qué tipo de escuela crees que debía de ir Horacio en Roma?
e ¿Con qué objetivo crees que el padre de Horacio lo hizo estudiar en Roma? ¿Crees que consiguió su objetivo? ¿Por qué? Fíjate en la ilustración.

Si soy puro e incapaz de hacer daño a los demás, si soy apreciado por mis amigos, el mérito se debe exclusivamente a mi padre, quien, sin nada más en su poder que un magro terreno, no me quiso enviar al estudio de Flavio, al que iban los nobles hijos de los nobles centuriones, colgadas del brazo izquierdo su cartera y su tablilla, y por el que pagaban ocho ases cada idus; no. Él se arriesgó a llevar a su hijo a Roma para que fuese adoctrinado en las artes que todo caballero o senador enseña a sus propios hijos. Si alguien, en medio de la gran multitud, se hubiese fijado en mis ropajes y en los criados que me seguían, habría creído que aquel gasto me lo pagaba una poderosa fortuna heredada. Él, mi guardián más incorruptible, me acompaña de maestro en maestro.

Horacio, *Sátiras*.

LIBER PRIMVS I

Anto.Manci.In Qu.Horatii Flacci Carmina exquisita explanatio.

MEcœnas atauis edite regibus. Prima Ode Mecœnatem alloquitur: ostēditq; homines ipsos vel lucri causa diuersa exercere ministeria. Aliqui eni currēdi studio oblectātur fungi: aliqui

quos vidimus: & ita legendum est. Eritq; ordo: O Mecœnas edite atauis regibus: O & præsidium & dulce decus meum &c. sic enim repetendo plus vehementiæ & veneris habet. Præsidium: id quidē ad eius salutem & facultates atq; diuitias refertur. lib. epi. iii. Ode vero. xvi. ait: Ne

Edición del siglo XVIII del primer libro del *Arte poética*, escrito por el poeta Horacio (65-8 a. C.).

Los acueductos

Los acueductos tenían la finalidad de transportar grandes cantidades de agua de un lugar a otro, y, específicamente, proporcionar agua potable a las ciudades. Constaban de un depósito que captaba el agua y de un larguísimo canal de ladrillo o de piedra que la conducía hacia las ciudades. El canal se asentaba sobre el suelo, a cielo abierto o bien cubierto, y estaba construido con ladrillo o piedra, con un revestimiento interior de cemento. Si el terreno se elevaba, el canal se soterraba excavando la roca; si, por el contrario, se debía atravesar un fuerte desnivel, como un valle, el canal se mantenía al mismo nivel sostenido sobre una arcada. Los arcos constituyen la parte más espectacular y conocida de los acueductos.

Cuando los canales llegaban a las murallas de la ciudad, toda el agua transportada se recogía en una cisterna y desde este depósito se distribuía a los edificios y a los ciudadanos.

Había acueductos por todo el Imperio romano. La ciudad de Roma reunió su mayor concentración, con once acueductos construidos a lo largo de cinco siglos, de una longitud total de 350 km. El acueducto romano más largo se construyó en el siglo II a. C. para proveer de agua a Cartago a través de una conducción de 141 km.

En España destacan los acueductos de Tarragona, del siglo I d. C. (conocido como puente del Diablo o acueducto de Les Ferreres), y, sobre todo, el de Segovia, construido entre los siglos I y II d. C., que en la actualidad se encuentra en el corazón de la ciudad. Para proveer de agua establecimientos industriales, como minas, molinos o termas, los romanos construyeron canales con una técnica más sencilla y económica: los excavaban en la roca o directamente sobre el suelo con un simple revestimiento de fango interior.

Acueducto de Tarragona, siglo I d. C.

ACTIVIDADES

10 CM Lee este texto sobre la conservación del agua y responde a las preguntas.

> Nos consta por muchos documentos el cuidado que se tenía por impedir la degradación de los acueductos y los desvíos ilícitos de agua; sabemos que en el Circo Máximo no se regaba sin el permiso de los ediles y de los censores, ni siquiera el día en que se celebraban los juegos. Las propiedades que se habían regado con agua destinada al público eran confiscadas, y si se habían utilizado esclavos para cometer esta infracción, también eran confiscados. Las leyes de aquella época dicen: «Que nadie ensucie a propósito el agua que mana de las fuentes públicas; quien la ensucie, pagará una multa de 10.000 sestercios». Para prevenir delitos de este tipo, los ediles se encargaban de nombrar en cada barrio a dos ciudadanos como responsables de la vigilancia de las fuentes.
>
> Frontino, *Sobre los acueductos de la ciudad de Roma.*

a ¿A qué se destinaba el agua que llevaban los acueductos?

b ¿Qué delitos se cometían respecto al uso del agua?

11 CI Busca una imagen del acueducto más cercano a tu población y expón la información principal sobre él.

1 Analiza morfológicamente las siguientes palabras y cámbialas de número.

pecunias, agrum, anni, humorum, amico, agricolis

2 Traduce las siguientes oraciones. Después, cambia de número el verbo de cada una de ellas.

- **a** Deorum et dearum templa videmus.
- **b** Aurorae radii tenebras fugant.
- **c** Stellae splendent in caelo.
- **d** Coluber caprum mordet et necat.
- **e** Legionarii hastis et gladiis pugnant.
- **f** Incolae oppidum muniunt et fossa cingunt.
- **g** O bella, saepe estis causa malorum.
- **h** Romani navigiorum carinas saepe figuris exornant.
- **i** Propter frumenti inopiam tribunus reducit in oppidum copias sociorum.

3 Traduce las siguientes oraciones y clasifica las palabras de la segunda declinación que contienen, según el nominativo que presenten.

- **a** Muri et valla et fossae sunt in bello munimenta oppidorum.
- **b** Sub vesperum pueri et puellae in horto deambulant.
- **c** Nautarum prudentia ac peritia scopulorum insidias vitant.
- **d** In silvis ventus fagorum et platanorum ramos agitat.
- **e** Legatus populo copiarum victoriam nuntiat.
- **f** Germani in silvis apros et cervos necant.
- **g** Romanorum copiae machinis barbarorum oppidum expugnant.
- **h** Non semper arbitrorum sententiae adversariorum discordias sedant.
- **i** Dominus et domina semper villae otia diligunt.
- **j** In campis Italiae multi et magni tauri sunt.

4 Traduce estas oraciones.

- **a** Romani legatum in Galliam cum catapultis, vineis et gladiis mittunt.
- **b** Agni a lupis fugiunt, nam lupi agnos saepe devorant.
- **c** Servi villam domini cum palis strenue defendunt.
- **d** Claudius amicis litteras saepe scribit servique ad villas portant.
- **e** Servus rivi aqua hortum rigat.
- **f** Ventus horti muros vastat et mali ramos agitat.
- **g** In historiae libris Alexandri Magni memoria etiam nunc vivit.
- **h** Pericula belli terrent quietos agricolas.
- **i** Auriga equos regit.
- **j** Laudo ingenium Marcelli.
- **k** Germanicorum feminae in pugnis sagittas viris praebent.
- **l** Asinus puerum portat.
- **m** In Marci stabulum lupus venit et capras necat.

5 Observa la ilustración e indica qué oración no se le puede aplicar.

- **a** Ancilla gallinis escam dat.
- **b** Servus ianua intrat et ancillam vidit.
- **c** Gallinae non edunt, sed volitant.
- **d** Iuxta ancillam sunt duae amphorae.

6 Lee el texto y realiza las actividades relacionadas.

Los esclavos en Roma

Post Punica bella et post multas Romanas victorias in Italia, Africa, Graecia et Hispania, multi captivi Romam veniunt: Romani captivos et captivorum filios servos faciunt, ergo multi servi Romae *(en Roma)* sunt. Servi agros colunt et dominos in negotiis et officiis adiuvant; saepe servi litterati et docti sunt: itaque Romani Graecos servos ut paedagogos vel magistros adhibent. Saepe dominus servos magna clementia tractat; sed, si servus culpam committit, dominus servum ligno vel ferula sine clementia castigat. Interdum dominus servos manumittit: libertus liber vir est, sed operas suas patrono praestare debet (*debe prestar*).

- **a** Detecta las palabras de la segunda declinación que hay en el texto.
- **b** Indica qué palabras o sintagmas del texto desempeñan la función de CD.
- **c** Copia los adverbios del fragmento.
- **d** En el texto se habla de una forma de convertirse en esclavo. ¿Conoces otra?

▲ **7** Traduce el texto y realiza las actividades.

Otium nostrum iucundum est. Etsi divitias magnas non habemus et praedium nostrum exiguum est, tamen satis commode vivimus. Nos (*nosotros*) enim magnificas villas et marmorea pavimenta contemnimus. Plerumque circa horam primam (*hacia las siete*) evigilamus, hortum nostrum pererramus, varias plantas disponimus. Ambulamus, vel per semitas incedimus. Saepe in antrum opacum intramus et ibi legimus aut scribimus. Balnei cito venit hora. Deinde accubamus et prandemus, dum servus mensam ministrat. Postea tabellas poscimus et scribimus. Si vicini adveniunt, in aperto sedemus et iucunda habemus colloquia. Campos et saxa circumspicimus, dum procul villarum tecta iam fumant.

Villa romana del Casale, en Sicilia.

a ¿Qué palabras del texto son neutras? Indica en qué caso están.
b ¿En qué persona están la mayoría de los verbos del texto? ¿Qué tipo de plural es?
c Clasifica los verbos del texto según la conjugación a la que pertenezcan.
d ¿Qué preposiciones aparecen en el texto? ¿A qué palabras acompañan?

▲ **8** **Comprensión global de textos.** Traduce este texto y realiza las actividades.

Agrippa cum Marci filio ambulat. Gaius poeta Agrippae monstrat altas piros, malos ramosas, cerasos iucundas. Poma dat amico. Postea in magnam silvam veniunt. Sunt in silva pini procerae, fagi altae, tiliae opacae; sunt etiam ferae in silva, nam silva est domicilium cervorum et aprorum. Est in silva rivus. Ripae rivi sunt amoenae umbra pinorum altarum et platanorum opacarum. Tum pueri sub umbra fagi altae sedent. Deinde Agrippa amicum suum interrogat: «Feraene sunt in silva?». Tum Gaius: «Silva est domicilium ursorum et luporum et aprorum; plena est aprorum». Subito magnum et ferum aprum vident. Tum Gaius magna gaudio exclamat: «Ecce aper!». Haudquaquam gaudet Agrippa; timet, sed nihil respondet.
Mox tamen Gaius aprum sagittis acutis vulnerat, nam sagittarius est peritus. Sed aper nondum est mortuus: in Gaium irruit et iam iam bellicosum poetam lacerat, sed sine mora Agrippa gladio beluam necat. Tum pueri tam gloriosa victoria gaudent. Postea Marcus et Augustus cum Iulia ad locum forte veniunt. Vident aprum mortuum; mox pueros vident, audiunt de proelio et audaciam puerorum laudant.

a Completa las oraciones en latín.
  1 Filius Marci cum ▲ ambulat.
  2 Silva habet pinos ▲, ▲, ▲.
  3 Lupi et apri in silva ▲.
  4 Pueri gaudent, quia ▲ mortuus est.
  5 Marcus, Augustus et ▲ ad locum veniunt et vident ▲ et ▲.
b Indica qué adjetivo se aplica a cada sustantivo.
c ¿Qué función realizan los sintagmas *cum Marci filio / cervorum et aprorum / sagittis acutis / bellicosum poetam / Marcus et Augustus?*

post data

Dédalo

1. Tyrannus insulae fabro magno inimicus erat.
2. Daedalum, reginae ministrum, ad bestias damnat.
3. Daedalus magna audacia fugam parat.
4. Alas teneras fugae causa aedificat.
5. Viam stellis et lunae finitimam parat.
6. Vir magnus ad Italiam alis teneris navigat.
7. Daedalus viae tutae causa templum aedificat.
8. In templo alas deo sacras servat.
9. Magnas templi portas ornamentis multis ornat.
10. Daedalus nunc est in numero clarorum fabrorum.

La caída de Ícaro (1636). Jacob Peter Gowy.

9 **Fabula picta.** ¿Qué pasaje del mito explica cada viñeta? Traduce su leyenda.

AULIS INSULA EST. IBI GRAECI REMANENT QUIA VENTI ADVERSI SUNT.

DICIT CALCHAS DIVINUS: "DIANA DEA INCENSA EST ODIO. IPHIGENIAE VITAM FLAGITAT".

AGAMEMNON IAM GLADIUM DEXTRO BRACCHIO TENET ET PAENE PUELLAM IMMOLAT.

SED DIANA DEA MISERICORDIAM HABET ET CERVAM PRO PUELLA ADDUCIT.

10 CD Realiza las actividades de autoevaluación de esta unidad que hallarás en los recursos digitales.

verba in glossario

En algún caso excepcional, un sustantivo puede carecer de singular y declinarse únicamente en plural. Estos casos se denominan *pluralia tantum*. Cuando los encontremos, tendremos que buscar la palabra igualmente en nominativo, pero en plural. Por ejemplo:

Primera declinación

divitiae, -arum (riquezas)
epulae, -arum (banquete)
nuptiae, -arum (bodas)
tenebrae, -arum (tinieblas)
Athenae, -arum (Atenas)
Syracusae, -arum (Siracusa)

Segunda declinación

arma, -orum (armas)
inferi, -orum (dioses inferiores)
liberi, -orum (hijos)

Los dioses

ZEUS (JÚPITER)

Tras derrotar a Cronos, se convirtió en el dios soberano del Olimpo. Compartió el poder con sus dos hermanos (Poseidón mandaría sobre las aguas, y Hades, sobre los infiernos) y se reservó para sí el cielo y la tierra. Como dios del cielo, estaba caracterizado por el rayo; asimismo, se le representa con barba, sentado en un trono, con un cetro y un águila junto a él.

Zeus es conocido por sus múltiples relaciones con mortales a raíz de las que se metamorfosea: Leda (en cisne), Alcmena (en Anfitrión), Dánae (en lluvia de oro), Europa (en toro), Ganimedes (en águila).

POSEIDÓN (NEPTUNO)

Es el dios del mar, de los terremotos y de los caballos. Estaba casado con la ninfa Anfítrite y llevaba un tridente y larga cabellera.

A raíz de un enfrentamiento con Atenea por el dominio del Ática, los dioses decretaron que se lo darían a quien concediese a la región lo que fuera más útil. Poseidón hendió su tridente en la Acrópolis e hizo surgir un caballo, emblema de la guerra. Por su parte, Atenea, con un golpe de lanza, hizo brotar el olivo, símbolo de la paz. Los dioses consideraron que el olivo era más útil y cedieron el patronazgo de Atenas a Atenea.

HADES (PLUTÓN)

Era el dios del mundo subterráneo. Raptó a Perséfone y la convirtió en su mujer. En ocasiones se representa a Hades con el perro Cerbero, que tenía tres cabezas y custodiaba las puertas del Infierno.

HERMES (MERCURIO)

Hijo de Zeus y de Maya, era un dios astuto, protector de los ladrones y de los comerciantes: al poco de nacer inventó la lira, que elaboró con el caparazón de una tortuga. Robó las vacas sagradas de Apolo, quien se enfureció al principio, aunque luego hicieron las paces e intercambiaron regalos: Hermes regaló a Apolo la lira, y este ofreció a Hermes una varita que servía para reconciliar a los enemigos. Sus atributos eran el caduceo y las sandalias aladas. Tuvo un hijo andrógino con Afrodita, Hermafrodito.

TRADITIO

1 Identifica al dios o el hecho relacionado con él que está representado en las imágenes de estas dos páginas.

▲ **2** Lee este texto y contesta:

- **a** ¿A qué mito se hace referencia?
- **b** ¿De qué tiene miedo el poeta? ¿De qué modo le es útil la referencia mítica?
- **c** Busca un soneto de Garcilaso de la Vega que trate la misma historia.

Los mitos, en el campo, siempre acechan.
Yo nunca estoy seguro
de lo que tu apariencia me insinúa:
que eres simple mortal, de pura carne.
Cuando libras tu cuerpo de las sedas
un recuerdo de ninfa o diosa altiva
convierte nuestro abrazo en una fábula.

Y así, en el campo, un día,
si te suelto la mano, volver puedes
a tu mito y dejarme a mí llorando
al pie de un árbol:
soñando brazos y mirando ramas
en que a pesar de todos los inviernos
el recuerdo certero reconoce
un latido de sangre que me amaba...

Pedro Salinas

ARES (MARTE)

Es el dios de la guerra, hijo de Zeus y de Hera. Tuvo relaciones con Afrodita, lo que provocó la venganza de Hefesto.

DIONISO (BACO)

Era hijo de Zeus y de Sémele. Sémele fue fulminada por Zeus, por lo que este tuvo que continuar la gestación de Dioniso cosiéndoselo en su muslo. Los cultos a Dioniso, dios de la vid y del vino, eran protagonizados por bacantes, tenían un carácter desenfrenado y conducían, a menudo, al éxtasis místico.

Provocó la muerte de Penteo, dios de Tebas. Dioniso llegó a Tebas de incógnito para implantar su culto. Hizo enloquecer a las mujeres de la población y las hizo huir al bosque. Penteo, disfrazado de mujer, se dirigió a las montañas para ver qué hacían las mujeres, entre las que se encontraba Ágave, su madre. Estas lo confundieron con un león y lo destrozaron.

HEFESTO (VULCANO)

Era el dios del fuego, el artesano divino por excelencia: creó utensilios como el cetro y la égida de Zeus, el tridente de Poseidón o las flechas de Apolo y Artemisa, además del carro alado de Helios. Para los mortales forjó las armas de Eneas o el escudo de Heracles. Fue arrojado a la Tierra desde el Olimpo, lo que le provocó una cojera permanente. Intentó violentar a Atenea; de este hecho nació Erictonio, el primer rey semimítico de Atenas.

APOLO (FEBO)

Nació en la isla de Delos, aunque muy pronto se marchó a Delfos. Allí mató a la serpiente Pitón, que vigilaba el oráculo de Temis. Apolo estableció su propio oráculo, transmitido por Pitia o Pitonisa.

Se enamoró de Dafne, que se convirtió en laurel para escapar de la persecución del dios. También se enamoró de Jacinto, que murió por intervención de Céfiro, quien estaba celoso de Apolo. A su muerte, Jacinto se convirtió en la flor homónima.

Marsias retó a Apolo a un concurso de flauta. Al resultar ganador Apolo, y puesto que los dioses habían decidido que el vencedor podía hacer lo que quisiera con el vencido, ató a Marsias a un árbol y lo desolló.

LATINE DICTUM

3 Mitología grecolatina. Análisis morfosintáctico. Traduce el texto.

Mercurio

Deus Mercurius Maiae filius est et caelicolum convivia sono lyrae recreat. Saepe advolat in terram, nam deorum nuntius est et nuntii officia explet: deorum iussa in terram viris portat. Deus mercaturae, doli, somniorum pascuorumque patronus est: Mercurius saepe viris beneficia dat. Incolae praesertim Arcadiae templa atque aras deo erigunt: in viis et in compitis Hermae seu Mercurii statuae sunt. Arcadiae incolae quotannis ob dei beneficia Hermas coronis ornant. Deus caduceum habet animasque ad inferos ducit.

III

ORFEO

Apolo había regalado una lira a su hijo Orfeo cuando era niño y el hijo del dios era capaz de arrancar de su lira los sonidos más dulces del mundo. Con su música hechizaba a las personas y amansaba a las fieras.

Un día, Orfeo se enamoró de la ninfa Eurídice y no tuvo ojos para nadie más. Siendo ya su esposa, Eurídice pisó una serpiente venenosa; esta le picó y la joven murió en el acto. Orfeo no dejaba de lamentarse y llorar, hasta que tomó una decisión arriesgada: iría a buscar a su esposa al reino de los muertos, al temible Hades.

La frontera entre la tierra de los vivos y la de los muertos era la laguna Estigia, que nadie podía atravesar si no era a bordo de una barca dirigida por el barquero Caronte. Orfeo hechizó a Caronte con su bella música para convencerlo de que, aunque no estuviese muerto, le permitiese atravesar la laguna. En la otra orilla de la Estigia, el can Cerbero, un perro de tres cabezas, guardaba celosamente la puerta de entrada a la tierra de los muertos: ningún vivo la podía atravesar. Pero, una vez más, Orfeo se valió de su arte para tranquilizar al perro, que lo dejó pasar.

Hades y Perséfone, los señores del reino de Hades, también quedaron seducidos por los sublimes sonidos de la lira de Orfeo y le permitieron lo imposible: que se llevase a su amada. Solo tenía que cumplir la condición de no mirarla hasta que hubiesen abandonado el Hades.

Orfeo cumplió escrupulosamente el pacto y no miró en ningún momento a Eurídice. Sin embargo, ya a punto de subir a la barca de Caronte, temió que lo hubiesen engañado, que la mano que cogía no fuese la de su amada... y giró levemente la cabeza para comprobarlo. Entonces, una fuerza sobrehumana arrastró a Eurídice de nuevo hasta las profundidades del Hades.

1. Los adjetivos de la primera clase

En esta web podrás practicar el arte de declinar los adjetivos.

Los sustantivos y los adjetivos latinos concuerdan en género, número y caso. Hay más de un tipo de adjetivo. En esta unidad trataremos un adjetivo que tiene **tres terminaciones**, una para cada género: los adjetivos masculinos y neutros se declinan siguiendo el modelo de la segunda declinación; y los femeninos, siguiendo el modelo de la primera declinación.

Estos adjetivos son conocidos como **adjetivos de la primera clase** y se declinan según dos modelos: los que tienen el nominativo masculino acabado en **-us** (**a**) y los que tienen el nominativo acabado en **-er** (**b**).

a Modelo de los adjetivos con nominativo masculino en *-us*

Nos basamos en *bonus, bona, bonum* ('bueno').

	SINGULAR		
	Masculino	**Femenino**	**Neutro**
Nominativo	bon**us**	bon**a**	bon**um**
Vocativo	bon**e**	bon**a**	bon**um**
Acusativo	bon**um**	bon**am**	bon**um**
Genitivo	bon**i**	bon**ae**	bon**i**
Dativo	bon**o**	bon**ae**	bon**o**
Ablativo	bon**o**	bon**a**	bon**o**

	PLURAL		
	Masculino	**Femenino**	**Neutro**
Nominativo	bon**i**	bon**ae**	bon**a**
Vocativo	bon**i**	bon**ae**	bon**a**
Acusativo	bon**os**	bon**as**	bon**a**
Genitivo	bon**orum**	bon**arum**	bon**orum**
Dativo	bon**is**	bon**is**	bon**is**
Ablativo	bon**is**	bon**is**	bon**is**

b Modelo de los adjetivos con nominativo masculino en *-er*

Nos basamos en *miser, misera, miserum* ('desgraciado').

	SINGULAR		
	Masculino	**Femenino**	**Neutro**
Nominativo	miser	miser**a**	miser**um**
Vocativo	miser	miser**a**	miser**um**
Acusativo	miser**um**	miser**am**	miser**um**
Genitivo	miser**i**	miser**ae**	miser**i**
Dativo	miser**o**	miser**ae**	miser**o**
Ablativo	miser**o**	miser**a**	miser**o**

	PLURAL		
	Masculino	**Femenino**	**Neutro**
Nominativo	miser**i**	miser**ae**	miser**a**
Vocativo	miser**i**	miser**ae**	miser**a**
Acusativo	miser**os**	miser**as**	miser**a**
Genitivo	miser**orum**	miser**arum**	miser**orum**
Dativo	miser**is**	miser**is**	miser**is**
Ablativo	miser**is**	miser**is**	miser**is**

Hay una variante de los adjetivos de tres terminaciones, que son los adjetivos de tipo *pulcher, pulchra, pulchrum*. Como sucedía con el sustantivo *magister, -tri*, estos adjetivos solo tienen **-e-** en el nominativo y vocativo singular masculinos, mientras que la pierden a partir del acusativo singular masculino en todos los casos, géneros y números.

	SINGULAR		
	Masculino	**Femenino**	**Neutro**
Nominativo	pulch**er**	pulchr**a**	pulchr**um**
Vocativo	pulch**er**	pulchr**a**	pulchr**um**
Acusativo	pulchr**um**	pulchr**am**	pulchr**um**
Genitivo	pulchr**i**	pulchr**ae**	pulchr**i**
Dativo	pulchr**o**	pulchr**ae**	pulchr**o**
Ablativo	pulchr**o**	pulchr**a**	pulchr**o**

	PLURAL		
	Masculino	**Femenino**	**Neutro**
Nominativo	pulchr**i**	pulchr**ae**	pulchr**a**
Vocativo	pulchr**i**	pulchr**ae**	pulchr**a**
Acusativo	pulchr**os**	pulchr**as**	pulchr**a**
Genitivo	pulchr**orum**	pulchr**arum**	pulchr**orum**
Dativo	pulchr**is**	pulchr**is**	pulchr**is**
Ablativo	pulchr**is**	pulchr**is**	pulchr**is**

Para saber si un adjetivo pierde o no esta **-e-** (y es, por lo tanto, del tipo *pulcher, pulchra, pulchrum*), debemos fijarnos siempre en su femenino. Recuerda que siempre que te den un adjetivo te proporcionarán los tres géneros: así podrás ver si el femenino ha perdido la **-e-**.

vocabula

albus, -a, -um blanco
altus, -a, -um alto
animosus, -a, -um valeroso
antiquus, -a, -um antiguo
aridus, -a, -um árido
asper, -era, -erum áspero
bonus, -a, -um bueno
callidus, -a, -um astuto
clarus, -a, -um famoso
copiosus, -a, -um abundante
cupidus, -a, -um deseoso
densus, -a, -um denso
doctus, -a, -um docto
excelsus, -a, -um elevado
ferus, -a, -um feroz, salvaje
generosus, -a, -um generoso
iucundus, -a, -um gracioso
laetus, -a, -um alegre
latus, -a, -um ancho
liber, -era, -erum libre
longus, -a, -um largo
magnus, -a, -um grande
malus, -a, -um malo
miser, -era, -erum miserable
niger, -gra, -grum negro
parvus, -a, -um pequeño
piger, -gra, -grum perezoso
pulcher, -chra, -chrum bello, hermoso
ruber, -bra, -brum rojo
sacer, -cra, -crum sagrado
sedulus, -a, -um trabajador
severus, -a, -um severo, duro
stultus, -a, -um tonto, estúpido
tener, -era, -erum tierno

ACTIVIDADES

1 **Clasificación de palabras.** Completa la tabla con las formas adecuadas. Respeta siempre el género de la palabra que te proporcionamos.

Nominativo singular	Genitivo singular	Vocativo singular	Acusativo plural	Genitivo plural
gratus				
		alti		
			pigra	
	longae			
				magnarum

2 Declina en tu cuaderno los sintagmas nominales *amicus novus* y *donum gratum* en todos los casos del singular y del plural.

▲ **3** Traduce el texto dejando aparte las palabras que hay entre paréntesis.

Puer in silvam intrat: ▲(*solus*) est et ob ▲ (*altus*) silentium loci horret. Sed mox circumspectat et ▲ (*multus*) bestiolas videt. Formicae in latibula grana portant, tineae plantarum truncos mordent, per caelum papiliunculi volant. Interea foliae vento leniter susurrant. Puer ▲ (*mirus*) vitam naturae, velut spectaculum ▲ (*divinus*), observat.

- Una vez traducido, busca el significado de los adjetivos entre paréntesis y completa los sintagmas con el adjetivo en el género, número y caso que corresponda.

4 Traduce estas oraciones.

a Horatius Flaccus magnus atque notus poeta antiquae Romae est.
b Longum et lacrimosum bellum Romani cum Germanis gerunt.
c Proelia inter Romanos et Poenos cruenta sunt.
d Homerus poeta caecus est sed ad claram et sempiternam gloriam scriptis suis pervenit.
e Ad frigidas fluvii aquas agnos et haedos servi lassi ducunt.
f In fuga exitium miserum est, in victoria gloriosum.
g Vita virorum liberorum non semper libera curis est.
h Via longa lataque ad aram sacram ducit.
i Folia rosarum sunt pulchra et odorifera.
j Apri sunt setosi et habitant in silvis magnis et densis.
k Poetae sunt amici lusciniarum canorarum et fluviorum rapidorum.
l Silvae sunt domicilium merularum nigrarum et aquilarum carnivorarum.

ACTIVIDADES

5 Cambia el número de los verbos de las siguientes oraciones, introduciendo las modificaciones necesarias; a continuación, tradúcelas.

a Amicorum dona semper grata sunt.
b In locis apricis, non opacis, herbae et plantae semper florescunt.
c Multa deorum simulacra in templis sunt.
d Fabulae poetarum Graecis sunt carae.
e Silvarum fagi altae sunt et magnam umbram praebent.
f Amicus certus in adversa fortuna donum divinum est.
g Agni lanigeri sunt magnum gaudium puerorum.
h Multi poetae, ut Vergilius et Tibullus, liberam vitam agricolarum laudant.
i Rubrae et odoriferae rosae sunt ornamenta pulchrorum hortorum.
j Romani vaccas magnas ad templa alta dearum ducunt.

6 Traduce las siguientes oraciones.

a Flavas comas Lucretia componit cum elegantia.
b Longum et lacrimosum bellum Romani cum Germanis gerunt.
c Saevi venti exsistunt atque in alto naufragos iactant.
d Legati in sellis eburneis sedent.
e Rustici et agricolae non aurea pocula sed lignea in mensis disponunt.
f Littera Y graeca est.
g In summum iugum barbari ascendunt atque Romanorum copias ex alto loco observant.

7 Traduce al latín.

a al poeta famoso
b de los tiernos corderos
c a los esclavos perezosos y malvados
d al hombre justo (CD)
e ¡oh, niño silencioso!
f bajo (*sub* + ablativo) el alto ciprés
g de los pueblos antiguos
h ¡oh, campesinos trabajadores!

8 Traduce al latín estas oraciones.

a Amo las hayas umbrías, los altos cipreses, los frondosos laureles.
b Los agricultores, habitantes de los campos, cultivan la tierra.
c Las muchachas ofrecen rosas blancas a Minerva, diosa benévola.
d En Atenas hay muchos templos y estatuas espléndidas, dedicados a los dioses y a las diosas.

9 CS Traduce el texto y realiza las actividades.

La casa romana
Romanorum aedificia paucas fenestras habent. In medio tecto magna lacuna est: ibi pluvia cadet in impluvium. Ante ianuam est vestibulum, post ianuam ostium cum cella ostiarii. Est quoque magnum et latum atrium. Ibi servi et amici mane salutant dominum, et familia interdiu habitat. Atrium ornatum est avorum simulacris. Circa atrium sita sunt cubicula cum lectis, tablinum cum domini tabulis et pecunis, et triclinia.

a Detecta los adjetivos del texto. Analízalos morfológicamente e indica a qué palabras acompañan.
b Señala las palabras que están en ablativo. Indica a qué declinación pertenecen y en qué género y número se encuentran.
c Copia las oraciones del texto en las que el verbo *sum* tenga valor predicativo.
d Localiza en el dibujo de la casa romana las partes que se mencionan en el texto.

10 Declina los adjetivos entre paréntesis en el género, número y caso adecuados; a continuación, traduce las oraciones.

a Dominus filiis servi (*copiosus, -a, -um*) ▲ cibum et (*linteus, -a,-um*) ▲ tunicas donat.
b Piratae (*saevus, a, um*) ▲ (*maritimus, -a, -um*) ▲ oppida oppugnant atque (*exterritus, -a, -um*) ▲ pueros rapiunt.
c Marcus Liviae donat (*aureus, -a, -um*) ▲ armillas et (*argenteus, -a, -um*) ▲ anulum.
d Seneca, (*notus, -a, -um*) ▲ philosophus, in (*clarus, -a, -um*) ▲ scripto otium laudat.
e (*Ebrius, -a, -um*) ▲ dominus saepe est et in (*miser, -a, -um*) ▲ servos crudeliter saevit.
f Telum (*mortifer, -era, -erum*) ▲ in (*exterritus, -a, -um*) ▲ aprum agricola conicit.

En las **oraciones atributivas** (con el verbo *sum*), el adjetivo del predicado nominal siempre concuerda con el sujeto:

Poet**a** clar**us** est. / *El poeta es famoso.*

Fag**i** alt**ae** sunt. / *Las hayas son altas.*

Amic**us** car**us** est. / *El amigo es querido.*

Don**a** grat**a** sunt. / *Los regalos son agradables.*

2. La concordancia del adjetivo

El adjetivo concuerda siempre con el sustantivo al que se refiere en género, número y caso.

Por ejemplo, *amicus*, sustantivo masculino, singular y en caso nominativo, exige que el adjetivo referido a él sea también masculino, singular y en caso nominativo.

Observamos que, aunque concuerden en género, número y caso, el nombre y el adjetivo no siempre tienen terminaciones iguales. Por ejemplo:

poet**a**	clar**us** / *el poeta famoso*	fag**i**	alt**ae** / *las hayas altas*
masculino singular nominativo 1.ª declinación	masculino singular nominativo 2.ª declinación	femenino plural nominativo 2.ª declinación	femenino plural nominativo 1.ª declinación

La palabra *poeta, -ae* se declina siguiendo el modelo de la primera declinación, mientras que el adjetivo se ha declinado de acuerdo con la segunda declinación, ya que la forma masculina del adjetivo de tres terminaciones siempre se declina por la segunda declinación.

En el segundo caso, *fagus, -i* es un nombre femenino de la segunda declinación. Por este motivo, la forma del adjetivo que debemos escoger es la femenina, que se declina siguiendo el modelo de la primera declinación.

ACTIVIDADES

11 Declina los siguientes sintagmas en todos los casos del singular y del plural.

- **a** equus indomitus (*el caballo salvaje*)
- **b** oppidum clarum (*la ciudad famosa*)
- **c** ager publicus (*el suelo público*)
- **d** puer altus (*el niño alto*)
- **e** puella alta (*la niña alta*)
- **f** lupus niger (*el lobo negro*)
- **g** magister severus (*el maestro estricto*)

12 Completa las siguientes expresiones haciendo concordar el adjetivo.

- **a** vent**us** apt**us** / *el viento favorable*
- **b** vento apt▲ / *con viento favorable*
- **c** venti apt▲ / *los vientos favorables*
- **d** agricola sedul▲ / *el campesino trabajador*
- **e** agricolarum sedul▲ / *de los campesinos trabajadores*
- **f** agricolis sedul▲ / *a los campesinos trabajadores*

13 Traduce al latín las siguientes expresiones.

- **a** los anchos campos (Suj.)
- **b** para los anchos campos
- **c** con el vino caliente
- **d** del vino caliente
- **e** ¡oh, grandes poetas!
- **f** al gran poeta
- **g** con el gran poeta
- **h** las hayas frondosas (CD)

14 Completa con las desinencias adecuadas.

- **a** Hiberus long▲ est.
- **b** Deorum statuae sacr▲ sunt.
- **c** Romanorum toga alb▲ est.
- **d** Mala matur▲ sunt.
- **e** Convivii musica laet▲ est.
- **f** Terentii verba sincer▲ sunt.
- **g** In humo sicca sunt herbae macr▲.
- **h** Pretium poculi aurei est magn▲.
- **i** Corvi habent plumas atr▲.

▲ **15** CA Escribe el adjetivo en la forma adecuada.

- **a** Aquila habet linguam ▲ (*crassus*) et ▲ (*carnosus*).
- **b** Sententias ▲ (*bonus*), non ▲ (*malus*), semper avi dicunt.
- **c** Templa ▲ (*priscus*) Graecorum ▲ (*magnificus*) sunt.
- **d** ▲ (*creber*) procellae cum ▲ (*asper*) ventis miseras agricolarum casas vastant.
- **e** Cancri ▲ (*coctus*) ▲ (*ruber*) sunt.
- **f** ▲ (*saevus*) venti exsistunt atque naufragos iactant.
- **g** Pocula ▲ (*aureus*) sunt rara, sed scrinia ▲ (*ligneus*) multa sunt.
- **h** ▲ (*latus*) et ▲ (*profundus*) est Rhenus.
- **i** ▲ (*verus*) amici sunt ▲ (*magnus*) bonum.
- **j** Ursus est ▲ (*niger*), columba est ▲ (*albus*).
- **k** ▲ (*miser*) dominus luget: nam filius propter ▲ (*molestus*) morbum in lecto iacet et medicus ▲ (*aeger*) puero medicinam praebet.

3. El imperfecto de indicativo activo

En esta web, con un simple clic, puedes conjugar todos los verbos del latín.

El imperfecto latino tiene aproximadamente el mismo valor que en castellano (amaba), es decir, indica acciones que perduraron en el pasado.

El morfema característico de este tiempo es **-ba-**, al que se añaden las desinencias personales ya estudiadas en el presente (con la particularidad de que la primera persona del singular lleva **-m**, en vez de **-o**).

ama	+	**ba**	+	m
raíz o lexema		morfema de tiempo		desinencia personal

En la primera y segunda conjugaciones, el morfema temporal se añade directamente al tema o raíz verbal (*ama-**ba**-m*). En la tercera, tercera mixta y cuarta conjugaciones, aparece una vocal de unión entre el tema o raíz y el morfema temporal (*reg-**e**-**ba**-m*, *audi-**e**-**ba**-m*).

reg	+	**e**	+	**ba**	+	m
raíz		vocal de unión		morfema de tiempo		desinencia personal

El paradigma del imperfecto de las cuatro conjugaciones es el siguiente:

Número	Persona	1.ª conjugación	2.ª conjugación	3.ª conjugación	3.ª conjugación mixta	4.ª conjugación
SINGULAR	1.ª	ama-**ba-m** *(amaba)*	mone-**ba-m** *(advertía)*	reg-**e-ba-m** *(gobernaba)*	capi-**e-ba-m** *(cogía)*	audi-**e-ba-m** *(escuchaba)*
	2.ª	ama-**ba-s**	mone-**ba-s**	reg-**e-ba-s**	capi-**e-ba-s**	audi-**e-ba-s**
	3.ª	ama-**ba-t**	mone-**ba-t**	reg-**e-ba-t**	capi-**e-ba-t**	audi-**e-ba-t**
PLURAL	1.ª	ama-**ba-mus**	mone-**ba-mus**	reg-**e-ba-mus**	capi-**e-ba-mus**	audi-**e-ba-mus**
	2.ª	ama-**ba-tis**	mone-**ba-tis**	reg-**e-ba-tis**	capi-**e-ba-tis**	audi-**e-ba-tis**
	3.ª	ama-**ba-nt**	mone-**ba-nt**	reg-**e-ba-nt**	capi-**e-ba-nt**	audi-**e-ba-nt**

El imperfecto del verbo *sum* se conjuga así:

Número	Persona	verbo *sum*
SINGULAR	1.ª	eram *(era)*
	2.ª	eras
	3.ª	erat
PLURAL	1.ª	eramus
	2.ª	eratis
	3.ª	erant

ACTIVIDADES

16 Conjugaciones. Analiza y traduce las formas verbales.

impediebant, erudiebant, vinciebas, tenebamus, optabant, parabam, fluebat, vincebas, narrabas, ornabant, habebatis

17 Pasa a imperfecto de indicativo las formas de presente siguientes.

tolerant, pervenis, regit, recuperamus, legunt, continetis

ACTIVIDADES

18 Busca en la sopa de letras tres formas verbales en 1.ª persona del singular del presente de indicativo y tres más en 1.ª persona del plural del imperfecto de indicativo. Pertenecen a los verbos *accipio, cano, narro, faveo, sum* y *facio*.

L	N	I	L	A	U	D	U	E	I
N	A	X	F	H	C	O	G	A	M
A	V	N	A	N	I	Z	Q	J	C
R	R	A	C	P	V	L	B	A	V
R	U	D	I	F	O	K	N	U	B
A	K	C	E	G	X	E	H	A	R
B	C	L	B	J	B	N	V	M	R
A	P	G	A	A	H	U	L	A	X
M	O	A	M	Y	E	A	Y	W	F
U	S	U	U	Z	O	Y	C	T	B
S	S	W	S	J	A	R	A	E	X
H	J	M	P	L	L	M	U	S	L

19 Escribe las siguientes formas verbales.

- **a** 2.ª pers. sing. presente de *clamo, -as, -are* (1.ª conjugación)
- **b** 3.ª pers. sing. imperfecto de *intellego, intellegis, -ere* (3.ª conjugación)
- **c** 2.ª pers. sing. imperfecto de *placeo, -es, -ere* (2.ª conjugación)
- **d** 1.ª pers. sing. imperfecto de *pugno, -as, -are* (1.ª conjugación)
- **e** 3.ª pers. sing. presente de *venio, -is, -ire* (4.ª conjugación)

20 Traduce al latín estas formas verbales castellanas.

corríais, (yo) decoraba, sentías, (ella) alababa, (yo) vivía, tenías, combatíamos, tenían, volabas, (yo) cantaba

21 Traduce estas oraciones. Después, si están en presente, pásalas a imperfecto y, si están en imperfecto, a presente.

- **a** Equos et asinos agricolae onerabant uvis.
- **b** Nubeculae parvae campos obumbrant.
- **c** Aeolus dominus ventorum erat et silvas agitabat.
- **d** Pueri in schola sunt et magistrum spectant.
- **e** Titus Livius Romanorum historiam narrat.
- **f** Verba Marci Romanorum animos movebant.
- **g** Filius Tiberii negotia familiae curabat.
- **h** Caesar Pompeii socer erat, sed socer generum non amabat.
- **i** Miser puer oculos nigros habet.
- **j** Nilus fluvius in Aegypto limum in terram vehebat.

22 Escribe estas oraciones en singular.

- **a** Viri patriam defendebant.
- **b** Anulis et gemmis Livia digitos ornabat.
- **c** Nautae naufragos in scaphas accipiebant et cibum naufragis praebebant.
- **d** Germani asperam terram incolebant.
- **e** Medici amicum aegrum visitabant.
- **f** Graeci deis templa dedicabant.
- **g** Famuli domino cibum portabant.
- **h** Populi agricolis umbram praebebant.
- **i** Insulae rivos laudabamus.
- **j** Galli Germanorum auxilium expectabant.
- **k** Silvae agricolarum terras circumdabant.

23 Estas oraciones están en imperfecto de indicativo. Tradúcelas.

- **a** Multi viri antiquorum philosophiam laudabant.
- **b** Oculi virorum stellas caeli spectabant.
- **c** Clarus magister longam epistulam scribebat.
- **d** Asinus in stabulo dormiebat.
- **e** Captivos tyrannus sine misericordia tractabat.
- **f** Servus rivi aqua hortum rigabat.
- **g** Ludus discipulorum animos delectabat.
- **h** Sicam barbarus destringebat atque colonum territabat.
- **i** Scopulos periti nautae vitabant.
- **j** Amici Claudiae in bibliotheca magnos Marci libros habebant.
- **k** Populus Romanus semper magnam patientiam habebat.
- **l** Magnus adversariorum numerus ad oppidi portas pugnabat.
- **m** Romani multos deos deasque colebant. Dis deabusque magna templa aedificabant pulchrasque statuas dicabant. Deorum dearumque aras rosis ornabant ibique columbas capras aliasque victimas sacrificabant.

24 Traduce estas oraciones y analiza sus formas verbales.

- **a** Amicus tuus sincerus erat.
- **b** Poenorum copiae pulchrum Hispaniae oppidum multis tormentis obsidebant.
- **c** Purpuream rosam et alba lilia in parvo horto videbam.
- **d** Romani in multis oppidis praesidia habebant.
- **e** Multi Romanos dominos terrarum vocabant.
- **f** Romani Poenos saevos habebant, sed Augustum deum iudicabant.
- **g** In silva oleastri erant atque pueri cum puellis oleas in cistis ponebant.

ACTIVIDADES

25 CS Traduce este texto sobre la vida de una familia romana y realiza las actividades.

Publius Iulius Rufus habitabat in parvo oppido in Italia antiqua. Cornelia erat uxor Publii. Publius et Cornelia habebant unum filium, Marcum, et unam filiam, Iuliam. Publius habitabat cum Cornelia in villa. Quia Marcus erat puer et Iulia erat puella, habitabant una cum Publio et Cornelia in villa. Publius erat Corneliae vir. Cornelia erat Marci mater. Marcus erat Iuliae frater, et Iulia erat Marci soror. Publius erat pauper et nullos servos habebat. Familia Publii parva erat.

Meridie Publius et Cornelia edebant prandium cum filiis. Quia pauper erat, Publius non habebat magnum triclinium cum lectis ubi convivae recumbunt. Familia sedebat in sellis ad parvam mensam. Pater pullum cultro secabat et familiae dabat. Etiam edebant caseum et poma. Ex urna Publius fundebat vinum in pocula; deinde ex alia urna Cornelia fundebat multam aquam in vinum. Vinum cum aqua mixtum etiam Marcus et Iulia bibebant, quamquam puer puellaque erant.

Post prandium familia unam horam dormiebat. Deinde Publius redibat ad agrum ubi laborabat, dum in villa Cornelia cenam coquebat. Marcus Publium et Iulia Corneliam adiuvabant. Quia filius patrem adiuvabat et filia matrem, vita familiae non erat nimis dura.

a Elabora un árbol genealógico de la familia que se describe en este texto. Al lado de cada nombre, anota el nombre latino de parentesco.

b Busca en el texto las palabras latinas correspondientes a estos términos castellanos: *habitar, duro, ayudar, difundir, invitados, antigua, fraternal*.

aurea dicta

¿Qué enseñanzas crees que transmiten estos dichos? Tradúcelos y reflexiona sobre ellos. Después, comprueba tu traducción escuchando el audio.

Vita perpetuum proelium.

Bonus liber amicus optimus.

Cito maturum, cito putridum.

Stultorum infinitus est numerus.

Lignum curvum numquam rectum.

Librería de la Abadía de Melk (Austria).

26 CC Traduce el siguiente texto y realiza las actividades.

Eneas

Poetae fabulam Troianam ita narrant. Graeci Troianos non amabant et ad Asiam navigant; Troiam diu obsident. Graeci et Troiani extra muros pugnabant; Graeci multos Troianos necabant, Troiani multos Graecos necabant. Post multos annos Graeci equum ligneum aedificant; equus cavus multos Graecos portabat. Troiani equum ligneum vident et intra muros portant. Nocte Graeci apparent et Troianos superant. Aeneas est Troianus; Graecos non timebat. Itaque diu pugnat, sed tandem filium Iulium extra muros portat et ad oram properat. Ibi apparet dea Venus et Troianos admonet. Postea Aeneas et pauci amici per multas terras errant; tandem ad Italiam veniunt.

Eneas huyendo de Troya con Anquises, Ascanio y Creúsa, Pompeo Girolamo Batoni (1708-1787).

a Clasifica las formas verbales del texto según estén en presente o imperfecto.

b ¿Qué adjetivos aparecen en el texto? ¿Con qué sustantivos concuerdan?

c ¿Qué CC de lugar hay en el texto? ¿Cómo están construidos?

d ¿Qué construcción encontramos en *filium Iulium*? ¿Hay alguna frase que constituya un paralelismo?

e Busca información sobre la *Eneida* de Virgilio.

Fíjate que en castellano, a diferencia del latín, el orden de las palabras en la oración es muy importante, ya que determina la función sintáctica y puede variar totalmente su significado. Observa:

- El miedo causa dolor.
- El dolor causa miedo.

El orden mucho más libre de las palabras en la lengua latina es uno de los aspectos más sorprendentes de su sintaxis.

4. El orden de las palabras en la oración

Cuando traducimos una oración latina, lo primero que tenemos que localizar es el verbo, que nos informa sobre el sujeto y el tipo de complementos que encontraremos.

Agnum lupus **necat**. / *El lobo mata al cordero.*
verbo

Como en esta oración, a menudo el orden de las palabras en la oración latina difiere mucho del orden en castellano y, además, es variable: *agnum* (acusativo singular, CD) se puede escribir delante o detrás de *lupus* (nominativo singular, Suj.) sin que se altere el significado de la oración.

Agnum lupus necat. Lupus **agnum** necat.

Esto es posible porque la función sintáctica de una palabra no viene definida por la situación que ocupa en la oración, como en el caso del castellano, sino por la desinencia y el caso.

Sin embargo, hay posiciones más comunes que otras. En latín, es frecuente:

a Que el verbo se encuentre al final de la oración:

Ursi formicas **lambunt**. / *Los osos chupan las hormigas.*

b Que el genitivo se sitúe ante el nombre del cual depende:

Formae gloria fluxa est. / *La gloria de la belleza es pasajera.*

ACTIVIDADES

27 Flexión nominal. Indica cuál de las dos oraciones significa lo mismo que la destacada.

a Avia amat puellam
1 Avia puellam amat.
2 Aviam puella amat.

b Ancillae mensam parant
1 Mensam parant ancillae.
2 Mensas ancillae parant.

c Ancillae deae aram ornant
1 Deae ornant aram ancillarum.
2 Ancillae aram deae ornant.

d Romani dei incolas protegunt
1 Dei Romani incolas protegunt.
2 Incolae Romani deos protegunt.

e Romae matronae magnas villas habent
1 Romae matronae magnae villas habent.
2 Matronae Romae magnas villas habent.

28 Traduce estas oraciones.

a Lucius in horto est.
b Nautae piratas timent.
c Servus ianuam aperit.
d Lego poetarum libros.
e Augustus legato equum donat.
f Filii Pompei pugnam parant.
g Dominus servis tunicas donat.
h Agricolarum filiae agnis herbam ministrant.
i Deos invocamus et oramus.
j Puella fabulam audit.
k Piratae nautaeque procellarum minas timent.
l Pecunia avaritiam non satiat.

29 Traduce estas oraciones al latín, respetando el orden de las palabras más habitual en esta lengua.

a El esclavo prepara la cena.
b Los labradores cultivan los campos.
c Aprendemos la lengua latina.
d Temo la ira de los dioses.
e La maestra alaba a sus discípulos.
f Las rosas decoran el altar.
g Los poetas escriben cartas.

▲ **30** Ordena los sintagmas de estas oraciones teniendo en cuenta el orden más frecuente en latín.

a in fluvii ripis / Platani et populi / crescunt.
b porrigit / Populus / ramis / umbras / agricolis.
c Tityrus / dormit / in fagi umbra.
d Romulus / necat / Remum / et / condit / Romam.
e discipulorum animos / delectant / Aesopi fabulae.
f reportat / Populo Romano / contumelias / nuntius Poenorum.
g Servus / domino / tondet / barbam et capillos.

5. Los complementos de lugar (1)

Los complementos circunstanciales de lugar pueden proporcionar distintas informaciones (dónde está alguien; de dónde viene; hacia dónde va; por dónde pasa...). En latín, los principales CC de lugar se construyen así:

a Lugar donde: ***in*** **+ ablativo**

Luscinia **in silva** est. / *El ruiseñor está* **en el bosque**.

b Lugar desde donde: ***ex*** **+ *de*** **ablativo**

Agricola **ex agro** venit. / *El campesino viene* **del campo**.

c Lugar hacia donde: ***in*** o ***ad*** **+ acusativo**

Piratae **ad insulam** navigant. / *Los piratas navegan* **hacia la isla**.

d Lugar por donde: ***per*** **+ acusativo**

Per Romam ambulat. / *Camina* **por Roma**.

Con sustantivos que indican lugar de paso obligatorio, como *porta* ('puerta de la ciudad'), *ianua* ('puerta de la casa') o *via* ('camino'), utilizamos el **ablativo sin preposición**:

Via Sacra ambulo. / *Camino* ***por la Vía Sacra***.

El lugar indicado por un complemento circunstancial de lugar puede ser metafórico:

In concordia est victoria.
La victoria se encuentra ***en la concordia***.

ACTIVIDADES

31 Traduce estas oraciones e indica qué complemento de lugar aparece en cada una de ellas.

- **a** Ad castra Iulus contendit.
- **b** Ad oppidum Caesar pervenit.
- **c** Porta Nolana venimus.
- **d** Caius de sella descendit.
- **e** Poeta via Appia ambulabat.
- **f** Legati ex Aquitania veniunt.
- **g** Rivus per agros fluit.

32 Traduce estas oraciones.

- **a** Alba et parva luscinia in silva dormit.
- **b** In Sicilia multa templa Graeci aedificant.
- **c** In foro amicos vidimus.
- **d** Stultitia sicut morbus in animo virorum est.
- **e** In digito anulus est.
- **f** In Romae hortis platanos, cupressos myrtosque videmus.
- **g** Scribae in tabulis scribunt.

33 Escribe correctamente el complemento de lugar.

- **a** Puer ▲ (fagus) descendit.
- **b** Poma matura ▲ (malus) cadunt.
- **c** Tribunus auxilia ▲ (legatus) mittebat.
- **d** ▲ (herba) altis sunt multae formicae.
- **e** Templa ▲ (forum) aedificata erant.
- **f** Romani contra Punicos ▲ (Africa) bellum gerunt.

34 Completa con la preposición correspondiente.

cum, in, sub, ante, apud, contra, ad, pro, per

- **a** Hiberus adluit vicos ▲ Hispania provincia.
- **b** ▲ oppidi portas sunt multae copiae ad bellum paratae (*preparadas*).
- **c** Agricolae instrumenta ▲ stabuli tecto custodiunt.
- **d** ▲ fluvii ripam crescunt crebrae plantae cum alta herba.
- **e** ▲ servis vilicus aratro glaebas findit et frumentum seminat.
- **f** Epistulam ▲ Marcum Tullium mitto ▲ servum meum.
- **g** Romani ▲ filiis suis pugnant in Capitolio ▲ Gallos.

35 Traduce este texto.

In aspero saxo capra herbas raras manducabat et cibi desiderium satiabat. In agro propinquo lupus erat; ad saxum appropinquat et capram appellat stultam, quia vicinum pratum herbosum et magnam pabuli copiam vitat. Tum callida capra exclamat: «Si commeas in silvam, ad pratum appropinquabo (*iré*) et herbam gustabo (*comeré*)!». Fabula docet: circumspecti pueri et cautae puellae malorum blandimenta consiliaque semper vitant.

1. El latín vulgar

Las etapas de la lengua que hemos visto en la unidad anterior se refieren al latín culto o escrito. Sin embargo, el castellano y las otras lenguas románicas no proceden de este latín, sino de otra modalidad de la lengua latina, llamada *latín vulgar*.

Aunque no todos los estudiosos entienden lo mismo por latín vulgar, es habitual considerarlo una **lengua esencialmente hablada** y casi nunca escrita, ya que el latín escrito siempre tuvo la tendencia a imitar los modelos clásicos.

El latín vulgar (en latín, *sermo vulgaris*, 'lengua del pueblo') es la lengua que dio lugar a los distintos dialectos del latín que se fueron desarrollando en la mayoría de las provincias occidentales del Imperio romano. A lo largo de los años, estos dialectos se fueron diferenciando cada vez más unos de otros y se transformaron en las **lenguas románicas primitivas**.

El latín hablado se fue diferenciando de la lengua clásica en todos los aspectos:

- **Fonética.** Por ejemplo, desapareció la cantidad vocálica; algunas vocales dieron origen a diptongos (*f**o**cus* > fu**e**go); algunos diptongos monoptongaron (***au**ricula* > **o**reja); y se palatalizaron consonantes y grupos consonánticos formando los sonidos **ch**, **j**, **ll**, **ñ** (*ciccu* > **ch**ico; *e**x**emplum* > e**j**emplo; *ca**nn**a* > ca**ñ**a).
- **Gramática.** Entre otros muchos fenómenos, se perdieron los casos, que fueron sustituidos mayoritariamente por construcciones con preposición. Actualmente, solo en rumano pervive un sistema en el que alternan dos casos (no seis, como en el latín clásico).
- **Vocabulario.** La evolución del vocabulario fue espectacular, de forma que muchas palabras clásicas fueron sustituidas por otras: *equus*, por ejemplo, pasó a decirse *cavallus* ('caballo'); *os* fue reemplazado por *bucca* ('boca'); *ludere* fue sustituido por *jocare* ('jugar'); *domus* cayó en desuso en favor de *casa* ('casa'); *emere* se cambió por *comprare* ('comprar'), etc.

Gracias a los grafitos de Pompeya, por ejemplo, sabemos cómo hablaba el pueblo en el siglo I d. C. Sin embargo, la mayoría de los aspectos característicos del latín vulgar no aparecieron hasta las postrimerías del Imperio; los estudiosos consideran que el cambio más importante en la lengua hablada tuvo lugar en el siglo III d. C.

El conocimiento que tenemos del latín vulgar procede de tres fuentes:

- La **lingüística comparada**, que permite reconstruir formas a partir de las lenguas románicas documentadas, indicando en qué se diferencian del latín clásico.
- Los **textos de gramática normativa del periodo del latín tardío**, que condenan errores lingüísticos que los hablantes en latín solían cometer.
- Las **expresiones** que encontramos en textos de **latín tardío**, diferentes de las que utilizan los escritores clásicos, nos hacen pensar en la forma de hablar de la gente.

Inscripción de una pared de Pompeya que advierte contra actos incívicos.

Debemos recordar que en el tercer concilio de Tours, del año 813, se dio orden a los sacerdotes de predicar en las lenguas vernáculas en lugar de hacerlo en latín, para que sus sermones fuesen entendidos. En el año 842 se escribió el primer documento conocido en una lengua románica: los **Juramentos de Estrasburgo**, que registran un acuerdo entre dos de los herederos de Carlomagno.

Fue en este momento cuando la denominación **latín vulgar** se utilizó para designar un grupo de dialectos derivados del latín, cada uno con sus características locales.

ACTIVIDADES

36 Indica si estas características son propias del latín vulgar o del latín culto.

- Existencia de cinco declinaciones.
- Uso preferente como lengua escrita.
- Palatalización de algunos sonidos (por ejemplo, ***y****erno* en lugar de ***g****ener*).
- Uso de preposiciones en lugar de casos.
- Presencia de distinciones cuantitativas entre las vocales.
- Sustitución de términos clásicos por otros nuevos.

37 Lee esta oración de los *Juramentos de Estrasburgo*, un texto redactado en un idioma entre el latín y el francés.

Pro Deo amur et pro christian poblo et nostro commun salvament, d'ist di en avant, in quant Deus savir et podir me dunat, si salvarai eo cist meon fradre Karlo, et in aiudha et in cadhuna cosa.

«Por el amor de Dios y del pueblo cristiano y por nuestra salvación común, de ahora en adelante, siempre que Dios me dé sabiduría y poder, defenderé a mi hermano Carlos y lo ayudaré en cualquier cosa.»

- Busca cuatro palabras del texto en romance que se parezcan mucho a las empleadas en la traducción al castellano. ¿Cómo explicarías que se parezcan tanto?

38 CS Observa este mapa sobre la distribución de los verbos utilizados en los distintos territorios románicos para designar la acción de comer.

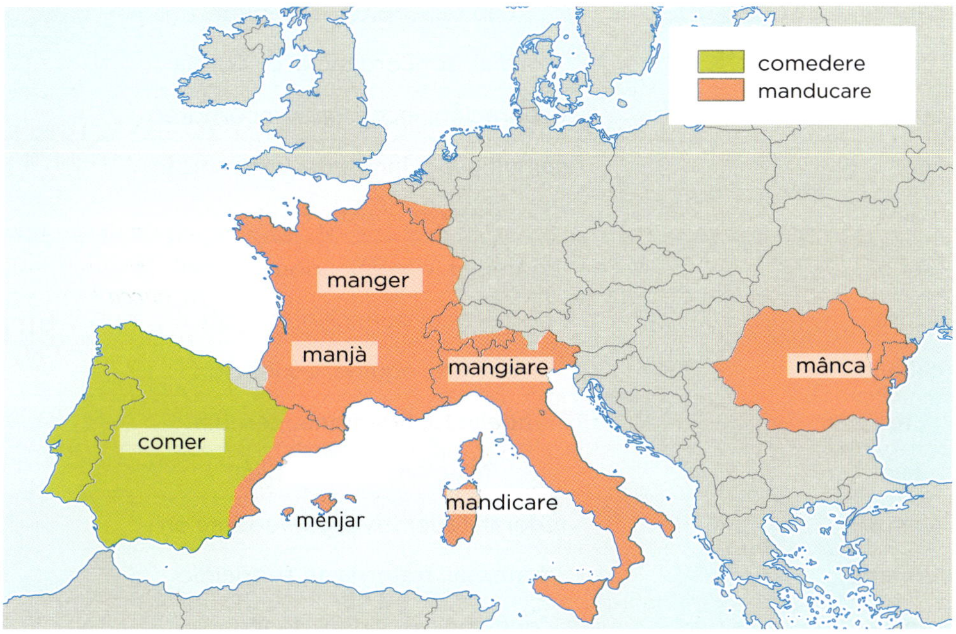

- ¿Cómo explicarías las diferencias entre las palabras empleadas por cada lengua? ¿De dónde crees que provienen estas diferencias? Ten en cuenta que en latín vulgar se reemplazó *edere* por *manducare*.

nugae

Si hablaras en latín y quisieras saber la hora tendrías que preguntar:
Quota hora est?
Te responderían, por ejemplo:

Hora sexta.

Hora sexta et quadrans.

Hora sexta et dimidia.

Hora sexta et dodrans.

Hora sexta et decima parte horae (o et minuta decima).

- ¿Te atreves a mirar el reloj y decir qué hora es en latín?

1. Los radicales latinos (1)

Son muchas las palabras del castellano derivadas de raíces latinas. Esto hace imposible presentar todas las raíces de nuestra lengua que proceden del latín, puesto que ello equivaldría a estudiar la mayor parte del diccionario.

Veremos solo aquellos radicales o raíces latinas que han pasado al castellano sin la evolución propia del léxico patrimonial.

Estos radicales han dado lugar a **cultismos**, y siguen creándose en la actualidad (recuerda la diferencia, expuesta en la unidad I, entre léxico patrimonial y cultismos).

Todos los radicales de la tabla son, en latín, sustantivos.

Radical latino	Significado	Cultismo en castellano
ager, agri	campo	agrario, agricultor, agrimensor
annus, anni	año	anual, anuario, milenio
bellum, belli	guerra	bélico, beligerante, belicoso
caput, capitis	cabeza	capital, capitel, decapitar
cor, cordis	corazón	cordial, concordancia, discordia
corpus, corporis	cuerpo	corporación, incorporar, incorpóreo
damnum, damni	daño	damnificado, indemne, indemnizar
deus, dei	dios	deificar, deísta, deidad
dominus, domini	señor	dominar, dominio, dominación
domus, domus	casa	doméstico, domicilio, domótica
equus, equi	caballo	ecuestre, equino, equitación
fides, fidei	fe	fidelidad, fidedigno, perfidia
filius, filii	hijo	filiación, afiliado, filial
foedus, foederis	alianza	federal, federativo, confederación
frater, fratris	hermano	fraternal, fraternizar, fratricidio
genus, generis	linaje	genuino, genérico, degenerar
humus, humi	tierra	inhumar, exhumar, trashumante
lac, lactis	leche	lácteo, lactancia, lactosa
magister, magistri	maestro	magistral, magistrado, magisterio
miles, militis	soldado	militar, milicia, militante
morbus, morbi	enfermedad	mórbido, morboso
nomen, nominis	nombre	nómina, nominal, denominar

Aunque la pervivencia de radicales latinos se aprecia mucho más en las lenguas románicas, también se puede detectar en otras lenguas, como las germánicas, que han adoptado raíces latinas para ampliar su léxico.

Esto explica que muchas palabras del inglés se parezcan a las nuestras: el inglés las adoptó a través del francés (*colour, machine, april, position*), o directamente del latín (*eventual, fragmentary, fixation, realism, dentist*).

ACTIVIDADES

39 Explica qué significan estos cultismos del castellano teniendo en cuenta el significado del radical latino del que derivan (en la tabla de la página anterior).

a deificar
b prebélico
c equino
d domótica
e lactante
f nominal
g corpulento
h quinquenio

▲ **40** Combina las palabras latinas que aparecen a continuación para obtener palabras castellanas. Después, explica el significado de los términos resultantes.

a manus (*mano*) + facio (*hacer*)
b retro (*hacia atrás*) + gradus (*paso*)
c uxor (*esposa*) + occido (*matar*)
d ager (*campo*) + pecus (*ganado*)

41 Completa estas oraciones con la palabra adecuada de la tabla anterior.

a Su partido está en crisis: no para de perder ▲.
b Te envío desde Londres, donde estoy pasando unos días, un saludo ▲.
c Se ha firmado la paz y las dos potencias ▲ renuncian a cualquier hostilidad futura.
d Actualmente hay una tendencia ▲ al conocimiento de las desgracias de los otros.
e Se ha explicado de una forma ▲. Lo han entendido a la primera.

42 Relaciona los cultismos castellanos con la palabra latina que los ha originado.

a partícula
b molécula
c película
d glándula
e corpúsculo
f núcleo
g célula

1 *corpus*
2 *cella*
3 *nux*
4 *pars*
5 *pellis*
6 *moles*
7 *glans*

▲ **43** Las palabras de cada serie contienen una misma raíz latina.

a acuático, acueducto, acuífero
b civil, civilizar, cívico
c hostil, hostilidad, hostigador
d literatura, literario, aliteración

- Sabiendo qué concepto comparten las palabras de cada serie, intenta deducir el significado de las raíces latinas.

44 Con ayuda de un diccionario de castellano, busca cultismos que procedan de estas raíces latinas.

a sigillum, sigilli
b cathedra, cathedrae
c ius, iuris
d nox, noctis

45 Relaciona las palabras de cada columna.

Latín	**Patrimonial**	**Cultismo**
felis	toro	leporino
lepus	paloma	equino
taurus	gato	columbino
bos	can	taurino
canis	liebre	felino
equus	oveja	canino
columba	buey	bovino
ovis	caballo	ovino

46 CI Busca el significado de estas palabras e indica el radical latino con el que se relacionan.

anónimo, antónimo, sinónimo, hipónimo, homónimo, seudónimo, acrónimo, antropónimo, patronímico, hagiónimo, matrónimo

nos gustan las palabras

Nuestra palabra *cónyuge* viene de *coniux*. En latín, esta palabra se forma con un sustantivo y una preposición:

coniux = **con** o **cum** + **iugum** / *con yugo*

El significado de *coniux, coniugis* en latín era 'cónyuge, marido, compañero', en masculino, y 'cónyuge, esposa, compañera', en femenino.

Encontramos, por una parte, que *coniux* se relaciona con el verbo *coniungo*, utilizado tanto para designar la acción de uncir los bueyes al yugo del arado como para expresar la fórmula romana del matrimonio: *volo coniungere tecum* ('quiero unirme a ti en matrimonio'). Marido y mujer son, por lo tanto, como dos bueyes sujetos al arado.

Estela funeraria de un matrimonio.

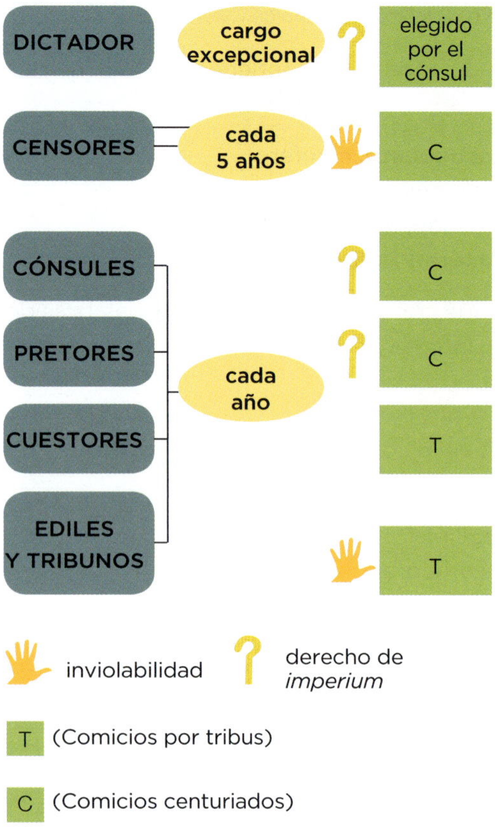

Indican para qué instituciones se nombraba a cada magistrado.

1. Magistraturas e instituciones de la República

Como hemos visto en la unidad anterior, el sistema republicano sustituyó a los reyes por una organización política en la que el poder quedaba repartido entre las magistraturas y el Senado. En esta unidad analizaremos con más detenimiento el funcionamiento de este sistema.

1.1. Las magistraturas

La primera condición para acceder a una magistratura era ser **ciudadano romano**; además, era necesario poseer una fortuna considerable, haber demostrado una mínima experiencia en la gestión de asuntos públicos y no incurrir en alguna causa de indignidad.

El ejercicio de una magistratura generalmente no estaba retribuido y se consideraba un honor. Cada magistrado tenía, al menos, un colega, y cada uno podía vetar las decisiones del otro, de modo que ninguno tenía poderes absolutos.

Los más altos magistrados (cónsules y pretores), además de ***potestas*** (poder administrativo), tenían ***imperium*** (poder supremo militar y judicial), lo cual significaba que habían adquirido un poder por el que recibían protección divina y podían consultar los auspicios destinados a conocer la voluntad de los dioses. En caso de haber conseguido éxitos militares, quien ostentaba el *imperium* podía recibir el título de *imperator*, los honores del triunfo y desfilar por la Vía Sacra de Roma hasta el Capitolio.

Para situaciones particulares o de emergencia había dos altas magistraturas extraordinarias:

- El ***interrex***: asumía el poder en periodos de transición de un magistrado a otro.
- El **dictador**: era designado en situaciones de emergencia que hacían necesaria la concentración del poder de los dos cónsules en una sola persona.

Lucio Junio Bruto, uno de los primeros cónsules de Roma (siglos IV-III a. C.).

El *cursus honorum*

Los hijos de la nobleza se ejercitaban en el aprendizaje de la gestión pública, ya fuese formando parte del equipo de un magistrado o ejerciendo cargos inferiores. A finales del siglo IV a. C., ya se había definido un rango de magistraturas por orden de importancia: el *cursus honorum*. Era el siguiente:

- **Cónsules.** El consulado fue la magistratura superior de Roma desde el año 367 a. C., aunque ya existía anteriormente. Los cónsules eran dos y constituían una magistratura epónima (daban el nombre al año). Dotados de *imperium*, tenían el mando supremo del ejército y eran la máxima autoridad en Roma en asuntos internos y externos: convocaban y presidían el Senado, las asambleas, los actos solemnes, etc.
- **Pretores.** Eran dos –el *urbanus* y el *peregrinus*– y administraban justicia. El *praetor urbanus* se ocupaba de causas entre ciudadanos, mientras que el *peregrinus* se encargaba de los asuntos entre extranjeros, o entre romanos y extranjeros. Su número aumentó al crearse las provincias, ya que se ampliaron sus competencias.
- **Cuestores.** Originariamente eran cuatro; su número tendió a aumentar por la complejidad derivada de la expansión del Imperio, ya que, por ejemplo, acompañaban al ejército en las campañas fuera de Italia. Eran los máximos responsables del tesoro y del archivo público.

- **Censores.** Eran dos y se elegían cada cinco años cuando se tenía que actualizar la lista de ciudadanos y de sus bienes. También vigilaban las costumbres de los ciudadanos, tanto si aspiraban a cargos públicos como si únicamente querían permanecer en su clase social; si consideraban que alguno era indigno, emitían una nota censoria en la cual justificaban su exclusión de la ciudadanía o de su clase social.
- **Ediles.** Eran cuatro y vigilaban el orden público, los mercados, el buen estado y la limpieza de los edificios públicos, etc. En la escala honorífica, los tribunos de la plebe y los ediles ocupaban el mismo rango.
- **Tribunos de la plebe.** Conservaron su título original, aunque a finales del siglo IV a. C. eran tribunos del pueblo, sin distinción entre patricios y plebeyos. Durante toda la República mantuvieron su carácter prácticamente sagrado. Podían vetar a los magistrados con *imperium* y podían convocar la asamblea del pueblo para defender intereses públicos.

La Curia, edificio del foro de Roma donde se reunía el Senado.

1.2. Las instituciones

El Senado. Los censores confeccionaban la lista de senadores según el siguiente orden: primero, aquellos que no hubiesen tenido ninguna nota censoria; después, las vacantes se cubrían con aquellos que ya habían ejercido una magistratura (excónsules, expretores, etc.). Solo en casos excepcionales se producía una renovación significativa del Senado (por ejemplo, en caso de guerra). Este procedimiento dotaba a la institución de un cuerpo de hombres experimentados, pero la convertía en un reducto de poder de las grandes familias de la nobleza, que establecían alianzas entre ellas.

Al principio de la República, el Senado contaba con 300 senadores y al final del periodo, con 900.

Los poderes del Senado eran inmensos, pero restringidos. No decidía sobre la guerra y la paz, pero fijaba la política internacional. No elegía a los magistrados; sin embargo, podía privarlos de sus funciones y prorrogar sus mandatos. Le rendían cuentas los cónsules. Cuando estos morían, un senador era nombrado *interrex* por cinco días, este pasaba el cargo a otro por cinco días más y así sucesivamente, hasta la elección de otro cónsul. El Senado era, en definitiva, el órgano que garantizaba la estabilidad de Roma.

Las asambleas. Roma no disolvió ninguna institución, sino que las fue adaptando a los nuevos tiempos. Así, aunque se modificasen sus competencias, las asambleas continuaron representando una vía de participación popular.

- **Comicios curiados.** Se crearon en la época monárquica y estaban formados por el pueblo, dividido en treinta curias. Fueron perdiendo competencias y, con el tiempo, solamente votaban la ley mediante la cual se transmitía el *imperium* a los cónsules y pretores.
- **Comicios centuriados.** Se crearon en la época de Servio Tulio. A finales del siglo IV a. C., prácticamente habían perdido sus competencias. Fueron tradicionalmente un instrumento para el reclutamiento y la organización del ejército. También conservaron las funciones de elegir cónsules y pretores, y competencias sobre asuntos relacionados con la guerra.
- **Comicios por tribus.** Recordemos que las asambleas plebeyas se habían incorporado a las instituciones republicanas. Estas se organizaban teniendo en cuenta la división del pueblo en tribus. Cada tribu tenía un voto en los comicios. Elegían a los magistrados sin *imperium*, votaban leyes y actuaban como tribunales de apelación de ciudadanos que hubiesen sido condenados, así como en casos de crímenes contra Roma. Su poder estaba sujeto a la ratificación del Senado.

ACTIVIDADES

1 **Organización del sistema político romano.** Relaciona cada magistratura con su función.

cónsules	Presiden los tribunales de justicia.
pretores	Son responsables del tesoro público.
cuestores	Presiden el Senado y ostentan el poder supremo.
censores	Se encargan de la administración municipal.
ediles	Defienden los intereses del pueblo.
tribunos de la plebe	Elaboran el censo de ciudadanos y velan por la moral pública.

2 Completa esta tabla con el nombre de los magistrados.

	Magistrados ordinarios	Magistrados extraordinarios
Con *imperium*		
Sin *imperium*		

A continuación, lee la inscripción sepulcral de Apio Claudio el Ciego. Identifica su *cursus honorum* y elabora una lista de los cargos que ocupó.

Claudio el Ciego, hijo de Claudio, censor, cónsul dos veces, dictador, regente tres veces, pretor dos veces, cuestor, tribuno militar tres veces. Conquistó muchas plazas fuertes de los samnitas. Derrotó a los ejércitos sabinos y etruscos. Impidió que se firmase la paz con Pirro. Durante su censura hizo construir la Vía Apia e hizo llegar el agua a la ciudad. Edificó un templo en honor de Belona.

Escucha el audio sobre Catón, el censor más famoso de la historia de Roma, y completa el texto con la información que falta.

Relieve (s. II d. C.) que representa el momento en el que un censor actualiza el registro de los ciudadanos.

3 CI ¿Recuerdas quién era Pirro? ¿Por qué se debe incidir en este personaje, en el texto de la actividad 2?

4 Compara el Senado romano con el Parlamento español en los aspectos que te indicamos.

	Senado romano	Parlamento actual
Requisitos para ser miembro		
Procedencia social		
Número de miembros		
Poderes de la institución		

5 CA Comenta este texto de Polibio (*Historias* VI, 13) sobre el Senado romano, a partir de lo que sepas sobre esta institución.

La primera función del Senado es administrar el erario, para que no entre ni salga nada sin una orden suya. Los cuestores no pueden gastar nada para las necesidades públicas sin su autorización. Las considerables sumas que, cada cinco años, han de destinar los censores a reparar y engalanar los edificios públicos también deben ser aprobadas por el Senado. Todos los delitos cometidos en Italia en los que ha de intervenir el Estado, como el de traición, conspiración, envenenamiento y asesinato, pertenecen a la jurisdicción del Senado. Si es necesario enviar a una embajada fuera de Italia para poner fin a un litigio, transmitir una orden, recibir una rendición o declarar la guerra, es competencia del Senado. Igualmente, se encarga de recibir y contestar a las embajadas que vienen a Roma.

1. La alimentación

1.1. Los ingredientes

Cada casa romana poseía reservas propias de harina, miel, aceite, olivas y uvas pasas, que eran los ingredientes básicos indispensables de la cocina romana. Se almacenaban en grandes tinajas (*dolia*) y en ánforas.

También se contaba, para el consumo cotidiano, con leche de cabra o de oveja, producida en la explotación familiar, con la que se elaboraba queso.

Se consumía carne de cerdo o de cordero, asados de pato o guisos de ciervo; aunque era poco frecuente, en ocasiones se consumía fresca. Se acompañaba con pan horneado en casa, legumbres y hortalizas, sobre todo col, achicoria y pepinos. Los platos se presentaban con una cuidadosa combinación de aromas: ajo, menta, cilantro, apio e hinojo.

Además de hierbas aromáticas, en una cocina romana no faltaba nunca una reserva de *garum*. Era una salsa que se utilizaba como condimento habitual, elaborada a base de pescado macerado con sal: se salaban las entrañas del pescado y se dejaban secar durante largo tiempo al sol.

Las *dolia* eran los recipientes usados en las casas para almacenar los alimentos.

1.2. La conservación de los alimentos

Para conservar los alimentos se practicaba la **desecación** (eliminar su contenido de agua para que no creciesen las bacterias), que se podía llevar a cabo simplemente por exposición al aire o con las técnicas de la salazón y del ahumado.

- La **salazón**. La utilización de sal era el medio de conservación más importante. Los alimentos se salaban o se sumergían en salmuera (agua saturada de sal). Roma estaba bien provista de sal; se sabe que en la desembocadura del Tíber había unas salinas importantes.

- El **ahumado**. Se practicaba para la carne y el pescado. El humo de la combustión de leña destruía los microbios, secaba la carne y potenciaba su sabor.

Bajorrelieve del siglo III d. C. que representa una carnicería.

Es probable que los romanos también conociesen algunas formas de conservación de los alimentos en frío, pero no tenemos pruebas escritas de ello. Tal vez produjesen frío mediante evaporación o utilizasen nieve y hielo, acumulado en invierno, durante las épocas más calurosas.

1.3. Las comidas

Los romanos hacían tres comidas al día: el *ientaculum*, por la mañana; el *prandium*, un almuerzo frugal a mediodía, y la *cena*, que se servía por la tarde y era la más importante. Tanto los ricos como los pobres eran aficionados a picar durante todo el día: Roma estaba llena de vendedores ambulantes.

- El ***ientaculum***. Se comía pan (con aceite de oliva y frotado con ajo) con queso, aceitunas y agua. Las clases altas también consumían huevos, miel con leche y fruta.
- El ***prandium***. Era una comida poco abundante y que se consumía rápidamente. Se solía comer queso, fruta, gachas y pan mojado con vino. A veces, se comían como plato caliente los restos del día anterior.
- La ***cena***. Entre las clases más altas, la cena era todo un banquete que se organizaba siguiendo un ceremonial; constaba de tres platos.

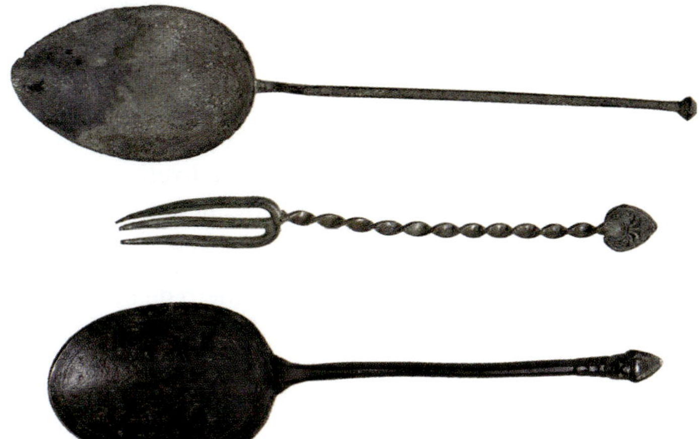

Cubiertos romanos.

- El primer plato (*gustatio*) consistía en una serie de entrantes (ostras y caracoles, por ejemplo). Era habitual acompañar los entrantes con una mezcla de vino endulzado con miel llamado *mulsum*.
- El plato principal (*prima mensa*) consistía en carne o aves asadas, salchichas o guisos. Se acompañaba con vino normal, a menudo, mezclado con agua.
- La cena finalizaba con el último plato (*secunda mensa*), consistente en un surtido de frutas y dulces.

Una vez acabada la cena, se iniciaba la *comissatio*, una larga **sobremesa** en la que se bebía vino en abundancia. Para cada ocasión se designaba un rey de la bebida, encargado de definir la cantidad y el tipo de vino que los invitados podían beber; también escogía cuál sería el entretenimiento: música, recital de poemas, conversaciones filosóficas...

Las clases acomodadas adoptaron la costumbre de condensar todas las obligaciones en la mañana, de forma que hacia las tres, después del *prandium* y una vez que habían ido a los baños, empezaba la cena. Cada comensal comía reclinado en el *triclinium*, cogiendo los alimentos con los dedos y asistido por esclavos que velaban por su comodidad.

Banquete romano representado en un fresco de Pompeya. Los esclavos lavan los pies a los invitados.

in illo tempore

Se dice que Nerón (54-68 d. C.) organizaba unos festines que podían llegar a durar veinte horas y que se presentaba a cenar en casas de amigos, que se quedaban prácticamente en la ruina debido a sus excentricidades culinarias.

Maximiano (235-305 d. C.) es recordado como uno de los hombres más glotones de su tiempo, ya que se comió veinte kilos de carne y se bebió treinta y cuatro litros de vino en un solo día. Otro emperador famoso por sus excesos es Heliogábalo (218-222 d. C.), en cuya mesa se servían platos en los que el pescado y la carne se mezclaban con perlas, oro o piedras preciosas molidas.

1.4. La frugalidad de los pobres

Mientras que los romanos ricos se alimentaban de refinados y numerosos platos, la mayoría de la población solo comía pan y gachas de maíz o de alubias.

Efectivamente, en contraste con la opulencia de los ricos, gran parte de la población romana se alimentaba pobremente. Algunos incluso debían recurrir a la mendicidad, y otros, confiar en el reparto gratuito de trigo que llevaba a cabo el Estado (*annona*).

A estas ayudas tenían derecho todos los ciudadanos, de forma que algunos patricios se aprovechaban de ellas. Se sabe que en época de César los beneficiarios se aproximaban a 320.000 y que con Augusto se redujeron a 200.000.

La emigración de los campesinos a la ciudad fue aumentando y, en consecuencia, creció el número de pedigüeños que poblaban las calles y las plazas de Roma. La picaresca era frecuente en esta masa de harapientos que, en ocasiones, fingían ser náufragos, tener una pierna rota, sufrir ceguera o epilepsia, mientras cantaban romanzas por las calles, con el acompañamiento de instrumentos sencillos.

Establecimiento de Pompeya donde se vendía comida cocinada, especialmente a pobres que no tenían cocina propia.

HISTORIA ET VITA

1.5. Innovación gastronómica

Roma amplió el repertorio gastronómico del mundo occidental gracias a los opulentos banquetes de los ricos. Introdujeron en las antiguas costumbres, austeras y adecuadas al ritmo de trabajo del campo, hábitos helenísticos y otros particulares de los pueblos conquistados, así como innovaciones propias que dieron lugar al lujo en la comida.

Actualmente, todavía son muy valoradas las recetas de Apicio, que nos han llegado a través de su libro *De re coquinaria libri decem* ('Diez libros de recetas culinarias'). Apicio, del siglo I a. C., fue un gran conocedor y experimentador de la cocina; se ha afirmado que cocinó lenguas de flamenco y de ruiseñor, y pezones de cerda.

Tras las conquistas y desde el siglo II a. C., las clases altas de la sociedad se habituaron a comidas menos estrictas, más variadas y refinadas. Empezaron a comer pescado y jabalí; se pusieron de moda los productos de caza, como los faisanes o las perdices, así como el *foie gras*, que, al parecer, es un invento romano, etc.

Fresco del siglo I d. C. Los romanos introdujeron nuevos alimentos y refinaron la gastronomía.

ACTIVIDADES

6 ¿Qué similitudes y diferencias observas entre nuestras comidas y las de los romanos?

7 Explica qué representa esta imagen y para qué servían los muebles que aparecen en ella.

8 CD Escoge una receta romana de la web y explica:

a En qué comida se debía servir.

b Si los ingredientes son los más habituales entre los romanos.

c Si te parece muy diferente de nuestra cocina actual.

9 Lee el texto y responde a las preguntas.

> Se nos invita a ocupar nuestro sitio; el banquete se estrena con unos entrantes deliciosos, regados con vino de Falerno. Tras los numerosos platos que se nos ofrecen, nos dejamos invadir dulcemente por el sueño.
>
> De repente, irrumpe en la sala una muchacha tocando los címbalos que, con la estridencia de su música, acaba por desvelarnos a todos.
>
> El festín continúa y Cuartilla nos incita nuevamente a beber. El sonido de los címbalos aumenta la alegría de nuestra bacante... Y en ese momento entra un bailarín, el más soso entre los hombres y el más digno de aquella casa, quien, tras tocar las palmas sin ninguna gracia, empieza a declamar unos versos.
>
> Petronio, *Satiricón*.

a ¿A qué comida corresponde la descripción, al *ientaculum*, al *prandium* o a la *cena*?

b ¿Cómo se inicia el banquete?

c ¿A partir de qué momento se describe la sobremesa del banquete? ¿Qué hacen los comensales?

d ¿A qué clase social corresponde?

e ¿Qué visión transmite el texto sobre el banquete (crítica, socarrona, optimista, pesimista...)?

f Busca información sobre el *Satiricón* de Petronio y expón brevemente lo siguiente:

- Los datos del autor.
- La época en que se escribió.
- El género de la obra.

Los teatros

En los primeros tiempos de la antigua Roma, las únicas representaciones en público consistían en desfiles religiosos para apaciguar la cólera de los dioses: danzarines y mimos escenificaban divertimentos sagrados paseando las estatuas de los dioses. El vínculo entre teatro y religión desapareció progresivamente cuando se construyeron teatros de piedra.

Hasta el 55 a. C., fecha en que se edificó el primer teatro de piedra en Pompeya, los teatros eran de madera. A partir de entonces se fueron construyendo teatros por todo el orbe romano, principalmente en las grandes ciudades de Italia, de la Galia, de África, de Hispania, de Germania y del Próximo Oriente.

El teatro romano es un gran hemiciclo de gradas cerrado por una pared. Generalmente, se edifica en terrenos planos y las gradas se apoyan sobre bóvedas y columnatas, aunque en ocasiones se aprovecha la pendiente de una colina para apoyar las gradas. El escenario (*scaena*) se adosa a la pared del fondo y está separado por un muro bajo (*pulpitum*) de un espacio en semicírculo (*orchestra*) donde se sentaban las personalidades (sacerdotes, magistrados, etc.). En torno a este espacio se disponían las gradas (*cavea*), a las que se accedía a través de pasos cubiertos de bóvedas (*vomitoria*).

A cada lado de la escena había dos torres (*basilicae*) por las que aparecían los actores. Los decorados eran fijos y reposaban sobre la pared de escena, decorada con columnas y estatuas. En el centro solía haber la estatua del emperador.

Un gran muro tras la escena disimulaba los bastidores (*postcaenium*) y en el subsuelo se encontraba el espacio (*hyposcaenium*) donde se instalaba la maquinaria necesaria para efectuar el cambio de decorados.

Teatro romano de Mérida.

ACTIVIDADES

10 Lee este texto sobre las actuaciones de teatro y realiza las actividades.

> Pregonero, levántate y advierte al público que nos ha de escuchar... Que el acomodador no pase por las narices de la gente y no acompañe a nadie a su sitio mientras los actores están en escena.
>
> Los que se han quedado dormidos, ociosos, hasta bien entrada la mañana, ahora deben resignarse a permanecer en pie; y si no les gusta, que duerman menos. Que los esclavos no invadan las gradas, que dejen sitio a los hombres libres o que paguen el dinero de la manumisión. [...] Con respecto a los organizadores de los juegos, que no otorguen la palma a ningún artista injustamente; que ningún artista sea expulsado del teatro fruto de la intriga, para conseguir que los malos actores sean preferidos a los buenos.
>
> Plauto, prólogo de *El cartaginés.*

a ¿Qué oficios existían en el teatro, según Plauto?
b ¿Todos los espectadores se podían sentar en el teatro? ¿Cómo se asignaban los asientos?
c ¿Los esclavos podían asistir al teatro?
d Investiga y explica qué es la manumisión.

11 CI Busca información, y expón los datos principales, sobre el teatro romano más cercano a tu localidad.

▲ **1** Declina los siguientes sintagmas nominales en todos los casos del singular y del plural.

a fortuna adversa
b amicus aeger
c infestum bellum
d sedulus agricola
e gratum donum
f clarus philosophus
g opaca platanus
h puer latus

2 Cambia las siguientes formas verbales del presente al imperfecto o del imperfecto al presente, según corresponda. Debes mantener la persona y el número.

a terremus
b habitatis
c emebam
d laborabam
e audiebas
f voco
g praebebatis
h adiungit
i faciebam
j simulamus
k relinquunt
l fallit

3 Traduce las siguientes oraciones.

a Homerus poeta caecus est sed ad claram et sempiternam gloriam scriptis suis pervenit.
b Avia multas pulchras fabulas pueris legit.
c Phoebo frondosa laurus grata erat.
d Antiquorum Romanorum poetarum sententias audimus.
e In via longa puella misera lupum magnum aprosque asperos videt.

4 **Análisis morfosintáctico.** Traduce el texto y realiza las actividades.

La cigarra y la hormiga

Olim garrula cicada in frondosa silva canebat, laboriosa formica autem assidue laborabat. Cicada formicam videt et bestiolae industriam ita vituperat: «Stulta formica, cur vitam tuam in opera dissipas? Ego (*yo*) contra in umbra requiesco, vitam laetam et sine curis ago et agricolas delecto». At sedula formica cicadae pigritiam contemnit, nec insoletiam curat, sed in sua opera perseverat. Cum autem hiems (*el invierno*) venit propter pristinam industriam formicae magna copia micarum est et cum laetitita vivit; cicada, contra, negligentia sua escas non habet et in miseria est. Tunc formicam implorat: «Da mihi (imperativo, *dame*), quaeso, paucas micas, quia famelica sum». Sed improvidae cicadae formica respondet: «Antea canebas, nunc salta (imperativo, *salta*)!».

a Analiza morfológicamente las formas verbales que estén en imperfecto.
b En el texto hay un vocativo. ¿Cuál es?
c Completa la oración:
Garrula cicada ▲ vituperat. Cicada in umbra ▲, dum formica assidue ▲. Cum venit hiems, cicada ▲ escam implorat, quia famelica ▲.

d Indica qué palabras castellanas proceden de estos términos latinos.

1 frondosus
2 laboro
3 vitupero
4 dissipo
5 delecto
6 insolentia
7 pristinus
8 negligentia
9 imploro
10 ego

e Busca una versión no romana de la fábula de la cigarra y la hormiga y compárala con esta.

5 Transforma en imperfecto el verbo de cada una de las siguientes oraciones. Después, tradúcelas.

a Molestus discipulus est.
b Dicipuli magistrum audiunt.
c Magister Iulium laudat.
d Antonius ridet.
e Ancilla cenae horam nuntiat.
f Poetae athletarum victorias celebrant.
g Lucius captivus vivit.
h Romanorum castra in campo sunt.
i In silva lupus ululat.
j Piratae nautarum pagos delent.
k Fibula Minervae loricam exornat.
l Pluvia insularum vias inundat.
m Sapientia philosopho beatam vitam parat.

▲ **6** Traduce las oraciones.

a Sociorum copiae in barbaros cum animo irrumpebant.
b Apud aram nigrum taurum mactabat dominus.
c Umbriferae fraxini et altae fagi hortos agricolarum ornabant.
d Propter nebulam viam dominus non videbat atque taedis servi domino viam illuminabant.
e Numidae mortiferis sagittis feras necant.
f Impigrorum servorum diligentia hortus frugifer est.
g Pulchra theatra videtis in amoenis oris Campaniae.
h Frondosis ramis altae platani servus tegebat miseram casam.
i Nostri amici libenter legunt libros iucundos.
j Domina servas impigras laudat, desidiosas reprehendit.
k Teneri pampini sunt ornamentum ministrorum Liberi.
l Copiam magnam auri argentique e templis sacris capiunt piratae mali.
m Serva misera prope casam in horto diu laborabat; filia enim filiusque aegri erant.
n In vestibulo marmorea signa atque lignea subsellia dominus collocabat.
ñ Libenter in circo ludos Romani spectant.
o Romani poetae bellum despiciunt et viam serenam celebrant.

7 CM Traduce este texto y realiza las actividades que encontrarás a continuación.

Egipto

In Africa Nilus Aegyptiis magnas divitias dabat. Nili enim aquae limo campos laetificabant. Itaque Aegyptiorum terra fecunda erat. Aegyptii laboriosam vitam agebant, sed magna cura terram arabant et magnam copiam cibi habebant. In Aegypto multi incolae erant, in campis prope Nilum vivebant. Aegyptii servos etiam habebant. Aegyptiorum servi in campis terram arabant et plantas colebant, itaque dominos adiuvabant. Aegyptiorum servi multas aras deis aedificabant. Aegyptiorum terra clara est.

a Identifica los imperfectos que hay en el texto. Indica cómo serían estas formas en presente de indicativo.

b Analiza morfológicamente los siguientes adjetivos: *magnas, fecunda, laboriosam, multi, clara.*

c Indica de qué tipo es cada complemento: *In Africa / laboriosam vitam / in campi / dominos / deis / clara.*

d Elabora un mapa del río Nilo y sitúa en él las principales poblaciones que había en la orilla.

▲ **8** Declina los adjetivos entre paréntesis en el género, número y caso adecuados, y traduce las oraciones.

a Marco Livia nubit atque puellae pater et mater ▲ (*magnificus, -a, -um*) convivium parant.

b Mater puellis (*pulcher, -chra, -chrum*) ▲ librum donat.

c Pinus et populus (*sacer, sacra, sacrum*) ▲ deis sunt.

d Propter bellum (*miser, -era, -erum*) ▲ et (*exterritus, -a, -um*) ▲ agricolae casas relinquunt.

e In fabri officina (*altus, -a, -um*) ▲ et (*ruber, rubra, rubrum*) ▲ flammae servos non terrent.

▲ **9** CC Traduce el texto y realiza las actividades.

El dios Baco

Bacchus deus vini et vindemiae erat. Bacchum Italici etiam Liberum appellabant, quia vinum animos liberat curis. Bacchi caerimoniae semper iucundae sunt, nonnumquam etiam effrenatae: nota enim sunt orgia Bacchica. Itaque multi Bacchum despiciebant neque convenienter honorabant; tum deus contra stultos inimicos bella gerebat. Etiam Indiae populi Bacchum colebant: apud Nysam deus cum Satyris saepe saltabat. Agricolae Asiae et Europae Bacchum laeto animo celebrabant: viri feminaeque tympana et taedas destringebant simulque saltabant.

Baco adolescente, Caravaggio (1573-1610).

a Señala los adjetivos que hay en el texto e indica en qué género, número y caso están.

b Detecta los CN del texto e indica en qué orden aparecen los elementos.

post data

El foro romano

1. In oppidis magnis Italiae semper forum erat.
2. Forum erat locus iudiciorum et negotiorum.
3. Multa templa deorum forum ornant.
4. Statuis splendidis et ornamentis forum plenum erat.
5. Forum Romanum magnum et splendidum erat.
6. In foro Romano erant templa Vestae et Saturni.
7. Puellae in templo Vestae flammas sanctas servant.
8. In templo Saturni populus pecuniam publicam servat.
9. Tabernae, scholae, thermae forum ornant.
10. Viae fori Romani statuis multis plenae erant.

Recreación del foro en la época del emperador Trajano, en el siglo II d. C.

10 Fabula picta. ¿Qué pasaje del mito explica cada viñeta? Traduce su leyenda.

ORPHEUS POETA FERAS SUA LYRA DOMABAT ATQUE MAGNA SAXA MOVEBAT.

EURYDICAM, PULCHRAM FEMINAM, IN MATRIMONIO HABEBAT MULTUMQUE AMABAT.

ORPHEUS BEATUS ERAT, SED VIPERA EURYDICAM, SUAM SPONSAM, IN PRATO MORDET. EURYDICA VITAM AMITTIT.

ORPHEUS AD INFEROS DESCENDIT ATQUE INTER UMBRAS MORTUORUM RECUPERAT EURYDICAM.

11 CD Realiza las actividades de autoevaluación de esta unidad que hallarás en los recursos digitales.

verba in glossario

¿Cómo se buscan los adjetivos?

Los adjetivos de tres terminaciones no se enuncian en el diccionario de igual modo que los nombres. Como sabemos, de los sustantivos se da su nominativo y su genitivo. En cambio, para este tipo de adjetivos (así como para los de dos terminaciones, que veremos más adelante), se proporcionan solo los nominativos.

Los adjetivos se buscan siempre con su **forma masculina**. Por lo tanto, aunque el adjetivo femenino de la primera clase se forme sobre la primera declinación, lo buscaremos como una palabra de la segunda declinación (para averiguar el significado de *laetam* buscaremos *laetus*). El masculino de la segunda declinación puede acabar en *-us* (*bonus*) o en *-er* (*miser*), y puede haber caído la *e* (*pulchram* se buscará por *pulcher*).

La casa de Micenas

1. Agamenón

El reino de Micenas fue heredado por Agamenón, hermano de Menelao. Este estaba casado con Helena. A raíz del juicio de Paris, en el que Afrodita concedió al príncipe troyano la mujer más hermosa de Grecia, Helena fue raptada y llevada a Troya. Agamenón encabezó entonces una expedición griega contra Troya, con el fin de recuperar a la esposa de su hermano.

Cuando los griegos se encontraban en Áulide, Agamenón ofendió a Artemisa al cazar a un ciervo que estaba consagrado a la diosa. Artemisa, como venganza, reclamó el sacrificio de Ifigenia, una de las hijas de Agamenón. Este sacrificio no se llegó a producir, ya que Artemisa sustituyó a la muchacha por una cierva.

2. La cólera de Aquiles

Los griegos sitiaron Troya durante diez años. Al décimo año, el principal guerrero, Aquiles, decidió abandonar la lucha, ya que Agamenón, que había sido privado de su esclava Criseida, tomó la de Aquiles, Briseida.

La decisión de Aquiles provocó numerosas bajas en el ejército griego. Sin embargo, Aquiles retomó su participación en la guerra cuando su gran amigo, Patroclo, murió a manos de Héctor. Poco después, Aquiles fue abatido por una flecha que Paris le había lanzado al tobillo, su único punto vulnerable: era, en efecto, el lugar por donde su madre, Tetis, lo tomó cuando lo sumergió en las aguas del río Estigia.

TRADITIO

1 Lee el siguiente poema de Constantino Cavafis y realiza las actividades.

Los caballos de Aquiles

Cuando vieron muerto a Patroclo,
que era tan valeroso, fuerte y joven,
los caballos de Aquiles comenzaron a llorar;
sus naturalezas inmortales se indignaban
ante esta obra de la muerte que contemplaban. [...]
Las lágrimas vio Zeus de los inmortales
caballos y se apenó. «En las bodas de Peleo»,
dijo, «no debí así, irreflexivamente, actuar.
¡Mejor que no os hubiéramos dado, caballos míos,
desdichados! ¿Qué buscabais allí abajo,
entre la mísera humanidad que es juego del destino?
A vosotros que no la muerte acecha, ni la vejez,
efímeras desgracias os atormentan. En sus padecimientos
os mezclaron los humanos». Pero sus lágrimas
seguían derramando los dos nobles animales
por la desgracia sin fin de la muerte.

a Explica el episodio de las bodas de Peleo y su relación con el poema.

b ¿Qué es lo que sorprende del llanto descrito en este poema? ¿Qué idea se pretende transmitir?

c ¿Qué hizo Aquiles tras la muerte de Patroclo? ¿Por qué?

2 Identifica los episodios de la casa de Micenas que están representados en las imágenes de estas dos páginas y explícalos.

3 Visiona este fragmento de la película *Helena de Troya* y explica a qué momento del mito hace referencia.

3. La caída de Troya

Una estratagema de Ulises permitió tomar Troya. Un día, los troyanos advirtieron que las tiendas de los griegos habían desaparecido y que en la playa solo había un enorme caballo de madera. Laocoonte desconfió y trató de convencer a sus conciudadanos de que no lo aceptaran como obsequio, pero estos no le hicieron caso. Mientras Laocoonte realizaba un sacrificio a Poseidón, del mar surgieron dos enormes serpientes que aniquilaron al sacerdote y a sus dos hijos. Ante este prodigio, los troyanos vieron desautorizada la opinión de Laocoonte y el caballo fue introducido en la ciudad. Por la noche, cuando todos dormían, del interior del caballo surgió un grupo de soldados griegos, que mataron a casi todos los troyanos. Una vez destruida Troya, solo un grupo guiado por Eneas logró huir. Eneas fue el antepasado de los romanos.

4. Clitemnestra

Al terminar la guerra de Troya, los héroes griegos que habían combatido en ella regresaron a sus patrias. El retorno (en griego, *nostos*) más conocido es el de Ulises, pero hubo otros. Entre estos destaca el de Agamenón, rey de Micenas. Aprovechando su ausencia por la guerra de Troya, su mujer, Clitemnestra, le fue infiel con Egisto. Cuando Agamenón llegó a Micenas, Clitemnestra y Egisto lo asesinaron.

LATINE DICTUM

4 Mitología grecolatina. Análisis morfosintáctico. Traduce estos textos.

La guerra de Troya

Clarum oppidum Asiae Troia erat. Troiani oppidum incolebant atque cum Graecis pugnabant, nam Graeci Troiam obsidebant. Belli causa Priami filius est, nam pulchram Graeciae feminam raptat et secum (*con él*) vehit. Multi dei Graecos iuvabant. Multi populi deique Troianos quoque iuvabant. Graeci Troianique varia fortuna in latis Troiae campis strenue pugnabant. Tandem Graeci Troiam dolo expugnant atque praeclaram victoriam obtinent. Viros, feminas et pueros interficiunt aut capiunt. Oppidi tecta templaque ferro flammaque impie delent.

El caballo de Troya

Achivi Troiam oppidum non expugnabant; ita Epeus equum magnum et ligneum construebat; in amplo equi alvo colligebat strenuos Graecos viros. Graeci in equo scribebant «Danai Minervae dono dant» castraque traducebant in Tenedum insulam. Troiani Graecorum fugam videbant et magnam laetitiam habebant. Troiani equum in templum Minervae ducebant et ludos cum gaudio celebrabant. Cassandra autem, Priami filia, sic exclamabat: «In equo sunt inimici». Sed Troiani Cassandram non audiebant et filiae Priami verba vera non putabant; sic in templo Minervae equum statuebant. Vinum et oblectamenta Troiae incolas arto somno opprimebant; Sinon, infidus Graecus, equum aperiebat et viri Achivi erumpebant: portarum vigilas occidebant sociosque in oppidum admittebant et Troiam expugnabant.

Primera declinación (sustantivos y adjetivos)

- **a** Aquilae albas columbas terrent.
- **b** Puella litteras magistrae scribit.
- **c** Puellae rosarum coronas in aris ponunt.
- **d** Pirata cum magna praeda revenit.
- **e** Lusciniae in silvis cantant et laetitiam puellis reddunt.
- **f** Incolae Graeciae iram Dianae hostiis placant.
- **g** Agricolae magna impensa epulas convivis parant.
- **h** Ira et inscitia saepe peccamus.
- **i** Multae silvae in Hispania sunt ornantque paeninsulae oras.
- **j** Non pecunia aut divitiis, sed doctrina, sapientia, industria veram gloriam paramus.
- **k** Operae cum agricolis arant et conserunt.
- **l** Syracusae clarae sunt ob industriam incolarum.
- **m** Piratae minis et insidiis incolas insulae terrent.
- **n** Scytae sagittis venenatis pugnant.
- **ñ** In insulae ora nautarum filiae magna cura procellam spectant.
- **o** Superbia sua domina est invisa ancillis.
- **p** Feminae insularum nautis pecuniam praebent; puellae laetitia rident.
- **q** Nautae hastis pugnant agricolasque terrent, nam agricolae nautas timent.
- **r** Patriae historiam non scribit sed naturam cantat poeta.

Segunda declinación (sustantivos y adjetivos)

- **a** Graeciae incolae summo studio certabant et poetae athletarum victorias, praemia et gloriam cantabant.
- **b** Cannas, parvum Apuliae pagum, cum amicis visito.
- **c** Aquilifer, vir magna audacia, in proelio numquam fuga vitam servat.
- **d** Armis atque iustitia Romani imperium defendunt.
- **e** Praefectus fabrum multa tormenta parat.
- **f** Gladio membra, lingua animos vulneras.
- **g** Bellum agros, domos, vicos et oppida vastat, odia movet, vitas supprimit, magnas miserias importat.
- **h** Nostrae copiae adversariorum castra expugnant ibique magnum thesaurum auri et argenti inveniunt.
- **i** Servi rubra vina laetis convivis praebent.
- **j** Improba vitia vitatis, amici, et in otio pulchra litterarum studia colitis.
- **k** Mercurium, Maiae filium, deum astutiae antiqui poetae appellant.
- **l** In agro agricola frumentum laetus metit.
- **m** Pyrrhus elephantorum auxilio Romanos vincit.
- **n** Multos apros in agris laqueis et hastis captamus.

Preposiciones

- **a** Est magna copia plantarum in silvis.
- **b** De planta merulae descendunt et escam in area captant.
- **c** Per parvam insulam rivus fluit.
- **d** In opaca umbra silvarum alaudae et merulae sunt.
- **e** Piratae in insulam perveniunt.
- **f** Agricola e casa discedit.
- **g** Ex insula piratae in terram veniunt.
- **h** Agricola in silvarum umbra recubat.
- **i** Nuntius ad oppidum festinabat.
- **j** Alba, Latii oppidum, contra Romam bellum facit.
- **k** Athenarum incolae per Graeciam fugiunt et Thebas adpropinquant.
- **l** Graeci pueri saepe adulescentiam non sine bello agebant.
- **m** Domina vivit in villa cum ancillis.
- **n** Post pugnam Persae Athenis fugiunt.
- **ñ** Colubri in agrorum herbis pueros fugant.
- **o** Romani cum adversariis pugnabant victoriamque sperabant.

Imperfecto

- **a** Catilina cum patientia inediam et vigiliam sustinebat.
- **b** Lucus in silva lucebat et ad lucum puellae rosarum coronas portabant.
- **c** Orcum, Inferorum deum, antiqui venerabant.
- **d** Tyranni armigeri turbam repellebant atque tyrannum animose defendebant.
- **e** Asinus et equus in fluvii aquis bibebant sed asinus aquam turbabat et equum provocabat.
- **f** Gener agrum arabat et cum socero vineam serebat.
- **g** Philosophus in peristylio deambulabat atque discipulis librum legebat; discipuli philosophi verba libenter audiebant.
- **h** Ad focum dominus cum filiis filiabusque sedebat et ligna super foco ponebat.
- **i** Triclinium domini servi sternebant, deinde dominus cum convivis in triclinio recumbebat.
- **j** Sulla inimicorum bona publicabat et proscriptos in exilium cogebat.
- **k** Beneficiis dominus libertum obligabat sed libertus domino gratiam non reddebat.
- **l** Silenus Bacchi famulus atque amicus erat.
- **m** Bacchum, vini deum, ebrii coloni cum gaudio praedicabant.

Texto A

Germania

Germania est terra silvis horrida, sed satis fecunda. Antiquae Germaniae incolae Lunam colebant et victimis humanis deam placabant. Non agricolarum vitam amabant, sed pugnas, hastas, sagittas. Nam cum magna audacia pugnabant. Non amabant divitias, nam pecunia ignaviae saepe causa est. Vitam ducebant plenam insidiarum et delicias contemnebant.

Texto B

Rómulo y Remo

Romulus Remusque oppidum condere cupiebant (*querían fundar*). Multi agricolae quoque novas terras quaerebant. Intervenit deinde avitum malum, nam gemini regni cupidi erant. Inde foedum proelium a satis benigno principio surgit. Auguria capiunt victoriae avidi. Romulus in alto Palatio quaerit augurium, Remus in Aventino conspicit caelum. Signa Remo prima veniunt sed Romulus signorum numero vincit. Turba ad geminos incedit. Alii Romulo, alii Remo favent; magna irarum pugna gemini ad violentiam veniunt. Ibi in turba Remus cadit. Sed sic fama quoque narrat: Remus ludibrio Romuli novos transilit muros. Tum Romulus Remum interficit. Ita solus imperium obtinet Romulus, novum oppidum Romam apellat.

Texto C

La batalla

Legatus porta decumana in castra intrat et ad praetorium pervenit. Interdum legionarii indefessi castella muniunt, vallum aedificant, fossas deprimunt. Centuriae fabri mira tormenta magna cum peritia parant. Proelium alacriter parant. E vallo subito erumpunt legionarii et oppidum petunt. Tubae sono sagitarii tela mittunt, legionarii magno animo proelium committunt. Oppidanis autem auxilia perveniunt proeliique fortuna mutat. Tunc veterani in proelium vadunt et sociis auxilium praebent. Propter pugnam adversam Galli indutias a Romanorum legatis petunt.

IV ZEUS Y EUROPA

Europa, la bellísima y joven hija del rey fenicio Agénor, está en la playa de Sidón jugando con sus amigas. Todos hablan de su delicada belleza, hasta el punto de que ha llegado a oídos de Zeus, el dios de los dioses. A pesar de haber sido advertido, el día en que Zeus la ve jugando, risueña, a la orilla del mar, queda tan maravillado que decide poseerla. Pero piensa, acertadamente, que si se le muestra tal y como es la joven lo rechazará, espantada, y para evitar una negativa se transforma en un magnífico toro. El animal es completamente blanco, de patas robustas y formas perfectas, y sus astas dibujan la silueta de una luna creciente.

Se acerca a Europa poco a poco, se postra delante de ella y le acaricia los pies con el morro. Ella lo mira, llena de curiosidad, y se le acerca, le pasa la mano por el lomo... La docilidad del toro le hace perder todo recelo. Tan a gusto se siente que le hace una corona de flores, se la pone entre los cuernos y, a continuación, sube a su grupa.

En ese momento, Zeus se levanta de golpe, se eleva por los aires y empieza a volar con la joven hacia el mar. Quiere llevársela lejos, donde nadie la pueda encontrar y rescatar. Así, llegan a las costas de Creta, donde Zeus adopta su forma humana y seduce a la bella Europa. Su unión se consuma en la fuente de Gortina –que, desde entonces, nunca dejó de manar–, al amparo de un plátano que, en adelante, jamás perdió sus hojas en invierno. De esta unión entre un dios y una mortal nacieron Minos, Radamantis y Sarpedón.

Más adelante, el dios decidió abandonar a Europa, pero se preocupó de dejarla bien casada con el rey de Creta. Y al morir ella, hizo que se le rindiesen honores divinos e instauró una nueva constelación en el firmamento, la de Tauro, en recuerdo del amor que los unió.

1. La tercera declinación (1)

Moneda con la efigie de Marco Claudio Marcelo, general romano, pretor y cinco veces cónsul, s. III a. C.

La tercera declinación presenta distintos temas y pequeñas diferencias en las terminaciones, especialmente en el nominativo singular y en el genitivo plural. A pesar de estas diferencias, todas las palabras de la tercera declinación forman el genitivo singular en **-is**.

Los temas de la tercera declinación se dividen en:

- **Temas imparisílabos (o temas en consonante).** Se reconocen por tener más sílabas en el genitivo singular que en el nominativo singular (una sílaba más o, excepcionalmente, dos).
- **Temas parisílabos (o temas en vocal -i).** Estos temas tienen el mismo número de sílabas que en el nominativo singular y en el genitivo singular.

La tercera declinación comprende sustantivos tanto de género masculino (*hostis, hostis*, 'enemigo'; *iudex, iudicis*, 'juez') como de género femenino (*arbor, arboris*, 'árbol'; *tempestas, tempestatis*, 'tempestad') y neutro (*lac, lactis*, 'leche'; *limen, liminis*, 'umbral'). Son neutras las palabras que tienen el nominativo singular acabado en **-c**, **-t**, **-l**, **-m** o **-e**. Como en la segunda declinación, los sustantivos masculinos y femeninos presentan la misma flexión, mientras que los neutros adoptan terminaciones específicas para algunos casos.

Los **temas imparisílabos** pueden ser, según el tipo de consonante con la que acabe el lexema:

a Oclusivos:
- **Labiales: b/p** (*ple**b**s, ple**b**is*, 'plebe'; *prince**p**s, princi**p**is*, 'príncipe')
- **Velares: g/c** (*lex, le**g**is*, 'ley'; *iudex, iudi**c**is*, 'juez')
- **Dentales: d/t** (*pes, pe**d**is*, 'pie'; *vir**t**us, virtu**t**is*, 'virtud')

b Líquidos:
- **Laterales: l** (*consu**l**, consu**l**is*, 'cónsul')
- **Vibrantes: r** (*mulie**r**, mulie**r**is*, 'mujer')

c Nasales: m (*hie**m**s, hie**m**is*, 'invierno') o **n** (*flume**n**, flumi**n**is*, 'río')
d Sibilantes: s (*mo**s**, moris*, 'costumbre'; *corpu**s**, corporis*, 'cuerpo')

Si bien se producen variaciones de carácter fonético, todos los temas imparisílabos tienen las mismas terminaciones, que son las siguientes:

SINGULAR		
Caso	**Masc./Fem.**	**Neutro**
Nominativo	**-/-s**	**-**
Vocativo		
Acusativo	**-em**	
Genitivo	**-is**	
Dativo	**-i**	
Ablativo	**-e**	

PLURAL		
Caso	**Masc./Fem.**	**Neutro**
Nominativo	**-es**	**-a**
Vocativo		
Acusativo		
Genitivo	**-um**	
Dativo	**-ibus**	
Ablativo		

ACTIVIDADES

1 Indica qué sustantivos de esta lista tienen el tema imparisílabo. Explica cómo lo has sabido.

hostis, hostis	rex, regis
caedes, caedis	imber, imbris
contentio, contentionis	clamor, clamoris
eques, equitis	nomen, nominis

1.1. Temas en consonante oclusiva

Los modelos que seguiremos para declinar los temas en consonante oclusiva son:
a *princeps, principis* ('príncipe'), para los temas en labial;
b *vox, vocis* ('voz'), para los temas en velar;
c *virtus, virtutis* ('virtud'), para los temas en dental;
d *caput, capitis* ('cabeza'), para el oclusivo neutro (muy poco frecuente).

Caso	Temas en labial (masc./fem.)		Temas en velar (masc./fem.)	
	SINGULAR	PLURAL	SINGULAR	PLURAL
Nominativo	princep**s**	princip**es**	vox	voc**es**
Vocativo	princep**s**	princip**es**	vox	voc**es**
Acusativo	princip**em**	princip**es**	voc**em**	voc**es**
Genitivo	princip**is**	princip**um**	voc**is**	voc**um**
Dativo	princip**i**	princip**ibus**	voc**i**	voc**ibus**
Ablativo	princip**e**	princip**ibus**	voc**e**	voc**ibus**

Caso	Temas en dental (masc./fem.)		Temas neutros	
	SINGULAR	PLURAL	SINGULAR	PLURAL
Nominativo	virtus	virtut**es**	caput	capit**a**
Vocativo	virtus	virtut**es**	caput	capit**a**
Acusativo	virtut**em**	virtut**es**	caput	capit**a**
Genitivo	virtut**is**	virtut**um**	capit**is**	capit**um**
Dativo	virtut**i**	virtut**ibus**	capit**i**	capit**ibus**
Ablativo	virtut**e**	virtut**ibus**	capit**e**	capit**ibus**

Observemos que en el modelo en dental, la raíz llega hasta la **-t**, que en el nominativo cae delante de **s**. Por lo tanto, la **u** que aparece en el nominativo forma parte de la raíz. Así, encontraremos palabras en dental como *aetas, aetatis* o *miles, militis*. En estos casos, la **a** (*aet**a**s*) o la **e** (*mil**e**s*) forman parte de la raíz, como la **u** de *virt**u**s*.

Por otra parte, toda vocal breve que se encuentre en sílaba interior abierta (es decir, al final de una sílaba acabada en vocal) tiende a cambiar de timbre, generalmente en **-i-**. Este fenómeno recibe el nombre de apofonía y es responsable de las alternancias de vocales en *princ**e**ps/princ**i**pis* o *cap**u**t/cap**i**tis*.

Esta regla también se aplica a otros modelos de la tercera declinación. Debemos tenerlo en cuenta a la hora de buscar la palabra en el diccionario: por ejemplo, si encontramos *principem*, recordaremos que tenemos que buscar *princeps*, no *princips*.

aurea dicta

¿Qué enseñanza crees que transmiten estos dichos? Tradúcelos y reflexiona sobre ellos.
Después, comprueba tu traducción escuchando el audio.

Mors certa, hora incerta.
Sine iustitia nulla liberas.
Procul es oculis, procul ex mente.
In terra caecorum monoculus rex.
Virtuti, non armis, fido.

Reloj del ayuntamiento de Leipzig (Alemania).

vocabula

Palabras que se declinan como *princeps*

ops, opis *f.* poder, fuerza

Palabras que se declinan como *vox*

artifex, artificis *m.* artesano
dux, ducis *m.* general
iudex, iudicis *m.* juez
lex, legis *f.* ley
lux, lucis *f.* luz
nex, necis *f.* muerte, asesinato
pax, pacis *f.* paz
rex, regis *m.* rey
senex, senis *m.* viejo
supplex, supplicis *m.* y *f.* suplicante

Palabras que se declinan como *virtus*

aestas, aestatis *f.* verano
aetas, aetatis *f.* edad, vida
auctoritas, auctoritatis *f.* autoridad
calamitas, calamitatis *f.* desastre
civitas, civitatis *f.* ciudad
custos, custodis *m.* vigilante
eques, equitis *m.* caballero
humanitas, humanitatis *f.* humanidad
lapis, lapidis *f.* piedra
libertas, libertatis *f.* libertad
miles, militi *m.* soldado
necessitas, necessitatis *f.* necesidad
nobilitas, nobilitatis *f.* nobleza
quies, quietis *f.* paz, tranquilidad

ACTIVIDADES

2 Declina en singular y en plural las palabras *rex, regis* y *nobilitas, nobilitatis*.

3 **Clasificación de palabras.** Analiza morfológicamente las siguientes palabras y cámbialas de número: *virtutum, civitates, pacem, rege, nocte, capiti*.

▲ **4** **Declinación y concordancia.** Clasifica las apofonías de las siguientes palabras de la tercera declinación.

miles, militis / tempus, temporis / nomen, nominis
iudex, iudicis / genus, generis / origo, originis
caput, capitis / virgo, virginis / homo, hominis
scelus, sceleris / eques, equitis / ordo, ordinis
pectus, pectoris

e/i	u/i	u/o	u/e	o/i

5 Completa las oraciones con la palabra adecuada; después, tradúcelas.

- **a** ▲ odium parit. (*veritas / veritates*)
- **b** Nulla poena sine ▲ (*lex / lege*).
- **c** ▲ arborum sunt in terra. (*radices / radix*)
- **d** ▲ magna audacia pugnabant locumque defendebant. (*milites / militum*)
- **e** In culinis sunt ollae, patinae et ▲ (*lebetis / lebetes*).
- **f** Vir probus etiam in ▲ honestatem conservat. (*calamitatibus / calamitati*)
- **g** Sacerdotes taurorum ▲ floribus ornant. (*capita / capitum*)
- **h** Nimiae animi ▲ et corporis voluptates saepe hominibus nocent. (*cupiditate / cupiditates*)

6 Traduce estas oraciones.

- **a** Iustitia virtutum regina est.
- **b** Militum virtus et ducis prudentia victoriam comparant.
- **c** Limites saepe sunt causae magnarum rixarum.
- **d** Dux magnas equitum turmas habebat.
- **e** Vercingetorigem, Gallorum ducem, Caesar aspera pugna profligat.
- **f** Boni viri semper libertatem virtutemque amant.
- **g** Segetes iam ad maturitatem in agris perveniunt; tamen, propter belli vastationem, agricolae agros desertos relinquunt et frumentum non metunt.
- **h** Reges antiqui sacerdotes et iudices custodesque legum saepe erant.
- **i** Milites tela coniciunt et ad pugnam Gallos cum contumelia evocant.
- **j** Mercurius, deorum nuntius, magna celeritate terras peragrabat.

7 Traduce estas oraciones y clasifica las palabras que presenten temas en consonante oclusiva.

- **a** Iudices, inter arma silent leges.
- **b** Claros viros antiquae civitates magna laude honorabant.
- **c** Milites deo Marti spolia dabant, nam deus Mars victoriam militibus concedebat.
- **d** Leges sunt fundamentum libertatis et aequitatis.
- **e** Arma Achillis necem Aiacis movent.
- **f** Nautae pacem amant, milites bellum.
- **g** Pretiosas merces olim Phoenices Graeciae incolis apportabant.
- **h** Vox saepe index stultitae est; oculi animi indices sunt.

1.2. Temas en consonante líquida

Los temas que acaban en consonante líquida lateral (**l**) se declinan según el modelo de *consul, consulis* ('cónsul').

Los temas que acaban en consonante líquida vibrante (**r**) siguen el modelo de *honor, honoris* ('honor').

Caso	Temas en lateral (*l*)		Temas en vibrante (*r*)	
	SINGULAR	PLURAL	SINGULAR	PLURAL
Nominativo	consul	consul**es**	honor	honor**es**
Vocativo	consul	consul**es**	honor	honor**es**
Acusativo	consul**em**	consul**es**	honor**em**	honor**es**
Genitivo	consul**is**	consul**um**	honor**is**	honor**um**
Dativo	consul**i**	consul**ibus**	honor**i**	honor**ibus**
Ablativo	consul**e**	consul**ibus**	honor**e**	honor**ibus**

vocabula

Palabras que se declinan como *consul*

exsul, exsulis *m.* exiliado
sal, salis *m.* sal
sol, solis *m.* sol

Palabras que se declinan como *honor*

amor, amoris *m.* amor
ardor, ardoris *m.* ardor
auctor, auctoris *m.* autor
clamor, clamoris *m.* clamor
color, coloris *m.* color
honor, honoris *m.* honor
imperator, imperatoris *m.* emperador
labor, laboris *m.* tarea, trabajo
mulier, mulieris *f.* mujer
odor, odoris *m.* olor
orator, oratoris *m.* orador
soror, sororis *f.* hermana
terror, terroris *m.* miedo, terror
uxor, uxoris *f.* esposa
viator, viatoris *m.* viajero

ACTIVIDADES

8 Declina en singular y en plural las palabras *amor, amoris* y *candor, candoris*.

9 Traduce estas oraciones, que contienen palabras con temas en consonante líquida.

- **a** Vere arbores florent, aestate vel autumno poma dant.
- **b** Galba succedit imperatori Neroni.
- **c** Luna lucem solis accipit.
- **d** Propter consulum victoriam magnum Romanae civitatis gaudium erat.
- **e** Poetae murmur rivorum cantant.
- **f** Viri Romani in uxores sicut in liberos vitae necisque habebant potestatem.
- **g** Hannibalis apud Cannas victoria Romanorum civitas in magno Poenorum timore erat.
- **h** Orator, vocis auxilio, auditores fascinabat.
- **i** Proprer siccitatem multae arbores arescunt.
- **j** Saepe Graeci servi propter eruditionem Romanorum praeceptores erant.
- **k** Pastorum vita laeta sed laborum plena est.
- **l** Propter uxoris valetudinem vir sollicitus erat.
- **m** Clara erat Romanis Lucretiae, Collatini uxoris, pudicitia.
- **n** Magno cum labore murum milites aedificabant.
- **ñ** Ciceronem universa civitas declarat consulem.
- **o** Orator iudicem ad misericordiam inducebat.
- **p** C. Marius consul bellum cum Iugurtha Numidarum rege gerebat.

1.3. Temas en consonante nasal

Los temas en nasal se declinan según los modelos:

a De *hiems, hiemis* ('invierno') si la raíz acaba en **m**.

b De *legio, legionis* ('legión') si la raíz acaba en **n**.

c De *flumen, fluminis* ('río') si son neutros.

Caso	Temas en nasal labial (*m*)		Temas en nasal dental (*n*)	
	SINGULAR	PLURAL	SINGULAR	PLURAL
Nominativo	hiem**s**	hiem**es**	legio	legion**es**
Vocativo	hiem**s**	hiem**es**	legio	legion**es**
Acusativo	hiem**em**	hiem**es**	legion**em**	legion**es**
Genitivo	hiem**is**	hiem**um**	legion**is**	legion**um**
Dativo	hiem**i**	hiem**ibus**	legion**i**	legion**ibus**
Ablativo	hiem**e**	hiem**ibus**	legion**e**	legion**ibus**

Caso	Temas en nasal neutros	
	SINGULAR	PLURAL
Nominativo	flumen	flumin**a**
Vocativo	flumen	flumin**a**
Acusativo	flumen	flumin**a**
Genitivo	flumin**is**	flumin**um**
Dativo	flumin**i**	flumin**ibus**
Ablativo	flumin**e**	flumin**ibus**

vocabula

Palabras que se declinan como *legio*

homo, hominis *m.* hombre
imago, imaginis *f.* imagen
legio, legionis *f.* legión
leo, leonis *m.* león
longitudo, longitudinis *f.* longitud
magnitudo, magnitudinis *f.* grandeza
margo, marginis *f.* margen
multitudo, multitudinis *f.* multitud
natio, nationis *f.* nación, país
oratio, orationis *f.* discurso
origo, originis *f.* origen
regio, regionis *f.* región
valetudo, valetudinis *f.* salud
virgo, virginis *f.* muchacha

Palabras que se declinan como *flumen*

agmen, agminis *n.* ejército
carmen, carminis *n.* poema
gramen, graminis *m.* hierba
limen, liminis *n.* umbral
lumen, luminis *n.* luz
nomen, nominis *n.* nombre
omen, ominis *n.* presagio

Puente Sant'Angelo, sobre el río Tíber, en Roma.

ACTIVIDADES

10 Declina en singular y en plural: *fortitudo, fortitudinis* y *gramen, graminis.*

11 Completa la tabla con la información requerida.

	caso	número	nominativo singular	tema
oratori				
legionem				
lux				
consulibus				
multitudo				
nomina				
orationis				

ACTIVIDADES

12 Traduce estas oraciones, que contienen palabras con temas en nasal.

- **a** Discipuli Ciceronis orationes legunt.
- **b** Caesar in consilium convocat centuriones.
- **c** Mali homines legum severitatem non timent.
- **d** Diana, dea venationis, erat soror Apollinis, antistitis Musarum.
- **e** Ciceronem populus Romanus patrem patriae nominabat.
- **f** Iuppiter fulminibus impios percutiebat et improbos in tartaream voraginem coniciebat.
- **g** Divitiarum cupiditas hominibus saepe doloris causa est.
- **h** Dux milites equitesque apud flumen convocat et antiquam Romani populi virtutem memorat.
- **i** Leo spinam in pede habebat et propter dolorem magnum clamorem edebat.
- **j** Homo honestus religioni suae pecuniam non anteponit.
- **k** Barbarorum copiae in vicos et pagos crebras incursiones faciebant.
- **l** Senatores Neronis iram timebant et cum filiis uxoribusque ex oppido fugiebant.
- **m** Apud Mercurii fanum multi homines magna voluptate cum uxoribus suis deambulabant.

13 Elige la forma adecuada y traduce.

- **a** Romulus et Romani homines (*uxor / uxores / uxori*) non habent, itaque nationum vicinarum (*virgines / virgo / virginis*) rapiunt.
- **b** (*Crimine / crimen / crimina*) adulterii iudices hominem damnant.
- **c** Consul militem morte multat propter (*proditio / proditionem / proditionis*).
- **d** Vesuvii conflagratio multos homines absumit et orae maritimae (*civitas / civitatem / civitates*) ad solum diruit.
- **e** Frustra Caesar orationem pro coniuratis habet, nam senatores coniuratos (*capitis / capite / caput*) damnant.
- **f** Vergilius in carminibus (*pastorum / pastores*) et agricolarum vitam laudat.
- **g** (*Milites / Militi*) ad pugnam Gallos evocant.

14 Traduce estas oraciones.

- **a** Nota sunt carmina pulchra Homeri.
- **b** Ratio lumen vitae est: stulti enim veritatem non vident.
- **c** Coniuratorum nomina Ciceroni consuli nota erant.
- **d** De certaminibus Graecorum et Troianorum in Homeri carminibus sermo est.

15 **Conjugaciones latinas.** Completa las oraciones con el verbo correspondiente. Después, tradúcelas.

visitabam / inducit / devincebat / decertabat
subvertit / erant / oppugnabat / est

- **a** Consul multas copias in agrum Boiorum ▲.
- **b** ▲ in legione centuriones, fortes viri.
- **c** Papirius Cursor consul Aquiloniam ▲.
- **d** Nimius doctrinae amor ▲ Archimedi funestus.
- **e** Hannibal, Carthaginiensium strenuus dux, Romanorum milites multis et periculosis insidiis ▲.
- **f** Caesar cum duris nationibus Germanorum et Helvetiorum saepe ▲.
- **g** Avaritia, multorum malorum causa, probitatem honestatemque, magnas hominum virtutes, ▲.
- **h** Cum paucis amicis antiqui oppidi Calabriae ruinas ▲.

16 Estos pares de palabras tienen la misma terminación. Indica, para cada una de ellas, número y género, caso, declinación y significado.

regum	pacis	animi	frater
verbum	equis	rationi	faber

17 Rodea la traducción correcta de estos sustantivos.

regi:	al rey	los reyes	del rey
fluminum:	el río	de los ríos	del río
arboris:	en los árboles	del árbol	el árbol
reges:	del rey	el rey	los reyes
consulibus:	los cónsules	del cónsul	a los cónsules

18 Describe la imagen utilizando, al menos, las palabras *gladiator, -oris* y *leo, -onis*.

19 Traduce al latín.

- **a** El niño jugaba solo en el litoral con piedras.
- **b** Los piratas acaban una mala vida en la cruz.
- **c** Baco era el dios de la embriaguez, el vino y el furor.
- **d** La naturaleza da al hombre razón y discurso.
- **e** Los árboles altos tienen largas raíces.

1.4. Temas en consonante sibilante

La única consonante sibilante es la **s**. Sin embargo, cuando se encuentra entre dos vocales, se convierte en **-r-**, fenómeno que recibe el nombre de rotacismo. Aunque en el nominativo la **-s** se encuentra a final de palabra, por lo que no tendría que sufrir este cambio, por analogía o similitud con el resto de casos, algunos nombres masculinos y femeninos presentan indiferentemente una forma de nominativo acabada en **-s** o en **-r** (*dolos/dolo***r**; *honos/hono***r**, etc.).

Los temas en sibilante pueden ser masculinos o femeninos (*mos, moris*, 'costumbre') o neutros (*corpus, corporis*, 'cuerpo').

Caso	SINGULAR		Caso	PLURAL	
	Masc./Fem.	Neutro		Masc./Fem.	Neutro
Nominativo	mos	corpus	Nominativo	mor**es**	corpor**a**
Vocativo	mos	corpus	Vocativo	mor**es**	corpor**a**
Acusativo	mor**em**	corpus	Acusativo	mor**es**	corpor**a**
Genitivo	mor**is**	corpor**is**	Genitivo	mor**um**	corpor**um**
Dativo	mor**i**	corpor**i**	Dativo	mor**ibus**	corpor**ibus**
Ablativo	mor**e**	corpor**e**	Ablativo	mor**ibus**	corpor**ibus**

vocabula

Palabras que se declinan como *mos*

arbos, arboris *f.* árbol
flos, floris *f.* flor
honos, honoris *m.* honor

Palabras que se declinan como *corpus*

decus, decoris *n.* adorno, ornamento
foedus, foederis *n.* pacto
frigus, frigoris *n.* frío
genus, generis *n.* género
ius, iuris *n.* derecho
munus, muneris *n.* oficio
onus, oneris *n.* peso
opus, operis *n.* obra
pecus, pecoris *n.* ganado
pectus, pectoris *n.* pecho
rus, ruris *n.* campo
sidus, sideris *n.* astro
tempus, temporis *n.* tiempo

Tabla resumen de la formación de los nominativos de los temas en consonante

consonante final del tema	terminación de nominativo	ejemplo	cambios fonéticos
p	-s	princе**p**-s > princeps	Las labiales (p, b) se mantienen ante la -s del nominativo.
b	-s	ple**b**-s > plebs	Las labiales (p, b) se mantienen ante la -s del nominativo.
t	-s	virtu**t**-s > virtus	Las dentales (t, d) caen ante la -s del nominativo. En los neutros, la dental se mantiene.
d	-s	here**d**-s > heres caput-ø > caput	Las dentales (t, d) caen ante la -s del nominativo. En los neutros, la dental se mantiene.
c	-s	vo**c**-s > vox	Las velares (c, g) se fusionan con la -s del nominativo y se representan gráficamente con x.
g	-s	re**g**-s > rex	Las velares (c, g) se fusionan con la -s del nominativo y se representan gráficamente con x.
m	-s	hie**m**-s > hiems	La m se conserva.
n	ø	legio**n**-ø > legio flumen-ø > flumen	La -n final de palabra se pierde detrás de -o, pero no en los neutros en -men.
l	ø	consu**l**-ø > consul	En estos casos, no se añade -s y la raíz no se altera.
r	ø	soror-ø > soror	En estos casos, no se añade -s y la raíz no se altera.
s	ø	mos-ø > mos	En estos casos, no se añade -s y la raíz no se altera.

ACTIVIDADES

20 Declina en singular y en plural las palabras *honos, honoris* y *opus, operis*.

21 Indica el genitivo singular y el nominativo singular de las siguientes formas.

sustantivo	genitivo singular	nom. singular	sustantivo	genitivo singular	nom. singular
facilitatem			pietatem		
comitate			benignitate		
virtutum			magnanimitati		
moribus			leges		
civitatibus			hominum		
frugalitas			foedera		
honestati			facinora		
fortitudinem			iura		

22 Traduce estas oraciones.

- **a** Multi homines tempora praeterita laudant.
- **b** Ignavia corpus hebetat, firmat labor continuus.
- **c** Umbra nemorum et fluminum murmure animos et corpora recreamus.
- **d** Ira hominibus multorum scelerum causa est.
- **e** Litus est altum et ad castra natura idoneum.
- **f** Seduli agricolae parva consulis rura magna cura colebant.
- **g** Medicus militis vulnus curat.
- **h** Temporibus antiquis milites gladios hastasque gerebant.
- **i** Multorum generum floribus domina villam ornat.
- **j** Malorum hominum societas bonis moribus perniciosa est.
- **k** Temporibus antiquis Centaurorum genus ferum in Thessalia erat.
- **l** Clara oratione de membris corporis Menenius Agrippa Romanorum plebem monebat.

23 CC Traduce el texto y realiza las actividades.

Polifemo

Polyphemus princeps Cyclopum erat. Cyclopes pastores erant et unum oculum in media fronte habebant. In Sicilia horrendam speluncam Polyphemus habitabat, ibique capellas suas magna cum diligentia custodiebat. Filius erat Neptuni, pelagi dei, sed tamen saevus erat et homines quoque, beluarum more, laniabat vorabatque. Cyclopes sacras leges hospitalitatis non servabant deosque non colebant.

- **a** Indica qué palabras del texto son de la tercera declinación y cuáles tienen tema en labial.
- **b** Cambia el texto al presente de indicativo.
- **c** ¿Cómo has traducido *in media fronte*? ¿Corresponde exactamente a la estructura latina?
- **d** Indica de qué términos latinos, que aparecen en el texto, proceden estas palabras castellanas: *devorar, pastor, príncipe, ojo, diligencia, hombres, conservar.*

Huida de la cueva de Polifemo, P. Tibaldi (1527-1596). La *Odisea* narra cómo Odiseo escapó de Polifemo haciéndose pasar por un carnero.

24 Declinación y concordancia. Haz concordar los adjetivos con los sustantivos y traduce los sintagmas.

(*superbus, -a, -um*) regis
(*magnus, -a, -um*) voluptatibus
(*piger, pigra, pigrum*) milites
(*strenuus, -a, -um*) peditum
(*antiquus, -a, -um*) moribus
(*ligneus, -a, -um*) lacunar

ACTIVIDADES

25 CS Lee el siguiente texto y responde a las preguntas.

Costumbres de los antiguos germanos

In Germania erant densa obscuraque nemora, plena multorum ferarum generum, et longa altaque flumina. Vastae paludes incolis morbos mortiferos saepe comparabant. Et viri et uxores altam staturam, firma corpora, comas flavas, oculos caeruleos habebant. Germani agriculturam neglegebant, venationes et corporum exercitationes valde diligebant, a pueritia labori et duritiae studebant, itaque caeli gravitate non dolebant, sed hieme frigora, aestate calores iuxta tolerabant. In pace principes civitatum ius dicebant, incolis frumenta tribuebant, quia bona privata non habebant, diis hostias immolabant. Germani ut deos praesertim Solem et Lunam et Vulcanum colebant. In pugna strenui milites erant, hastas gestabant, pila emittebant, scutis corpora protegebant. Cum bello nationibus finitimis gerebant, ducem eligebant, et duci vitae necisque potestatem tribuebant.

Relieve de una tumba hallada en Colonia (Alemania), Römisch-Germanisches Museum.

- **a** Identifica todos los sustantivos imparisílabos de la tercera declinación que aparecen en el texto.
- **b** Cambia el texto al presente de indicativo.
- **c** Detecta en el texto los CCL y los CCT.
- **d** Indica qué términos castellanos proceden de los siguientes términos latinos: *obscurus, genus, morbus, oculus, neglego, exercitatio, studeo, tolero, emitto, tribuo.*
- **e** Busca información sobre la batalla de Teutoburgo.

26 Traduce el texto y realiza las actividades relacionadas.

Lucrecia, una mujer ejemplar

Dum Romani Ardeam obsidebant, in castris interdum nobiles iuvenes otium conviviis comissationibusque terebant. Olim mentio de uxoribus incidit, et omnes suas uxores miris modis laudabant. Tum Collatinus dicebat: «Lucretia mea certe omnes ceteras uxores praestat, nec verbis egeo». Itaque iuvenes equos conscendunt et Romam, ad uxores, avolant: omnes mulieres suas inveniunt in convivio, dum cum aequalibus tempus terunt. Pergunt inde Collatiam, ubi Collatinus habitabat. Lucretia, dedita lanae, inter ancillas in domicilio sedebat. Propter magnam castitatem et excellentem virtutem, certaminis victoriam Lucretiae iuvenes tribuunt.

La muerte de Lucrecia, de Eduardo Rosales. Museo del Prado.

- **a** Identifica todos los sustantivos imparisílabos de la tercera declinación que aparecen en el texto.
- **b** Detecta los CCM del texto.
- **c** Completa estas oraciones transformadas a partir del texto:

  Otium comissationibus terebant: ▲ erant otium iuvenibus Romanis.

  Mentio de uxoribus incidit: Viri ▲ de uxoribus faciunt.

  Omnes mulieres suas inveniunt in convivio: ▲ erant in convivio.

  Propter magnam castitatem, victoriam Lucretiae tribuunt: Lucretia erat mulier ▲.
- **d** Busca información sobre el mito de Lucrecia y la caída de la monarquía en Roma.

2. Las conjunciones de coordinación

Las conjunciones pueden ser de coordinación o de subordinación. Son coordinantes cuando enlazan sintagmas u oraciones de la misma categoría sintáctica:

Caesar (SN) **et** Pompeius (SN) consules sunt. / *César y Pompeyo son cónsules.*

Tyrannus violentus est (oración) **et** saevo imperio oppidanos vexat (oración).

El tirano es violento y con un poder malvado maltrata a los ciudadanos.

Las conjunciones de coordinación más frecuentes son:

COPULATIVAS Expresan una relación de mera adición entre los elementos coordinados.	**et, ac, atque, -que** / *y* **etiam, quoque** (tras la palabra a la que se refiere) / *también* **neque, nec** / *ni, no*
DISYUNTIVAS Expresan alternancia o contraposición entre los elementos que enlazan.	**aut** (entre elementos que se excluyen) / *o* **vel** (entre elementos que no se excluyen) / *o* **sive, seu** / *o bien*
ADVERSATIVAS Expresan oposición entre los elementos que enlazan.	**sed** / *pero* **tamen** / *sin embargo, no obstante* **at** / *al contrario*
CAUSALES Expresan la causa de lo que se ha dicho en la oración anterior.	**nam** (al principio de la oración) / *en efecto* **enim** (pospuesta) / *en efecto*
CONSECUTIVAS Expresan una consecuencia, una deducción que se infiere de lo que se ha dicho en la oración anterior.	**itaque** / *por esto* **igitur** / *pues* **ergo** / *en consecuencia*
CORRELATIVAS O DISTRIBUTIVAS Indican alternancia de los términos enlazados.	**et... et** / *tanto... como; por una parte... por la otra* **non solum... sed etiam** / *no solo... sino también* **cum... tum** / *sea... sea*

ACTIVIDADES

27 Traduce estas oraciones e indica qué tipo de conjunción contienen.

- **a** Fabius et Cynthia in foro ambulant et statuas spectant.
- **b** Legimus Phaedri fabulas, nam linguam Latinam scimus.
- **c** Magister legebat, sed discipuli non audiebant.
- **d** In castris milites fame aut ferro pereunt. Hostes enim milites circumveniunt atque opprimunt.
- **e** Graecia arida est, tamen Graeci oleas colunt.
- **f** Divitiae caducae sunt; at gloria sempiterna est.
- **g** Et superbiam et ignaviam vitupero.

28 CC Traduce el texto y responde a las preguntas.

- **a** ¿Qué conjunciones de coordinación aparecen en el texto?
- **b** Indica de qué tipo es cada conjunción.
- **c** ¿En qué tiempo verbal está redactado el texto? Cámbialo a presente de indicativo.
- **d** ¿Qué figura retórica se consigue con la repetición de la preposición *in* al final del primer párrafo?

Los dioses griegos y romanos

Graeci et Romani non unum deum colebant, sed multos; deorum domicilium non solum caelum vel Olympum, sed totum mundum putabant; nam, Graecis et Romanis, dei et deae in astris, in terra, in ventis, in Oceano, in fluviis, in silvis, in caelo, in Inferis habitabant. Antiqui diis et formam humanam et animum fere humanum adsignabant; multae inimicitiae et discordiae deos deasque movebant; iurgabant, armis decertabant, denique ludis et epulis animos curis relaxabant. Itaque poetae antiqui de deis deabusque fabulas fictas tradunt.

3. La aposición

La aposición es un sustantivo que acompaña a otro sustantivo, del que especifica alguna característica.

Cicero (sustantivo) **consul** (sustantivo en aposición) Catilinam accusat. / *El **cónsul** Cicerón delata a Catilina.*

En ocasiones va entre comas:

Thebae (sustantivo), **oppidum** (sustantivo en aposición) magnum (adjetivo), clarae erant. / *Tebas, gran **ciudad**, era famosa.*

En latín, la aposición generalmente sigue al sustantivo al cual se refiere y concuerda siempre en caso, mientras que conserva su género y número propios.

Apud Rhodanum (sustantivo masculino), Galliae **flumen** (sustantivo en aposición neutro), Hannibal confligit. / *Aníbal huye cerca del Ródano, **río** de la Galia.*

ACTIVIDADES

29 Completa las oraciones con los siguientes sustantivos, que debes utilizar como aposiciones.

poeta, -ae · *colonia, -ae* · *imperator, -oris* · *philosophus, -i* · *insula, -ae*

- **a** Vergilius ▲ Augusto amicus erat.
- **b** Senecae ▲ epistulae pulchrae sunt.
- **c** ▲ Ithacae orae petrosae sunt.
- **d** Titus, Vespasiani ▲ filius, moderatus et iustus erat.
- **e** ▲ Tarraco in Hispania est.

30 Identifica las aposiciones y traduce las oraciones.

- **a** Graecia, patria gloriae et sapientiae, est paeninsula.
- **b** Columba, amica munditiae, est praeda aquilae, incolae silvarum.
- **c** Magnae sunt pugnae et victoriae Persarum et Scytharum, incolarum Asiae.
- **d** In Nilo, fluvio Aegypti, sunt crocodili et hippopotami.
- **e** Mercurius, filius Maiae, erat nuntius deorum.
- **f** Daedalus, vir magni ingenii, in insula Creta exsulabat.

31 Traduce estas oraciones.

- **a** Numantia, Hispaniae parvum oppidum, magna et diuturna bella cum Romanis gerebat.
- **b** Rhenus fluvius Helvetiorum agros a Germanis separabat.
- **c** Puer Phaedri Aesopique, clarorum Graecorum poetarum, sententias legit.
- **d** Amo Lesbiam, puellam meam.
- **e** Agricolae Faunum, agrorum silvarumque deum, celebrant.

32 Identifica las aposiciones en estas oraciones en castellano; después, tradúcelas al latín.

- **a** El general César combate a los galos.
- **b** La maestra lee los libros de Virgilio, poeta antiguo.
- **c** Cicerón, un hombre nuevo, venció a Catilina.
- **d** Egipto es una tierra fecunda por el agua del Nilo, un río grande y profundo (*altus*).

33 CM **Ubicación de mapas.** Traduce este texto y realiza las actividades.

Descripción de Grecia

Graecia clara et pulchra Mediterranei paeninsula est, sed ob montuosam territorii naturam terra non admodum frugifera est; ideo agricolae praesertim oleas et vites colunt et magnam vini oleique copiam portant. Graeci non solum agricolae industrii sed etiam periti nautae sunt: nam et Athenis et Corintho solvunt et per Aegaeum pelagus ad insulas Cretam, Rhodum, Cyprum vel ad Asiae Africaeque oras perveniunt et magna negotia cum populis Mediterranei gerunt. Graeci multos deos deasque colunt et magnopere eorum (*de ellos*) iram timet: ideo magna templa dis aedificant et copiosa dona Superis Inferisque praebent. In Graecia multae urbes (*muchas ciudades*) sunt sed praesertim Athenae, poetarum ac philosophorum patria, et Sparta propter suam severam disciplinam clara.

- **a** Señala de qué género son las palabras de la segunda declinación que aparecen en el texto.
- **b** ¿Qué palabras del texto desempeñan la función de aposición? ¿De qué sustantivos?
- **c** Busca información sobre Rodas y su coloso.

1. Las lenguas románicas en la actualidad (1)

Unos 430 millones de personas en el mundo (el 7,9 % de la humanidad) hablan lenguas románicas o neolatinas. En cuanto al número de hablantes, las lenguas románicas se sitúan cerca de las lenguas germánicas (540 millones). Derivan del latín vulgar y presentan muchas semejanzas entre sí, como se puede observar en la siguiente tabla:

latín	castellano	occitano	francés	italiano	catalán	portugués	rumano
clave	llave	clau	clé	chiave	clau	chave	cheie
nocte	noche	nuèch	nuit	notte	nit	noite	noapte
cantare	cantar	cantar	chanter	cantare	cantar	cantar	cînta
lingua	lengua	lenga	langue	lingua	llengua	lingua	limbă
platea	plaza	plaça	place	piazza	plaça	praça	pită
ecclesia	iglesia	glèisa	église	chiesa	església	igreja	biserică

Aunque las semejanzas entre las distintas lenguas son evidentes, presentan diferencias importantes debido a que no han sufrido la misma evolución a lo largo de la historia y a que todas han adoptado palabras de otras lenguas.

Las lenguas románicas se suelen agrupar en cinco bloques: el ibérico, el central, el italorrománico, el galorrománico y el oriental.

1.1. Bloque ibérico

Grupo hispánico

Está constituido por el castellano, el asturiano, el leonés y el aragonés. Una variante del castellano es el sefardí, que se habla en Israel.

La **lengua castellana**, la más hablada de las lenguas románicas, es vehículo de expresión de unos 500 millones de personas.

Se desarrolló en la región norte-central de la península Ibérica, con una posible influencia de las lenguas célticas y del vasco. Durante la Reconquista, se extendió por el sur y otras regiones de la Península. Después del siglo XVI, el castellano se llevó a América central y del sur, a Guinea Ecuatorial y a algunas regiones asiáticas.

Grupo portugués

Este grupo comprende el portugués y el gallego. El **portugués** es una de las lenguas más habladas en el mundo (176 millones de personas). Aunque se originó en Portugal, actualmente su mayor número de hablantes está en Brasil. Entre el portugués brasileño y el europeo existen diferencias de vocabulario, de pronunciación y de sintaxis, especialmente en la lengua popular.

El **gallego** lo hablan en Galicia unos 3 millones de personas. Está muy emparentado con el portugués.

1.2. Bloque central

El **catalán** se habla esencialmente en Cataluña, en la Comunidad Valenciana (donde recibe el nombre de valenciano), en las Islas Baleares y en Andorra. Tiene unos 7,7 millones de hablantes y lo entienden unos 10,5 millones de personas.

Rótulos bilingües en francés y occitano, y castellano y vasco. Rótulo portugués.

La **lengua occitana** tuvo su máximo esplendor entre los siglos XI y XIII, periodo en el que fue la lengua de la lírica de los trovadores.

Actualmente tiene dificultades para sobrevivir. No hay datos fiables sobre su número de hablantes, si bien se extiende por Francia e Italia. La lengua del Valle de Arán, el aranés, es un dialecto del occitano.

ACTIVIDADES

34 Completa la tabla con los datos que faltan.

	Número de hablantes	Lugares donde se habla	Bloque al que pertenece
Castellano			
Portugués			
Gallego			
Catalán			

35 CI Traduce al castellano este texto en portugués de Machado de Assis. Busca en un diccionario las palabras que no entiendas.

E enquanto uma chora, outra ri; é a lei do mundo, meu rico senhor; é a perfeição universal. Tudo chorando seria monótono, tudo rindo, cansativo; mas uma boa distribuição de lágrimas e polcas, soluços e sarabandas, acaba por trazer à alma do mundo a variedade necessária, e faz-se o equilíbrio da vida.

36 CD Consulta el diccionario del gallego de esta página web y explica el significado de estas palabras.

piñeiro, peteiro, lonxe, agasallo, afastado, diantre, lúa, árbore, avoa, curuxa

37 A partir de la observación de la tabla de palabras de la página anterior, indica qué lengua románica se parece más al castellano.

38 CM **Las lenguas de España.** Completa la leyenda indicando las lenguas que se hablan en las zonas marcadas en el mapa. Después, busca la siguiente información sobre cada una de estas lenguas.

a Territorios donde se habla.
b Número de hablantes.
c Origen de la lengua.
d Nombre de tres autores importantes de su literatura.

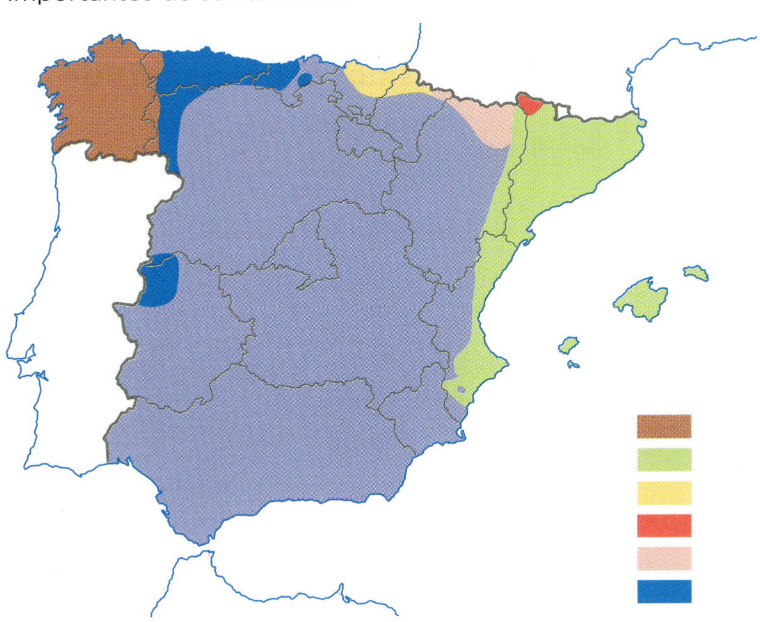

1. Los radicales latinos (2)

En la unidad anterior hemos visto una serie de cultismos del castellano procedentes de radicales de sustantivos latinos. Ahora veremos algunos cultismos más; proceden, en este caso, de verbos, adjetivos y numerales latinos.

Observa que los cultismos castellanos están formados a partir de raíces latinas, pero son términos que no existían necesariamente en latín, sino que se han podido crear con posterioridad. Así, por ejemplo, los romanos difícilmente habrían pensado en la multiculturalidad; en cambio, nos han proporcionado las raíces con las que expresamos este concepto.

1.1. Cultismos procedentes de verbos

En esta lista, los verbos latinos están citados en infinitivo, pero también aparece el participio si el cultismo procede del participio y no del infinitivo.

Radical latino	Significado	Cultismos en castellano
ambulare	caminar	deambular, preámbulo, ambulancia, sonámbulo
audire / auditum	escuchar	audición, audiencia, auditivo, inaudito
cadere / casum	caer	decadencia, caduco, caso
claudere / clausum	cerrar	clausurar, cláusula, claustro
docere / doctum	enseñar	docente, docencia, doctor
ducere / ductum	conducir	conducta, acueducto, viaducto, oleoducto
facere / factum	hacer	factura, rectificar, fortificar, artefacto
fluere	fluir	afluente, influir, confluencia, fluido
fugere	huir	tránsfuga, fugitivo, fugaz
legere / lectum	leer	lectura, elegir, elección
ludere	jugar	lúdico, preludio, ludoteca
tacere / tacitum	callar	tácito, taciturno

1.2. Cultismos procedentes de adjetivos

Radical latino	Significado	Cultismo en castellano
aequus	igual	equidistante, equilátero, ecuánime
alter	otro	alterar, alterno, altruismo, subalterno
latus	extenso	latitudinal, latifundio
longus	largo	longitud, longitudinal, longevidad, prolongar
magnus	grande	magnate, magnanimidad, magnificador
multus	mucho	multicultural, multiplicar, multicolor
rectus	recto	rectilíneo, rectificar, rectitud
similis	parecido	similitud, símil, similar

1.3. Cultismos procedentes de numerales

Muchas palabras castellanas contienen un numeral grecolatino en su raíz. Los numerales cardinales griegos y latinos son:

Número	Griego	Latín	Prefijos derivados	Cultismos en castellano
1	heis, mia, hen	unus, -a, -um	uni-	unísono, unicelular
2	duo	duo, -ae, -o	du-	dual
3	treis, tria	tres, tria	tri-	triángulo, tridente
4	tettares	quattuor	cuadri-, cuatri-, tetra-	cuatrimestral, tetragrama
5	pente	quinque	quinqu(e)-, pent-	quinquenio, pentámetro
6	hex	sex	sex-, hex-	sexagenario, hexágono
7	hepta	septem	sept-, hept-	septenio, heptasílabo
8	octo	octo	octo-	octosílabo, octógono
9	ennea	novem	nov-, ene-	noviembre, eneasílabo
10	deka	decem	deci-, deca-	decímetro, decalitro
11	hendeka	undecim	endeca-	endecasílabo
100	hekaton	centum	centi-, hecaton-	centímetro, hecatombe
1000	chilioi	mille, milia	mili-	miligramo, milímetro

ACTIVIDADES

39 Escribe el numeral con el que se relacionan estas palabras:

prototipo, céntimo, milésima, trípode, pentateuco, duplicar, decimal, kilómetro, pentagrama, tríptico, cuadrilátero, universal.

40 CI **Etimología.** Busca la palabra con radical latino correspondiente a cada definición.

- **a** Ser igualmente distantes.
- **b** Que es perceptible por el oído.
- **c** Manera de comportarse.
- **d** En línea recta.
- **e** Finca rústica muy extensa.
- **f** Confluencia de corrientes.

41 CI Busca en la sopa de letras siete radicales cardinales. Después, escríbelos con su correspondiente traducción.

A	D	H	E	U	A	P	O	L	A
S	A	E	R	D	X	S	A	N	D
R	B	U	J	Q	E	L	E	O	A
H	N	Q	A	X	S	C	H	V	L
U	P	N	Y	O	E	V	E	E	O
L	I	I	R	C	P	A	W	M	I
A	Q	U	A	T	T	U	O	R	E
S	Y	Q	X	O	E	I	M	U	U
E	T	L	P	J	M	D	L	H	T
A	R	U	I	R	Z	E	O	A	S

nos gustan las palabras

La palabra **placebo** proviene del latín y significa 'complaceré' (primera persona del singular del futuro de *placere*). Un placebo es una sustancia que carece por sí misma de acción terapéutica, pero que produce un efecto curativo en la mente del ser humano, si este la recibe convencido de sus propiedades curativas. El «efecto placebo» ha sido una de las fuerzas de curación más poderosas a lo largo de la historia, utilizada por curanderos, magos, hechiceros y ahora, también, por médicos.

Esta palabra se empleaba en la Edad Media para designar los lamentos que proferían las plañideras profesionales durante el funeral de alguna persona. En el siglo XVIII, el término también tuvo la acepción de 'medicamento común'.

Guerras civiles en el siglo I a. C.

- **Primera guerra civil.** Sila, del partido senatorial, vence a Mario, del partido popular, e instaura una dictadura. Muerto Sila, Roma vive un periodo de anarquía.
  Para salvar la situación se recurre al **primer triunvirato: Pompeyo, Craso** y **Julio César**.
- **Segunda guerra civil.** Muerto Craso en campaña militar en Asia Menor, Pompeyo y César se enfrentan. Pompeyo es derrotado en Hispania y César obtiene poderes de dictador. Esto le cuesta la vida (44 a. C.) a manos de un grupo de senadores defensores de la República.
  Se forma el **segundo triunvirato: Marco Antonio, Octavio** y **Lépido**.
- **Tercera guerra civil.** Lépido se retira de la política y se enfrentan Octavio, apoyado por el Senado, y Marco Antonio, ayudado por las tropas egipcias de Cleopatra. Vence Octavio en Accio (31 a. C.), y se instaura el Imperio.

Cneo Pompeyo Magno.

Cayo Julio César

1. El fin de la República

1.1. La primera guerra civil

Después de la guerra social, que, como sabes, tuvo lugar entre el 91 y el 88 a. C y que comportó la extensión de la ciudadanía romana al resto de pueblos itálicos, en el año 88 a. C. se produjo en Roma una guerra civil. La protagonizaron **Mario** y **Sila**, jefes del **partido popular** y del **senatorial**, respectivamente. De estos dos partidos, el segundo era más conservador que el primero.

Las consecuencias de esta guerra fueron catastróficas: se desencadenaron odios y rencores mutuos. Ambos bandos se dedicaron a confiscar bienes y a asesinar a presuntos enemigos, entre los que había muchos senadores. Roma fue gobernada, sucesivamente, por Sila, por Mario y de nuevo por Sila. Este se proclamó dictador en el año 82 a. C. y ejerció esta magistratura hasta su muerte, en el año 79 a. C.

1.2. Pompeyo y Craso

Poco después, en el año 70 a. C., dos famosos generales, Pompeyo y Craso, obtuvieron el consulado. Craso había vencido a Espartaco y Pompeyo había destacado en campañas a favor de Sila.

Pompeyo, ya cónsul, emprendió una serie de campañas en Oriente que le aportaron gran gloria: acabó con los piratas que perturbaban el comercio en el Mediterráneo (67 a. C.), sometió Asia Menor (actual Turquía y alrededores) y conquistó Siria (63 a. C).

Con estas conquistas y el sometimiento de los demás reinos de la zona, Roma se aseguraba el dominio directo o indirecto de todo el Mediterráneo oriental. En el 63 a. C., mientras Pompeyo se encontraba en Asia, el senador Catilina intentó tomar el poder por la fuerza; la rebelión fue sofocada por Cicerón, quien, como hemos visto, la puso de manifiesto.

1.3. El ascenso de Julio César

Mientras sucedían estos acontecimientos, una nueva figura se estaba forjando: Cayo Julio César. Pertenecía a una de las familias más ilustres de Roma, la de los Julios, que se consideraban descendientes de la diosa Venus. Como la familia no tenía fortuna, simpatizaba con las propuestas democráticas de Mario. César inició su carrera militar en Asia Menor y, más tarde, su carrera senatorial en Roma. En el año 69 a. C. fue nombrado cuestor de la Hispania Ulterior. Tiempo después volvió a Roma e inició su enfrentamiento con Pompeyo. Mientras este se encontraba en Oriente, César consiguió nombramientos importantes, se ganó el favor de la plebe y de los aristócratas y se alió con Craso, hombre inmensamente rico.

1.4. El primer triunvirato (59-52 a. C.)

Como consecuencia, tres grupos de presión acordaron gobernar unidos y constituyeron el primer triunvirato. Cada uno apoyaba a un general:

- El partido de los ricos, encabezado por Craso.
- El partido del orden senatorial, bajo el caudillaje de Pompeyo.
- El partido popular, liderado por Julio César.

El primer triunvirato, constituido en el año 60 a. C., establecía un reparto personal del poder sobre las provincias del Imperio: Pompeyo recibió Hispania; Craso, la provincia de Siria, y César, las Galias.

HISTORIA ET VITA

Julio César ya había conquistado una gran parte de las Galias: había derrotado a los helvecios (la actual Suiza), a la confederación belga y a los vénetos. Sin embargo, la sumisión definitiva de las Galias se produjo en el 52 a. C., año en que César derrotó a las tribus galas dirigidas por Vercingétorix en la batalla de Alesia.

En el año 53 a. C. murió Craso luchando contra los partos (pueblo que habitaba en el actual Irán), iniciándose la lucha entre César y Pompeyo por el poder.

Cleopatra, reina de Egipto.

1.5. La segunda guerra civil. Pompeyanos contra cesarianos (49-45 a. C.)

Durante estos años, tuvo lugar una guerra civil entre los partidarios de César y los de Pompeyo. César, procedente de las Galias, cruzó el Rubicón (río que separaba la Galia de Italia), conquistó Roma y toda la península Itálica. Pompeyo y parte de los senadores de Roma huyeron a Grecia. César renunció a perseguirlos porque no disponía de una flota organizada y parte de sus tropas estaban concentradas en la Galia, prefiriendo asegurar su poder en el occidente del Imperio.

César invadió Hispania y, tras vencer al ejército de Pompeyo en Ilerda (Lérida), partió hacia Grecia, donde derrotó a Pompeyo en la batalla de Farsalia.

En los años 48-47 a. C. César dominó Egipto e intervino en la disputa dinástica interna, tomando partido por Cleopatra. Finalmente, César obtuvo la victoria definitiva sobre los hijos del fallecido Pompeyo en la batalla de Munda, en la actual Andalucía.

1.6. La dictadura de Julio César

En el año 45 a. C. César había conseguido controlar todo el mundo romano, lo que le permitió introducir una serie de importantes reformas, como fueron el calendario juliano, la concesión de la ciudadanía a regiones como la Galia e Hispania, entre otras, y el aumento de senadores. Sin embargo, ante tanto poder concentrado en una sola persona, los partidarios de la República se alarmaron y acordaron poner fin a su vida. César fue asesinado ante una estatua de Pompeyo: le asestaron veintitrés puñaladas; entre los ejecutores se encontraba Bruto, su ahijado. Todo ello ocurrió en el mes de marzo del año 44 a. C.

1.7. El segundo triunvirato (43 a. C.)

La muerte repentina de César produjo un vacío de poder que el Senado no pudo controlar y que aprovecharon tres aspirantes a la sucesión:

- **Octavio**, que era el sucesor previsto por el propio César.
- Dos lugartenientes de César, **Marco Antonio** y **Lépido**.

Los tres, tras un año de guerra civil, formaron el segundo triunvirato (43 a. C.), instituido por el Senado como magistratura oficial por cinco años. Pero Lépido desapareció de la escena y esto despertó el deseo de los otros dos miembros de dominar el Estado solos. Estalló una tercera guerra civil: Octavio, con el apoyo del Senado, derrotó a Marco Antonio, que contaba con la ayuda de las tropas de la reina Cleopatra, en la batalla de Accio.

Octavio entró triunfador en Roma en el año 29 a. C. Comenzaba una nueva etapa: el Imperio.

Una forma fácil y muy amena de acercarse a la época en que César invadió las Galias y al modo en que se vivía en aquel momento es leer los cómics de Astérix, algunos de los cuales están traducidos al latín. Los que están más estrechamente relacionados con lo que aquí hemos expuesto son *Astérix el galo* (1961), *Astérix gladiador* (1964), *La vuelta a la Galia* (1965) y *Los laureles del César* (1972).

Los cómics de Astérix también han inspirado películas.

Si te gustan las películas, no dejes de ver este clásico del cine de romanos, basado en una obra de teatro de William Shakespeare: *Julius Caesar (Julio César)*, del director Joseph L. Mankiewicz (1953).

ACTIVIDADES

1 CI Completa esta tabla sobre Pompeyo, César y Craso.

	Pompeyo	César	Craso
Partido al que pertenecían			
Primer cargo importante			
Conquistas que realizaron			

2 CA Ordena estos episodios de la vida de Julio César.

- ☐ Es nombrado cuestor de la Hispania Ulterior.
- ☐ Forma parte del primer triunvirato.
- ☐ Instaura el calendario juliano.
- ☐ Comienza la conquista de las Galias.
- ☐ Toma partido por Cleopatra.
- ☐ Derrota a Pompeyo en la batalla de Farsalia.

3 **Situación de hechos históricos.** Relaciona estas frases de Julio César con el momento en que fueron pronunciadas.

1. Alea iacta est. (*La suerte está echada.*)
2. Tu quoque, fili mi? (*¿Tú también, hijo mío?)*
3. Veni, vidi, vici. (*Llegué, vi, vencí.)*

- ☐ Victoria sobre Farnaces, rey del Ponto.
- ☐ Entrada en Italia, cruzando el Rubicón.
- ☐ Bruto apuñala a Julio César.

4 CC Explica qué momento histórico representa esta imagen.

Pintura de Jean-Léon Gérôme (1824-1904).

Escucha el audio sobre la reina Cleopatra y completa el texto con la información que falta.

5 **Ejes cronológicos.** Copia esta línea del tiempo y señala qué hecho tuvo lugar en cada uno de los años que se indican.

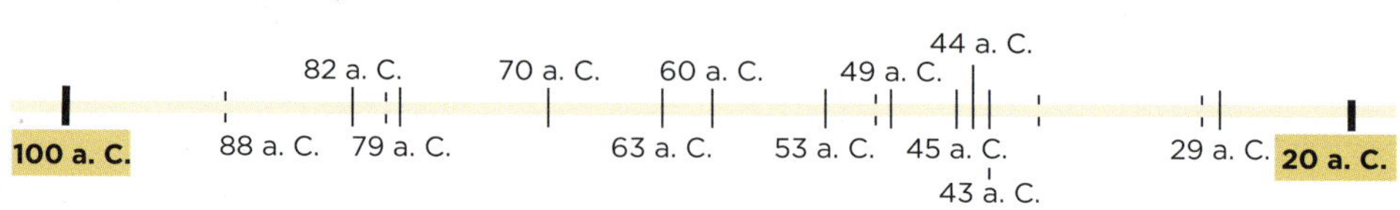

HISTORIA ET VITA

1. El vestido

1.1. La indumentaria femenina

En Roma, los vestidos masculinos y femeninos eran similares. La primera pieza de ropa que se ponía la mujer era la **túnica**, formada por dos piezas de lana cosidas, con un agujero para hacer pasar la cabeza y dos para los brazos, y atada a la cintura con un cinturón. Solía llegar hasta los talones. A modo de sujetador, se apretaba el pecho sobre la túnica con una especie de cordón.

Sobre la túnica se ponía la ***stola***, equivalente a la toga de los hombres. No se empezaba a llevar hasta después de casarse. Era un vestido largo hasta los pies. Generalmente, tenía mangas y se adornaba con tiras bordadas con dibujos. Podía ser de lana, de lino, de seda (las más lujosas) o de algodón, y a menudo era de colores variados. La *stola* se ceñía bajo el busto o bien a la cintura con las mismas tiras que la adornaban o con cinturones, también bordados y adornados.

Cuando salía de casa, sobre la *stola* la mujer se ponía la ***palla***, una especie de manto que cubría los hombros y llegaba hasta la cintura. En público, o para protegerse del sol, la mujer podía utilizar la *palla* para cubrirse la cabeza.

Escultura de silueta femenina de época imperial. Se aprecian muy bien la túnica, debajo, y la *stola*, encima, ceñida justo por debajo del busto.

Respecto a la ropa interior, las mujeres solían levantarse el busto con una *fascia pectoralis*. También utilizaban piezas similares a los corsés actuales, el *strophium* y el *mamillare*. Se confeccionaban con tiras de cuero que cubrían el busto, sujetándolo y reafirmándolo.

1.2. El peinado de las mujeres

En la República las mujeres se hacían la raya y se recogían el pelo en un moño; también podían llevar trenzas, a la manera etrusca. En el Alto Imperio cambió la forma de peinarse: se conservó el moño, pero se dejaban en la frente un mechón de cabellos en forma de ribete; más tarde, en la época flavia, las mujeres se pusieron en la cabeza una enorme estructura de rizos sostenidos con pinzas o una diadema. También utilizaban a menudo postizos, pelucas y tintes.

Escultura del siglo I d. C. Peinado característico de la época flavia.

Para hacerse estos peinados, las mujeres contaban a menudo con la ayuda de la sirvienta *ornatrix*, que las peinaba, las depilaba y las vestía. La sirvienta era a menudo maltratada por su dueña cuando el resultado final no era el previsto.

1.3. Los zapatos de las mujeres

Las mujeres calzaban especialmente el ***sandalium***, una sandalia baja. En casa se ponían los *socci*, un calzado que les cubría completamente los pies.

1.4. Las joyas

Las romanas siempre llevaron muchas joyas, imitando a las mujeres etruscas. Les gustaban las piedras preciosas y, sobre todo, las perlas. También llevaban diademas, pendientes, collares, colgantes y brazaletes, en los brazos y en las piernas.

1.5. Cosméticos y ungüentos

Al principio, solo se los ponían las mujeres de clase social baja, pero pronto se extendieron a todas las clases: cosméticos para las mejillas, las cejas y el contorno de ojos. Se guardaban en pequeños frascos, eran productos de importación y costaban muy caros al erario público.

Fresco romano que representa a una mujer con un frasco de perfume.

1.6. La indumentaria masculina

La primera prenda de ropa que se ponía el hombre era la túnica. Tenía la misma forma que la túnica femenina, pero era algo más estrecha y más corta, ya que solo llegaba hasta media pierna. Cuando estaba en casa o para trabajar en el campo, el hombre solo llevaba la túnica sobre un *subligaculum* (una especie de calzoncillos). En función del frío que hiciese, se podían llevar dos túnicas o más, superpuestas.

Había dos tipos especiales de túnica:

- La **túnica *laticlavia***, que tenía dos bandas de púrpura verticales, anchas para los senadores y estrechas para los caballeros.
- La **túnica *palmata***, bordada, solo para ocasiones excepcionales (como la celebración de triunfos).

Para salir de casa, el romano se ponía la toga sobre la túnica. La toga es seguramente la prenda de ropa más conocida de la Antigüedad. Este vestido procedía de los etruscos y simbolizaba la dignidad de ciudadano. Ponerse una toga con elegancia era una operación larga y delicada.

Era una pieza de lana, primero rectangular y luego semicircular (en ocasiones podía llegar a medir seis metros de diámetro). Normalmente era de color blanco, aunque había distintas variantes: amarilla para los augures o blanqueada con yeso (*candida*) para los candidatos a una elección. Durante el Imperio se pusieron de moda las togas de color.

Escultura romana de un magistrado con toga.

Había distintos tipos de toga:

- La **toga *praetexta***: tenía una tira de púrpura cosida. La llevaban los niños hasta la edad de dieciséis años y los magistrados en las ceremonias oficiales.
- La **toga *picta*** o ***palmata***: era una toga de púrpura bordada con oro, para el general vencedor que había obtenido los honores del triunfo.

Desde el siglo I d. C., la toga, que se consideraba demasiado incómoda y pesada, dejó paso al ***pallium***, importado de Grecia. El *pallium* era una gran pieza de tejido rectangular.

Los soldados no llevaban toga sobre la túnica, sino una pieza llamada *sagum*, un manto cuadrado, abierto por delante, que no pasaba de las rodillas y que generalmente se sujetaba a la altura del cuello mediante un broche; los oficiales superiores y los generales no llevaban *sagum*, sino *paludamentum*. Este último tenía forma rectangular y se sujetaba al hombro con un broche metálico. Se unía generalmente sobre el hombro derecho y caía por la espalda hasta media pierna.

1.7. El calzado de los hombres

Los romanos solían llevar unas botas blancas, los *calcei*. Los senadores que habían ejercido una alta magistratura llevaban *calcei patricii*, de cuero rojo, mientras que los senadores de menor rango llevaban los *calcei senatorii*, de cuero negro. Los hombres también se podían poner *soleae* o *crepidae*, un tipo de calzado parecido a las actuales sandalias.

En casa, los hombres romanos también llevaban *socci*, como las mujeres. Por su parte, los soldados calzaban botas gruesas.

1.8. El peinado de los hombres

Los hombres llevaban el pelo corto; los más elegantes se hacían peinar con rizos por el barbero, que también les recortaba la barba, e incluso les podía teñir el pelo y depilarles las piernas.

A menudo, la moda en el tipo de peinado y en la presencia o ausencia de barba la marcaba el emperador del momento.

Los libertos llevaban el *pileus*, una gorra cónica de fieltro, símbolo de la libertad. Para viajar, los hombres solían cubrirse con el *cuculus*, una especie de capucha muy grande.

in illo tempore

Los antiguos romanos se dejaban crecer la barba y llevaban el pelo largo. Sin embargo, hacia el siglo III a. C., se extendió una nueva moda y empezaron a cortarse el pelo y a afeitarse la barba. Pero cuatro siglos más tarde, en el siglo II d. C., vuelven a aparecer romanos barbudos, imitando a Adriano, el primer emperador (a excepción de Nerón) que se había dejado crecer la barba. No se sabe con certeza si Adriano lo hizo para imitar a los filósofos griegos, a los que admiraba, o porque tenía algún defecto en el rostro que quería disimular.

Busto de Adriano.

ACTIVIDADES

6 ¿A qué época (República, Alto Imperio o época flavia) corresponden estos peinados femeninos?

7 Lee el texto de la derecha y responde a las preguntas.

a ¿Sobre qué pieza de ropa se ponía la toga? ¿La llevaban todos los romanos?

b ¿Con qué finalidad se escribió este texto?

c ¿A qué se refiere el autor cuando dice «quienes llevan la banda ancha»?

d ¿Qué partes del cuerpo no ha de cubrir la toga? ¿Por qué?

Sobre la toga

Si las bandas caen rectas, indica poco cuidado; se observa negligencia. Los modales de quienes llevan la banda ancha deben ser adecuados a la tradición. Es más conveniente que la toga quede con un volumen correcto y tenga una buena caída; de otro modo, resultaría excesiva. La parte anterior queda perfectamente si termina a media pierna; la posterior, un poco por encima de la cintura. El pliegue debe caer ligeramente por encima del cinturón de la túnica. El pliegue oblicuo que va desde debajo del hombro derecho hasta el hombro izquierdo no debe apretar ni colgar. La parte de la toga que se lleva por detrás debe ser más corta: así, uno se siente mejor. No conviene que se cubra el hombro y todo el cuello, porque el vestido queda ajustado y se pierde la gracia que hay en la parte del pecho.

Quintiliano, *Institución oratoria*.

HISTORIA ET VITA

Los anfiteatros

Los anfiteatros son edificios de grandes dimensiones, de **forma elíptica**, con gradas dispuestas en torno a una arena central donde se desarrollaban los espectáculos. El más conocido es el Coliseo de Roma, pero se conservan bastantes por todo lo que fue el Imperio romano, con la misma estructura.

El **Coliseo** es inmenso. Su fachada está formada por grandes arcadas, dispuestas en cuatro pisos, que aligeran el monumento. Todo el anfiteatro se adornaba con elementos decorativos (estatuas, mármoles, mosaicos...). El público accedía a los pisos por escaleras y circulaba por galerías interiores que conectaban con la grada. Una vez en ella, los espectadores –60 000 en el caso del Coliseo– se distribuían por clases sociales.

Edificio del Coliseo, el anfiteatro de Roma, edificado en el siglo I d. C.

Los espectadores notables tenían sitios reservados más confortables que el resto. El emperador, su familia y sus íntimos ocupaban un palco, hacia el que todos dirigían sus miradas cuando se decidía la suerte de un vencido.

Para proteger al público del calor, el edificio contaba con inmensas telas móviles que se podían orientar según la posición del sol. La arena, donde tenía lugar la acción, se habilitaba de acuerdo con las necesidades del espectáculo: **combates de gladiadores, cacerías, batallas navales**, etc. Por una puerta entraban los gladiadores; por la otra se evacuaba a los muertos. Y por otras puertas salían los animales, normalmente deslumbrados porque habían estado en la penumbra y abrumados por el griterío de los espectadores.

Constaba también de estancias subterráneas en las que se disponían las jaulas de los animales y los gladiadores. Las jaulas se hacían subir al nivel de la arena mediante montacargas.

Los anfiteatros más importantes, después del Coliseo, son los de Verona, Capua y Taormina (Italia), El Djem (Túnez), Arlés y Nimes (Francia), y Mérida (España). También son destacables los de Ampurias y Tarraco, en Cataluña.

Interior del Coliseo.

ACTIVIDADES

8 Lee este texto sobre un espectáculo en un anfiteatro y realiza las actividades.

> Yo he visto cómo se alzaba hasta tocar el cielo un anfiteatro de vigas bien trabadas que casi dominaba la roca Tarpeya, de gradas inmensas que dibujaban una pendiente suavemente inclinada. Llegué a las localidades donde una multitud sórdida, de oscuros ropajes, contemplaba el espectáculo entre los asientos reservados a las mujeres. Porque allá donde hubiese plazas vacías a cielo abierto se agolpaban los caballeros y los tribunos vestidos con la toga blanca.
>
> Calpurnio Sículo, *Bucólicas*.

a Indica a qué parte del anfiteatro se refiere Calpurnio Sículo.

b ¿Cómo se sentaban normalmente los hombres y las mujeres en el anfiteatro? ¿Se respeta este orden en la situación descrita en el texto? ¿Por qué?

c ¿Qué diferencia en el vestido hay entre las clases bajas y las altas?

d Explica brevemente qué importancia tiene la roca Tarpeya en la historia legendaria de Roma.

9 CI Busca información, y expón los datos principales, sobre el anfiteatro más cercano a tu población.

1 Indica en qué caso y en qué número está cada palabra. Después, cámbialas de número, respetando el caso.

dotibus, pede, liberta, pericula, necis, aestati, duces, latronibus, nomine, floris, homini, genera, aere, militum, voluptas, uxoribus, legionem, latroni, iudicis

2 Une cada palabra latina con su traducción, y especifica su caso y número.

a victoris	*el ejército* (sujeto)
b agmen	*de los soldados*
c militum	*con el trabajo*
d moribus	*con las costumbres*
e patribus	*del vencedor*
f multitudines	*para el hombre*
g homini	*para los padres*
h labore	*las multitudes* (sujeto)

3 Subraya el nominativo singular de estos sintagmas.

a aestate calida
b requietis tranquillae
c partes medias
d gentibus inimicis

4 Subraya la palabra de cada serie que no está en el mismo caso que el resto.

a domino, consule, sinistro, natio
b virtuti, consuli, muro, mundi
c dominis, virtutis, legionibus, incolis
d dominus, exercitibus, incolis, sagittis
e municipia, oppida, cohortes, Gallia
f genera, iniuria, fortuna, gloria
g primis, regis, legionis, belli
h hibernis, pacis, municipiis, imperiis
i oppido, muro, tergo, legio

▲ **5** Relaciona cada sustantivo con un adjetivo, de forma que el sintagma resultante tenga sentido; después, declina los sintagmas en todos los casos del singular y del plural. Respeta todas las concordancias.

a interpres, -etis	**1** latus, -a, -um
b herba, -ae	**2** garrulus, -a, -um
c campus, -i	**3** laboriosus, -a, -um
d artifex, -icis	**4** salutifer, -a, -um

6 **Declinación y concordancia.** Haz concordar cada adjetivo con el sustantivo.

a *magnus, -a, -um* + voluptatibus
b *piger, pigra, pigrum* + milites
c *strenuus, -a, -um* + peditum
d *antiquus, -a, -um* + moribus
e *asper, aspera, asperum* + oratio

7 Traduce estas oraciones.

a Inter densas arbores venatores multi erant.
b Ulixes calliditate et virtute in Troiae obsidione eminebat.
c Regina Britannorum, mulier magnae fortitudinis, cum Romanis pugnabat.
d Agamemnonem, Graecorum ducem, uxor Clytaemnestra cum Aegystho interficit.
e Ob timiditatem atque verecundiam saepe puellae animi affectiones dissimulant.
f Fortitudo est dolorum laborumque contemptio.
g Salis mercator per Tiberim flumen Romam contendit.
h Paupertatem atque senectutem homines aegre tolerant: multum sapientia iuvat.
i Aquilae erant signa legionum; tubicines tuba peditibus, liticines lituo equitibus signa in agmine atque in proelio dabant.
j Mala iuventus miseram senectutem gignit.
k Tubae proelii signum dant, aquiliferi aquilas romanas in pugnam ferunt et milites, strenue pugnant et victoriam obtinent.

▲ **8** CI Traduce al latín estas oraciones.

a La justicia es la reina de las virtudes.
b Las mujeres advertían a la ciudad sobre las traiciones y la cercana destrucción.
c Los romanos proveían los campamentos con una zanja y una trinchera.

9 Traduce estas oraciones.

a Dux magnum obsidum numerum accipit.
b Accipiter cum magno clangore in caelo volitat et pecus fugat.
c Temeritatem militum aspera oratione dux reprehendit.
d Morum probitatem, aequitatem, vitae integritatem antiqui viri colebant.

10 Traduce este texto.

Los soldados romanos

Miles est vir, qui (*que*) pro patria armatus pugnat; itaque scutum et gladium et pilum portat, nam galea et scutum et gladius et pilum arma militis Romani sunt. Strenuus dux milites in proelia ducit atque militibus imperat. Equites atque pedites milites sunt. Eques ex equo pugnat; pedes pedibus pugnat, nam pedes equum non habet. Milites Romani non in oppidis, sed in castris vitam agunt. In castris militum Romanorum feminae non sunt. Patria suis strenuis militibus pro virtute sua magna praemia saepe dat.

11 Completa este texto sobre el infierno con las palabras que faltan y tradúcelo.

paludem *mortem*
dux *iudices*

Post ▲ Mercurius ad inferos animas ducebat. Charon, ▲ inferorum, animas in cumba per Stygiam ▲ transvehebat. Eacus, Minos et Rhadamanthus, ▲ severi, animas iudicabant et probos in Elysium, sceleratos in Tartarum mittebant. Cerberus Tartarum custodiebat.

12 Traduce el siguiente texto y responde a las preguntas que aparecen a continuación.

Romanus miles caput galea tegebat, pectus lorica, crura ocreis. Sinistro brachio scutum tenebat dextraque pugnabat. Ideo dextrum latus «apertum» appellabant, quia scuti praesidio carebat.
Cum (*cuando*) non longe ab adversariorum ordinibus adveniebant, primo in adversarios pila hastasque mittebant; deinde magis magisque appropinquabant; postremo gladiis proelium committebant.

- **a** Analiza morfológicamente estas palabras de la tercera declinación que aparecen en el texto: *miles, caput, crura, latus, ordinibus.*
- **b** Señala qué palabras del texto son neutras.
- **c** ¿Qué función sintáctica desempeñan estos sintagmas en el texto?
  1. *sinistro brachio*
  2. *scuti praesidio*
  3. *in adversario*
  4. *magis magisque*
  5. *gladiis*
- **d** Escribe junto a cada elemento el nombre que se le da en el texto.

13 **Casos latinos.** Traduce este texto sobre los dioses primitivos.

Initio Romani, genus agricolarum, ruda numina invocabant. Invocabant enim Iovem (*acusativo de* Iuppiter, *Júpiter*), numen caeli et fulminis, Martem, dominum hiemis et tempestatis; Saturnum, auctorem sementis et agrorum; Terminum, custodem limitum; Silvanum, deum silvarum nemorumque, Cererem, deam frugum et herbarum; Venerem, dominam florum, Palem, propitiam pecori pastoribusque.

- **a** Analiza morfológica y sintácticamente estas palabras de la tercera declinación que aparecen en el texto: *genus, numina, numen, tempestatis, auctorem, custodem, nemorum, frugum.*
- **b** Completa esta oración: *Iuppiter caeli et fulminis ▲ erat; ▲ hiemem et tempestatem regebat; Saturnus sementem et ▲ augebat; Ceres ▲ et herbas custodiebat.*
- **c** Localiza las aposiciones del texto. Indica en qué caso están y a qué sustantivo acompañan.

post data

Los druidas

1. Caesar de moribus Gallorum antiquorum narrat.
2. In Gallia multa genera hominum sunt.
3. Primum genus est Druidarum vel sacerdotum.
4. Druidae sacrificia publica et privata parant.
5. Sacerdotes magnum numerum puerorum educant.
6. Pueri etiam sunt magno apud Druidas honore.
7. Druidae multa et sacra carmina memoriae mandant.
8. Post Druidas secundum genus est equitum.
9. Bellum equitibus, sacrificia Druidis, curae sunt.
10. Druidae in Britannia sacerdotes et magistri morum erant.

Sacrificio dirigido por un druida. Grabado del siglo XIX para la ópera *Norma*, de Bellini.

14 Fabula picta. ¿Qué pasaje del mito explica cada viñeta? Traduce su leyenda.

AGENOR, GRAECORUM REX, FILIAM HABEBAT, NOMINE EUROPAM.

IUPPITER SUB FORMA TAURI AD EUROPAM VENIT.

EUROPA TAURI TERGUM ASCENDIT ET PULCHRITUDINEM ANIMALIS SUSPICIT.

IUPPITER EUROPAM SURRIPIT ET PER MARE VIRGINEM IN INSULAM CRETAM, EUROPAE RIPAM, TRANSFERT.

15 CD Realiza las actividades de autoevaluación de esta unidad que hallarás en los recursos digitales.

verba in glossario

Para buscar un sustantivo de la tercera declinación, seguiremos este procedimiento:

sustantivo	eliminaremos la terminación del caso	añadiremos la terminación de nominativo	llevaremos a cabo los cambios correspondientes	buscaremos en el diccionario el nominativo resultante
ducem	duc-em	duc-s	**cs** se escribe **x**	dux
lectioni	lection-i	lection-Ø	la nasal final cae	lectio
militum	milit-um	milit-s	la **t** cae ante **s**; se ha producido una apofonía (**e** > **i**)	miles

Perseo

1. Dánae y Perseo

Un oráculo había revelado al rey de Argos, Acrisio, que su nieto lo mataría. Asustado por esta predicción, Acrisio mandó encerrar a su hija en una torre de bronce y se negó a entregarla en matrimonio a los príncipes que la solicitaban. Pero Zeus la quería poseer, y lo logró transformándose en lluvia de oro. De la unión de la muchacha con el dios nació Perseo.

Acrisio abandonó a Dánae y Perseo en una pequeña barca a merced de las olas, durante una tempestad. Sin embargo, estos contaban con el apoyo divino: los dioses hicieron soplar los vientos, hasta que madre e hijo alcanzaron la isla de Sérifos, donde fueron acogidos por un pescador. Este los llevó ante el rey Polidectes, que encomendó la educación del niño a los sacerdotes del templo de Minerva.

Dánae recibiendo la lluvia de oro, de Tiziano (1553).

Perseo es armado por Mercurio y Minerva, de Paris Bordone (1545-1555).

2. Perseo mata a Medusa

Pasados veinte años, Perseo había alcanzado gran fama, mucho más que el rey Polidectes. Este, para deshacerse del muchacho, le propuso una durísima misión, que debía aportarle gran gloria: ir al encuentro de Medusa, una de las Gorgonas, y cortarle la cabeza. Medusa tenía serpientes en vez de cabellera y con su repulsivo aspecto convertía en piedra a todo el que la contemplaba. Perseo aceptó el reto y recibió ayuda de los dioses: Atenea le prestó su escudo; Mercurio, sus alas talares y una espada de diamante; Plutón, un casco que lo hacía invisible.

Perseo mató a Medusa cortándole de cuajo la cabeza. El resto de Gorgonas se despertaron al oír el ruido e intentaron perseguir a Perseo, que se escapó gracias al casco que le había dado Plutón, ya que le permitía volar.

Perseo con la cabeza de Medusa, de Benvenuto Cellini (1545-1554).

TRADITIO

1 Visiona la película *Furia de titanes* (2010) o lee su argumento. Identifica dos elementos en los que se siga el mito clásico y dos en los que se aparte de él.

2 Explica los episodios del mito de Perseo representados en las imágenes de estas dos páginas.

3. Perseo en Mauritania y Etiopía

Por la noche, Perseo descendió a la tierra para descansar. Se encontraba en Mauritania, gobernada por Atlas. Este titán, al ver a Perseo, se amedrentó, ya que un oráculo había vaticinado que un hijo de Júpiter lo destronaría. Por este motivo negó la hospitalidad a Perseo, que le arrojó la cabeza de Medusa –que tenía la capacidad de petrificar a quien entrara en contacto con ella– y lo transformó en montaña.

Al día siguiente, Perseo llegó a Etiopía y se encontró con Andrómeda. Esta hija del rey Cefeo había sido encadenada a la orilla del mar y un monstruo marino se disponía a devorarla. Perseo alzó el vuelo, se lanzó sobre el monstruo, lo hirió y le arrancó el corazón. Ese mismo día se iniciaban los preparativos para la boda de los jóvenes. Durante las nupcias, Perseo petrificó a Fineo, tío de Andrómeda y pretendiente de la joven, que perturbaba el desarrollo del enlace.

Perseo y Andrómeda, de Charles-André van Loo (1735-1740).

Perseo muestra a Fineo la cabeza de Medusa, de Sebastiano Ricci (1705-1710).

4. Últimas hazañas de Perseo

Finalmente, Perseo regresó a la isla de Sérifos, donde Dánae seguía cautiva del rey Polidectes. El héroe luchó contra el tirano y lo mató.

Acrisio, que conocía las gestas de su nieto, se encaminó a Larisa para felicitarlo. En honor de los éxitos de Perseo se celebraron unos juegos, en los que este, queriendo demostrar su habilidad en el lanzamiento del disco, se equivocó en el tiro y mató a su abuelo sin querer; de este modo se cumplieron las predicciones del oráculo.

LATINE DICTUM

3 Mitología grecolatina. Análisis morfosintáctico. Traduce el texto.

Perseo mata a Medusa

Perseus ex insula discedit et Medusam quaerit. Diu frustra quaerebat; namque naturam loci ignorabat. Tandem Apollo et Minerva Perseo viam demonstrant. Primum ad Graeas, sorores Medusae, pervenit. A Graeis talaria et galeam magicam accepit. Apollo autem et Minerva Perseo falcem et speculum dant. Tum, postquam talaria pedibus induit, in aera ascendit. Diu per aera volabat; tandem ad locum venit ubi Medusa cum ceteris Gorgonibus habitabat. Medusae praesentia homines in saxum vertebat, sed Minerva speculum Perseo dat. Perseus igitur tergum vertit, et in speculum inspiciebat; sic ad locum venit ubi Medusa dormiebat. Tum falce sua caput Medusae abscidit. Ceterae Gorgones arma rapiunt, sed Perseus galeam magicam induit et fugit.

V PROMETEO

Prometeo recibe de Zeus un encargo de la máxima trascendencia: debe dar forma a los seres humanos –a los primeros hombres– modelándolos con sus propias manos, sirviéndose de fango y agua. Así lo hace. Poco tiempo después, en el transcurso de una discusión sobre cómo deben ser los sacrificios, Prometeo engaña al dios para que escoja los huesos y la grasa, en vez de la carne, como ofrenda a los dioses cuando los hombres deban hacer un sacrificio. Para vengar el engaño, Zeus hace desaparecer el fuego del mundo. La pérdida del fuego ocasiona grandes sufrimientos a la humanidad, ya que con él se resguardaban del frío, se iluminaban por la noche y cocinaban los alimentos; y en torno al fuego se reunían y se reconfortaban.

Prometeo no acepta el castigo y emprende la proeza de robar el fuego del sol para devolverlo a los hombres. Esta vez Zeus, aún más furioso, manda encadenar a Prometeo a una roca del Cáucaso con la consigna de que cada día un águila hambrienta le vaya devorando el hígado, que se volverá a regenerar de noche.

Pero el dios supremo considera que esto no es suficiente y manda que se cree a Pandora, la primera mujer mortal. Bajo su bella apariencia, Pandora esconde, sin saberlo, un terrible peligro: Zeus la ha enviado a los hombres con la intención de que haga todo el daño posible a la humanidad. Y así sucede. Pandora lleva con ella una caja en la que cada dios del Olimpo ha introducido un mal. Epimeteo, hermano de Prometeo, se enamora enseguida de la joven y se casan. Los planes de Zeus se cumplen al pie de la letra: no pasa mucho tiempo hasta que Pandora abre la caja y los males se dispersan por el mundo más velozmente que el humo.

Solo la esperanza queda atrapada en la caja, para consuelo de los mortales, que pueden aferrarse a ella.

LINGUA

1. La tercera declinación (2)

1.1. Temas en vocal

Los sustantivos de la tercera declinación cuyo tema acaba en vocal (que siempre es **-i**) también se denominan **parisílabos**, porque presentan un mismo número de sílabas en el nominativo y en el genitivo singulares.

Las terminaciones de estos temas se parecen mucho a las de los temas en consonante. Las únicas diferencias son:

– El genitivo plural, que lo forman en **-ium**.
– El ablativo singular de los neutros, en **-i**.
– El nominativo, vocativo y acusativo plural de los neutros, en **-ia**.

Los temas en vocal presentan cuatro tipos de nominativo:

a En **-is** (*navis, navis*, 'nave').
b En **-es** (*proles, prolis*, 'descendencia').
c En **-er** (*imber, imbris*, 'tormenta').
d En **-e** (*mare, maris*, 'mar'). Estos últimos son neutros. Excepcionalmente, también se consideran parisílabos los neutros acabados en **-al** o **-ar** en nominativo (como *animal, animalis*, 'animal', o *calcar, calcaris*, 'espuela'), aunque tienen una sílaba más en el genitivo y, por lo tanto, se declinan como los temas en vocal.

Las terminaciones de los temas en vocal son las siguientes:

	SINGULAR		PLURAL	
	Masc./Fem.	Neutro	Masc./Fem.	Neutro
Nominativo	**-is /-es /-er**	**-**	**-es**	**-ia**
Vocativo				
Acusativo	**-em**			
Genitivo	**-is**		**-ium**	
Dativo	**-i**	**-i**	**-ibus**	
Ablativo	**-e**			

Los temas en vocal se declinan según estos modelos:

a *nubes, nubis* ('nube') y *navis, navis* ('nave'), para el masculino y el femenino;
b *mare, maris* ('mar'), para el neutro. Observa que forma el ablativo en **-i**.

	SINGULAR			PLURAL		
	Masc./Fem.		Neutro	Masc./Fem.		Neutro
Nominativo	nav**is**	nub**es**	mare	nav**es**	nub**es**	mar**ia**
Vocativo						
Acusativo	nav**em**	nub**em**				
Genitivo	nav**is**	nub**is**	mar**is**	nav**ium**	nub**ium**	mar**ium**
Dativo	nav**i**	nub**i**	mar**i**	nav**ibus**	nub**ibus**	mar**ibus**
Ablativo	nav**e**	nub**e**				

Mosaico de la casa del Fauno de Pompeya. Museo Nacional Arqueológico de Nápoles.

vocabula

Palabras que se declinan como *navis*

avis, avis *f.* ave
canis, canis *m.* perro
civis, civis *m.* ciudadano
classis, classis *f.* flota
collis, collis *m.* colina
finis, finis *m.* fin
hostis, hostis *m.* enemigo
ignis, ignis *m.* fuego
navis, navis *f.* nave
orbis, orbis *m.* mundo
ovis, ovis *f.* oveja
panis, panis *m.* pan
turris, turris *f.* torre
vestis, vestis *f.* vestido

Palabras que se declinan como *nubes*

caedes, caedis *f.* matanza
clades, cladis *f.* derrota
fames, famis *f.* hambre
rupes, rupis *f.* acantilado, risco
sedes, sedis *f.* sede

Palabras que se declinan como *mare*

altare, altaris *n.* altar
animal, animalis *n.* animal
conclave, conclavis *n.* habitación
rete, retis *n.* red
sedile, sedilis *n.* asiento
tribunal, tribunalis *n.* tribunal
vectigal, vectigalis *n.* impuesto

ACTIVIDADES

1 Subraya los sustantivos de tema en vocal y, a continuación, escribe los casos que se piden.

	Nominativo singular	Acusativo singular	Nominativo plural	Acusativo plural
saevi ignis				
magnis operibus				
vastis maribus				
latere aperto				
tanti facinoris				

2 **Clasificación de palabras.** Indica qué sustantivo de cada serie no está en el mismo caso que el resto.

a aurum, civium, patrum, virium
b proelia, femina, gentes, vicos
c cohortis, fluminibus, imperiis, servis
d cladem, verbum, pontem, regum
e consulum, vatium, ignium, reum
f ovis, regis, vestis, classis

3 En cada una de estas oraciones, identifica la alternativa correcta. Después, tradúcelas.

a Agricolae flavum mel / mellum in pateris colligunt.
b Montum / montium nemorumque regina erat Diana.
c Parentum / parentium praeceptis adulescentes / adulescenti parent.
d In bono cive / civi semper probitatem et abstinentiam laudamus.
e Dux ad hostium / hostum castra legatos mittebat.
f In multis Graeciae regionibus colles vitium / vitum plenos videmus.
g Augures ex avium / avum signis futura praenuntiabant.

4 Traduce las oraciones.

a Nidi ciconiarum sunt in altis tectis et in turribus.
b Inter Romanorum castra et hostium erat flumen altum.
c Iulius, Marci ope et consilio, furtum in Cai aedibus facit.
d Ad Apollinis aedem, ubi clarum dei oraculum erat, Oedipus perveniebat.
e Non vi, sed verbis imperator hostibus post cladem obsides imperabat.
f Responsa vatum saepe obscura erant.
g Per piratas Sextus Pompeius in mari contra Romanos navibus pugnabat.
h Bella inter urbium factiones ruinam exitiumque civibus semper parant.
i Polyphemus, ferum monstrum, Ulixis vinum deorum nectar existimabat.
j Equites suam virtutem ostendebant, et in hostium turba equos calcaribus incitabant: sed pugna longa et aspera est.
k In Britannorum finibus clarum vallum Adrianus exstruebat.

ACTIVIDADES

5 CM Traduce este texto y realiza las actividades.

El monte Etna, en Sicilia.

La isla de Sicilia

Caelum Siciliae raro nubes et imbres foedant. Laetae messes campos ornant, sed mons Aetna eructat aeternos ignes, causam cladis vicinarum urbium. Montes et valles Siciliae sunt antiqua sedes Cyclopum. Cyclopes habent multos ovium greges, corpora pellibus vulpium ornant, et in litore maris magnis retibus sine lintribus captant pisces. Cyclopibus est saeva indoles: famem sedant lacte ovium et carne non solum piscium, sed etiam hostium.

- **a** Analiza estas palabras del texto: *nubes, imbres, ignes, cladis, sedes, ovium, retibus*.
- **b** ¿En qué oración del texto hay dos CC de instrumento coordinados?
- **c** En la oración *Montes et valles Siciliae sunt antiqua sedes Cyclopum*, ¿en qué número está el sujeto? ¿Y el atributo? ¿Por qué no concuerdan?
- **d** Busca información sobre las erupciones del Etna.

6 Traduce estas oraciones. Después, cambia de número el sujeto.

- **a** Pastores oves custodiunt.
- **b** Vox canum noctis tempore resonat.
- **c** Hostes scalis vallum ascendent.
- **d** Multa panum copiam domina servis dabat.
- **e** Ad urbis moenia milites turrim aedificabant.
- **f** Parva vulpes magna calliditate saepe teneras pastorum oves necat.
- **g** Nubes montium cacumina saepe occultant.
- **h** Leo inter nemora cubile invenit, aquila in montibus, delphinus in mari.
- **i** Milites in hostium oppida magna virtute impetum faciunt.
- **j** Folia vitium et pampini capitis dolores inflammationesque corporum cum polenta mitigant.

7 CM Lee el texto, tradúcelo y realiza las actividades.

Mosaico de un perro de la casa de Orfeo, en Pompeya (s. I d. C.).

El perro, amigo del hombre

Homines canes diligunt; nam canes gaudiorum et maestitiae dominorum suorum socii sunt. Canes etiam aedium custodes sunt, nam terrent atque fugant fures acutis dentibus suis et promptis unguibus. Canes saepe sunt gregum defensores et venatoribus cari sunt narium sagacitate, crurum celeritate atque ardore in proeliis contra feras. Nemora cum voluptate percurrunt atque investigant feras et aves e latibulis. Praedae instant, retinent et saepe etiam ad venatores portant. Apud Homerum, in Odyssea, Ulixis canis Argus, primus inter propinquos et familiares, domini vocem agnoscit, sed postea ad domini pedes non accurrit: viribus enim carebat. Caudam solum leniter movebat et voce submissa dominum Ulixem salutabat.

- **a** Identifica palabras del texto con temas en vocal de la tercera declinación.
- **b** Señala los CCL del texto.
- **c** ¿Qué sustantivos están en genitivo?
- **d** En la oración *Caudam solum leniter movebat et voce submissa dominum Ulixem salutabat*, ¿cuál es el sujeto? Analiza los demás elementos.
- **e** ¿Con qué palabras latinas del texto relacionarías los términos castellanos *sagacidad, canino, ardor, voluptuoso, pedicura, sumisión* y *gozo*?
- **f** Busca información sobre la llegada de Ulises a Ítaca.

8 Establece la concordancia entre estos adjetivos y sustantivos; después, traduce los sintagmas.

ob mul▲ vulnera	magn▲ virtuti
vacu▲ tribunalium	ad magn▲ cubile
clar▲ cives	callid▲ mente
maest▲ cor	callid▲ imperatorem
ob nimi▲ vectigalia	maria tut▲

1.2. Temas mixtos

Los temas mixtos de la tercera declinación presentan, a la vez, características de los temas en consonante (el singular) y de los temas en vocal (el plural).

Pertenecen a los temas mixtos:

- Los sustantivos monosílabos que presentan dos consonantes delante de la terminación **-is** del genitivo singular: *ars, ar**tis*** ('arte'), *falx, fal**cis*** ('hoz'), *dens, den**tis*** ('diente').
- Los monosílabos que tienen vocal larga o diptongo: *dos, dotis* ('dote'), *faux, faucis* ('garganta').

Para declinar los temas mixtos tomamos como modelo la palabra *pons, pontis* ('puente').

	SINGULAR	
	Terminación	**Ejemplo**
Nominativo	-s	pon**s**
Vocativo		
Acusativo	**-em**	pont**em**
Genitivo	**-is**	pont**is**
Dativo	**-i**	pont**i**
Ablativo	**-e**	pont**e**

	PLURAL	
	Terminación	**Ejemplo**
Nominativo	**-es**	pont**es**
Vocativo		
Acusativo		
Genitivo	**-ium**	pont**ium**
Dativo	**-ibus**	pont**ibus**
Ablativo		

vocabula

Palabras que se declinan como *pons*

ars, artis *f.* arte
arx, arcis *f.* ciudadela
dens, dentis *m.* diente
fons, fontis *m.* fuente
frons, frontis *f.* frente
gens, gentis *f.* linaje, estirpe
mens, mentis *f.* mente
mons, montis *m.* montaña
mors, mortis *f.* muerte
pars, partis *f.* parte
plebs, plebis *f.* pueblo
pons, pontis *m.* puente
urbs, urbis *f.* ciudad

La fuente de Trevi marca el punto final del Aqua Virgo, uno de los antiguos acueductos que suministraban agua a Roma. Es de estilo barroco y está presidida por Neptuno, el dios del mar.

Repaso de los sustantivos de la tercera declinación

Si recopilamos todos los modelos de la **tercera declinación**, veremos que los **casos conflictivos** son los siguientes:

	Ablativo singular	**Genitivo plural**	**Nominativo, acusativo y vocativo plural**
Temas en consonante	-e	-um	-es
Temas en vocal	-e	-ium	-es
Temas mixtos	-e	-ium	-es
Temas en consonante neutros	-i	-ium	-a
Temas en vocal neutros	-i	-ium	-ia

ACTIVIDADES

9 Indica si las palabras de la tabla corresponden a temas en vocal, en consonante o mixtos; justifica tu respuesta.

	Temas en vocal	Temas en consonante	Temas mixtos	Justificación de la respuesta
aestas, aestatis		X		*Tiene una **t** (dental) delante del genitivo.*
pars, partis				
arbor, arboris				
animal, animalis				
sitis, sitis				
lex, legis				
imago, imaginis				
febris, febris				

10 Declina las siguientes expresiones, formadas por un sustantivo y un adjetivo.

piscis ruber, 'el pez rojo' / *fons limpidus,* 'la fuente transparente' / *atra mors,* 'la negra muerte' / *strenuum cor,* 'el corazón valeroso'

11 CI Escoge la traducción adecuada entre las que se proponen (puede haber más de una).

urbi: de la ciudad / a la ciudad / las ciudades
finibus: los confines / en los confines / con los confines
gentium: de los pueblos / el pueblo / del pueblo
caede: con la matanza / ¡oh, matanza! / las matanzas
auris: la oreja / con la oreja / con las orejas
artium: el arte / de las artes / las artes
parenti: los padres / al padre / con los padres

12 Traduce estas oraciones.

- **a** Aetna, mons Siciliae, erat domicilium Cyclopum.
- **b** Post montem erat imperator cum militibus suis.
- **c** Post longa certamina Romana plebs aequas leges obtinet et pacem cum optimatibus facit.
- **d** Per urbis vias iuvenes magno cum gaudio canebant.
- **e** Multarum gentium legati ad Romanorum ducem veniebant et pacem petebant.
- **f** In Palatino monte Romulus urbem condit et Romam ex nomine suo vocat.
- **g** Animi sedes alii in mente, alii in corde ponunt.
- **h** Per totam urbem discurrunt mulieres: postremo, ad Iunonis aedem consistunt et deam multis precibus vocant.
- **i** Romanorum gentium nomina etiam hostibus non ignota erant.
- **j** De Palatino monte urbis incolae descendebant cum filiis et uxoribus.
- **k** Iuppiter Prometheum ad montem Caucasum alligabat; cotidie aquila Promethei iecur vorabat, et iecur cotidie rursus crescebat; postremo, Hercules Prometheum a supplicio liberat.
- **l** Ante lucem Marci filii e cubili surgunt et ad urbem contendunt.

13 Traduce las oraciones. Clasifica las palabras de la tercera declinación en temas imparisílabos, temas parisílabos y temas mixtos.

- **a** Dux ante proelium e castris cohortes educit et ad hostium arcem cum equitibus appropinquat.
- **b** Vergilius poeta apium mores suis carminibus describit.
- **c** Avaritia est fons fraudium scelerumque.
- **d** Nomen amicitiae barbara corda movet.
- **e** Nautae caeli sidera observant et ita itinera sua recte decernunt.
- **f** Discipuli libenter legunt Homeri carmen de bello murium et ranarum.
- **g** Cicero non inimicum, sed hostem Antonium putabat.
- **h** Propter difficultates obsidionis milites fessi erant.
- **i** Druidae, Gallorum sacerdotes, sacrificia procurabant, principia iuris cognoscebant, lites controversiasque dirimebant et carmina iuvenibus tradebant.
- **j** Animi morbi sunt cupiditates divitiarum, gloriae, dominationis, libidinosarum etiam voluptatum; accedunt aegritudines, molestiae, maerores.

ACTIVIDADES

14 Traduce al latín.

a En la escuela los niños hacen redes para peces.
b El pobre campesino ofrece regalos a los piratas perversos.
c Sabio maestro, te sientas bajo la sombra alargada de una gran haya.
d Calígula gobernaba Roma y todas las tierras del Imperio con pensamientos enfermos.
e Los soldados con una enérgica virtud expulsaban a los enemigos.
f La reina se sentaba en un alto asiento y llevaba collares en el cuello.
g En invierno los hombres temen a la tos, la sed y la ronquera.

15 CM Traduce este texto y realiza las actividades.

La diversidad del Imperio romano

Populus Romanus militia excellebat. Multas urbes magnas possidebat imperium Romanum: exempli gratia, Mediolanum, Neapolin, Tarentum in Italia, Syracusas in Sicilia, Athenas et Corinthum in Graecia, Ephesum Pergamumque in Asia, Antiochiam in Syria, Hierosolyma in Iudaea, Alexandriam in Aegypto. Roma multa aedificia habebat -templa, fora, theatra, amphitheatra, circos. In urbe Roma habitabant homines multarum nationum: exempli gratia, ex Hispania, e Gallia, e Germania, ex Arabia, ex India, e Persia, e Libya, ex Armenia, e Britannia. Multas et varias linguas maternas habebant, sed omnes unam linguam intellegebant, Latinam.

El Maschio Angioino de Nápoles (s. XIII-XIV).

a ¿En qué casos aparece el término *urbs*?
b ¿Con qué construcción se indica la procedencia de los habitantes del Imperio romano?
c ¿A qué palabra del texto crees que corresponde la definición *Campus, ubi populus considebat et ludos spectabat*?
d ¿Con qué palabras latinas relacionarías los términos castellanos *lengua, nación, teatro, materno, edificio* e *intelectual*?
e Busca información sobre una de las ciudades que aparecen en el texto.

16 Análisis morfosintáctico. Traduce las oraciones.

a Hostes arva Gallorum vastant.
b Multae aves ex Germania in calidas Africae regiones migrant.
c Venti maria agitant et nautae in periculo sunt.
d Consules Romam cladis nuntium mittunt.
e Sub melle impia venena latent.
f Agricolae ex agro ad urbem fruges in retibus portabant.
g Nox erat et per cunctas terras animalia somnus habebat.
h Imperator magnum spectaculum bestiarum atque gladiatorum populo Romano in amphitheatro Flavio dat.
i Post litem ante praetorem Marius et Marcus in tribunal veniunt.
j Galli magnam multitudinem navium colligunt.
k Dux inquietis militibus dabat enses.
l Post Remi necem, Romulus urbem constituit; e nomine suo Romam nominat.

17 Traduce el texto.

Tres animales se asocian con un león

In clara fabula Phaedrus poeta homines monet: numquam tuta societas cum potentibus est nec erit. Vacca, capella et ovis societatem cum leone faciunt. Leo, superbum animal, silvas peragrat ferasque agitat: denique, magnum cervum capit et quattuor partes facit. Cum (*cuando*) vacca, capella et ovis, propter societatem, ad cibum appropinquant, leo sociis suis statim dicit: «Primam magnae praedae partem ego capio: nam leo sum et nomen meum inter animalia clarum est; deinde etiam secundam cervi partem capio: nam validus sum; tum tertiam quoque partem mihi (*a mí*) tribuitis: nam multum valeo; postremo, quartam quoque partem mihi (*a mí*) datis». Sic, dum vacca, capella et ovis esuriunt, totam praedam leo improbus solus devorat.

18 CS Traduce este texto.

Tiberio regresa a Roma por el hundimiento de un anfiteatro

Post Germanici filii mortem in Syria, imperator Tiberius Romam relinquit et in Campaniam contendit. Hic per Campanorum fines errat: Neapolim et Pompeios visitat, Capuae aedem Iovi dedicat, denique Capreas pervenit, ubi procul ab imperii negotiis per aliquot menses vivit. Sed, cum apud Fidenas multi ludorum gladiatoriorum spectatores ob amphitheatri ruinam pereunt aut gravia vulnera accipiunt, imperator Romam pergit. Ibi Tiberius populi querelas audit et rursus in insulam Capreas redit.

2. El futuro imperfecto de indicativo activo

Los verbos de la **primera** y **segunda conjugaciones** forman este tiempo mediante un morfema **-b-** / **-bi-** / **-bu-** situado entre la raíz y las desinencias personales:

raíz		morfema de tiempo		desinencia personal
ama	+	**b**	+	o
ama	+	**bi**	+	s
ama	+	**bu**	+	nt

Los verbos de la **tercera**, **tercera mixta** y **cuarta conjugaciones** forman el futuro imperfecto añadiendo el morfema **-a**/**-e**, seguido de las desinencias personales:

raíz		morfema de tiempo		desinencia personal
reg	+	**a**	+	m
reg	+	**e**	+	s

Los paradigmas del futuro imperfecto de indicativo son:

Número	Persona	1.ª conjugación	2.ª conjugación	3.ª conjugación	3.ª conjugación mixta	4.ª conjugación
SINGULAR	1.ª	ama-**b-o** (*amaré*)	habe-**b-o** (*tendré*)	reg-**a-m** (*gobernaré*)	capi-**a-m** (*cogeré*)	audi-**a-m** (*escucharé*)
	2.ª	ama-**bi-s**	habe-**bi-s**	reg-**e-s**	capi-**e-s**	audi-**e-s**
	3.ª	ama-**bi-t**	habe-**bi-t**	reg-**e-t**	capi-**e-t**	audi-**e-t**
PLURAL	1.ª	ama-**bi-mus**	habe-**bi-mus**	reg-**e-mus**	capi-**e-mus**	audi-**e-mus**
	2.ª	ama-**bi-tis**	habe-**bi-tis**	reg-**e-tis**	capi-**e-tis**	audi-**e-tis**
	3.ª	ama-**bu-nt**	habe-**bu-nt**	reg-**e-nt**	capi-**e-nt**	audi-**e-nt**

El futuro imperfecto de indicativo activo del verbo ***sum*** se conjuga así:

Número	Persona	Fut. imperfecto
SINGULAR	1.ª	ero (*seré*)
	2.ª	eris
	3.ª	erit
PLURAL	1.ª	erimus
	2.ª	eritis
	3.ª	erunt

aurea dicta

¿Qué enseñanza crees que transmiten estos dichos? Tradúcelos y reflexiona sobre ellos. Después, comprueba tu traducción escuchando el audio.

Raritas pretium facit.
Murem elephas non capit.
Fames pellit lupum e silvis.
Homo homini saepe lupus.
Pisces minutos magni comedunt.

Mosaico de la casa del Fauno de Pompeya. Actualmente en el Museo Arqueológico Nacional de Nápoles.

ACTIVIDADES

19 Completa la tabla con la información que falta.

Verbo	Persona	Conjugación	1.ª pers. presente de indicativo	Traducción
vitabunt	*3.ª plural*	*primera*	*vito*	*evitarán*
timebo				
teges				
videbitis				
appellabimus				
diligent				
stabunt				
eritis				
rumpent				
erudiam				
suadebo				

20 Subraya la forma verbal de cada serie que no está en el mismo tiempo que el resto.

- **a** regam, scribo, dabo, laudabo
- **b** defendet, crescet, monet, confidet
- **c** constituet, commitet, oppugnet, obveniet
- **d** franget, habebit, habet, negleget
- **e** pugnabunt, collocabunt, videbunt, dicunt

21 Escribe estas formas verbales en futuro y en imperfecto.

amatis, mittitis, debet, audio, capiunt, capitis, mones, mittimus, habemus, capis, monent, do

Por ejemplo, ***amatis***: *amabitis-amabatis*

22 Completa la tabla introduciendo los cambios necesarios en las oraciones.

Presente	Imperfecto	Futuro
Capio vexillum.		
	Apprehendebas anserem.	
Elephantum capit.		
		Coquus cenam coquet.
Labor tempus consumit.		
	Caesarem petebamus.	

23 Traduce estas oraciones al latín.

- **a** In altae cerasi ramis cerasa multa et rubra invenies.
- **b** Quando homines pacem sine bellis habebunt?
- **c** Si contentus es, numquam eris pauper.
- **d** Nunc pueri estis, aliquando eritis viri, denique senes.
- **e** Donec eris felix, multos numerabis amicos.
- **f** Senes semper laudabunt tempora praeterita.
- **g** Tandem ad oram insulae venient undae, sed statuam deae non tangent.
- **h** Patruus pueris exclamabat: «Industria et diligentia multa pericula vitabitis».
- **i** Vir strenue, ex magnis periculis patriam liberabis.
- **j** Celeriter dominus ad villam veniet atque operas conducet.
- **k** Longa est via ad Corinthum sed multas et pulchras statuas ibi invenies.
- **l** Propter bellum incolae ex oppidis fugient.
- **m** Stultus dicit: «Pompeiorum incolas Vesuvius non terret et non terrebit!».
- **n** Non semper sedulus discipulus bonus magister erit.
- **ñ** Invidiam populi Romani cras non sustinebis.

24 Traduce estas oraciones al latín.

- **a** La primavera vuelve, la juventud no volverá.
- **b** Los sacerdotes decorarán las cabezas de los toros con flores.
- **c** Marco, ¡mañana combatirás valerosamente!
- **d** Los esclavos cumplirán diligentemente sus deberes.
- **e** El tirano escuchará las palabras de los habitantes de Siracusa.
- **f** Sibila, ¿dirás severas palabras a los embajadores?
- **g** Mañana iré a Pompeya y veré el nuevo foro.

3. El dativo posesivo

Se habla de dativo posesivo cuando la palabra que designa al poseedor de algo se declina en dativo. Hay dos usos muy habituales del dativo posesivo:

a En latín, la posesión a menudo se expresa con el verbo ***sum***. En este caso, el poseedor se declina en dativo y lo que se posee, en nominativo:

Cymba (nominativo) est **Marco** (dativo posesivo). / *La barca es* ***de Marco***.

b El dativo posesivo también se utiliza para indicar el nombre de una persona:

Mihi (dativo posesivo) nomen est Paulus. / ***Mi*** *nombre es Pablo.*

ACTIVIDADES

25 Traduce estas oraciones.

- **a** Marco est gladius.
- **b** Magistro multae virtutes sunt.
- **c** Ancillae est rosarum corona.
- **d** In insula agricolis parvae casae sunt.
- **e** Hastarum sagittarumque copia est Persarum vigiliis.
- **f** Dominae sunt margaritae armillaeque.
- **g** Agricolae filiae argentea drachma est in arca.
- **h** Deorum nuntio nomen Mercurio est.
- **i** Exercitui Romano multi milites sunt.
- **j** Pompeianis pistoribus multi denarii erant: in pistorum tabernis omnibus placentae erant.
- **k** Puellis matronisque apud pomarium dulcia poma erant.
- **l** Fabris plumbei nummi sunt.
- **m** Gabinio duumviro erant compti capilli.
- **n** Agricolis in horreo non sunt mala et pira, sed frumentum et avena.
- **ñ** Soceri bona in horreo, non in arca erant.
- **o** Multi servi Romanis erant.
- **p** Etiam Olympi deis faber erat, Vulcanus.
- **q** Lunae, comiti et satelliti terrae, saepe est halo.

26 Traduce estas oraciones al latín, utilizando dativos posesivos.

- **a** El marinero no tiene patria.
- **b** Los piratas tienen baúles en islas lejanas.
- **c** Los habitantes de Atenas poseen una gran cantidad de riquezas.
- **d** Minerva, diosa de la sabiduría, tiene un altar decorado con rosas y violetas en una isla.
- **e** Los agricultores no tienen casas, sino cabañas.
- **f** Las esclavas de la villa no tienen dinero y son pobres.

27 CM Traduce este texto.

El lobo y los pastores

Pastores cum gregibus ovium in agris erant, secundum fluminis ripas. Inter greges laeti discurrebant teneri agni haedique, et saepe a matribus discedebant. Aestuosus aer erat, et pastores cum canibus sub tegminibus arborum recubabant, cum improviso ex silvis proximis lupi veniunt.
Ferae obrepebant ad oves, maximeque ad agnos, sed canes non fallunt: enim mox canes in feras concurrunt. Pastores cum clamoribus et baculis in lupos violentiam faciunt, atque ita ferae agnos haedosque non capiunt et in silvas fugiunt.

28 CM Traduce el texto.

Cum Saguntinis bellum nondum erat, belli causa iam erat. Tunc Saguntini Romam legatos mittunt atque auxilium ad bellum petunt. Consules tunc Romae erant P. Cornelius Scipio et P. Valerius Longus. Etiam Romani legatos, P. Valerium Flaccum et Q. Baebium Pamphilum, Saguntum ad Hannibalem atque Carthaginem mittunt. Interea Hannibal Saguntum oppugnat. Saguntum erat oppidum opulentum ultra Hiberum. Sagunti incolae a Zacintho insula oriundi erant.

Castillo de Sagunto.

1. Las lenguas románicas en la actualidad (2)

Siguiendo las explicaciones de la unidad anterior, te presentamos a continuación el resto de lenguas románicas que se hablan actualmente.

1.1. El bloque italorrománico

Este grupo es el que presenta más semejanzas con el latín. El **italiano**, hablado por unos cien millones de personas, presenta importantes diferencias dialectales. Se pueden distinguir, como mínimo, los siguientes dialectos: el lombardo, el piamontés, el ligur, el toscano, el véneto, el emiliano-romañol, el napolitano y el siciliano. El italiano moderno se basa, sobre todo, en el dialecto toscano de Florencia.

La principal diferencia entre el italiano y las otras lenguas románicas consiste en formar los plurales de los nombres y adjetivos no en **-s**, sino en **-e** para la mayoría de las palabras femeninas y en **-i** para las masculinas, recogiendo, respectivamente, los nominativos plurales de la primera y segunda declinaciones latinas.

Dentro de este grupo se suele incluir el **sardo**, hablado en Cerdeña.

1.2. El bloque galorrománico

El **francés** es una lengua románica, conocida también como *lengua de oíl*, en oposición a *lengua de oc*, que designa el occitano. Esto deriva de la forma de decir «sí» según la zona: en francés se dice *oui* (de ahí *oïl*), mientras que en occitano se emplea *òc*.

Nació en el entorno de París y se difundió por toda Francia. Durante el siglo XIX, su uso se extendió por el mundo: África, América y Oceanía, donde aún se conserva, y Asia, donde su uso está en retroceso.

En Europa goza de reconocimiento oficial no solo en Francia, sino también en Bélgica (Valonia y Bruselas), Suiza (cantones occidentales), Italia (Valle de Aosta), Luxemburgo y Mónaco.

Se calcula que hablan francés unos 77 millones de personas como lengua materna y unos 128 millones en total, si se incluye a los que lo hablan como segunda lengua. El 29 % del vocabulario inglés es de origen latino, mayoritariamente por influencia del francés.

El **retorrománico** (también llamado romanche, rético o grisón) se habla, sobre todo, en el norte de Italia y en el cantón suizo de los Grisones.

En Suiza es lengua oficial, mientras que en Italia goza de cierta protección en la provincia de Bolzano. Lo hablan unas 60 000 personas.

1.3. El bloque oriental

El **rumano** lo hablan unos 28 millones de personas; la mayoría se concentran en Rumanía, y más de dos millones y medio, en Moldavia, donde a menudo se llama a esta lengua moldavo. Oficialmente se escribe con alfabeto latino, aunque en Moldavia mucha gente todavía usa el alfabeto cirílico para escribir.

Gran parte del vocabulario rumano (aproximadamente, el 75 %) procede del latín, pero hay, también, un sustrato tracio anterior a la conquista romana y una importante aportación eslava.

El **dálmata** procede de la evolución del latín que existía en la costa oriental del mar Adriático. Se hablaba en algunas zonas aisladas de la costa de Croacia y de Montenegro (nunca superó los 50 000 hablantes), pero es la única lengua románica que ya no se habla. El último hablante murió en 1898.

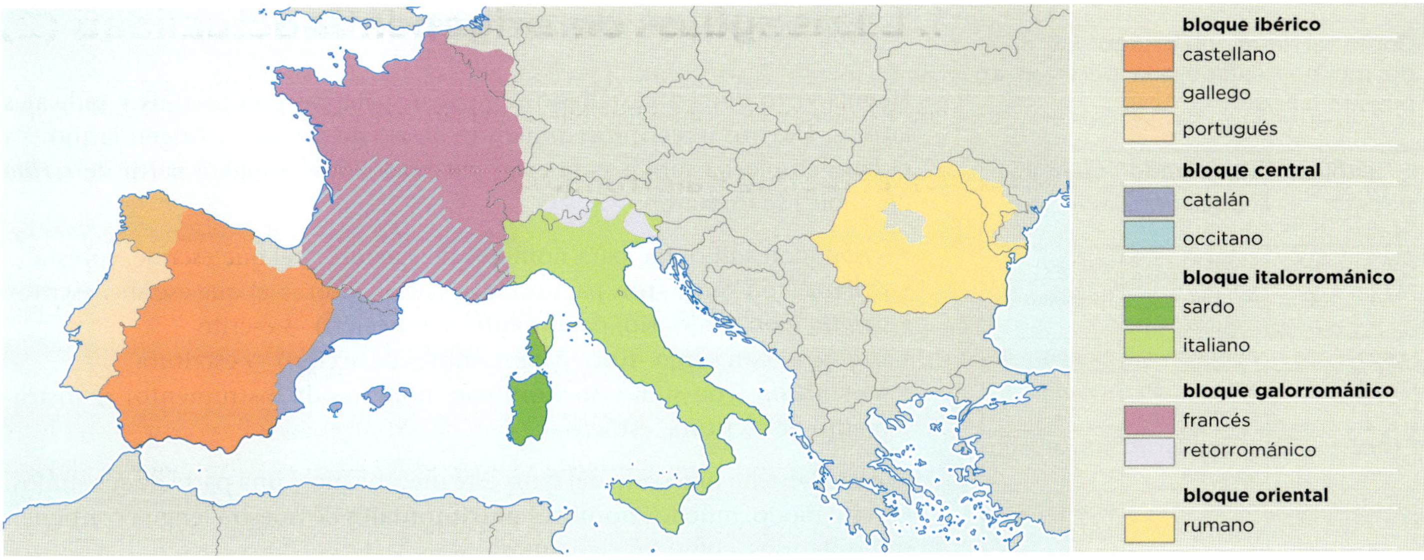

Dominio de las lenguas románicas en el continente europeo.

ACTIVIDADES

29 Elabora una ficha como esta para el italiano, el francés, el retorrománico y el rumano.

Número de hablantes:
Lugares en los que se habla:

Otras características:

30 CI Lee estos textos en italiano y en francés. Después, contesta a las preguntas.

Italiano
Aveva un corpo incredibilmente resistente ai digiuni, al freddo, alle veglie, uno spirito intrepido, subdolo, incostante, abile a simulare e a dissimulare; avido dell'altrui, prodigo del suo; ardente nelle passioni; abbastanza eloquente, ma di poco giudizio. Un animo sfrenato, sempre teso a cose smisurate, incredibili, estreme.

Francés
D'une constitution à supporter la faim, le froid, les veilles, au delà de ce qu'on pourrait croire; esprit audacieux, rusé, fécond en ressources, capable de tout feindre et de tout dissimuler; convoiteux du bien d'autrue, prodigue du sien, fougueux dans ses passions, il avait assez d'éloquence, de jugement fort peu: son esprit exalté méditait incessamment des projets démesurés, chimériques, impossibles.

a ¿Cuál es la traducción de las palabras *frío*, *espíritu*, *pasiones*, *bastante* y *desmesuradas* en italiano y francés?

b Observa las palabras subrayadas de los dos textos e indica cómo acaban. Explica qué diferencia se observa entre las dos lenguas en la formación del plural.

c Estos textos describen a un personaje de la historia de Roma que ya conocemos. ¿A quién?

31 Sitúa en una tabla la traducción al castellano, al francés y al italiano de las siguientes palabras latinas.

cantare, venire, ridere, nominare, magister, littera, schola

nugae

¿Sabías que los términos *esnob* y *spa* tienen un origen latino?

Un **esnob** es una persona que imita con afectación las costumbres, las maneras o las opiniones de los que considera de clase alta, con la intención de aparentar que es como ellos.

Esnob es la adaptación al castellano del acrónimo inglés *snob*, que procede del latín *sine nobilitate*. ¿Qué quiere decir?

Los actuales centros **spa**, donde se aplican técnicas de hidroterapia –o curación mediante el agua–, se originaron en el antiguo Imperio romano. Los legionarios, buscando alivio a sus heridas, hacían construir baños en aguas termales y manantiales. Los tratamientos que se ofrecían en estos baños se llamaban *salus per aquam* (*spa*). ¿Sabrías traducir esta expresión?

Como el latín, el **griego** ha dejado muchos sufijos que perviven en nuestra lengua.

sufijo	significado	ejemplos
-eides > -oide	parecido	asteroide
-eion > -eo	lugar	ateneo
-ika > -ica	relativo a la ciencia de	botánica
-ikos > -ico	pertenencia	ibérico
-itis > -itis	inflamación o irritación	hepatitis
-ismo > -ismo	doctrina, sistema	cristianismo
-istes > -ista	oficio o hábito	ensayista, artista
-osis > -osis	formación, impulso o conversión	diuresis, micosis
-sis > -sis	patología	neurosis
-tes > -ta	agente	atleta
-terion > -terio	lugar	monasterio
-tron > -tro	lugar	teatro

1. Los sufijos de origen latino

Hemos visto que en castellano se forman palabras con prefijos y radicales latinos. Hay un tercer procedimiento: el uso de sufijos de origen latino. Ya el latín empleaba sufijos para crear palabras. Por ejemplo, a partir de ***scribo*** ('escribir') se formaron:

- ***scriba*** (con sufijo **-ba**, para nombres de agente) → el que escribe, copista
- ***scriptor*** (con sufijo **-tor**, para nombres de agente) → el que escribe, escritor
- ***scriptio*** (con sufijo **-tio**, para nombres de acción) → escrito
- ***scriptura*** (con sufijo **-tura**, para nombres de acción) → escritura
- ***scriptorium*** (con sufijo **-torium**, para nombres de instrumento) → instrumento de escritura, estilete

El castellano ha heredado del latín este mecanismo y una parte de sus sufijos. De este modo, muchos **nombres patrimoniales** de nuestra lengua contienen sufijos latinos, como los siguientes:

Sufijo	Ejemplo
-al / -ar	comercial, familiar
-able	potable, amable
-ción	dirección, tracción
-dad / -tad	bondad, tempestad
-dor	organizador, animador
-ducción	introducción, reproducción
-oso	lluvioso, costoso
-tor / -sor	progenitor, profesor

Debido a la intensa evolución sufrida por las palabras patrimoniales, el significado de estos sufijos es, a menudo, muy abstracto, por lo que resulta difícil ver la relación entre las palabras formadas con el mismo sufijo.

El castellano también ha formado cultismos con sufijos latinos, pero sin la evolución propia del léxico patrimonial. Los más importantes son los que aparecen en esta tabla:

Sufijo	Significado	Cultismo
-ánime	que hace referencia al alma	exánime, unánime, ecuánime
-bundo	inclinado hacia alguna cosa	meditabundo, nauseabundo
-cida /-cidio	que mata	homicida, tiranicidio
-cola /-cultor/-cultura	que habita, que cultiva	terrícola, viticultor, agricultura
-fero	que lleva, que contiene	mamífero, petrolífero, argentífero
-fico	que hace, da o convierte en	maléfico, benéfico, deífico
-ficar	convertir en	solidificar, mitificar, dosificar
-forme	que tiene forma de	multiforme, uniforme, deforme
-grado	que camina, que avanza	plantígrado, centígrado
-lingüe	que se refiere a la lengua	bilingüe, plurilingüe, unilingüe
-mestre	que dura un mes	cuatrimestre, trimestre, semestre
-móvil	que se puede mover	móvil, inmóvil
-paro	que engendra	ovíparo, uníparo, vivíparo
-voro	que come	carnívoro, herbívoro, omnívoro

ACTIVIDADES

32 Identifica los sufijos latinos que incorporan estas palabras y explica el significado de los términos.

- **a** herbicida
- **b** piscicultor
- **c** digitígrado
- **d** bimestre
- **e** acuífero
- **f** acidificar

33 Identificación de prefijos y sufijos. Subraya en cada oración la palabra que contiene un sufijo.

- **a** No huelas el interior del bote porque desprende un olor nauseabundo.
- **b** Su padre ha puesto un producto raticida.
- **c** Hay muchos viticultores en este pueblo.
- **d** Todos los pájaros son ovíparos.
- **e** Hasta que no se solidifique, no lo podemos tocar.
- **f** El oso es un animal plantígrado.
- **g** Si se calcifican algunas piezas, las lavadoras se estropean.

– Ahora, reescribe las oraciones sustituyendo las palabras subrayadas por otros términos o expresiones.

Por ejemplo:

No huelas el interior del bote porque desprende un olor *nauseabundo*. → No huelas el interior del bote porque desprende un olor *que hace sentir náuseas*.

34 Explica el significado de estas palabras:

arcaísmo, hedonismo, estrabismo, hermetismo, neologismo, dogmatismo, panteísmo, anacronismo.

35 Forma palabras con el sufijo *-ikos* a partir de estas palabras griegas o latinas:

lyra	harmonia
átomos	klima
centrum	mania
okeanos	synthesis

36 Todas estas palabras indican procesos. Explica en qué consisten los siguientes:

apoteosis, osteoporosis, cirrosis, tuberculosis, forunculosis, anquilosis, reticulosis, salmonelosis, calculosis.

37 CA Subraya el sufijo de origen latino que forma parte de estas palabras, anótalo e indica qué significa.

- **a** acuífero, mamífero, fructífero, lactífero, florífero
- **b** caducifolio, densifolio, trifolio, aciculifolio
- **c** carnívoro, insectívoro, herbívoro, omnívoro

38 CD Selecciona cinco sufijos de origen latino de la página web que te recomendamos. Para cada uno de ellos, busca dos palabras más que lo incorporen y anota su significado. Indica si se trata de nombres patrimoniales o de cultismos.

39 CA **Identificación de cultismos.** *Pedis* y *podós* significan 'pie'; *gressus* es el participio del verbo latino *gradior*, 'avanzar'. ¿Cuál es el significado de estas palabras?

plantígrado	miriápodo
tetrápodo	bípedo
digitígrado	decápodo
cefalópodo	gasterópodo
cuadrúpedo	artrópodo

nos gustan las palabras

La palabra latina *hostis* significa 'extranjero'. El extranjero podía ser amigo o enemigo.

- Cuando era un amigo y se le invitaba a casa, se convertía en un huésped, palabra que todavía significa *invitado*.
- Pero el extranjero también podía ser un enemigo. En Roma se llamaba *hostis* a los enemigos del Estado (por oposición a *inimicus*, que eran los enemigos personales, particulares). Por ello, de la palabra *hostis* también han derivado términos en castellano, como **hostilidad**.

Parece que *hostis* proviene de la misma raíz que *ostium*, que significa 'puerta', de forma que originalmente querría decir 'aquel que llega a las puertas de la ciudad'. Probablemente por eso el puerto de Roma se llamaba –y se sigue llamando– Ostia.

Mosaico en una casa del puerto de Ostia. Representa dos barcos a las puertas de una ciudad.

Emperadores más relevantes

27 a. C.	**Octavio Augusto**
14 a. C.	Muerte de Augusto
14-68	**Dinastía julio-claudia**
14-37	Tiberio
37-41	Calígula
41-54	Claudio
55-68	Nerón
69-96	**Dinastía flavia**
69-79	Vespasiano
79-81	Tito
81-96	Domiciano
96-192	**Dinastía antonina**
96-98	Nerva
98-114	Trajano
117-138	Adriano
138-161	Antonino Pío
161-180	Marco Aurelio
180-192	Cómodo
193-235	**Dinastía severa**
235-284	**Anarquía militar**

Augusto de Prima Porta.

1. El Alto Imperio

El Alto Imperio romano comprende el periodo que va desde que Octavio, primer emperador de Roma, recibe el título de Augusto (27 a. C.) hasta que llega al poder Diocleciano (284 d. C.).

1.1. Augusto y la dinastía julio-claudia

En el año 27 a. C., **Octavio Augusto** fue investido por el Senado con los títulos de *augustus* ('majestuoso', 'venerable') y *princeps* ('el primero del Senado'). Augusto modificó profundamente el equilibrio de poderes que había estado vigente durante la República. También dedicó muchos esfuerzos a pacificar y disminuir los conflictos y las tensiones internas que habían estallado en los últimos tiempos. Es lo que se llama la ***pax augusta***. Los puntos más destacados de las reformas de Augusto son:

- La creación de dos órganos administrativos nuevos, que dependían directamente del emperador: el **Consejo del príncipe**, una cámara paralela al Senado que en tiempos de Augusto tenía carácter consultivo, pero que fue asumiendo cada vez más competencias, hasta el punto de suplantar a los senadores; y el **alto funcionariado**, cargos paralelos a las magistraturas, pero dotados de poder ejecutivo. Esta estrategia limitaba el poder de las instituciones anteriores y reforzaba significativamente el suyo.
- La creación de la **guardia pretoriana**, guardia personal del emperador, y de las **cohortes urbanas**, que debían vigilar la ciudad.
- La distribución de los ciudadanos ricos en dos órdenes: **senatorial** y **ecuestre**.
- La potenciación del comercio tanto marítimo como terrestre, con comunicaciones rápidas y eficaces.

Desde el punto de vista territorial, bajo Augusto el Senado conservó el control de Roma, de la península Itálica y de las provincias más romanizadas y pacíficas. En cambio, las provincias fronterizas, donde era necesaria la presencia estable de legiones del ejército, estaban gobernadas por legados, nombrados y controlados directamente por Augusto.

Augusto mejoró los ingresos del tesoro público con la introducción de nuevos impuestos. Estableció, por ejemplo, derechos de aduana en las fronteras del mundo romano (un 25%) y en las provinciales (un 2%). Además, los ciudadanos romanos debían pagar una tasa sobre las manumisiones de esclavos y otra sobre las herencias (el 5%), destinadas, exclusivamente, a alimentar el tesoro militar.

Augusto embelleció Roma con templos, basílicas y pórticos, y utilizó los nuevos edificios como propaganda del nacimiento de una nueva era de paz y prosperidad. También llevó a cabo reformas de carácter social, entre ellas las encaminadas a restaurar las tradiciones morales del pueblo romano y la integridad del matrimonio, combatiendo las costumbres licenciosas de la época:

- Se favoreció a los padres y madres que tuviesen tres hijos.
- Se prohibió el matrimonio de senadores con libertas.
- Distintas leyes impidieron disponer libremente de sus bienes a los solteros o a los casados sin hijos.

Si quieres descubrir increíbles detalles de la vida privada de los emperadores romanos, te recomendamos que leas las *Vidas de los doce césares* de Suetonio, especialmente, *Nerón*.

En este vídeo descubrirás hasta qué extremo llegó la locura del emperador Calígula.

HISTORIA ET VITA

A partir de la implantación del sistema de gobierno imperial instituido por Augusto, la historia de Roma se identificó en gran medida con los reinados de cada emperador. Augusto fue sucedido por **Tiberio** (14 d. C.), el emperador que conquistó Germania y estuvo a punto de ser abatido por su propio prefecto del pretorio, Sejano. **Calígula** (37-41) sucedió a Tiberio, y es conocido por su crueldad y por sus extravagancias, que rayaban en la locura. A su muerte, el título imperial pasó a **Claudio**, quien conquistó Britania y continuó las obras públicas y las reformas administrativas iniciadas por César y Augusto. Claudio fue envenenado por su esposa Agripina, que deseaba que gobernara su hijo **Nerón**. Este, al principio, fue un emperador sabio y comedido, aconsejado en todo momento por el filósofo Séneca; después, se convirtió en un déspota megalómano: sus excesos de poder provocaron el odio de todos y lo llevaron al suicidio en el año 68 d. C. Con él acabó la dinastía julio-claudia.

El incendio de Roma, Robert Hubert (1733-1808).

1.2. Dinastías de los Flavios y de los Antoninos (69-192)

La **dinastía flavia** (69-96), que se inicia después del reinado de Galba, Otón y Vitelio, está formada por **Vespasiano**, **Tito** y **Domiciano**. Los Flavios resucitaron la sencillez de la corte del comienzo del Imperio e intentaron restaurar la autoridad del Senado. Durante el reinado de Tito, tuvo lugar la erupción del Vesubio, que devastó la zona sur de Nápoles, donde estaban enclavadas las ciudades de Herculano y Pompeya.

La **dinastía antonina** comienza con **Nerva** (96-98), el primero de los llamados cinco emperadores buenos, junto con Trajano, Adriano, Antonino Pío y Marco Aurelio. Cada uno de ellos fue elegido y adoptado por su predecesor según su aptitud e integridad. **Trajano** llevó a cabo una campaña contra los dacios, armenios y partos, que expandió el Imperio.

Escucha el audio sobre el emperador Adriano y completa el texto con la información que falta.

Los veintiún años de mandato de **Adriano** también fueron un periodo de paz y prosperidad; después de ceder algunos de los territorios más orientales, Adriano consolidó el resto del Imperio y reafirmó sus fronteras. Adriano era un hombre culto, pasó años en Atenas y codificó la legislación.

El reinado de su sucesor, **Antonino Pío**, se caracterizó igualmente por el orden y la paz. Sin embargo, las incursiones de los pueblos germánicos en distintas zonas del Imperio agitaron el reinado del emperador siguiente, el filósofo estoico **Marco Aurelio**, autor de unas reflexiones de tipo filosófico y moral llamadas *Meditaciones*. A este le sucedió su hijo, **Lucio Aurelio Cómodo**, tirano sanguinario que se consideraba, entre otras cosas, la reencarnación de Hércules. Fue asesinado por los pretorianos el año 192 y con él acabó la dinastía de los Antoninos (96-192).

El emperador Marco Aurelio.

1.3. La decadencia del Imperio

Del 192 al 235 d. C., el emperador más importante fue **Caracalla** (211-217), quien concedió la ciudadanía romana a todos los hombres libres del Imperio en el año 212. Le sucedieron Heliogábalo y Alejandro Severo.

El periodo posterior a la muerte de Severo y hasta la llegada de Diocleciano (235-284) fue de gran confusión y recibió el nombre de *Imperio militar* o *Anarquía militar*. En los treinta y tres años iniciales, por ejemplo, gobernaron doce emperadores; casi todos murieron asesinados a manos del ejército.

En el año 284 subió al trono **Diocleciano**. Consiguió controlar la situación estableciendo el sistema llamado **Dominado**, una monarquía absoluta de carácter oriental. Desde Diocleciano, el emperador se convirtió en la encarnación personal de la divinidad, no en su representante.

ACTIVIDADES

1 CD Visiona en el vídeo el discurso de Octavio Augusto ante el Senado el día en que fue investido cónsul de Roma y responde a las preguntas.

- **a** ¿Cuál es el nombre completo de Octavio?
- **b** ¿A quién se refiere cuando dice «mi padre»?
- **c** ¿Por qué acusa a Bruto y Casio de ser enemigos del Estado? ¿Qué hicieron?
- **d** ¿Qué peligro puede comportar para el futuro de Roma acusar a estos dos hombres?
- **e** ¿De qué forma intimida a los miembros del Senado para que acepten la moción?

2 Explica las principales actuaciones de Octavio Augusto en relación con lo siguiente:

- **a** Reformas políticas y administrativas.
- **b** Reformas económicas.
- **c** Reformas militares y de defensa.
- **d** Reformas sociales.

3 **Hechos históricos de la civilización latina.** Relaciona cada hecho con un emperador.

- **a** Creación del Consejo del príncipe, una cámara de asesoramiento paralela al Senado.
- **b** Escritura de tratados filosóficos.
- **c** Conquista de Germania.
- **d** Conquista de Britania.
- **e** Gobierno extravagante y excéntrico.
- **f** Concesión de la ciudadanía romana a todos los hombres libres del Imperio.

1 Claudio	**4** Calígula
2 Augusto	**5** Caracalla
3 Marco Aurelio	**6** Tiberio

4 CA ¿Qué emperador reinaba en el momento que representa esta imagen? Infórmate y explica los efectos devastadores que tuvo la erupción.

Erupción del Vesubio, Pierre-Jacques-Antoine Volaire, 1774.

5 **La sociedad romana.** Observa este relieve de la guardia pretoriana y explica quién creó este cuerpo militar y qué función tenía; describe su indumentaria.

6 CI Indica cuál de los siguientes emperadores crees que pronunció, según la tradición, la frase «¡Ojalá el pueblo romano tuviera un solo cuello!», y explica qué te ha llevado a pensarlo.

Calígula	Tiberio
Augusto	Tito

7 ¿Bajo qué emperador romano alcanzó su máxima extensión el Imperio? Busca en libros o en Internet un mapa en el que se marquen los límites de este territorio y reprodúcelo.

8 Observa esta imagen, correspondiente a los Mercados de Trajano. Busca información sobre ellos y expón los datos principales.

HISTORIA ET VITA

1. Los gladiadores

1.1. Origen

Los inventores de los combates de gladiadores fueron los etruscos, que los organizaban como parte de la **ceremonia de los funerales** de personajes importantes.

Entre los pueblos antiguos, era habitual hacer sacrificios humanos en los funerales; los etruscos, al sustituir estos sacrificios por luchas de gladiadores, habrían representado cierto progreso espiritual.

Más adelante, estos combates pasaron de ser un rito funerario privado a un espectáculo público de masas que llenaba el Coliseo de Roma.

1.2. Organización y tipos

Al principio, los combates de gladiadores tenían lugar en el foro. En el siglo I a. C. se construyeron los primeros anfiteatros y las luchas de gladiadores se trasladaron a este nuevo espacio. El anfiteatro acogía también otros espectáculos de distinta naturaleza: combates de dos hombres cuerpo a cuerpo, combates de dos ejércitos armados, lucha de animales entre sí, enfrentamiento de hombres desarmados con animales, combates navales (naumaquias) y representaciones teatrales en las que moría el actor.

A raíz del incendio de Roma del año 64 d. C., se construyó el Coliseo, destinado a acoger todos estos juegos y espectáculos.

Grabado del siglo XVII que recrea, con una interpretación muy libre, un combate naval en el Coliseo.

Durante la época imperial, los juegos siempre fueron **organizados y pagados por el emperador**, al menos en la ciudad de Roma. Por una parte, era el único que tenía la capacidad económica necesaria para costearlos y, por otra, de esta forma se aseguraba el favor y la aceptación del pueblo. En cambio, en el ámbito provincial los juegos eran organizados por ciudadanos locales ricos.

Por lo general, los gladiadores eran **prisioneros de guerra** o **condenados a muerte**. Excepcionalmente, había hombres libres que luchaban para lograr notoriedad (en ocasiones, incluso eran miembros de la aristocracia, como senadores o caballeros).

Gladiador de terracota.

Normalmente, el Estado se encargaba de reclutar a los gladiadores, procedentes de todas las provincias, a los que mantenía y alojaba en grandes cuarteles que contaban con salas de entrenamiento, talleres y almacenes.

No te pierdas la película que muestra, en los tiempos de Marco Aurelio y Cómodo, el mundo de los grandes espectáculos de gladiadores que tenían lugar en el Coliseo de Roma.

Gladiator, del director Ridley Scott (2000).

Había distintos tipos de gladiadores, que se distinguían por su vestimenta y sus armas:

- Los ***samnitas***: un gran escudo y una espada corta.
- Los ***retiarii***: una gran red y un tridente.
- Los ***mirmillones***: espada, escudo y yelmo.

Algunos combatientes eran conocidos por el nombre del pueblo del que eran originarios (el samnita, el tracio, el galo, etc.) y disponían de armamento propio.

Yelmo romano.

1.3. Los combates

El desarrollo de los combates seguía unas **reglas estrictas** y, si se infringían, el presidente de los juegos (*lanista*) llamaba al orden. Al finalizar el combate, eran los espectadores y no el lanista quienes decidían si el vencido debía salvar su vida (que indicaban estirando el puño con el pulgar hacia arriba, *pollice recto*) o bien morir a manos de quien lo había vencido (en tal caso, giraban el pulgar hacia abajo, *pollice verso*).

En esta recreación de un combate de gladiadores, de Gerôme, se aprecia como el público pide que se dé muerte al vencido.

El público cada vez fue más exigente y sanguinario, de forma que la esperanza de vida de los gladiadores disminuyó y era difícil encontrarlos: todos morían en la arena.

Se sabe que un mecenas del siglo III d. C., para satisfacer el gusto de los espectadores, no dudó en hacer degollar a todos los que habían perdido en un combate entre once parejas. Con esta acción esperaba aumentar su popularidad y asegurarse el éxito en las elecciones locales.

Otras veces, los gladiadores morían a manos de adversarios a los que, en un combate anterior, ellos mismos habían salvado la vida. En las paredes de los cuarteles se ha encontrado inscrito un consejo: «Degollad al vencido, sea como sea».

No solo los combates de hombres eran sanguinarios; también lo eran los combates con animales, que en ocasiones acababan en verdaderas masacres en las que se mataba a los animales, salvajes o domésticos, por miles. A menudo, se iban a buscar lejos: elefantes, rinocerontes, jirafas, avestruces, osos, tigres, panteras, leones, etc. La alimentación de estos animales y los largos viajes que debían hacer hasta llegar a Roma resultaban muy caros y el erario público se resentía.

En los espectáculos también se hacía participar a todo tipo de animales.

Los combates entraron progresivamente en decadencia a lo largo del siglo IV d. C. En esta evolución fue decisiva la aportación del cristianismo, que consideraba el espectáculo cruel y humillante, así como la evolución de las costumbres, que se volvieron más refinadas con el paso del tiempo.

in illo tempore

Los propietarios de los gladiadores tenían mucho interés en que estos llegasen al anfiteatro en las mejores condiciones físicas. Por este motivo, las escuelas de gladiadores se instalaban en lugares especialmente cuidados y los gladiadores eran muy bien alimentados.

Tácito recoge la expresión «comer como un gladiador». El día antes del combate, se les ofrecía una *cena libera*, que el público podía presenciar. También se ejercitaban en la esgrima, bajo las órdenes de antiguos gladiadores o de *doctores*.

Asimismo, cuando se dirigían hacia el anfiteatro el día del combate, llevaban lujosos ropajes y cruzaban toda la ciudad para que el pueblo pudiese admirarlos.

Cuartel de los gladiadores de la ciudad de Pompeya. Siglo I d. C.

ACTIVIDADES

9 ¿Qué animales distingues en las escenas del mosaico de la página anterior? Elabora una lista.

10 Identifica en estas imágenes los tres tipos de gladiadores: *samnitas*, *retiarii* y *mirmillones*.

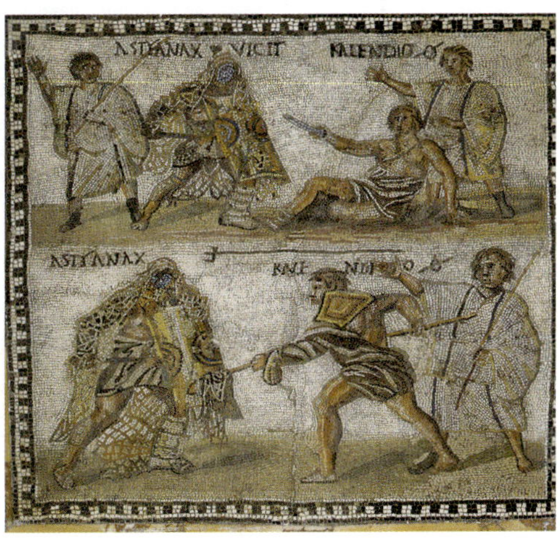

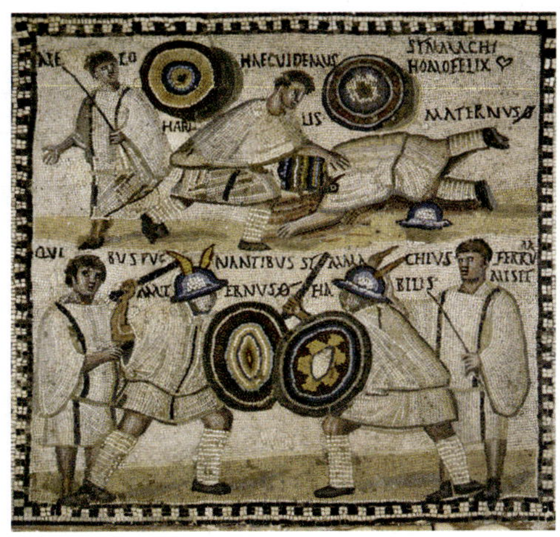

11 Lee este texto y realiza las actividades.

[Calígula] Organizó a menudo combates de gladiadores: algunos, en el anfiteatro Tauro; otros, en el Campo de Marte. Allí presentó a grupos de luchadores de África y de la Campania escogidos entre los más famosos. Cuando no presidía en persona los espectáculos, lo encargaba a magistrados o a sus amigos. También organizó juegos escénicos, muchos y muy variados, a veces de noche, a la luz de un gran número de antorchas. Distribuía regalos entre los espectadores de todas las clases, incluso cestas llenas de pan y carne. [...] En ocasiones, los juegos que celebró en el Circo duraron desde la mañana hasta la noche, con alguna cacería de animales africanos o alguna carrera troyana intercalada. Algunos de estos espectáculos fueron notables, especialmente porque la arena estaba llena de bermellón y polvo de oro, y porque los carros eran conducidos solo por senadores.

Suetonio, *Vida de Calígula*.

a ¿Dónde celebró Calígula las luchas de gladiadores?

b ¿Qué otros espectáculos se citan, además de los combates de gladiadores?

c ¿Qué rasgo característico del emperador Calígula se pone de manifiesto en esta narración?

d Enumera los aspectos citados por Suetonio que superan la «normalidad».

e Averigua qué relación tiene la expresión *Ave, Caesar! Morituri te salutant!* con los espectáculos de gladiadores.

Los circos

El circo estaba destinado a realizar distintos espectáculos y, cuando algún general celebraba un triunfo militar, parte de la ceremonia tenía lugar en él.

Si bien el espectáculo más habitual del circo eran las carreras de carros, también se podían presenciar combates de gladiadores, pugilatos (combates a puñetazos), reconstrucciones de maniobras militares, naumaquias (batallas navales), *venationes* (cacerías) con animales exóticos, carreras a pie o a caballo y exhibiciones de caballos. Era un edificio rectangular con uno de los lados cortos en forma semicircular y rodeado de gradas, excepto en uno de los extremos. En el centro había una pared baja (*spina*).

Los carros se denominaban cuadrigas, y los conductores, aurigas. Los aurigas profesionales eran de clase social baja y se organizaban en equipos (*factiones*). Había cuatro equipos, que se distinguían por el color: rojo (*russata*), verde (*prasina*), blanco (*albata*) y azul (*veneta*). Así, los espectadores gritaban: «¡Vivan los azules!» o «¡Vivan los verdes!».

Hacia el siglo IV d. C., los juegos de circo, mal vistos por la Iglesia, cayeron en desgracia y finalmente se prohibieron. Los circos abandonados fueron desmantelados y sus sillares se reutilizaron en la construcción. Por este motivo, del Circo Máximo de Roma –que podía acoger a 150 000 personas en la época de César– solo queda una vasta planicie.

En España destacan, por su estado de conservación, los restos de los circos de Mérida, Tarragona y Toledo (todos ellos del siglo I d. C.). En Turquía destacan los restos del hipódromo de Constantinopla (siglo III).

A la izquierda, circo de Mérida. A la derecha, mosaico del siglo IV. Representa la cuadriga ganadora de una carrera de carros, por lo que uno de los jinetes lleva una rama de laurel.

ACTIVIDADES

12 Lee este texto sobre los juegos del circo y responde a las preguntas.

> Se celebraban los juegos circenses, espectáculo por el cual no siento ningún tipo de afición. No aporta nada nuevo, nada diferente, nada que valga la pena ver más de una vez. Por esto me admira que tantos miles de hombres tengan esta ansia, tan pueril, de ver repetidamente correr los caballos con las cuadrigas. Si al menos les atrajese la rapidez de los caballos o la habilidad de los jinetes... Pero lo que les mueve es el amor a un color: si en plena carrera dos carros se cambiasen de color, de repente se negaría el entusiasmo y el favor a aquellos aurigas y caballos a los que creían reconocer de lejos y cuyos nombres gritan con pasión.
>
> Plinio el Joven, *Epístola IX.*

a ¿Qué defecto encuentra Plinio el Joven a los juegos de circo? ¿Qué es lo que no logra entender?

b ¿Se puede deducir también que las carreras circenses eran un espectáculo de masas?

c ¿Qué significa que el público siente «amor a un color»? ¿Tiene algún paralelismo con el mundo actual?

13 CI Busca información, y exponla, sobre el circo romano más cercano a tu población.

1 Completa la tabla poniendo una cruz donde corresponda.

	Declinación				Género			Número		Caso					
	1.ª	**2.ª**	**3.ª (cons.)**	**3.ª (voc.)**	**M**	**F**	**N**	**S**	**P**	**N**	**V**	**Ac**	**G**	**D**	**Ab**
aquas	×					×			×						
belli															
senem															
leonum															
discipule															
montis															
vestium															

2 **Descomposición de palabras.** Une cada palabra latina con su traducción, y especifica su caso y número en la tercera columna.

a pontium	la oreja (sujeto)	**a** genitivo plural
b animali	para las noches	**b**
c urbem	los meses (CD)	**c**
d arcibus	a la ciudad	**d**
e navem	en las ciudadelas	**e**
f auris	para el animal	**f**
g menses	de los puentes	**g**
h noctibus	la nave (CD)	**h**

3 Transforma el número gramatical de estas expresiones.

a equites inimicos
b foederatas civitates
c victoriae dubiae
d magna pars
e vastorum corporum
f sinistram cohortem

4 Pon en plural los acusativos de las oraciones.

a Hannibal foederatam civitatem invadet.
b Personam tragicam forte animal videt.
c Pompeio honorem Fortuna tribuit.
d Monilia ornant mulieres.
e Avium voces nemus implebant.
f Milites hostium oppidum arietibus oppugnabant.
g Eques incitat equum calcari, magister laude discipulum.
h Piscatores retibus piscium magnam copiam trahunt.

5 Traduce estas oraciones al latín.

a En los tiempos antiguos, los reyes eran los protectores de las leyes y de las costumbres.
b El cónsul salva a las mujeres y las mujeres alaban al cónsul.
c Los buenos soldados obedecen a los generales y defienden las leyes y la paz.
d El gladiador tenía muchas heridas en el pecho.

6 Analiza y traduce al latín estas seis formas verbales.

a pediré
b recibirás
c aumentará
d beberemos
e deliraréis
f cubrirán

7 Traduce estas oraciones; ten en cuenta que las formas verbales están en futuro.

a Copiae pavidae sunt: non pugnabunt.
b Olympiae Graeci multa praemia vincent.
c O amici, quando ad forum Romanum venietis et monumenta Romae antiquae videbitis?
d In Graeciam quoque vadam et servos doctos emam.
e Prope templum Dianae magnas cupressos videbis.
f Propter mores humanos pacem veram non habebimus.
g Magister pueris Orphei varias historias narrabit et attente pueri magistri verba audient.
h Primo diluculo impiger agricola filios vocabit et aratrum aget usque ad crepusculum.
i Aut inveniam viam aut faciam.

8 Analiza las palabras y traduce, como en el ejemplo resuelto.

a canet: *ind. fut. simple, 3.ª pers. sing. 3.ª conj.: él o ella cantará.*
b veniet
c tribuunt
d erant
e satiabatis

9 CM **Comprensión global.** Traduce este texto y realiza las actividades.

Los árboles en la Antigüedad

Arbores diis antiqui Romani sacras putabant: Iovi aesculum, laurum Apollini, Minervae oleam, myrtum Veneri, Herculi populum; nam magna est arborum utilitas: arboribus tecta aedificamus, bigas, naves, mensas, scamna struimus; scaphis et navibus flumina mariaque sulcamus, et ad longinquas regiones accedimus. Antiquae gentes ex ligno deorum templa et simulacra factitabant. Nec parva commoda ex arbore percipit homo ad corporis valetudinem: enim arborum suci vulnera sanant, dentium dolorem imminuunt, surditatem mitigant, somnum conciliant et alvum purgant.

- **a** Clasifica los verbos del texto según estén en presente o en imperfecto de indicativo.
- **b** Reescribe la oración *Nec parva commoda ex arbore percipit homo ad corporis valetudinem*, siguiendo el orden más habitual en castellano.
- **c** Existe una villa antigua en la que está representada una gran cantidad de árboles. Se conoce con el nombre de «ad Gallinas Albas» y perteneció a Livia (la esposa de Octavio Augusto). Busca información sobre esta villa y expón los datos principales.

Fresco de la villa «ad Gallinas Albas».

10 Traduce este texto y realiza las actividades que se indican a continuación.

El origen de Roma

Civitas Romae ex caede fratrum originem habet. Haec (*esta*) fabula est. Rex Albanorum duos (*dos*) filios, Numitorem et Amulium, habebat; sed Amulius fratrem expellit regno et Rheam Silviam, Numitoris unigenitam filiam, Vestae sacerdotem facit, quod (*porque*) Vestales sine nuptiis liberisque vivebant. Rhea, tamen, cum deo Marte Romulum et Remum gignit. Tum Amulius parvulos in flumine adicit. Aqua in sicco geminos relinquit et lupa ad lamenta accurrit et parvulos lingua lambit. Faustulus, armentorum pastor, puerulos in casam suam portat et uxori dat.

Postea Romulus et Remus urbem condunt in locis ubi lupa eos nutriverat (*donde los había criado*). Inter colles Palatinum eligunt. Deinde contentio inter fratres existit: nam uterque (*el uno y el otro*) regnum in nova urbe cupiebat. Romulus fuste vulnerat caput Remi qui (*que*) misere cadit. Romulus urbem a suo nomine evocat, postea solus regnat.

- **a** Declina en nominativo y en genitivo estas palabras de la tercera declinación, que aparecen en el texto: *civitas, caede, Numitorem, sacerdotem, flumine, pastor, urbem, nomine.*
- **b** Copia las aposiciones que hay en el texto.
- **c** Completa estas oraciones con palabras que aparecen en el texto:
  - Filii regis Albanorum erant ▲ et ▲.
  - Faustulus portat ▲ et ▲ in casam suam.
  - Urbs Roma a ▲ nomen accipit.
  - Primo regi Romae ▲ nomen est.
- **d** Busca información sobre las vestales y explica por qué Rea Silvia se hizo vestal.

post data

Las naves romanas

1. Cives Romani olim paucas naves habebant.
2. Poeni autem Romanorum hostes erant.
3. Tum Poeni cum classe magna ad Italiam navigant.
4. In classe Punica multae naves longae erant.
5. Fabri Romani naves novas ex navibus longis poenorum parant.
6. In media navi Romani validas turres aedificabant.
7. Nautae multi in turribus telis et sagittis pugnabant.
8. Nautae in transtris navem remis incitabant.
9. Vento secundo nautae remis et velis navigabant.
10. Romanae naves Punicis classibus perniciosae erant.

Grabado del siglo XIX. Representa una nave trirreme romana, utilizada para la guerra.

11 **Fabula picta.** ¿Qué pasaje del mito explica cada viñeta? Traduce su leyenda.

PROMETHEUS, IAPETI FILIUS, PRIMUS HOMINES EX LUTO FINGIT.

PROMETHEUS, HOMINUM FAUTOR ET AMICUS, DE CAELO IGNEM RAPIT ET IN TERRAM APPORTAT.

SED DEI OB IGNIS FURTUM PROMETHEO SUSCENSENT ET PANDORAM MITTUNT IN TERRAS. PANDORA VAS APERIT ET MALA OMNIA SPARGIT.

PROMETHEUM AUTEM IN MONTE CAUCASO FERREIS CATENIS AD SAXUM VINCIUNT. AQUILA IECUR TITANI COTIDIE EXEDIT.

12 CD Realiza las actividades de autoevaluación de esta unidad que hallarás en los recursos digitales.

verba in glossario

Algunas palabras cambian de significado según estén en singular o en plural. Las más importantes son:

Primera declinación	Segunda declinación	Tercera declinación
copia, -ae *f.* abundancia	**auxilium, -ii,** *n.*ayuda	**aedes, -is** templo
copiae, -arum *f.* tropas	**auxilia, -orum** tropas auxiliares	**aedes, -ium** casa
littera, -ae *f.* letra del alfabeto	**castrum, -i** *n.* castillo	**finis, -is** final
litterae, -arum literatura	**castra, -orum** campamento militar	**fines, -ium** confines, territorio
opera, -ae *f.* obra	**ludus, -i** *f.* juego, escuela	**ops, opis** ayuda
operae, -arum obrero	**ludi,-orum** juegos, espectáculos	**opes, opum** riquezas

La casa de Tebas

1. El rapto de Europa y la fundación de Tebas

El padre de Europa, que había sido raptada por Zeus, mandó al resto de sus hijos que la fueran a buscar. Estos, al no encontrarla, no se atrevieron a regresar a la casa paterna y se establecieron en distintos lugares.

Uno de los jóvenes era Cadmo, quien se estableció en un lugar cercano a la fuente de Ares, custodiado por un dragón. Cadmo mató al dragón y sembró sus dientes, de los que nacieron unos guerreros a los que se denominó *Spartoi* ('Sembrados'). Los Sembrados se pelearon entre sí; sobrevivieron cinco, que fundaron la ciudad de Tebas. Más tarde, Cadmo se convertiría en rey de Tebas y se casaría con Armonía, hija de Ares y Afrodita. El hijo de Cadmo fue Polidoro y su nieto, Lábdaco.

2. Edipo

Lábdaco tuvo un hijo, Layo. Al llegar al trono de Tebas, Layo se casó con Yocasta. Un oráculo le había advertido que no tuviera hijos, ya que de lo contrario su hijo lo mataría. A pesar de ello, Layo tuvo un hijo, Edipo, al que abandonó en la montaña con los pies atravesados por fíbulas, para que nadie lo recogiera.

Un pastor lo recogió y lo entregó al rey de Corinto, Pólibo; este, junto con su esposa Mérope, se encargó de la crianza del niño. Lo llamaron Edipo, que significa 'de pies hinchados'.

Edipo creció pensando que era hijo de los reyes de Corinto, pero un día, un compañero ebrio lo insultó llamándolo bastardo. Edipo acudió al oráculo de Delfos, que le comunicó su terrible destino: mataría a su padre y desposaría a su madre. Al estar convencido de que sus padres eran Pólibo y Mérope, Edipo huyó de Corinto.

En una encrucijada se topó con un carro, en el que viajaban su padre y su escolta. Se originó entonces una disputa sobre la preferencia de paso y casi todos los viajeros murieron a manos de Edipo. Se había cumplido la primera parte de la profecía.

3. La esfinge

Edipo continuó su camino y llegó a Tebas, ciudad asolada por la esfinge, un ser con rostro de mujer, cuerpo de león y alas, que proponía enigmas y devoraba a todo aquel que no sabía resolverlos. El hermano de Yocasta, Creonte, había prometido la mano de la reina a quien acertara la respuesta al último de los enigmas.

Edipo la acertó y la esfinge se suicidó lanzándose por un precipicio. El joven se casó con su madre; se cumplía así la segunda parte de la profecía.

4. Edipo en Tebas: de rey a exiliado

Una vez que hubo desposado a su madre, Edipo se convirtió en rey de Tebas. De su unión nacieron cuatro hijos, dos varones (Eteocles y Polinices) y dos mujeres (Antígona e Ismene). Un día, una terrible peste asoló Tebas. Edipo envió a Creonte a Delfos para que consultase el oráculo. Al interpretarlo, Edipo descubrió que había matado a su padre, y comprendió que se había casado con su madre. Presa del horror, se arrancó los ojos. Creonte, por su parte, lo desterró de Tebas. Edipo pasó sus últimos días junto a su hija Antígona. Murió en Colono, una pequeña población del Ática.

5. Los hijos de Edipo

Los dos hijos de Edipo, Eteocles y Polinices, decidieron alternarse en el trono de Tebas. Sin embargo, al finalizar el primer año de reinado, Eteocles se negó a cederle el trono a Polinices y lo expulsó de la ciudad. Polinices, desde Argos, formó un ejército para recuperar el reino de Tebas: se creaba así la expedición de los Siete.

En la batalla, Eteocles y Polinices se mataron mutuamente. Creonte hizo enterrar a Eteocles y prohibió dar sepultura a Polinices, ya que había atacado su propia ciudad. Antígona desobedeció las órdenes de Creonte y arrojó un puñado de tierra sobre el cuerpo de su hermano, para cumplir con su deber religioso. Creonte ordenó emparedar viva a Antígona, pero esta se ahorcó, mientras que su prometido, Hemón, se suicidó clavándose un puñal.

TRADITIO

1 CD Identifica las imágenes de la siguiente página y relaciónalas con los episodios narrados.

2 Lee este fragmento adaptado de *Antígona*, de Jean Anouilh (1910-1987), y realiza las actividades.

> ANTÍGONA: Moriré ahora mismo.
> *(El guardia no responde. Silencio. Da los cien pasos reglamentarios. Al cabo de un rato, continúa.)*
> GUARDIA: Por otra parte, se tiene más consideración por el guardia que por el sargento. El guardia es un soldado, pero es casi un funcionario.
> ANTÍGONA: ¿Crees que cuesta morir?
> GUARDIA: No os lo sabría decir. Durante la guerra, a los que fueron heridos en el vientre, les costaba. A mí no me hirieron. En cierto modo, esto me ha perjudicado en el futuro.
> ANTÍGONA: ¿Cómo me matarán?
> GUARDIA: No lo sé. Creo que he oído que, para no ensuciar la ciudad con vuestra sangre, os emparedarán.
> ANTÍGONA: ¿Viva?
> GUARDIA: Sí, al principio.

a En el texto se dice cómo morirá Antígona. ¿Se corresponde con la versión del mito?

b ¿Cómo caracterizarías al soldado? ¿Muestra compasión por Antígona?

c Averigua cuándo se escribió esta obra. ¿Qué hechos destacarías?

LATINE DICTUM

3 Mitología grecolatina. Análisis morfosintáctico. Traduce estos textos.

El oráculo predice el futuro de Edipo

Oedipus, filius Laii, Thebarum domini, et Iocastae est. Cum (*cuando*) puer parvulus est, Laius oraculum interrogat de filii fato, et oraculum respondit: «Ubi (*cuando*) Oedipus adultus erit», Thebarum regem necabit et Iocastae maritus erit». Laius, oraculi vaticinio territus, Oedipum derelinquit et exitum pueri exoptat. Sed Corynthi dominus parvulum invenit et sicut filium in regia sua educat. Post multos annos Oedipus Corynthо Thebas remeat, in via in Laium incidit patremque necat. Denique Thebas pervenit et Iocastam in matrimonium ducit. Ita Thebano oppido magnam ruinam parat. Dei in Olympo horrescunt, Oedipum et Thebas multis malis perdunt.

La esfinge, el terror de Tebas

In Boeotia, heroicis temporibus ferum monstrum Thebanorum regionem terrebat: Sphingem Thebani monstrum vocabant. Os et pectus Sphingis mulieris erat; leonis autem corpus aquilaeque alas habebat. Semper prope viam claram in rupe sedebat viatoribusque obscura aenigmata magna subtilitate proponebat. Sphynx omnes viatores, iustorum responsorum ignaros, statim magna crudelitate vorabat. Itaque Creon, Thebanorum rex, monstri victori regnum promittebat.

VI TRIPTÓLEMO

Deméter conoció a Triptólemo cuando buscaba a su hija Perséfone. Adoptando la apariencia de una anciana, recorre distintos lugares para obtener noticias de su hija. En su peregrinaje llega a Eleusis, donde el rey Céleo la acoge con una gran hospitalidad y le pide si puede ocuparse de sus dos hijos, Demofonte y Triptólemo.

En agradecimiento a la amabilidad del rey, Deméter decide otorgar la inmortalidad a Demofonte. Para ello, somete al niño a rituales mágicos que solo los dioses conocen: primero le unta el cuerpo con ambrosía; después, le insufla su aliento, lo coge en brazos con dulzura y le quema su piel mortal poniéndolo sobre teas incandescentes. Lo repite cada noche, a escondidas de sus padres. El comportamiento de Deméter despierta la desconfianza de la madre de los niños, Metanira, temerosa de que les pueda hacer daño. Una noche, Metanira espía a la diosa y descubre a su hijo en el fuego, de donde lo saca con un grito aterrador. Deméter lamenta en silencio la necedad de los mortales, incapaces de entender el sentido del ritual.

Queriendo de todas formas otorgar un don a la familia, Deméter decide, esta vez, enseñar a Triptólemo un arte que beneficiaría a la humanidad: la agricultura. Entrega semillas de trigo al niño y un carro alado de una sola rueda, tirado por dragones, para que plante las semillas desde el aire. Fue así como los griegos aprendieron a cultivar la tierra, a recoger las semillas cada año y a hacerlas renacer al siguiente. En el momento en que Triptólemo pasó por Escitia y quiso enseñar su arte al rey Linco, este no quiso escucharlo, privando a sus súbditos del valioso conocimiento que el joven divulgaba. Linco incluso tramó la muerte de Triptólemo. No consiguió matarlo, pero Deméter lo castigó por su intento: lo transformó en un lince.

LINGUA

1. Los adjetivos de la segunda clase

En la unidad III hemos visto los adjetivos de la primera clase, que se declinan según los modelos de la primera y la segunda declinaciones. Aquí estudiaremos los de la segunda clase, que siguen el paradigma de la **tercera declinación**.

La mayoría de adjetivos de la tercera declinación siguen los modelos de los **temas en vocal *-i***, y se presentan según el número de terminaciones que tiene el nominativo: los hay de tres terminaciones, de dos y de una. Para los adjetivos de dos y de tres terminaciones, el diccionario proporciona solo el nominativo singular; en cambio, para los de una terminación, se indica también el genitivo singular.

1.1. Adjetivos de tres terminaciones

El enunciado de estos adjetivos consta de tres formas diferentes: una para el masculino, otra para el femenino y una tercera para el neutro.

Entre el género masculino y el femenino, la única diferencia reside en el nominativo singular; el neutro, por su parte, tiene las mismas características que el resto de palabras neutras.

El modelo de declinación es *celer, celeris, celere* ('rápido').

<table>
<tr><th></th><th colspan="3">SINGULAR</th></tr>
<tr><th></th><th>Masc.</th><th>Fem.</th><th>Neutro</th></tr>
<tr><td>Nominativo</td><td rowspan="2">celer</td><td rowspan="2">celeris</td><td rowspan="3">celere</td></tr>
<tr><td>Vocativo</td></tr>
<tr><td>Acusativo</td><td colspan="2">celerem</td></tr>
<tr><td>Genitivo</td><td colspan="3">celeris</td></tr>
<tr><td>Dativo</td><td colspan="3" rowspan="2">celeri</td></tr>
<tr><td>Ablativo</td></tr>
</table>

<table>
<tr><th></th><th colspan="3">PLURAL</th></tr>
<tr><th></th><th>Masc.</th><th>Fem.</th><th>Neutro</th></tr>
<tr><td>Nominativo</td><td colspan="2" rowspan="3">celeres</td><td rowspan="3">celeria</td></tr>
<tr><td>Vocativo</td></tr>
<tr><td>Acusativo</td></tr>
<tr><td>Genitivo</td><td colspan="3">celerium</td></tr>
<tr><td>Dativo</td><td colspan="3" rowspan="2">celeribus</td></tr>
<tr><td>Ablativo</td></tr>
</table>

1.2. Adjetivos de dos terminaciones

En los adjetivos de dos terminaciones, el masculino y el femenino coinciden plenamente en todos los casos (de manera que la forma del adjetivo para la palabra masculina *philosophus* es la misma que para la palabra femenina *terra*: *nobilis philosophus*, 'un filósofo famoso'; *nobilis terra*, 'una tierra famosa').

La forma neutra presenta las mismas características que el resto de palabras neutras.

Un modelo de estos adjetivos es *nobilis, nobile* ('famoso, noble').

<table>
<tr><th></th><th colspan="2">SINGULAR</th></tr>
<tr><th></th><th>Masc./Fem.</th><th>Neutro</th></tr>
<tr><td>Nominativo</td><td rowspan="2">nobilis</td><td rowspan="3">nobile</td></tr>
<tr><td>Vocativo</td></tr>
<tr><td>Acusativo</td><td>nobilem</td></tr>
<tr><td>Genitivo</td><td colspan="2">nobilis</td></tr>
<tr><td>Dativo</td><td colspan="2" rowspan="2">nobili</td></tr>
<tr><td>Ablativo</td></tr>
</table>

<table>
<tr><th></th><th colspan="2">PLURAL</th></tr>
<tr><th></th><th>Masc./Fem.</th><th>Neutro</th></tr>
<tr><td>Nominativo</td><td rowspan="3">nobiles</td><td rowspan="3">nobilia</td></tr>
<tr><td>Vocativo</td></tr>
<tr><td>Acusativo</td></tr>
<tr><td>Genitivo</td><td colspan="2">nobilium</td></tr>
<tr><td>Dativo</td><td colspan="2" rowspan="2">nobilibus</td></tr>
<tr><td>Ablativo</td></tr>
</table>

aurea dicta

¿Qué enseñanza crees que transmiten estos dichos? Tradúcelos y reflexiona sobre ellos. Después, comprueba tu traducción escuchando el audio.

Ars longa, vita brevis.

Consilium senile optimum.

Non est e terris mollis ad astra via.

Numquam est fidelis cum potente societas.

Morborum medicus omnium mors ultimus.

La expresión *Ars longa, vita brevis* es la traducción latina de una cita del médico Hipócrates (460-370 a. C.). En la imagen, *Cinco cabezas grotescas*, de Leonardo da Vinci, dibujo que ilustra los cuatro humores o temperamentos que describió Hipócrates: colérico, melancólico, sanguíneo y flemático.

1.3. Adjetivos de una terminación

Tienen una sola terminación de nominativo singular para todos los géneros, de forma que el adjetivo *ingens*, por ejemplo, puede acompañar a:

- un sustantivo masculino: *ingens clamor* ('un enorme griterío');
- un sustantivo femenino: *ingens pecunia* ('una enorme fortuna');
- un sustantivo neutro: *ingens pondus* ('un peso enorme').

El modelo de estos adjetivos es *audax, audacis* ('audaz').

	SINGULAR	
	Masc./Fem.	Neutro
Nominativo	audax	
Vocativo		
Acusativo	audac**em**	audax
Genitivo	audac**is**	
Dativo	audac**i**	
Ablativo		

	PLURAL	
	Masc./Fem.	Neutro
Nominativo	audac**es**	audac**ia**
Vocativo		
Acusativo		
Genitivo	audac**ium**	
Dativo	audac**ibus**	
Ablativo		

vocabula

Adjetivos de tres terminaciones

acer, acris, acre áspero, agudo
alacer, alacris, alacre ligero, vivaz
celeber, celebris, celebre célebre
silvester, silvestris, silvestre silvestre

Adjetivos de dos terminaciones

brevis, -e breve
civilis, -e civil
difficilis, -e difícil
dulcis, -e dulce
facilis, -e fácil
fortis, -e fuerte
gravis, -e grave
humilis, -e humilde
levis, -e leve
mortalis, -e mortal
nobilis, -e noble
omnis, -e todo
tristis, -e triste
utilis, -e útil

Adjetivos de una terminación

atrox, atrocis atroz
audax, audacis audaz
felix, felicis feliz
ferox, ferocis feroz
ingens, ingentis enorme
pauper, pauperis pobre
potens, potentis poderoso
prudens, prudentis prudente
sapiens, sapientis sabio
vehemens, vehementis violento
velox, velocis veloz

ACTIVIDADES

1 Busca en esta sopa de letras cinco genitivos del plural y cinco dativos del singular de adjetivos de la segunda clase.

D	S	A	N	E	T	A	L	I	S	A	E
X	I	T	R	O	F	O	Z	M	A	B	M
O	M	O	R	T	A	L	I	U	M	X	U
M	I	V	W	C	C	U	R	I	P	U	I
N	L	Y	R	O	I	B	E	V	H	D	N
I	I	I	P	R	L	J	T	E	A	Q	A
U	U	L	C	E	I	A	E	R	S	A	N
M	H	A	R	A	C	S	V	B	O	F	I

ACTIVIDADES

2 Declina en singular y en plural los siguientes sintagmas.

a iudex obnoxius
b navarchus sapiens
c pomum mite
d mensa fragilis
e calcar ferreum
f suspicio falsa

3 **Declinación y concordancia.** Resuelve la concordancia de estos sustantivos y adjetivos; después, traduce.

a (*pauper, pauperis*) ▲ hominum
b (*princeps, principis*) ▲ urbem
c (*immemor, immemoris*) ▲ plebi
d (*par, paris*) ▲ virtute
e de (*vetus, veteris*) ▲ amicitia

▲ **4** Escribe los adjetivos que aparecen entre paréntesis en la forma adecuada.

a Fortuna homines ▲ amat. (*acer, acris, acre*)
b Pompeius ▲ copiarum dux erat. (*omnis, omne*)
c Consul ▲ atque ▲ victoriam in bello obtinet. (*celer, celeris, celere*) (*inexspectatus, -a, -um*)
d ▲ proeliis Romanorum copiae facile hostes vincunt. (*equester, equestre*)

5 Declina correctamente los adjetivos entre paréntesis, para que concuerden con el nombre al que se refieren. Después, traduce las oraciones.

a Africa est patria (*rapax*) ▲ leonum.
b Passeres sunt (*celer*) ▲, (*edax*) ▲, (*furax*) ▲.
c Non omnes anseres sunt (*cicur*) ▲; sunt et anseres (*ferus*) ▲.
d Videmus sepulchrum Semiramidis, (*potens*) ▲ et (*illustris*) ▲ reginae.
e (*Pedestris*) ▲ copiae erant (*fortis*) ▲ et (*celeri*) ▲.
f Ver est hominibus (*saluber*) ▲.
g Piper est (*acer*) ▲; uva matura (*dulcis*) ▲ est.
h Resistimus impetibus (*fortis*) ▲ et (*celer*) ▲ equitum.
i Caespes (*viridis*) ▲ est index veris (*appropinquans*) ▲.
j Vita est (*brevis*) ▲ iter.
k In regionibus (*paluster*) ▲ multi pontes (*ligneus*) ▲ sunt.
l Agricolae herbas (*saluber*) et (venenatus) ▲ facile discernunt.
m Pavo (*turpis*) ▲ pedes habet.
n Historia est narratio factorum (*memorabilis*) ▲.
ñ Tigres sunt (*pernix*) ▲, (*crudelis*) ▲ et (*rapax*) ▲.
o Vermis corpora sunt (*mollis*) ▲.
p Fulmina sunt (*celer*) ▲ et (*terribilis*) ▲.

6 Traduce estas oraciones.

a Erat acris et summa hiems atque nives abunde cadebant.
b Silentio per silvestres deviosque calles vix milites ab hostibus fugiebant.
c Dominus salubri loco villam emit et ibi, cum uxore filiisque, ferias agit.
d Alacres et laetae in pratis puellae flores colligunt.
e Leones sunt robusti, audaces, rapaces et magnanimi.
f Miles, alacer et fiduciae plenus, facile in hostium castra penetrat et magnam praedam obtinet.
g Romani primo bello Punico, apud Mylas, navalem pugnam in terrestrem pontibus mutant.
h Lignea alvearia sunt domicilium apum, opificum dulcis mellis.
i Spatiosa et alta conclavia sunt salubria.
j Felices homines diis similes sunt.
k Iudicia multitudinis credulae sunt mutabilia.
l Avium rapacium rostra sunt adunca.
m In silvestris pini umbra viator requiescit.
n Veteribus Gallis erant torques aurei.
ñ Leones sunt robusta et ferocia animalia.
o In multis lectis sunt mollia cervicalia.
p Saluber et purus aer avo meo, post longam valetudinem, necessarius est: urbem igitur relinquet et in villa requiescet.
q Lumen caeleste est fons omnis vitae.
r Nomina multorum poetarum sunt illustria.

7 Traduce las oraciones y analiza morfológicamente los adjetivos que aparecen.

a Acer consul malos cives accusat.
b Legatus magna celeritate in fines hostium iter facit et oppidum magnum occupat.
c Nautae in decem navibus celeribus frumenta ad urbem portant.
d Multitudo peditum fortium magna cum celeritate hostes superabat.
e Nautae acres erant laeti celeribus navibus.
f Brevi tempore milites acres oppidum nomine Bibracte occupant.
g Caesar multitudine velocium navium regem iuvabit.
h Multi boves in locis silvestribus errabant.

▲▲ **8** Traduce estas oraciones.

a Milites in Caesaris castris erant audaces.
b Romani milites veteres appellabant veteranos.
c Agricolae filii solem orientem cras spectabunt.
d Xerxes, Persarum rex, ingentem hominum naviumque numerum in Graeciam ducebat.
e Mulieres hostium Caesarem ducem Romanorum implorabant.
f Memoria beneficiorum fragilis est, iniuriarum tenax.
g Polyphemus erat monstrum horrendum, informe, ingens.
h Repentinis morbis acria et celeria remedia medici adhibent.

ACTIVIDADES

9 Traduce estas oraciones.

- **a** Ars longa, vita brevis.
- **b** Doctrina et omni litterarum genere Graeci Romanos longe superabant.
- **c** Insignia sunt Homeri poetae opera.
- **d** Iuvenalis, poeta Romanus, mentem sanam in corpore sano tanquam summum donum deorum immortalium exoptabat.
- **e** Corpus hominis est mortale, animus immortalis.
- **f** Dissimiles sunt hominum mores: sunt homines fortes et timidi, fideles et infidi, dociles et indocti, crudeles et mites.
- **g** Vita servorum turpis et misera et tristis est.
- **h** Tempora praesentia felicia sunt.
- **i** Vir sapiens semper felix est, etiam in calamitatibus.
- **j** Etiam gravia vulnera tempus sanat.
- **k** Animalia rationis et orationis expertia sunt.
- **l** Clarum et celebre erat templum Dianae Ephesiae.
- **m** Socratem innocentem Athenienses damnant.
- **n** Celebre est nomen Hannibalis: Hannibal erat vir acri ingenio.
- **ñ** Copiae Hannibalis equestribus et pedestribus ducibus et militibus Romanorum diu timoris erat causa.

10 CC Traduce el texto y realiza las actividades correspondientes.

La edad de oro

Antiqui poetae de prima aetate humani generis mira et incredibilia scribunt. Tum enim neque tempestates neque marium fluminumque impetum neque caeli fulmina homines cognoscebant sed caelum semper mite et salubre erat, quia ver perenne erat: terra inarata copiosas fruges ferebat; arbores sponte dulcia poma praebebant; omni tempore viridia prata multitudine fragrantium florum erant ornata. Inter animalia nullae erant inimicitiae: mites greges voracium luporum insidias non timebant; feroces leones cum timidis cervis cibum communicabant. Pariter homines concordes in pace vivebant: nondum atrocia scelera nondum mortalia arma nondum acria bella hominum mentes terrebant.

- **a** Detecta los adjetivos que aparecen en el texto e indica con qué sustantivo concuerdan.
- **b** Cambia de número las formas verbales que aparecen en el texto.
- **c** Identifica una oración en la que el verbo *sum* sea atributivo y otra en la que sea predicativo.
- **d** Indica qué función sintáctica desempeñan en el texto las siguientes palabras o sintagmas.
  1. *tempestates*
  2. *mite et salubre*
  3. *sponte*
  4. *omni tempore*
  5. *inter animalia*
  6. *voracium luporum insidias*
  7. *hominum mentes*
- **e** Busca información y explica brevemente a qué se referían los antiguos con el concepto *edad de oro*.

11 CC **Comprensión global.** Traduce este texto y resuelve las actividades correspondientes.

Los grandes poetas de Grecia

Omnibus temporibus Graecia claros poetas numerat, et frequentes erant carminum publicae recitationes. Viri et mulieres, pueri et puellae Homeri poemata magno gaudio praesertim audiebant, vel dulcia Alcaei et Pindari carmina. Non viri docti solum, sed etiam homines humili genere vehementi animi concitatione fabulas Aeschyli, Sophoclis et Euripidis in theatro spectabant.

Actores de teatro sobre el escenario, representados en un vaso griego del siglo IV a. C.

- **a** Analiza morfológicamente estos adjetivos: *omnibus, frequentes, publicae, magno, dulcia, humili.* ¿Cuáles son de la segunda clase?
- **b** ¿A qué categorías gramaticales pertenecen las palabras invariables *et, praesertim, vel, non, in*?
- **c** Completa esta oración con la información del texto: *Antiqui graeci in theatro audiebant* ▲ *(dulcis, -e)* fabulas ▲ *(celeber, celebris) poetarum.*
- **d** Indica qué palabras latinas corresponden a estos términos castellanos: *espíritu, dulce, poemas, teatro, mirar, tiempo.*
- **e** Busca información sobre alguno de los autores griegos que se mencionan en el texto y elabora una ficha sobre él.

2. Las oraciones de infinitivo

2.1. Morfología del infinitivo

El infinitivo es una **forma sustantiva del verbo**, es decir, una forma no personal (*amare,* 'amar'). En latín hay infinitivos de presente, de perfecto y de futuro, en voz activa y pasiva. Los de presente activo son los siguientes:

1.ª conjugación	amare (*amar*)
2.ª conjugación	monere (*advertir*)
3.ª conjugación	regere (*gobernar*)
3.ª conjugación mixta	capere (*coger*)
4.ª conjugación	audire (*escuchar*)
verbo *sum*	esse (*ser*)

2.2. Sintaxis de las oraciones de infinitivo concertado

El infinitivo suele aparecer dentro de una oración subordinada (**oración de infinitivo**), es decir, una oración que depende de un verbo principal:

oración de infinitivo

[**Errare**] humanum est.
infinitivo — verbo principal

oración de infinitivo

[*Errar*] *es* *humano.*
infinitivo — verbo principal

A su vez, las oraciones de infinitivo desempeñan función de **sujeto** o de **complemento del verbo principal**, actuando como si fuesen sustantivos:

a Oración de infinitivo con función de **sujeto**:

[**Edere**] necesse est.
infinitivo sujeto — verbo principal

[***Comer***] *es* *necesario*
infinitivo sujeto — verbo principal

b Oración de infinitivo con función de **complemento directo**:

Dux iubet [**exire**].
verbo principal — infinitivo CD

El general *ordena* [***salir***].
verbo principal — infinitivo CD

Además, dentro de la oración de infinitivo podemos encontrar los **complementos** habituales del verbo:

oración de infinitivo

[**Edere** **legumina et holera**] necesse est. / *Es necesario comer legumbres y verduras.*
infinitivo CD verbo principal

Dux iubet [**exire** **ex urbe**]. / *El general ordena salir de la ciudad.*
verbo principal infinitivo CC

3. El verbo *possum*

El verbo *possum* ('poder') suele exigir como complementeo un infinitivo, igual que en castellano:

Non possum **scribere**. / *No puedo escribir.*
infinitivo CD

Es un verbo bastante irregular. A continuación puedes ver su conjugación en presente, imperfecto y futuro de indicativo.

Verbo *possum*			
Pres. de indicativo	**Imp. indicativo**	**Futuro**	**Perfecto**
possum (*puedo*)	poteram (*podía*)	potero (*podré*)	potui (*he podido*)
potes	poteras	poteris	potuisti
potest	poterat	poterit	potuit
possumus	poteramus	poterimus	potuimus
potestis	poteratis	poteritis	potuistis
possunt	poterant	poterunt	potuerunt

ACTIVIDADES

12 CA Clasifica los infinitivos según la conjugación a la que pertenezcan.

donare, pingere, ardere, collocare, custodire, vincere, vincire, studere, adiuvare, placare, docere, timere, ponere, munire, ducere, placere, servire, necare, pervenire, reddere

13 Traduce estas oraciones.

- **a** Animum aliquando debemus relaxare.
- **b** Sapientia non est verba dicere sed consilia parare.
- **c** Animum debes mutare, non caelum.
- **d** Aegra erat filia agricolae Romani, et in agrum porcos ducere non debebat.
- **e** Aliquando et insanire iucundum est.
- **f** Docto homini vivere est cogitare.
- **g** In errore perseverare turpe est.
- **h** Est barbarorum corpora pingere.
- **i** Bonorum virorum est dolorem tolerare.
- **j** Mucius Scaevola in tribunal Porsennae venit et Etruscorum regem necare temptat.
- **k** Medici est officium morbos magna sollertia curare.
- **l** Pastores pecorum custodes, reges autem pastores populorum esse debent.
- **m** Homines in theatro ridere solent.
- **n** Milites omnia impedimenta secum portare debent.
- **ñ** Imperator urbem magnam oppugnare non dubitat.
- **o** Hispani constituunt oppida munire, frumenta ex agris in oppida comportare, naves in Hispaniam cogere.
- **p** Milites lucum castris capiunt, sed castra ponere arduum est.
- **q** Iudicum et magistratuum officium est iustitiam defendere.
- **r** Post Poenorum victoriam apud Cannas Romani strenue pro patria pugnare debent.
- **s** Theseus, Athenarum regis filius, Minotaurum occidere constituit.
- **t** Graeci exercitum ad Troiam urbem ducere volebant.

ACTIVIDADES

14 CS **Comentario cultural.** Traduce el texto y realiza las actividades.

El Circo Máximo

Populus Romanus spectacula amabat. Et senatores et plebs in theatris fabulas audiebant, in amphitheatris pugnabant gladiatores et animalia. Sed maximum spectaculum praebebat Circus Maximus, ubi currus (*carros*) contendebant. Saepe duo, saepe octo equi currus trahebant, sed saepissime quattuor. Religiosi erant Romani: ergo ante cursum statuas Iovis, Iunonis, Martis, Apollinis et ceterorum deorum magnorum per Circum portabant sacerdotes. Sed multis spectatoribus taedio erat (*era aburrido*) pompam deorum inspicere, nam equos, aurigas, currus videre cupiebant. Semper «quando equi», exclamabant «quando aurigae, quando currus venient? Si deae Victoriae favorem habebit auriga meus, palmam capiet. Equis meis plausum date (*aplaudid*), spectatores!» Victor pecuniam multam recipiebat, sed saepe post cursum in harena equi et aurigae iacebant mortui.

a Identifica los infinitivos que hay en el texto e indica de qué conjugación son.

b Analiza morfológicamente estas palabras de la 3.ª declinación.

senatores
Iunonis
plebs
spectatoribus
gladiatores
favorem

c ¿Qué tiempo verbal predomina en el texto? ¿Qué formas están en futuro?

d Copia cuatro palabras invariables que aparezcan en el texto y clasifícalas en adverbios, preposiciones o conjunciones.

15 CM Traduce el texto y resuelve las actividades.

El mar

In maris immensitate plurimi pisces natant et multum cibum suppeditant incolis litorum et urbium litoribus proximarum. Nam piscis caro gratum et suavem saporem praebet et utilis valetudini hominum est. Etiam classibus navium mare utile est: nam inter undas maris velocia navigia navigare valent et merces novas ad gentes diversas vehere. At saepe hostes mare adiuvat: nam saepe temporibus antiquis piratarum naves et rates ad regiones nostras veniebant, in litora militum multitudinem effundebant, urbes, agros, collium amoenitates, vallium silvas, montium pendices occupabant, fruges ruris vastabant, ensibus incolas trucidabant. Interdum in mari manant terribiles procellae: nubes in aere solem nigra caligine obscurant, imbres de caelo cadunt, fulmina crebra micant. Veterum nautarum consuetudo erat parvas statuas in puppibus navium ponere et post tempestatis finem Neptuno suas madidas vestes consecrare.

a Identifica los infinitivos del texto e indica qué funciones desempeñan.

b ¿Qué complementos llevan estos infinitivos?

c Clasifica los sustantivos de la tercera declinación del texto, según sean parisílabos o imparisílabos.

d Indica a qué palabras castellanas han dado lugar los siguientes términos latinos: *immensitas, piscis, litus, unda, multitudo, amoenitas, occupo, cado, consuetudo, consecro.*

ACTIVIDADES

16 Traduce las oraciones e indica en qué tiempo se encuentra en cada caso el verbo *possum*.

- **a** Caesar oppidum propter latitudinem fossae miramque altitudinem expugnare non poterat.
- **b** Hostes impetum nostrorum militum diutius sustinere non poterant.
- **c** Plebs leges consulis per tribunos confirmare potest.
- **d** Inter densas arbores venator praedas spectare poterat.
- **e** Comitia Pontificem Maximum eligere non poterant.
- **f** In Italiam ire cum Iuliae amicis non possumus.
- **g** Piratae vitam probam et modestam agricolarum amare non poterant.

17 CS Traduce el texto y realiza las actividades.

Le ética de la guerra
Civitas bellum sine causa bona aut propter iram gerere non debet. Si fortunas et agros vitasque populi nostri sine bello defendere poterimus, tum pacem conservare debebimus; si, autem, non poterimus esse salvi et servare patriam libertatemque nostram sine bello, bellum erit necessarium. Semper debemus demonstrare, tamen, magnum officium in bello, et magnam clementiam post victoriam.

Sarcófago de Portonaccio, con escenas de guerra (180 d. C.).

- **a** Identifica los infinitivos del texto. Indica a qué verbos complementan.
- **b** ¿Qué formas verbales están en futuro? ¿Cuáles pertenecen al verbo *possum*?
- **c** Declina en genitivo plural estos sustantivos:

civitas	libertatem
causa	bellum
populi	victoriam

18 Clasifica estas oraciones según el infinitivo desempeñe función de sujeto o de CD.

- **a** Malitia pervertere urbes potest.
- **b** Possumus esse beati, debemus esse boni.
- **c** Caesar Rhenum transire decernit.
- **d** Constituerunt frumentum comparare.
- **e** Caesar bellum cum Germanis gerere constituit.
- **f** Magna dementia est dividias petere, sapientiam spernere.
- **g** Facinus est civem romanum vincere, scelus verberare, prope parricidium necare.
- **h** Hodie magistratibus comitia vocare et ius dicere licet; cras non licebit.

19 CI Escribe en primera persona del singular del presente de indicativo estos infinitivos.

pugnare
delectare
ponere
ducere
scribere
postulare
dicere
oboedire
venire
praebere
audire
laudare
haurire
tenere
monere
clamare

▲ **20** Completa, con los verbos en infinitivo, estas oraciones. Después, tradúcelas.

- **a** In Saturnalibus servi pileum ▲ (*induo*) solebant.
- **b** Iustum non est vi semper ▲ (*respondeo*).
- **c** Facinus est ▲ (*vincio*) civem Romanum, scelus ▲ (*verbero*), prope parricidium ▲ (*neco*).
- **d** Clientibus nefas est etiam in extrema fortuna ▲ (*desero*) patronos.
- **e** Legatus nonnullas urbes per vim expugnat, reliquas civitates Caesari ▲ (*concilio*) studet.
- **f** Consules statuunt copias in castra ▲ (*reduco*).
- **g** Quoniam vita sine amicis insidiarum plena est, ratio monet amicitias ▲ (*comparo*).
- **h** Non volebat oculos ad caelum ▲ (*levo*).
- **i** Possumus ▲ (*sum*) beati, debemus ▲ (*sum*) boni.
- **j** Caesar Rhenum ▲ (*transeo*) decernit.
- **k** Pulchrum est bene ▲ (*facio*) rei patriae.

4. Los complementos de lugar (2)

4.1. Los nombres de ciudad o de isla pequeña

Con los nombres de ciudad o de isla pequeña, el lugar *hacia donde* se expresa con acusativo sin preposición y el lugar *desde donde*, con ablativo sin preposición:

Marcus **Romam** pervenit. / *Marco se dirige* **a Roma.**
Corintho venimus. / *Venimos* **de Corinto.**

Con los sustantivos *domus* ('casa') y *rus* ('campo'), el lugar *hacia donde* también se expresa sin preposición.

4.2. El locativo

Los sustantivos *humus* y *domus* (que presentan formas de la segunda y cuarta declinaciones) y los topónimos de ciudad conservan un caso locativo.

En indoeuropeo, este caso indicaba el lugar en el que se encontraba o sucedía algo. En latín, el caso presenta las mismas terminaciones que el genitivo singular: *domi*, 'en casa'; *humi*, 'en el suelo'; *Romae*, 'en Roma'; *Tarenti*, 'en Tarento'.

Los nombres de ciudad en plural

En latín, algunas ciudades presentan topónimos en plural. Esto también sucede en castellano (Las Palmas, Los Ángeles, Las Vegas, etc.). Por ello, cuando nos encontremos este tipo de nombres en acusativo o en ablativo, también los encontraremos en plural: **Athenis** vivo. / *Vivo en* ***Atenas***.

ACTIVIDADES

21 Traduce estas oraciones, que contienen complementos circunstanciales de lugar.

- **a** Laeta sum: divitiarum copia est in familia.
- **b** Calcaribus agitatores in circo equos incitabant.
- **c** Titus amicis vinum in poculis praebet.
- **d** Dei populo dona praebent; Romani igitur deis hostias in fanis sacrificant.
- **e** Romanorum copiae ex castris per silvas agrosque ad castra Helvetiorum perveniunt.

22 Traduce estas oraciones al latín.

- **a** Los campesinos están en Roma.
- **b** La famosa Euriclea vive en Atenas.
- **c** Los rebaños pacen en los campos.
- **d** El agricultor dirige los trabajos en el campo.
- **e** En Rodas estaba el famoso Coloso.

23 Completa las oraciones con el complemento de lugar correspondiente. Después, tradúcelas.

- **a** Multa oppida (en Acaya; *Achaia, -ae*) ▲ sunt.
- **b** Nautae (en Helesponto; *Hellespontus, -i*) ▲ navigant.
- **c** (*En Roma; Roma, -ae*) ▲ (en el foro; *forum, -i*) ▲ miliarium aureum erat.
- **d** Veterinarii equos (en los establos; *stabulum, -i*) ▲ saepe curant.
- **e** Agricolae (en el campo; *ager, agri*) ▲ hordeum seminant.
- **f** Perfugae (en casa; *domus, -i*) ▲ remeant.
- **g** Orpheud Euridicam (desde los infiernos; *inferi, -orum*) ▲ in terras secum ducebat.

24 Indica qué particularidades presentan los complementos circunstanciales de lugar de estas oraciones. Después, tradúcelas.

- **a** Exercitus domum redit.
- **b** Lucius via Appia Romam venit.
- **c** Athenis Minervam, Deli Phoebum antiqui colebant.
- **d** Romae Titus triumphum agit.
- **e** Romae, in aris Vestae sacris, flammam deae servabant matronae.

▲ **25** CS Traduce este texto y realiza las actividades.

Esparta

Lacedaemoniorum oppidum, Sparta, in Peloponneso erat. Lacedaemonii solum in oppido habitabant, servis in agris. Spartae nemo (*nadie*), praeter servos, agros colebant aut mercaturae incumbebant, quia viri praecipue armorum exercitium et castrorum vitam curabant: bella non pavebant, litteras et divitias spernebant, deos frugaliter honorabant. Pueri numquam in otio erant et palaestram armaque multum diligebant: ita pericula incommodaque sicut viri suscipiebant.

- **a** Detecta los complementos de lugar del texto e indica cómo están construidos y por qué.
- **b** ¿Hay algún complemento de lugar que sea metafórico? ¿Cuál es?
- **c** ¿Aparece alguna aposición? Señálala.
- **d** ¿En qué tiempo verbal está redactado el texto? Escríbelo en presente de indicativo.
- **e** Cuando en la actualidad se habla de una «educación espartana», ¿qué se quiere decir?

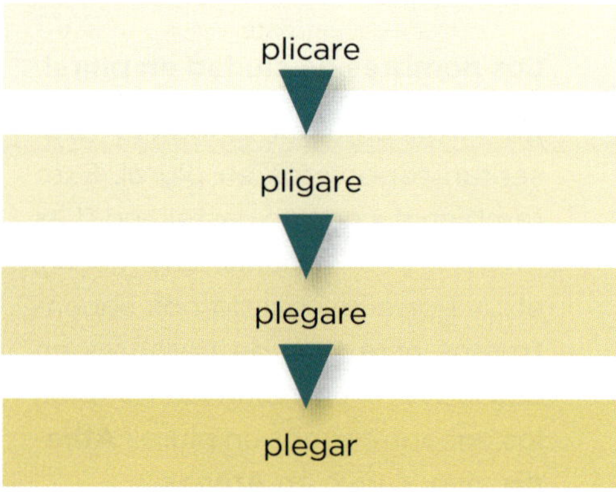

Las palabras van cambiando progresiva y lentamente.

1. Los primeros textos en castellano

Todas las lenguas románicas son una continuación moderna del latín vulgar, el latín que hablaban los soldados, colonos, magistrados, funcionarios y demás conquistadores establecidos en las provincias.

El latín vulgar empezó su propagación por la Hispania romana a finales del siglo III a. C. Su evolución a las lenguas romances se inició muy pronto, pero fue un proceso lento y no existe un tiempo preciso en el que situar su nacimiento. Cuando aparecieron los primeros textos en romance, hacía ya mucho tiempo que las distintas lenguas románicas estaban formadas y que el pueblo no hablaba ni entendía el latín. Se escribía en latín, pero se hablaba en castellano.

Los textos en castellano más antiguos se remontan al **siglo x.** El latín como lengua hablada había desaparecido ya y el pueblo llano no lo entendía, por lo que los obispos aconsejaban a los sacerdotes que predicasen en romance. Los primeros textos no son literarios, sino glosas. Las glosas son anotaciones aclaratorias que hacían los copistas en los márgenes y entre las líneas de los códices para explicar algún pasaje oscuro o de difícil interpretación, y constituían una forma de acercarlos al pueblo. Las glosas consideradas tradicionalmente más antiguas (siglo XI) son las ***Glosas emilianenses***, de San Millán de la Cogolla (La Rioja), y las ***Glosas silenses***, del monasterio de Santo Domingo de Silos (Burgos). Es lógico que los primeros textos aparecieran en monasterios, ya que eran los únicos focos de cultura en aquella época. En estas glosas se encuentran anotaciones en vascuence, lo que constituye el testimonio más antiguo de esta lengua. Pero un glosario redactado en el **monasterio de Suso**, con fecha de 13 de junio de 964, ya contiene palabras y frases en romance. Habría que situar, pues, un siglo antes (siglo X) la **primera manifestación escrita del castellano** y considerar el monasterio de Suso como la cuna de la lengua castellana.

A pesar de la emergencia de las lenguas románicas, el latín continuó siendo durante siglos la lengua de la cultura y de la ciencia, como atestigua este texto de carácter científico.

A continuación presentamos la conocida glosa del códice emilianense 60:

> *Cono aiutorio de nuestro dueno dueno Christo, dueno salbatore, qual dueno get ena honore et qual duenno tienet ela mandatione cono patre cono spiritu sancto enos sieculos delo sieculos. Facamus Deus Omnipotes tal serbitio fere ke denante ela sua face gaudioso segamus. Amen* (Con la ayuda de nuestro Señor Don Cristo, Don Salvador, Señor que está en el honor y Señor que tiene el mando con el Padre, con el Espíritu Santo, por los siglos de los siglos. Háganos Dios omnipotente hacer tal servicio que delante de su faz gozosos seamos. Amén).

Para encontrar textos literarios en castellano, debemos remontarnos al siglo XII; se trata de los cantares de gesta. El primero es el ***Cantar de Mio Cid*** (1140). Este texto de autor anónimo marca el comienzo del empleo del **castellano como lengua literaria**. La versión que nos ha llegado se cree que fue escrita por un poeta de Medinaceli (Soria). Así se despide el Cid de doña Jimena, su esposa:

> *La oración fecha, la missa acabada la an, / salieron de la eglesia, ya quieren cavalgar. / El Çid a doña Ximena ívala abraçar; / doña Ximena al Çid la manol va besar, / llorando de los ojos, que no sabe qué se far. / E él a las niñas tornolas a catar: / «A Dios vos acomiendo e al Padre spirital; / agora nos partimos, Dios sabe el ajuntar.» / Llorando de los ojos, que no vidiestes atal, / assis parten unos d'otros commo la uña de la carne.*

En el siglo XIII se inicia la historia de la literatura castellana de autor conocido con Gonzalo de Berceo. Nacido en Berceo, cerca de donde se escribieron las *Glosas emilianenses*, recibió educación y enseñanza en el monasterio de Suso. Escribió muchos poemas, todos de temática religiosa, con un castellano ya muy consolidado.

Descubre en este vídeo todos los detalles sobre las *Glosas emilianenses*, testimonio de los orígenes del castellano.

ACTIVIDADES

26 Completa el siguiente cuadro para cada uno de los textos indicados.

	Autor	Siglo	Procedencia	Contenido
Glosas emilianenses				
Glosas silenses				
Cantar de Mio Cid				
Vida de Santo Domingo				

27 El poeta Gonzalo de Berceo, en el poema *Signos del Juicio Final*, se imagina los sufrimientos que se reservan a quienes no sigan los preceptos de los Evangelios. Lee estas dos estrofas y completa la tabla.

Comerlos án serpientes e los escorpiones,
que an amargos dientes, agudos aguijones;
meterlis án los rostros fasta los corazones,
nunca avrán remedio en ningunas sazones.

Darlis án malas zenas e peores yantares,
grant fumo a los ojos, grant fedor a las nares,
vinagre a los lavios, fiel a los paladares,
fuego a las gargantas, torzón a los ijares.

palabra latina	palabra que aparece en Berceo	palabra actual
	e	
	an	
		humo
foetorem		
		nariz
fel		
tortionem		

28 De mediados del siglo XIII nos ha llegado el *Poema de Fernán González*, de autor anónimo, del que reproducimos unos versos del pasaje «Alabanza de España».

Por esto vos lo digo, que bien lo entendades,
mejor es d'otras tierras en la que vos morades:
de todo es bien complida en la que vos estades;
dezirvos e agora cuantas a de bondades.
Tierra es muy temprada, sin grandes calenturas:
non faze en ivierno destenpradas friuras;
non es tierra en mundo que aya tales pasturas,
árboles pora fruta, siquier de mil naturas.
Sobre todas las tierras, mejor es la montaña,
de vacas e de ovejas non hay tierra tamaña,
tantos a í de puercos que es fiera fazaña:
sírvense muchas tierras de las cosas de España.

a Señala las formas verbales del verbo *haber* que aparecen sin *h*.

b *Dezirvos e* es una perífrasis para formar el futuro imperfecto. ¿Cómo sería en castellano moderno?

c *Tamaña* significa 'tan grande'. ¿Sabrías decir de qué dos palabras latinas se compone?

nugae

En latín existe un tipo de composición muy curiosa, el **palíndromo**. Es una frase que tiene el mismo sentido leída de derecha a izquierda que de izquierda a derecha; compruébalo:

Roma tibi subito otibus ibit amor.
Si bene te tua laus taxat, sua laute tenebis.

El palíndromo *Sator Arepo tenet opera rotas* tiene la particularidad de que se puede escribir como un cuadrado porque se puede leer tanto vertical como horizontalmente:

S	A	T	O	R
A	R	E	P	O
T	E	N	E	T
O	P	E	R	A
R	O	T	A	S

¿Sabrías traducirlo?

1. Los latinismos (1)

Además de las palabras patrimoniales y de los cultismos (las primeras, más que los segundos, han sufrido algún cambio al pasar al castellano), en nuestra lengua hay palabras y expresiones tomadas directamente del latín. Estas palabras se escriben igual o prácticamente igual que en la lengua de origen. Son los llamados **latinismos**.

Con todo, como suele pasar con los préstamos de cualquier lengua, a veces surgen dudas sobre cómo se han de tratar. Por ejemplo, podemos dudar sobre si deben acentuarse o no, o acerca de la formación del plural. En general, es necesario adaptar a la ortografía castellana las formas latinas que constan de una sola palabra, es decir, los sustantivos, los adjetivos y los verbos (por ejemplo, currículo). En cambio, no se han de adaptar las locuciones (*ex aequo, in memoriam, in dubio pro reo*, etc.). Las expresiones no adaptadas se escriben en cursiva y las adaptadas, en redonda.

A continuación, presentamos una serie de términos latinos adaptados ortográficamente al castellano.

Palabra latina	Adaptación al castellano	Significado
agenda	agenda	'las cosas que se han de hacer' En castellano se llama así a la libreta en la que se anota lo que debemos hacer cada día.
alias	alias	'de otro modo' Se suele emplear delante de sobrenombres con el significado de 'conocido también como' (por ejemplo, Fernando Torres, alias «el Niño»).
campus	campus	'campo' Generalmente se emplea para designar el terreno de una universidad.
deficit	déficit	'falta' En economía indica que hay escasez de algún bien.
errata	errata	'errores, equivocaciones' Es habitual encontrar esta expresión al final de un libro, para indicar los errores que se han cometido y han sido detectados.
forum	fórum, foro	'lugar de reunión' Actualmente, hay muchos fórums o foros en Internet, por ejemplo, en los que los internautas se hacen preguntas o comparten experiencias.
habitat	hábitat	'lugar, ecosistema' Lugar apropiado para la vida de una especie, animal o vegetal.
idem	ídem	'lo mismo, igual' Se usa para no tener que repetir una cosa que ya se ha nombrado.
lapsus	lapsus	'error, desliz' Se utiliza solo o acompañado de otra palabra; en este último caso, constituye una locución. Por ejemplo: *lapsus calami* ('error de escritura'), *lapsus linguae* ('error al hablar'), *lapsus memoriae* ('fallo de la memoria').
memorandum	memorándum, memorando	'lo que es necesario recordar' Se llama memorándum a una nota destinada a recordar alguna cosa.
plus	plus	'más' Se emplea, normalmente, para designar una gratificación económica.

quid	quid	'alguna cosa, qué' Se usa para referirse a la causa principal de algo.
quorum	quórum	Es la abreviatura de la frase *quorum praesentia sufficit* ('con la presencia de los cuales es suficiente'). Se utiliza para referirse a un mínimo de votos favorables que ha de tener una votación para que el resultado sea válido y, por extensión, al número de asistentes a una reunión.
referendum	referéndum	'para consultar' Es la abreviatura de *ad referendum* y es el nombre que se da a la votación de todos los ciudadanos de un país para que se pronuncien sobre un asunto.
requiem	réquiem	'descanso' Se utiliza en la expresión «misa de réquiem», la misa dedicada a los difuntos. También se llama así la composición musical que acompaña a esta misa.
status	estatus	'estado o condición de una cosa' Se refiere a la posición de un individuo dentro de un sistema social o en una sociedad.
ultimatum	ultimátum	'último aviso, último plazo' En una negociación, hace referencia a las condiciones que pone una de las partes para continuar la negociación; si la otra parte no cumple el ultimátum, se rompen las negociaciones.

ACTIVIDADES

29 Acentúa estos latinismos en caso necesario y explica su significado.

aquarium	item
factotum	maremagnum
memorandum	requiem
delirium tremens	vade retro

30 Completa las oraciones con el latinismo adecuado.

- **a** He colgado esta duda en el ▲ del aula.
- **b** Se levantó la sesión por falta de ▲.
- **c** Tiene mucho dinero y solo se relaciona con gente de cierto ▲.
- **d** Como no se aceptó el ▲ alemán, se declaró la guerra.
- **e** Algunas cuestiones políticas importantes se deciden en un ▲.

31 CI Escoge cinco de los latinismos de la tabla anterior y redacta una oración con cada uno de ellos.

32 CD **Deducción de significados.** Consulta la web (apartado *Aforismos I*) y realiza las actividades.

- **a** Actualmente, ¿a qué se da el nombre de simposio? Explica la etimología y el origen de esta palabra.
- **b** *Superávit* es una palabra del campo de la:
  - ☐ arqueología
  - ☐ economía
  - ☐ filosofía
  - ☐ matemática
- **c** Identifica el cultismo que contiene esta oración: *El diplomático se hospedaba en el número 3 bis de la calle Roble.*
- **d** ¿Qué latinismo, cuya primera letra es la *v*, se refiere a la facultad de una persona o institución de prohibir o impedir alguna cosa?
- **e** ¿Qué es un *credo*?
- **f** ¿Cuál es la etimología del latinismo *factótum*?

nos gustan las palabras

Nuestro adjetivo **cruel** procede del adjetivo latino *crudelis, crudele*, derivado del sustantivo *cruor, cruoris*, que significa 'sangre'. *Cruor* es propiamente la sangre que aparece en la carne cruda y, por extensión, la misma carne cruda; más adelante, este término se extendió a actos de carnicería y de matanza.

En la actualidad, el adjetivo *cruel* ha pasado a tener valores metafóricos (ya no designa una realidad palpable, como es la carne cruda) y el referente de la sangre ha quedado tan lejos que no somos conscientes de su origen cuando usamos este término.

Crudus, un adjetivo de la misma familia, significaba inicialmente 'sangrante'. Después, por extensión (teniendo en cuenta que si la carne sangra es porque está sin cocer), se aplicó el calificativo *crudo* a todo lo que estuviese sin cocer, aunque no sangrase.

Los últimos emperadores

Diocleciano (284-305)

- Consigue **estabilizar** la situación política del Imperio.
- Crea un nuevo sistema de gobierno, la **tetrarquía**, que comporta la división del Imperio en dos: Oriente y Occidente.

Constantino el Grande (306-337)

- Unifica el Imperio y traslada la capital a **Constantinopla**.
- Decreta la **libertad de culto religioso**, con lo que se legaliza el cristianismo (Edicto de Milán).

Teodosio el Grande (379-395)

- Convierte el **cristianismo** en **religión oficial** del Imperio.
- Reparte el Imperio entre sus dos hijos: Arcadio (Oriente) y Honorio (Occidente). El Imperio no se vuelve a reunificar.

Desintegración del Imperio de Occidente

- Los pueblos germánicos penetran en el Imperio hasta que **Odoacro** depone al último emperador, Rómulo Augústulo (476).
- El **Imperio de Occidente se fragmenta** en pequeños reinos bajo gobierno germánico.
- El Imperio de Oriente o **Imperio bizantino** resiste hasta que los turcos conquistan Constantinopla (1453).

1. El Bajo Imperio

La última etapa de la civilización romana corresponde al llamado Bajo Imperio, que empieza en el año 284 con el emperador Diocleciano.

1.1. La tetrarquía

Diocleciano instauró una nueva forma de gobierno llamada **tetrarquía**. Consistía en repartir la administración del Imperio entre dos emperadores: Diocleciano se hizo cargo de Oriente y **Maximiano**, de Occidente. Los emperadores eran llamados *augustos* y cada uno era asistido por un césar, escogido por los augustos como sucesor. **Galerio** fue césar de Diocleciano y **Constancio Cloro**, de Maximiano. Residían en diferentes ciudades del Imperio, para administrar y defender mejor cada zona, pero siempre bajo el mando de Diocleciano y sin poner en peligro la unidad del conjunto.

Diocleciano controlaba Egipto y Asia, y su césar gobernaba las provincias danubianas y Tracia; Maximiano administraba Italia y África, y su césar, Hispania, la Galia y Britania.

Distribución del territorio del Imperio durante el gobierno de la tetrarquía.

Los tetrarcas. Esta escultura se encuentra, actualmente, en la basílica de San Marcos de Venecia, pero en su origen estaba en Constantinopla.

Diocleciano realizó un gran número de **reformas sociales, económicas** y **políticas**:

- Eliminó los privilegios económicos y políticos de los que habían gozado Italia y Roma a costa de las provincias.
- Intentó regular la inflación y el encarecimiento de los productos mediante el control del precio de los alimentos y de otros productos básicos.
- Estableció el salario máximo de los trabajadores.

Se puede decir que el sistema de Diocleciano creó una maquinaria administrativa más sólida, pero aumentó tanto la burocracia (el número de funcionarios se multiplicó a raíz de la división en cuatro sectores imperiales) que el coste de mantenerla resultó excesivo para los recursos imperiales.

Diocleciano y Maximiano abdicaron en el año 305. Entonces, los dos césares (Galerio y Constancio Cloro) se convirtieron en augustos; pero, cuando llegó el momento de escoger césares nuevos, los militares y el Senado presentaron sus propios candidatos. Esto provocó una guerra civil, que acabó con la ascensión del emperador Constantino I el Grande en el año 312. **Constantino** unificó el Imperio de Occidente bajo su mando. Más tarde, en el año 324, después de derrotar a Licinio –el emperador de Oriente–, Constantino quedó como único gobernante del mundo romano.

Se convirtió al **cristianismo**, religión que había aparecido durante el reinado de Octavio Augusto y que, a pesar de las persecuciones de que fue objeto, se había difundido. Promulgó el **Edicto de Milán** (313), que legalizaba el cristianismo, y convocó el primer Concilio de Nicea (325). En este se unificaron las distintas corrientes de la nueva religión. Constantino estableció la capital del Imperio en Bizancio, a la que llamó **Constantinopla** (la actual Estambul).

Tras la muerte de Constantino, en el año 337, el Imperio fue escenario de luchas entre rivales que competían por controlarlo, de manera que se escindió y reunificó varias veces, hasta que en el 395 se dividió definitivamente. Muerto **Teodosio el Grande**, que había adoptado el cristianismo como religión oficial, su hijo Arcadio se hizo cargo del **Imperio de Oriente** y **Honorio**, su otro hijo, del **Imperio de Occidente**.

1.2. El Imperio romano de Occidente

A lo largo del siglo v, las provincias del Imperio romano de Occidente se empobrecieron por los impuestos, el alto coste de mantener al ejército, la burocracia y las invasiones de los pueblos germánicos, que emprendieron gradualmente la conquista de Occidente. Visigodos, vándalos, suevos y alanos fueron conquistando las provincias romanas y constituyendo reinos durante todo el siglo. De entre los **bárbaros invasores**, fue especialmente famoso **Atila**, rey de los hunos, que fue vencido por los romanos en la batalla de los Campos Cataláunicos, última gran batalla de la historia de Roma.

Rómulo Augústulo, considerado el último emperador romano de Occidente, fue depuesto del trono en el 476 por **Odoacro**, rey del pueblo de los hérulos. En Oriente el Imperio sobrevivió, conocido como Imperio bizantino; perduró hasta que los turcos tomaron Constantinopla en el año 1453.

Este vídeo te trasladará de lleno a la batalla de los Campos Cataláunicos. En él verás las dificultades que tuvieron los romanos, bajo el mando del general Flavio Aecio, para vencer a Atila.

Reinos germánicos hacia el año 500. El Imperio romano de Occidente se fragmentó en varios reinos.

Muralla aureliana. Se levantó en tiempos del emperador Aureliano (270-275) para defender la ciudad de Roma de los ataques de los bárbaros.

ACTIVIDADES

1 Indica si son verdaderas o falsas estas afirmaciones.

- El Bajo Imperio comienza con el gobierno del emperador Constantino.
- En la tetrarquía había cuatro emperadores con los mismos poderes.
- Tras la abdicación de Diocleciano y Maximiano, estalló una guerra civil.
- Constantino se convirtió al cristianismo y promulgó el Edicto de Milán.
- Después de Teodosio el Grande, el Imperio volvió a dividirse en cuatro distritos.
- Atila venció a los romanos en la batalla de los Campos Cataláunicos.

- Reescribe correctamente las afirmaciones que sean falsas.

2 **Ejes cronológicos.** Ordena estos emperadores según el orden cronológico de su gobierno.

Teodosio Honorio Constantino Diocleciano Rómulo Augústulo

3 CA Indica a qué emperador crees que hace referencia este texto de Panfilio y explica por qué.

> Reunió los concilios de los ministros de Dios. No consideró indigno estar allí y sentarse en el centro de sus reuniones, sino que participaba en sus problemas, preocupándose de todo lo que perteneciese a la paz de Dios. Es más, se sentaba en medio como uno más de ellos, apartando a sus guardias y a su escolta, protegido solo por el temor de Dios y rodeado por la benevolencia de sus fieles amigos.

4 CC Observa la imagen y responde a las preguntas.

Rómulo Augústulo entrega la corona a Odoacro.

- ¿A qué época hace referencia?
- ¿Qué importancia tuvo el hecho representado en la imagen?

Escucha el audio sobre Flavia Serena, una mujer hispana, y completa el texto con la información que falta.

5 CM Observa el mapa de la extensión de los reinos germánicos hacia el año 500 (página 153).

- Elabora una lista de todos los reinos e indica el territorio que ocupaban (toma como referencia los países actuales).
- Hispania fue ocupada por los visigodos. Busca información sobre el reino visigodo y exponla en diez líneas.

1. El ejército

En el sistema militar de los romanos, la **legión** era una **unidad táctica del ejército** que se fue perfeccionando con el tiempo y que otorgó a Roma las glorias militares que la han hecho famosa durante siglos.

En una época muy primitiva, los mandos y efectivos de la legión, así como los caballos, procedían de las grandes familias patricias de Roma, pero a partir del siglo VI a. C., el ejército reclutó a los soldados, sobre todo, entre los campesinos, que se sentían impulsados a luchar para defender su tierra.

Por otra parte, al principio las legiones solo eran llamadas en tiempos de guerra, pero al final de la República, como las guerras eran continuas, se convirtieron en formaciones permanentes, sin perder nunca este carácter.

1.1. Reclutamiento y organización

Desde el siglo VI a. C., los ciudadanos romanos estaban divididos en cinco clases, en función de su riqueza personal. Estas clases tenían una traducción en el ejército:

- la primera clase proporcionaba la **infantería pesada** y la **caballería**;
- el resto de clases integraban la **infantería ligera**.

La clase de los proletarios, por su parte, estaba dispensada del servicio militar. En esta organización primitiva, los que tenían más dinero y estaban mejor armados combatían en las primeras filas.

Tras las guerras contra los samnitas, en el siglo IV a. C., la legión se dividió en tres tipos de soldados:

- Los ***hastati***. Llevaban una pica o una jabalina, eran jóvenes y formaban la primera línea de combate.
- Los ***principes***. Eran hombres de mediana edad y se situaban en segunda línea.
- Los ***triarii***. Eran veteranos y se situaban en la tercera línea, para evitar que los jóvenes reclutas se fugasen.

Aparte de la infantería, el ejército romano también disponía de *velites*, tropas ligeras encargadas de iniciar el combate y de perseguir al enemigo. Además, cada legión se ayudaba de *socii* o aliados, reclutados entre los pueblos itálicos sometidos.

1.2. Reformas de Cayo Mario

A finales del siglo II a. C., Cayo Mario Emiliano, cónsul y con una gran carrera militar en su haber, reformó el ejército, que pasó a ser profesional. Hasta entonces, los soldados eran ciudadanos normales, generalmente campesinos. Esto provocaba un problema económico grave, ya que después de haber servido durante veinte años en el ejército, el campesino volvía a su casa y encontraba las tierras abandonadas e improductivas. Tenía dificultades para reinsertarse en la vida activa y acababa reclamando tierras al Estado (lo que provocó la fundación de colonias de veteranos) o recurría a sus contactos con generales del ejército para aprovecharse de los botines de guerra que hubiesen obtenido.

Centurión.

Soldado de caballería.

Soldado de infantería.

Las guerras púnicas, que los romanos emprendieron para frenar la expansión hacia el norte de los cartagineses, hicieron que se recrudeciesen estos problemas. En el año 107 a. C. Cayo Mario introdujo grandes reformas en la legión:

- Permitió el ingreso de la clase proletaria en las filas del ejército, de forma que los efectivos aumentaron de 4 200 a 6 000 hombres por legión.
- Introdujo una medida según la cual los veteranos, cuando abandonaban el ejército tras sus años de servicio, recibían un lote de tierras y una prima en dinero. En el caso de los no ciudadanos que hubiesen servido entre los auxiliares, se les otorgaba como premio el derecho de ciudadanía.

Estas modificaciones perseguían, además, el objetivo de convertir a la legión en un cuerpo único y bien adiestrado de soldados profesionales. Todos recibían, sin excepción, un casco, una coraza, un gran escudo, una jabalina y una espada corta.

Mario respetó la división de la legión entre infantería y caballería, pero perfeccionó su estructura organizativa. En relación con la infantería, quedó de esta forma:

- La dividió en sesenta centurias, formada cada una por cien hombres capitaneados por un centurión.
- Dos centurias pasaron a formar un manípulo.
- Tres manípulos (uno de *hastati*, otro de *principes* y un tercero de *triarii*) pasaron a formar una cohorte.
- Diez cohortes formaban una legión.

También introdujo reformas en la caballería, dividiéndola en:

- Diez decurias (grupos de diez jinetes), bajo el mando de un centurión.
- Un escuadrón, constituido por tres decurias.
- Un ala de caballería, formada por diez escuadrones.

Cayo Mario otorgó a los campamentos un papel fundamental en la estrategia militar, y estableció una estructura y una organización fijas, a fin de garantizar la máxima seguridad en su interior.

1.3. El Imperio

Durante el Imperio, el número de legiones aumentó. Mientras que en época de Mario normalmente eran cuatro, con Augusto llegaron a 23 y con Marco Aurelio, a 30. Estas legiones se designaban por número de orden: legión I, legión XX, etc., pero además podían recibir un sobrenombre, como la Victoriosa o la Marcial. También se las podía designar con el nombre de alguna divinidad, o bien del país donde habían sido reclutadas o donde habían triunfado.

El Imperio disponía de 300 000 soldados permanentes. Con el paso del tiempo, las tropas tendieron a instalarse durante largos periodos en las regiones fronterizas y a incorporar un gran número de soldados no itálicos.

Tras la muerte de Cómodo, a finales del siglo II, el ejército intervino cada vez más en la designación del emperador. Las cohortes pretorianas, encargadas de la vigilancia del emperador, y más adelante también legiones enteras establecidas en las provincias, se hicieron con el poder y dieron paso a la anarquía militar de las últimas etapas de la historia de Roma.

Escena de *La túnica sagrada* (1953), del director Henry Koster. Un centurión al frente de su centuria.

in illo tempore

La organización de los campamentos

Al final de la jornada, el ejército se acuartelaba en un campamento, en el centro del cual se alzaba la tienda del general, rodeada por un espacio sagrado donde los augures interpretaban las señales de los dioses antes del combate para adivinar si la suerte les sería favorable.

Sin embargo, muchos campamentos se convirtieron en permanentes. Todos tenían la misma estructura: eran rectangulares y contaban con cuatro puertas, que daban acceso a dos vías: la *via principalis*, que iba de norte a sur, y la *via praetoria* o *decumana*, que iba de oeste a este. En el centro del campamento estaba el *praetorium*, lugar donde se alojaba el general. También contaba con una prisión y una enfermería.

La estructura de las ciudades que los romanos fundaron, y que a menudo ha perdurado hasta la actualidad, imita la de los campamentos.

Campamento romano.

ACTIVIDADES

6 **Sociedad romana.** Observa estas cinco imágenes y relaciónalas con la explicación que les corresponda. Después, escribe una reseña más extensa para cada una, explicando qué representan e incorporando los datos que proporcionan.

- **a** Soldados de infantería protegiéndose bajo los escudos en una formación que recibe el nombre de tortuga.
- **b** El emperador Trajano en el transcurso de un consejo de guerra.
- **c** Legionarios trabajando en la construcción de un campamento.
- **d** Legionarios romanos llevando a un prisionero.
- **e** Soldados romanos en el intento de abatir una muralla con un ariete.

7 CI Las anteriores imágenes son escenas de la columna Trajana. Busca información sobre esta columna y exponla. Incluye también una imagen de toda la columna.

- ¿A qué emperador rinde homenaje?
- ¿Quién la hizo construir?
- ¿En qué año?
- ¿Qué campañas bélicas narra?

8 CI Este texto explica una batalla que tuvo lugar en Albania en el año 65 a. C. Léelo atentamente y responde a las preguntas.

> Una vez hubieron atravesado el río, se anunció que venía Oroeses. Pompeyo estaba impaciente por conducirlo al enfrentamiento antes de que adivinase el número de soldados romanos, ya que temía que, cuando se percatase, decidiera retirarse. Por este motivo situó la caballería al frente, habiendo informado previamente a sus soldados de lo que tenían que hacer; y conservó el resto, la infantería, tras ellos, en posición, arrodillados y cubiertos por los escudos, inmóviles, de forma que Oroeses no se diese cuenta de su presencia hasta estar ya muy cerca.
>
> Así que el bárbaro, subestimando a la caballería, que él suponía que estaba sola, entabló batalla con ella y cuando, poco después, la caballería reculó y huyó, la persiguió a toda velocidad.
>
> Entonces los soldados de infantería aparecieron de repente y ampliaron su frente, lo que, además de proporcionar a sus propios hombres una vía segura de escape entre sus filas, también permitió recibir en sus líneas al enemigo, que haciendo caso omiso continuaba la persecución, de forma que rodearon a unos cuantos. Entonces las tropas eliminaron a los que habían quedado atrapados en el círculo, y la caballería, que se había dividido a izquierda y derecha del centro, atacó por la retaguardia a los que se habían quedado fuera. Cada cuerpo mató a muchos otros allí, y quemó hasta darles muerte a los que habían huido hacia los bosques.
>
> Casio Dión, *Historia de Roma*.

- **a** Teniendo en cuenta la fecha de la reforma del ejército romano, ¿cómo debían de estar organizadas las legiones de Pompeyo en esta batalla?
- **b** ¿A qué estrategia recurre Pompeyo para aparentar que son menos de los que en realidad son? ¿Cuándo actúa la infantería?
- **c** ¿Qué arma se menciona? ¿Quién la lleva?
- **d** Explica de qué forma rodean a los enemigos albaneses. ¿Cómo mueren los soldados albaneses que han intentado escapar?

HISTORIA ET VITA

Los mausoleos

Las tumbas romanas derivan de las etruscas, pero fueron adquiriendo complejidad y se fueron alejando del modelo.

Se situaban fuera de la ciudad y el cuerpo podía haber sido inhumado o incinerado. Cuando el cristianismo impulsó la inhumación, aparecieron los cementerios, con distintos sepulcros: desde urnas de cerámica o teja hasta mausoleos y sarcófagos de todo tipo. Los edificios funerarios más espectaculares son los mausoleos. Algunos de los más conocidos son:

- **Mausoleo de Augusto.** Siglo I d. C. Casi no quedan restos de él. Era un gran anillo circular coronado por un túmulo de tierra con cipreses y una escultura del emperador. En su interior había una cámara para el cuerpo de Augusto, otra para su esposa, Livia, y una tercera para su familia.
- **Mausoleo de Adriano.** Siglo II d. C. Es muy similar al anterior: sobre el túmulo se encuentra un templete coronado por un carro gobernado por el emperador, como si fuese Apolo. Más tarde se convirtió en castillo, que se conserva en la actualidad: el castillo de Sant'Angelo.
- **Torre de los Escipiones.** Siglo I a. C. Se encuentra en Tarragona. Si bien parece una torre de carácter militar, se trata de un sepulcro relacionado con la familia Cornelia. Probablemente perdió el coronamiento, que debía de ser piramidal.
- **Mausoleo de Glanum.** Siglo I a. C. Se encuentra en Saint-Rémy-de-Provence. Tiene varios cuerpos superpuestos con un coronamiento circular formado por una columnata con cúspide piramidal.
- **Sepulcro de Fabara.** Siglo II d. C. Se encuentra en la provincia de Zaragoza. Tiene forma de templo, aunque nunca cumplió esta función: siempre fue un lugar de entierro.

Mausoleo de Adriano.

Torre de los Escipiones.

Mausoleo de Glanum.

Sepulcro de Fabara.

ACTIVIDADES

9 Etimología. Lee este texto sobre la muerte del emperador Octavio Augusto y responde a las preguntas.

> Los senadores quisieron celebrar su memoria y sus funerales con honores extraordinarios, y presentaron distintas propuestas con este objetivo [...]. Uno propuso que se le diese el nombre de Augusto al mes de septiembre en lugar del mes de agosto, porque había nacido en septiembre y había muerto en agosto; otro, que todo el tiempo transcurrido desde su nacimiento hasta su muerte adoptase el nombre de siglo de Augusto y que así se reseñase en los anales. Pero se pusieron límites a estos honores. Sobre sus restos se pronunciaron dos elogios fúnebres: uno fue a cargo de Tiberio, ante el templo de Julio César, y el otro, de Druso, hijo de Tiberio, cerca de la antigua tribuna de los oradores; los senadores lo llevaron sobre sus hombros hasta el campo de Marte, donde lo colocaron sobre la pira. Un antiguo pretor jura haber visto elevarse de entre las llamas hasta el cielo la imagen de Augusto. Los más distinguidos del orden ecuestre, descalzos y con túnicas sin ceñir, recogieron las cenizas y las depositaron en el mausoleo que Augusto había hecho construir durante su sexto consulado entre el Tíber y la Vía Flaminia, que había rodeado de bosques para convertirlo, desde entonces, en un paseo público.
>
> Suetonio, *Augusto*.

a ¿Qué medidas propusieron los senadores para honrar la memoria de Augusto?
b ¿Augusto fue incinerado o inhumado? ¿Dónde se comenta?
c ¿Quiénes recogieron sus cenizas? Averigua por qué iban vestidos como explica el texto.
d ¿Dónde fue enterrado? ¿Cómo era el mausoleo y qué datos proporciona el texto sobre el edificio?

10 CD Consulta la información relativa al sepulcro de Fabara y explica sus características principales. Localiza otros legados romanos de esta comunidad en el mapa.

1 Completa los sintagmas con la terminación adecuada.

- **a** equo celer▲
- **b** puellae trist▲
- **c** librorum util▲
- **d** dona util▲
- **e** servos fidel▲
- **f** proelium equestr▲
- **g** pugnam equestr▲
- **h** bellum acr▲

2 Relaciona cada adjetivo con el sustantivo que le corresponde teniendo en cuenta la concordancia de caso, género y número.

ingens	mulieris
acri	homo
mirabilis	mare
pauper	rem
grandis	hoste
utilem	tempestas

3 Traduce estas oraciones.

- **a** Ros matutinus herbis salutaris est.
- **b** Celere tempus fugit et omnia mortalia opera delebit.
- **c** Dux brevi vehementique oratione militum audaces reddit.
- **d** Flagranti libertatis amore veteres milites aspera proelia laeti pugnabant letumque contemnebant.
- **e** Nectar dulce erat diis deabusque gratum.
- **f** Aetas virilis habet magnum robur et corporis et animi.
- **g** Plumae nonnullarum avium sunt versicolores.
- **h** Romani poelia navalia apud insulam Siciliam pugnant.
- **i** Caesar omnes copias ad mare convocabit.
- **j** Timor magnus milites omnes occupat.
- **k** Consul Romanus militum fortium virtutem hodie laudabat.
- **l** Proelium equestre in ripa fluvii pugnant.

4 Traduce las siguientes oraciones.

- **a** Custodes fortes ante castrorum portas fortiter pugnabant.
- **b** Leges omnibus hominibus sunt utiles.
- **c** Imperator Romae hostes in proelio navali superat.
- **d** Di immortales multa bona hominibus bonis donabunt.
- **e** Insula magna silvestrisque est Sicilia.
- **f** Militem fortem non terrebit periculum.
- **g** Virtutis omnis impedimentum est timor.
- **h** Principium dulce est, sed finis amoris amarus.
- **i** Multorum amnium fontes sunt parvi.
- **j** Mors honesta saepe vitam quoque turpem ornat.

▲ **5** CC Traduce el texto y realiza las actividades.

Aquiles

Celeber est Achilles, filius Pelei regis et Tetidis deae. Achilles particeps belli Troiani erat. Celebre est scutum, celebria sunt arma Achillis. Celebris est celeritas Achillis. Celeritate incredibili et magno corporis robore Achilles Troianis terribilis erat. Ira Achillis Graecis perniciosa erat. Mors Patrocli Achilli dolores acres dat. Propterea Achilles Hectorem ad pugnam provocat et virum fortem necat.

Aquiles derrota a Héctor, Rubens (1577-1640).

- **a** Identifica los adjetivos de la segunda clase que aparecen en el texto.
- **b** ¿Qué función tiene el sintagma *incredibili et magno corporis robore*?
- **c** Indica qué CD hay en el texto y qué estructura tienen.
- **d** Busca información sobre Patroclo e indica qué importancia tiene para que Aquiles vuelva a la guerra.

▲▲ **6** Traduce este texto y resuelve las actividades de la siguiente página.

Mario y los germanos

Cimbri et Teutones, feroces et rudes Germanorum gentes, populi Romani fines olim pervolabant et omnia ferro ignique vastabant. Romani periculosas et vehementes hostium irruptiones frustra continere studebant. Denique Marius, illustris et audax dux, cum potenti agmine in Galliam contra Teutones properabat; sed barbari, ingenti corporum magnitudine comaque inculta, militibus Romanis incredibilem terrorem movebant. In gravi autem discrimine Marius acribus et firmis verbis Romanorum animos confirmat: «Teutones forma, non virtute, feroces et minaces sunt; milites Romani, veterem audaciam vestram ostendite (*mostrad vuestra antigua audacia*); victores eritis».

a Analiza morfológicamente los adjetivos: *feroces, rudes, vehementes, audax, potenti, incredibilem, minaces.*

b Indica si en el texto hay algún infinitivo y de qué verbo depende.

c ¿Qué aposiciones hay en el texto? ¿Qué función tiene la expresión *ingenti corporum magnitudine comaque inculta*?

7 CI **Análisis morfosintáctico.** Traduce este texto y realiza las actividades.

Validus atque egregius Paris formosam Helenam rapit. Strenui Graeci mulierem liberare et Troiam delere constituunt. Itaque multas naves longas parabant, sed adversi venti Graecos retinebant.

Superbus Agamemnon augurem interrogat: «deos placare debemus?» Augur respondet: «Diana adversos ventos movet nam tu divinam cervam vulneravisti (*has herido*). Tuam filiam inmolare debes!».

Magnus dolor firmum animum occupat sed facit improbum laborem: locum idoneum parat et illic caram filiam portat.

At dea pro puella profanam cervam collocat. Itaque Agamemnon non Iphigeniam sed cervam inmolat.

Rapto de Helena, Gavin Hamilton (1723-1798).

a El adjetivo *strenui* se refiere a:
[ ] *Graeci*
[ ] *mulierem*
[ ] *Helenam*

b El CD de *parabant* es:
[ ] *itaque*
[ ] *multas naves*
[ ] *multas naves longas*

c El verbo *interrogat* funciona aquí de forma:
[ ] transitiva
[ ] intransitiva

d La palabra *deos*:
[ ] es el sujeto de *placare*
[ ] es el CD de *placare*
[ ] es el CI de *placare*

e El verbo *debes* tiene un sujeto elíptico, que es:
[ ] *ventos*
[ ] *Diana*
[ ] *Agamemnon*

f La expresión *pro puella* es:
[ ] un CC
[ ] un CD
[ ] un sujeto

g La conjunción *sed* relaciona:
[ ] *Prophanam* y *puella*
[ ] *Iphigeniam* y *cervam*
[ ] *Dianam* e *Iphigeniam*

h La palabra *itaque*:
[ ] Es una conjunción. Aparece dos veces.
[ ] Es una preposición. No aparece nunca.
[ ] Aparece dos veces y es un adverbio.

post data

El Hades

1. Tartarus erat sedes tristis hominum mortuorum.
2. Styx, flumen lugubre, sedes vivorum et mortuorum separabat.
3. Animae portam Tartari per speluncam immanem intrabant.
4. Pluto, deus crudelis, incolas tristis regni gubernabat.
5. Mercurius, nuntius deorum, animas tenues ad flumen lugubre congregat.
6. In nave lugubri Charon animas tristes trans flumina portabat.
7. Cerberus, canis hostilis et immanis, regna tristia servat.
8. Primo in limine sunt dulces et graciles infantes.
9. Prope sedem infantium sunt miserabiles et deformes senes.
10. In ultimis agris habitant manes virorum illustrium.

El paso de la laguna Estigia, J. Patinir (1485-1524).

8 **Fabula picta.** ¿Qué pasaje del mito explica cada viñeta? Traduce su leyenda.

CERES DEA TRIPTOLEMUM AGRICULTURAM DOCET ET NOBILI PUERO FRUMENTUM DAT.

TRIPTOLEMUS HOMINIBUS FRUMENTUM MINISTRAT. TRIPTOLEMUS IN MAGNA GLORIA EST.

LYNCUS, REX SCYTHIAE, TRIPTOLEMUM HOSPITIO SUSCIPIT, SED TRIPTOLEMO INVIDET.

IRATA CERES LYNCUM FEROCEM IN LYNCEM, FERAM MULTIPLICIUM COLORUM, CONVERTIT.

9 CD Realiza las actividades de autoevaluación de esta unidad que hallarás en los recursos digitales.

verba in glossario

El diccionario no suele proporcionar la versión castellana de los nombres propios, ya que su número puede llegar a ser ilimitado. Los nombres propios no se traducen, sino que se adaptan al castellano. Debemos tener en cuenta algunas reglas:

- La **-us** final se transformará en **-o**: Diocletianus → Diocleciano.
- La **t** intervocálica a menudo se sustituirá por **c**: Lucretius → Lucrecio.
- La **ll** se convertirá en **l**: Tullius → Tulio.
- A las palabras que comienzan por **s** les añadiremos una **e** protética: Scipio → Escipión.
- El diptongo **ae** normalmente se sustituirá por **e**: Aemilius → Emilio.
- La **ph** se transcribirá **f** (Deiphobus → Deífobo); la **th**, **t** (Athenae → Atenas); la **y**, **i** (Hieronymus → Jerónimo); la **ch**, **c** o **qu** (Chaeronea → Queronea).
- Acentuaremos según la normativa del castellano: Faustulus → Fáustulo.

Las aventuras de Ulises

Tras la caída de Troya, Ulises se embarcó rumbo a Ítaca, aunque durante diez años él y sus compañeros navegaron errantes por el Mediterráneo, amenazados por todo tipo de peligros.

Tras dejar las costas de los cicones, donde muchos de sus hombres perdieron la vida, Ulises llegó a África, a la isla de los lotófagos. En ella, tres de sus compañeros probaron el fruto del loto, que les hizo perder el deseo de regresar a sus hogares; Ulises tuvo que embarcarlos por la fuerza.

Posteriormente, alcanzaron la isla de los cíclopes. En una cueva de la isla vivía Polifemo, hijo de Poseidón, que devoró a parte de la tripulación. La cueva estaba sellada con una enorme piedra que impedía la salida. El astuto Ulises emborrachó a Polifemo ofreciéndole vino y, con una estaca, lo dejó ciego mientras dormía. Consiguieron escapar ocultándose bajo pieles de oveja.

Tras este episodio desembarcaron en la isla de Eolo, dios que trató de ayudarlos a llegar a Ítaca, entregando a Ulises un odre que contenía todos los vientos. Sin embargo, al acercarse a Ítaca, sus hombres trataron de averiguar qué había en el odre. Al abrirlo, los vientos se escaparon y se desencadenó una tormenta que hizo desaparecer toda esperanza de regresar al hogar.

Después de seis días de navegación, llegaron a la isla de los lestrigones, gigantes antropófagos que acabaron con casi todos los compañeros de Ulises.

En su huida alcanzaron a la isla de la maga Circe, que convirtió a la tripulación de Ulises en animales. Él logró sortear el hechizo gracias a un antídoto que le había proporcionado Hermes. Circe se enamoró de Ulises, aunque no fue correspondida.

TRADITIO

1 CI Lee el siguiente texto y realiza las actividades.

¿Qué ventajas ofrecía afeitarse por la noche?

Una barba más suave; una brocha más suave si intencionadamente se la dejaba de afeitado en afeitado en su espuma aglutinada; una piel más suave si inesperadamente se encontraba con mujeres conocidas en lugares remotos y a horas inusitadas; reflexiones sosegadas sobre el transcurso del día; una sensación de mayor limpieza al despertar tras un sueño más reconfortante, puesto que los ruidos matutinos, las premoniciones y perturbaciones, el retumbar de una cántara de leche, la doble llamada del cartero, el periódico leído, releído al enjabonarse, al reenjabonarse la misma parte, un susto, una punzada, con el pensamiento en algo que buscara aunque a nada llevara, podrían provocar un ritmo más rápido de afeitado y un corte, incisión en la que un esparadrapo cortado con precisión, humedecido y aplicado se adheriría: eso era lo que había que hacer.

James Joyce, *Ulises*, III

a Resume con tus palabras por qué Bloom prefería afeitarse por la noche.
b Averigua cuál es el argumento del *Ulises* de James Joyce; explica por qué crees que tituló así su obra.
c Explica qué significa, en la actualidad, «ser una odisea».

Tras llegar al país de los cimerios y sacrificar a varias ovejas, Ulises se dirigió al Hades para consultar al adivino Tiresias, que le profetizó un difícil regreso a Ítaca. A su encuentro salieron todos los espectros (entre ellos, el de su madre, Anticlea), que querían beber la sangre de los animales sacrificados.

Embarcados de nuevo, Ulises y su tripulación lograron escapar de las Sirenas, cuyo canto hacía enloquecer a quienes lo escucharan. Por ello, siguiendo los consejos de Circe, Ulises ordenó a sus hombres que se taparan los oídos con cera; él se hizo atar al mástil del navío.

Después de escaparse de las peligrosas Escila y Caribdis, alcanzaron Trinacria (nombre griego de Sicilia), la isla del Sol. A pesar de haber sido advertidos de no tocar el ganado de Helios, los compañeros de Ulises sacrificaron a varios animales, lo que provocó la cólera del dios.

Al hacerse a la mar, Zeus lanzó un rayo que destruyó y hundió la nave: solo sobrevivió Ulises, quien finalmente llegó a la isla de Calipso (donde se encuentra Ulises al principio de la Odisea, la obra que narra estas aventuras).

Finalmente, Ulises alcanzó la isla de los feacios. Alcínoo, rey de la isla, acogió al héroe, quien le narró sus aventuras. Los feacios lo acompañaron hasta Ítaca, donde se reencontró con su esposa, Penélope, tras echar a los pretendientes que ocupaban el palacio.

Penélope había prometido a los pretendientes que escogería a su prometido cuando acabase un sudario que preparaba para Ulises. Sin embargo, para diferir el enlace, por la noche destejía todo lo que había tejido durante el día, hasta que fue descubierta por su esclava Dione. El hijo de Ulises, Telémaco, había partido en busca de su padre, pero finalmente se reencontraron en la cabaña del porquero Eumeo.

LATINE DICTUM

2 Mitología grecolatina. Análisis morfosintáctico. Traduce el siguiente texto.

Las aventuras de Ulises

In Sardinia anthropophagi Laestrigones multos Graecos vorant et in clara insula Circe maga reliquos Ulixis comites in porcos mutat. Ulixes autem omnes comites servat. Mox multas animas ab Inferis evocat et interrogat, bonaque consilia obtinuit. Ita sine periculo, Ulixes Sirenum cantum audit et Charibdis voraginem et Scyllae scopulum effugit. Mox Iuppiter omnes Ulixis comites necat, quia Solis boves in Sicilia vorabant. Deinde post multa pericula ad patriam pervenit. Primus Ulixem agnoscit canis Argos et magno gaudio vitam finit. Deinde Telemachus et Euryclea, Ulixis nutrix, regem agnoscunt. Penelopa coniunx fidelis erat; nam adhuc procis dicebat: «Ante novum coniugium telam texere cupio». Telam autem interdiu texebat et nocte retexebat. Tandem Ulixes cum Telemacho filio procos occidit et fidelem uxorem regnumque recuperat.

Temas en labial o dental

a Tapetes, imagines et specula pulchra parietes ornant.
b Vita obsidum saepe est periculosa.
c Eris, discordiae dea, malum aureum dat Minervae, Veneri et Iunoni.
d Pyxis Pandorae multas molestias continebat.
e Romulus et Remus erant nepotes Numitoris.
f Modestia est ornamentum iuventutis; sapientia, senectutis.
g Scelera Catilinae ruinam civitati parant.
h Prisci homines glandes edebant.
i In aegide Palladis erat caput Medusae.
j Verecundiam virtutum custodem recte appellabas.

Temas en gutural

a Proserpina est filia Cereris, inventricis agriculturae.
b Poma, herbae et cortex arborum sunt pabulum hystricis.
c Multa insecta hominibus sunt molesta, ut pulices, cimices et muscae.
d Tenebrae noctis strigibus gratae sunt.
e Hannibal et Hasdrubal erant duces Carthaginensium.
f Castor et Pollux erant filii Ledae, coniugis Tyndari, regis Lacedaemonis.
g Helena et Clytaemnestra sunt sorores Castoris et Pollucis.
h Philosophiam Cicero appellabat vitae ducem, inventricem legum, magistram morum.
i Lycurgus leges suas auctoritate dei Delphici confirmabat.
j Tanaquil Tarquinii Prisci regis coniunx erat.
k Equites Ariovisti, regis Germanorum, populos Galliae olim vexabant.
l Ariovisto, duci Germanorum, Caesar bellum denuntiabat.

Temas en líquida

a Toto corde civitas imperatorem acclamabat.
b Ciceronem oratorem murmura et clamores populi non perturbabant.
c Agricolae habent anseres, aratra et vomeres.
d Aves habent rostra cornea sine dentibus.
e Brutus et Collatinus erant consules Romanorum.
f Hecuba erat uxor sedula et fida Priami.
g Pallor labiorum terrorem aut morbum indicat.
h Hector erat virorum et liberorum et mulierum Troiae impavidus defensor.
i Leo est symbolum roboris et animi magnitudinis.
j Morum integritas firmum fundamentum civitatis Romanae erat.
k Nullus flos est sine colore, multi flores sunt sine odore.
l Multi sunt oratores clari Graecorum et Romanorum.
m Antiqui scriptores Romanam virtutem magnis laudibus celebrant.
n Aqua pura neque saporem habet, neque odorem, neque colorem.
ñ Fulgura habent odorem sulphuris.
o Sunt multae statuae ex ebore.

Infinitivo concertado

a Helvetii cupiebant iter per provinciam facere.
b Puer ex agris venit et patrem videre cupit.
c Errare humanum est.
d Oportet legibus obtemperare.
e Consul bellum gerere statuit.
f Consilium patris accipere non possum.
g Imperator nocte castra movere iubet.

Temas en nasal

a Magnos homines virtus nobilitat, non fortuna.
b Mala conscientia etiam in solitudine anxia atque sollicita est.
c Liberae sunt nostrae cogitationes.
d Calamitas virtutis occasio est.
e Aqua gelida homines aegros saepe levat.
f Leonem regem ferarum appellamus.
g Animos Romanorum coniurationis Catilinae timor perturbat.
h Caesaris legiones barbaros terrebant.
i Gramen est pabulum pecoris.
j Delectant homines ludi.
k Caesaris legati ad castra pacis petitionis causa veniunt.
l Hominis nefanda crimina perturbationum causa sunt.
m Vulnera militum sunt signum fortitudinis.
n Carbones cineris saepe sunt causa magnorum incendiorum.

Temas en nasal neutra

a Asini edunt stramen, carduos et folia arborum.
b Ripae Rheni fluminis sunt fecundae et amoenae.
c Fluminis ripas multi et varii flores operiunt.
d Hieme Caesar consuetudine sua legiones in hiberna reducit; aestate agmen legionum ad oppugnationem munitionum ducit.

Temas en consonante

a Sidera caelum illustrant.
b Graeci scriptores de multorum hominum laboribus scribebant.
c Multi reges antiqui malos mores habebant et saepe homines multos necabant sine rationibus veris.
d Sub vesperum Caesar intra fossam legiones reducit atque ibi sub armis proxima nocte conquiescit.
e Philosophi virtutis magistri sunt.
f Longa sunt tempora servitutis.

g O magne orator, quam praeclara est tua eloquentia!
h Dux egregiam militum virtutem magna voce laudat.
i Clamores puellarum improbos fures terrent.
j Virtus constitit in medio.
k Diuturna quies est vitiis alimentum.
l Iudices, inter arma silent leges.
m Ancus Marcus, Numae ex filia nepos, imperium suscipit.
n Reges antiqui, sacerdotes simul et iudices, leges saepe custodiebant.
ñ Piratae sunt barbari: virtutes enim Romanorum non habent.
o Pallida mors aequo pulsat pede tabernas fabrorum ducumque domicilia.

Temas en vocal

a Canes sunt custodes gregum et aedificiorum.
b Nubes sunt causa pluviae, nivis, grandinis et fulguris.
c Sonus vocis strigis auribus hominum ingratus est.
d Viatores altas oppidorum turres procul spectant.
e Dira pestis hominibus sunt cupiditates.
f Surdae sunt stultorum aures.
g Asini habent crassam pellem; plagarum tamen haudquaquam cupidi sunt.
h Cladium magnarum belli Gallici memoria civibus Romanis semper acerba erat.
i Magna est piscium et avium celeritas; magna est vulpium calliditas.
j In aede Vestae ignis erat perpetuus.
k Athenae sedes artium et litterarum erant.
l Milites Caesaris magnam hostium caedem faciunt.
m Serva ad matrem multa dona portat a domina.
n Mala, pira et uvae maturae sunt dona Octobris.
ñ Hieme in silvis multa animalia in sua cubilia confugiunt.
o Maria litora alluunt.
p Fera animalia Africae silvas frequentant.
q Nubes e mari in caelum ascendunt et pluviam in terram effundunt.

Temas asimilados a vocal

a Propter cubilia olim, ut ait Horatius, feri homines unguibus et pugnis pugnabant.
b Demosthenes et Cicero exemplaria sunt eloquentiae.
c Animalium varia sunt genera.
d Maria habent litora, flumina ripas.
e Rupes litorum marium saepe sunt altae.
f In mari immenso multa sunt genera variorum animalium.
g Dii Graeci erant amici nectaris.
h Altare larum erat in atrio.
i Mare periculosum laudat nauta.
j In conclavibus sunt fornaces, specula, scrinia et sellae.

Temas mixtos

a Cranium, aures et frons sunt partes capitis.
b Anseres Iunonis arcem Romae servant.
c Neptunus erat deus maris; Mercurius, nuntius deorum et deus eloquentiae, mercatorum et furum.
d Graecia est inventrix, Roma conservatrix artium.
e Nescia est mens hominum fati sortisque futurae.
f Laurea fronde victores Graeci frontem coronabant.
g Philosophi etiam in calamitate aequam mentem servant.
h Magna pars hominum sorte sua non est contenta.
i Ferrata calce equites stimulant equos.
j Romulus, conditor Romae, fratrem Remum necat.
k Multarum urbium origines incertae sunt.
l Dux per silvas ad flumen properat et cum hostibus pugnat.
m Mater Galbae erit in urbe hieme, non aestate.
n Tertia hora Caesar magnam caedem hostium facit.
ñ In pacis temporibus agricolae sunt laeti.
o Erant multae arbores in montibus.
p Milites tertiae legionis gladiis et pilis pugnabant.
q Hominum avaritia fraudium scelerumque saepe fons est.

Jacinto

Hyacinthus, Lacedaemonii regis filius, pulchritudinis causa clarus erat. Deus Apollo maxime iuvenem amabat. Olim cum deo discis ludebat. Innocens ludus Zephyri venti invidiam movet, nam puer amat Apollinem, Zephyrum autem non amat. Ventum acrem mittit et ingens Apollinis discus casu Hyacinthi caput percutit. Statim in terram cadit mortuus. Infelicis pueri sanguis terram cruentat atque ex terra pulcher flos surgit. Itaque florem omnes Hyacinthum vocamus.

Temas en consonante

- **a** Propter siccitatem multae arbores arescent.
- **b** Fulmen arborem deflagrabat et ob magnum timorem homines cum mulieribus fugiebant.
- **c** Multa facinora et scelera milites in pagorum incolas committebant.
- **d** Venatores in silvis feras agitabunt.
- **e** Minotaurus multos obsides ab Atheniensibus flagitabat.
- **f** Orationem et rationem homines habent.
- **g** Iucundam voluptatem antiquorum scriptorum lectio discipulis praebebit.
- **h** Dux magnas equitum turmas habebat.
- **i** Homo locum ornat, non hominem locus.
- **j** Vergilius in carminibus pastorum et agricolarum vitam laudat.
- **k** Hannibal, Hamilcaris filius et Carthaginiensium dux, Saguntum, oppidum Romanis socium, expugnat.
- **l** E carceribus carpenta aurigae educunt atque ante praetoris tribunal constituunt.
- **m** Longa obsidione Veios Romanorum dux tandem capit.
- **n** Accipiter cum magno clangore in caelo volitat et pecus fugabit.
- **ñ** Saepe ambigua oracula vates fundebant, tamen ex haruspicum responso antiqui agebant.
- **o** Temeritatem militum aspera oratione dux reprehendit.
- **p** Maritimas civitates piratarum incursiones vastabant.
- **q** Reus supplex indicibus est, sed indices supplicia verba non audiunt.
- **r** Romani capite nudo laborabant, at in longis itineribus petaso caput tegebant.
- **s** Saepe voluptates non solum corporibus sed etiam animis noxiae sunt.
- **t** Haruspex victimarum iecinora perspicit.
- **u** Socrates fugae facultatem habet sed in carcere sua sponte manet.
- **v** Per Alpes, aspero itinere, Hannibal in Italiam cum militibus, equis atque elephantis venit.
- **w** Clientes in foribus patronum vane exspectant: nam patronus postico clientes fallit.

Temas en vocal y mixtos

- **a** In montium altis cacuminibus nives perpetuae sunt.
- **b** Ad amnem perveniam atque aquam hauriam.
- **c** Ovium grex per valles in dispersa fuga propter tempestatis et fulminum timorem est.
- **d** Antiquitus homines agriculturam non exercebant, sed venationibus, avibus et piscibus se sustentabant.
- **e** Vulpis astutiam sed etiam leonis vigorem dux habebat.
- **f** Fames cum pestilentia cives necabat atque hominum umbrae per urbis vias vagabant.
- **g** Polyphemus ebrius in antro iacet, itaque Ulixes et comites magnam sudem in Cyclopis oculum figunt.
- **h** Ulixis comites propter auri cupiditatem utrem aperiunt sed venti, ex utre egressi (*saliendo de*), violentum turbinem excitant.
- **i** Ad sacram fontem veniam, aquam hauriam atque deis et deabus pecora sacrificabo.
- **j** In iugis montium densae nebulae semper sedent.
- **k** Alpes Hannibal traicit atque in Italiam venit cum militum atque equitum copiis.
- **l** Post longam obsidionem tandem Achivi urbem Troiam dolo capiunt.
- **m** Sub montium radicibus multi rivi atque limpidi fontes sunt.
- **n** Ulixes, Ithacae insulae rex, fraudes multas excogitat: nam Ulixis consilio Achivi bellum Toianum componunt.
- **ñ** Mures in horrea intrant atque dentibus triticorum saccos frangunt.
- **o** Ius vitae necisque pater familias in liberos atque uxorem antiquis temporibus habebat.
- **p** Piscium magnam copiam in amne invenietis.
- **q** Adversus hostes Romani milites cum temeritate pugnant.
- **r** Dux milites habebat testes virtutis et fortitudinis.
- **s** Aures oratoris verbis cives praebebant in foro.
- **t** Iter asperum et longum ab urbe Roma ad Neapolin faciebam.

Palabras neutras

- **a** Plurima animalia in silvis sunt, plurima in mari.
- **b** Piscatores retibus magnam copiam piscium capiunt.
- **c** In ovile pastor oves reducet.
- **d** Milites inimicos semisomnos in cubilibus deprehendent.
- **e** Dominae monilia ex auro ancillae cum invidia spectabant.
- **f** Ulixes, profugus ex urbe Troia, per terras et per maria diu errat.
- **g** Retibus multos pisces piscatores deprehendebant atque parvo pretio in foro venundabant.
- **h** Homines cetera animalia praestant ingenio atque ratione.
- **i** Animalium varia genera exsistunt, multa ignota hominibus.
- **j** Ad ovile lupus nocte venit atque oves dilaniat.
- **k** Ventorum vi nautae in mare naves agunt.

Adjetivos de tres terminaciones

a Consul celerem atque inexspectatam victoriam in bello obtinet.
b Celere consilium, propter belli periculum, consules capiunt.
c Palustrium animalium varia genera sunt.
d Equestribus proeliis Romanorum copiae facile hostes vincunt.
e Crassus beneficiis ordinem equestrem devincebat.
f Putria mala ex arborum ramis cadunt.
g Hannibal a patre acre odium contra Romanos hereditate accepit.
h Agricolae herbas salubres et venenatas facile discernunt.
i Celebre Vestae templum in oppido est, atque magna cum veneratione reverentiaque deam cives colunt.
j Per silvestres calles vix milites ab hostibus fugiebant.
k Erat acris et summa hiems atque nives abunde cadebant.

Adjetivos de dos terminaciones

a Multi nobiles viri Tarquinii Superbi dominationem aegre tolerabant.
b Gravibus sarcinis asinos et equos coloni onerabunt, deinde iter incipient.
c Breve discrimen est inter amicitiam atque amorem.
d Come ingenium pater familias habebat et libenter ad colloquia cum amicis veniebat.
e Omni ratione cives obsidionem atque cibi penuriam tolerabant.
f Gravia onera semper erunt paupertas et senectus.
g Difficilis est diuturna simulatio virtutis.
h Humum gravi oratro agricolae laborant.

Adjetivos de una terminación

a Saepe oraculorum sententiae ancipites sunt.
b Vetus vinum amicis dominus in convivio praebet.
c Veteres historiarum scriptores antiquos mores laudant, recentes autem damnant.
d Audax atque amens, Cicero dicebat, Verres erat.
e Truci voce hostis ad bellum Romanum provocat.
f Venti saevi atque vehementes Ulixi sociisque navigationem difficilem reddebant.
g Homo loquax fictas fabulas imprudenti ore narrabat.
h Somnia fallacia sunt saepe.

Infinitivo concertado

a Romulus et Remus novi oppidi fundamenta ponere constituunt.
b Non semper agricolae in pulchrarum ficorum umbra sedere possunt.
c Non frenos ac stratum, si equum emis, inspicere debes, sed corporis vigorem.
d Hostes fugere constituunt.
e Hominibus necesse est de vita decedere.
f Facile est dicere bona verba, difficile autem recte facere.
g Milites locum castris capiunt, sed castra ponere arduum est.
h In adversitate tuis viribus solum confidere debes.
i Croesus statuit avertere filium ab omnibus peliculis.
j Numquam irae succumbere debemus.

Pluteus de Trajano, en la Curia Julia de Roma. Muestra al emperador distribuyendo alimentos a los huérfanos.

Los pobres en Roma

Romana plebs saepe misera atque omnium rerum expers erat. Genera paupertatis autem varia erant: agricola simplicem vitam agebat et temperantem, in stramineo strato dormiebat, labori non parcebat, sed felix cum uxore filiisque vivebat. In urbe plebeii ad divitum tutelam confugiebant: ita auxilium obtinebant atque frumenti pecuniaeque largitionibus variis gaudebant. Sed, cum acre bellum aut ingens annona saeviebat, agricolae in miseriam incidebant, agellum atque casam amittebant, tandem inopes ad urbem concurrebant. Sed in urbe nullum auxilium saepe habebant, et ne humile quidem domicilium reperiebant; corpus valetudinemque non curabant et gravi morbo saepe aegri, propter cibariorum penuriam, erant; in viis vagabant atque ignobili morti occumbebant.

VII LEDA Y EL CISNE

Leda, la esposa de Tindáreo, rey de Esparta, en algún momento y por increíble que pueda parecer, tuvo una hija, Helena, nacida de un huevo. Este hecho insólito ha sido explicado de dos modos distintos por los relatos legendarios.

Unos dicen que la belleza, tan delicada, de la joven cautivó a Zeus, hasta el punto de que un día en que Leda se encontraba junto a un río, el dios adoptó la apariencia de un bellísimo cisne blanco, fingió que era perseguido por un águila y buscó refugio en el lugar donde Leda contemplaba las nítidas aguas de aquel río. La muchacha no dudó en protegerlo escondiéndolo en su falda y Zeus no dudó en seducirla tan pronto como Leda lo cobijó.

Esa misma noche, Leda tuvo relaciones con Tindáreo, su esposo, y poco después puso dos huevos, de los que nacieron cuatro hijos. Dos eran hijos del dios: los inmortales Helena y Pólux; los otros dos, de su marido: Clitemnestra y Cástor, mortales como sus padres.

Otros dicen que Zeus perseguía a la diosa Némesis; ella huía del dios, pero este era más veloz. Némesis recurrió al truco de transformarse en un animal, y luego en otro, y en otro... en su intento de que Zeus le perdiese la pista. El dios hizo lo mismo y, en el momento en que Némesis encarnaba a una oca y Zeus a un cisne, la poseyó. Como resultado de esta unión, Némesis puso un huevo que nunca llegó a incubar: lo dejó junto a un lago. Leda lo encontró y fue ella quien lo cuidó. Del huevo nació Helena.

Sea como sea, Zeus se alegró tanto del nacimiento de su hija que creó la constelación del Cisne en recuerdo de la metamorfosis que hizo posible el engendramiento.

1. La cuarta declinación

La cuarta declinación, que comprende pocas palabras, se caracteriza por presentar el genitivo en **-us**. El nominativo es en **-us** para los nombres masculinos y femeninos, y en **-u** para los nombres neutros.

Los sustantivos de esta declinación son casi todos masculinos y, en menor medida, femeninos (como *manus, manus*, 'mano'; *porticus, porticus*, 'pórtico', y *domus, domus*, 'casa'). *Domus* también se puede declinar según el paradigma de la segunda declinación: *domus, domi*.

Declinamos como modelos *fructus, fructus* ('fruto') y *genu, genus* ('rodilla').

	SINGULAR			
	Terminación	Masc./Fem.	Terminación	Neutro
Nominativo	**-us**	fruct**us**		
Vocativo	**-us**	fruct**us**	**-u**	gen**u**
Acusativo	**-um**	fruct**um**		
Genitivo	**-us**	fruct**us**	**-us**	gen**us**
Dativo	**-ui**	fruct**ui**	**-ui**	gen**ui**
Ablativo	**-u**	fruct**u**	**-u**	gen**u**

	PLURAL			
	Terminación	Masc./Fem.	Terminación	Neutro
Nominativo	**-us**	fruct**us**		
Vocativo	**-us**	fruct**us**	**-ua**	gen**ua**
Acusativo	**-us**	fruct**us**		
Genitivo	**-uum**	fruct**uum**	**-uum**	gen**uum**
Dativo	**-ibus**	fruct**ibus**	**-ibus**	gen**ibus**
Ablativo	**-ibus**	fruct**ibus**	**-ibus**	gen**ibus**

vocabula

adventus, -us *m.* llegada
casus, -us *m.* caso
cornu, -us *n.* cuerno
currus, -us *m.* carro
domus, -us *f.* casa
equitatus, -us *m.* caballería
exercitus, -us *m.* ejército
ogenu, -us *n.* rodilla
impetus, -us *m.* asalto
manus, -us *f.* mano
metus, -us *m.* miedo
motus, -us *m.* movimiento
peditatus, -us *m.* infantería
senatus, -us *m.* senado
spiritus, -us *m.* espíritu
vultus, -us *m.* cara

ACTIVIDADES

1 Completa la tabla declinando estos sustantivos de la cuarta declinación.

Nominativo singular	fructus			
Acusativo singular		versum		
Dativo singular				
Dativo plural				cornibus
Genitivo plural			tumultuum	
Ablativo plural				

2 Traduce estas oraciones.

a Sensus hominum sunt visus, auditus, olfactus, gustus et tactus.

b Canes domus et greges custodiunt.

c Exercitus equitatusque virtute, consul felicem exitum pugnae dat.

d Silvae et campi, montes et specus, lacus, rivi et flumina sunt domicilia multorum animalium.

e Fluctus maris saepe sunt sepulcrum multorum navigatorum.

f Ulixes comitesque in specum Cyclopis intrant atque crateras caseo lacteque plenas inveniunt.

ACTIVIDADES

3 Traduce estas oraciones.

- **a** Milites exercituum Romanorum magnam fortitudinem habebant.
- **b** Senatus populusque Romanus exercitus reditum magno cum gaudio celebrant.
- **c** Aestate agri magnam fructuum copiam gignunt.
- **d** Romanus populus senatui magistratibusque legum custodiam committit.
- **e** In sinistro cornu equitatum, in dextro cornu peditatum Pompeius collocat.

4 Traduce las oraciones. Después, pásalas a plural.

- **a** Risus est signum gaudii.
- **b** Solis occasu pecua in ovile servus ducebat, dum ancilla pannos in fluminis aquis abluit.
- **c** Cantus lusciniae auribus iucundus est.
- **d** Magno tumultu equitatus noster hostium peditatus impetum repellit.
- **e** Est libellus Taciti de situ, moribus et populis Germaniae.
- **f** In portu magna multitudo navium nostrarum reditum exspectabat.
- **g** Sinistra manu Romanus miles scutum gerebat.

5 CS Traduce el texto y realiza las actividades.

La vida de los niños romanos

More maiorum ancilla infantem patri ostendit. Pater infantem manibus suis suscipit atque ita pro filio illum agnoscit. Puero praenomen, nomen et cognomen imponit pater atque collo infantis auream bullam suspendit. Puer tunicam et togam praetextam induit atque auream bullam portat. Cum paedagogo ad ludum cotidie venit. Cum pueris saepe palaestra pugnat. Cursu cum aequalibus contendit. Equum parvis manibus saepe flectit. Pila in molli gramine ludit et armis se exercet, nam fortis miles mox erit et pro patria fortiter in acie pugnabit. Puer in Larium ara bullam auream suspendit; deinde praetextam togam deponit atque togam virilem sumit.

- **a** Cambia de número estas palabras que aparecen en el texto, respetando su caso.

  more, praenomen, infantis, cursu, manibus

- **b** Reescribe el texto en imperfecto de indicativo.

2. La quinta declinación

No hay demasiadas palabras de esta declinación y solo dos (*res, rei*, 'cosa', y *dies, diei*, 'día') presentan la declinación completa. Son todas femeninas, salvo *dies, diei*, que puede ser masculina o femenina. El paradigma es el siguiente:

	SINGULAR			PLURAL	
	Terminación	Ejemplo		Terminación	Ejemplo
Nominativo	**-es**	di**es**	Nominativo	**-es**	di**es**
Vocativo	**-es**	di**es**	Vocativo	**-es**	di**es**
Acusativo	**-em**	di**em**	Acusativo	**-es**	di**es**
Genitivo	**-ei**	di**ei**	Genitivo	**-erum**	di**erum**
Dativo	**-ei**	di**ei**	Dativo	**-ebus**	di**ebus**
Ablativo	**-e**	di**e**	Ablativo	**-ebus**	di**ebus**

vocabula

acies, -ei *f.* punta, agudeza
dies, -ei *f.* día
effigies, -ei *f.* imagen
facies, -ei *f.* cara
fides, -ei *f.* fidelidad, lealtad
glacies, -ei *f.* hielo
pernicies, -ei *f.* daño, desastre
planities, -ei *f.* planicie, llanura
res, -ei *f.* cosa
series, -ei *f.* serie
species, -ei *f.* apariencia
spes, -ei *f.* esperanza

ACTIVIDADES

6 Completa la tabla declinando estos sustantivos de la quinta declinación.

Nominativo singular				
Acusativo singular	effigiem			
Dativo singular				
Nominativo plural		res		
Genitivo plural			facierum	
Ablativo plural				seriebus

7 Traduce al latín estos sintagmas.

- **a** la lealtad
- **b** ¡oh, esperanza!
- **c** la lealtad (*acusativo*)
- **d** con la esperanza
- **e** de las cosas
- **f** la apariencia
- **g** a las cosas
- **h** con la apariencia
- **i** el hielo
- **j** la destrucción
- **k** el hielo (*acusativo*)
- **l** ¡oh, destrucción!

8 Traduce estas oraciones y pásalas al singular.

- **a** Leges res publicas regunt et civium res familiares defendunt.
- **b** Vestales res divinas in dearum templis celebrabunt.
- **c** Rerum publicarum bona omnibus bonis civibus cara sunt.
- **d** Multi scriptores populi Romani res gestas narrant.

9 Traduce estas oraciones.

- **a** Humanae spes saepe vanae atque fallaces sunt.
- **b** Consul milites spe praedae atque magnorum praemiorum animosos reddit.
- **c** Nullam salutis spem apro canes relinquunt in silva.
- **d** Voluptas quoque utilitatis speciem interdum habet.
- **e** Aestuoso meridie agricolae labores intermittunt atque sub frondosis quercubus refrigerium exquirunt.

10 Traduce las oraciones; todas incluyen la palabra *dies*.

- **a** Sol diem, luna noctem illuminat.
- **b** Hieme dies breves, aestate longi sunt.
- **c** Romani primo anni die multa dona amicis suis dabant.
- **d** Pontifices dies festos praedicabant.
- **e** Die festo sacerdotes res divinas agitabant.
- **f** Diebus festis omnes cives theatrum et circos celebrabant.

11 CC **Identificación de dioses y héroes grecolatinos.** Traduce el texto y realiza las actividades.

Orfeo y Eurídice

Orpheus poeta, lyrae sono, beluas mollit et saxa commovet. Nuptiarum die vipera Orphei sponsam, pulchram nympham Eurydicam, mordet. Eurydica ob venenum vitam amittit: multis cum lacrimis carum virum relinquit et ad Inferos, mortuorum domicilium, descendit. Diu Orpheus flet, cibum recusat, per silvas errat. Denique, quia (*puesto que*) sponsam recuperare exoptat, ad Inferos descendit et ad solium Proserpinae, Inferorum regina, accedit et lyra suaviter canit: mortuorum umbrae accurrunt; Cerberus, horrendum monstrum, tacet. Denique etiam Proserpina poetae vota exaudit: Euridicam Orpheo reddet, sed vir oculos ad sponsam vertere non debet. Sed Orpheus propter gaudium Proserpinae iussa neglegit et incaute oculos vertit: statim Euridica in auram ex oculis viri evanescit et miser Orpheus frustra sponsam retinere temptat.

Orfeo llevándose a Eurídice de los Infiernos, J. B. C. Corot (1796-1875).

- **a** Analiza morfológicamente estos sustantivos del texto: *beluas, die, lacrimis, cibum, Inferorum, vota, oculos, sponsam.*
- **b** ¿Qué infinitivos aparecen en el texto? ¿De qué verbos dependen?
- **c** Indica qué función tienen estos complementos:
  - **1** lyrae sono
  - **2** nuptiarum die
  - **3** ob venenum
  - **4** ad solium
  - **5** suaviter
  - **6** poetae vota

3. El pretérito perfecto de indicativo activo

3.1. Los paradigmas verbales

Un verbo en forma activa presenta tres temas verbales diferentes: el de presente (que ya conocemos), el de perfecto y el de supino. Todos los tiempos de la conjugación se forman a partir de uno de estos temas.

Para averiguar los temas de un verbo, debemos consultar el diccionario, que nos proporcionará el paradigma completo. Por ejemplo, si buscamos el verbo *amo*, encontraremos:

- *amo:* primera persona del singular del presente de indicativo;
- *amas:* segunda persona del singular del presente de indicativo;
- *amare:* infinitivo presente activo;
- *amavi:* primera persona del singular del perfecto de indicativo;
- *amatum:* supino activo.

La mayoría de diccionarios sustituyen por un guion la parte de la raíz común a todas las formas, especialmente en la segunda y la tercera: *amo, -as, -are, amavi, amatum*.

El tema de perfecto se detecta eliminando la terminación ***-i*** de la primera persona del singular del perfecto de indicativo: *amav-i* → *amav-* (tema de perfecto).

Sobre el tema de perfecto se forman el pretérito perfecto, el futuro perfecto y el pretérito pluscuamperfecto.

3.2. El perfecto de indicativo activo

Es el tiempo más destacable formado a partir del tema de perfecto. Los paradigmas de este tiempo son:

número	persona	1.ª conjugación	2.ª conjugación	3.ª conjugación	3.ª conj. mixta	4.ª conjugación	verbo *sum*
singular	1.ª	amav-i (*amé / he amado*)	monu-i (*advertí / he advertido*)	rex-i (*goberné / he gobernado*)	cep-i (*cogí / he cogido*)	audiv-i (*escuché / he escuchado*)	fui (*fui / he sido*)
	2.ª	amav-isti	monu-isti	rex-isti	cep-isti	audiv-isti	fuisti
	3.ª	amav-it	monu-it	rex-it	cep-it	audiv-it	fuit
plural	1.ª	amav-imus	monu-imus	rex-imus	cep-imus	audiv-imus	fuimus
	2.ª	amav-istis	monu-istis	rex-istis	cep-istis	audiv-istis	fuistis
	3.ª	amav-erunt amav-ere	monu-erunt monu-ere	rex-erunt rex-ere	cep-erunt cep-ere	audiv-erunt audiv-ere	fuerunt fuere

Hay cuatro tipos de lexemas de perfecto:

- Perfectos acabados en **-vi** o **-ui**: *amavi, delevi*. Son casi todos de la primera conjugación, aunque son frecuentes en la segunda y la cuarta.
- Perfectos acabados en **-i**: *legi, veni, cepi*. En ocasiones coinciden con el lexema verbal y se denominan *perfectos radicales* (*lego* → *legi*); en otras, hay alternancia en la cantidad o el timbre de la vocal (*capio* → *cepi*).
- Perfectos acabados en **-si** o **-xi**: *mansi, rexi*. Son muy frecuentes en la tercera conjugación.
- Perfectos reduplicados: *dedi, peperi*.

Con frecuencia el diccionario tiene una entrada propia para los perfectos que se diferencian mucho de los presentes. En este caso, la entrada nos remitirá al presente correspondiente.

Scriptorium del monasterio de Alcobaça, en Portugal.

ACTIVIDADES

12 Identificación de formas verbales. Detecta el tema de perfecto de los siguientes verbos e indica qué tipo de perfecto es.

praebeo, -es, -ere, praebui, praebitum
defendo, -is, -ere, defendi, defensum
duco, -is, -ere, duxi, ductum
orno, ornas, ornare, ornavi, ornatum
facio, -is, -ere, feci, factum
scio, -is, -ire, scivi, scitum
curro, -is, -ere, cucurri, cursum
moveo, -es, -ere, movi, motum
appello, -as, -are, appellavi, appellatum
debeo, -es, -ere, debui, debitum
relinquo, -is, -ere, reliqui, relictum
scribo, -is, -ere, scripsi, scriptum

13 Reconocimiento de modelos de conjugación.

a Ordena los paradigmas de estos verbos.

doceo, docui, doctum, doces, docere
duco, ducere, duxi, ducis, ductum
vocavi, vocatum, voco, vocas, vocare
obsideo, obsidere, obsedi, obsides, obsessum
munivi, munio, munire, munis, munitum
dilectum, diligo, diligere, diligis, dilexi
trado, tradere, tradidi, tradis, traditum
cantare, cantavi, canto, cantas, cantatum
incipio, incepi, incipere, incipis, inceptum
respondes, respondeo, responsum, respondere, respondi

b Explica el significado de estas palabras e indica con qué raíz latina de los verbos precedentes las relacionarías.

dúctil	obseso
incipiente	munición
docto	cantata
vocación	tradición

En la batalla de Zela, en el 47 a. C., Julio César venció a Farnaces II, que quería recuperar el reino del Ponto. La victoria fue tan rápida que, en sus *Comentarios*, César dejó escritos estos tres famosos verbos en perfecto de indicativo: «veni, vidi, vici».

ACTIVIDADES

14 Busca en el diccionario los paradigmas de estos verbos y completa la tabla.

verbo	paradigma	tema de presente	tema de perfecto	tema de supino
scribo	scribo, -is, -ere, scripsi, scriptum	scrib-	scrips-	script-
dico				
paro				
rapio				
aperio				
iubeo				
do				
fugio				

15 Pasa al perfecto los verbos subrayados y traduce.

- **a** Iudex scelus <u>punit</u>.
- **b** Urbis principes magna praemia Romanis equitibus <u>dant</u>.
- **c** Pacem et libertatem <u>diligimus</u>.
- **d** Hostium caedem Romanorum dux <u>nuntiat</u>.
- **e** Milites oppidi moenia <u>obsident</u>.
- **f** Uxor filii mortem <u>luget</u>.
- **g** Pugnam <u>relinquunt</u> sine ullo vulnere.
- **h** Equus ex flumine <u>bibit</u>.
- **i** Consules vectigal <u>imponunt</u>.
- **j** Equites castra <u>muniunt</u>.
- **k** Nautae Romani magnum piscem <u>capiunt</u>.
- **l** Legati pacem <u>cupiunt</u>.
- **m** Hostes Romanas ancillas <u>rapiunt</u>.

16 Analiza morfológicamente estas formas de perfecto de indicativo activo; después, tradúcelas.

> coepit, duxerunt, existimavimus, cecidit, invenimus, cupivi, respondistis, fuimus, fecit, honoraverunt.

17 Traduce estas oraciones.

- **a** Caesar, post victoriam contra Pharnacem, senatoribus scripsit: «Veni, vidi, vici».
- **b** Graeci post longam obsidionem Troiam ceperunt.
- **c** Accepisti tandem litteras meas?
- **d** Vera semper dixi, numquam falsum iuravi.
- **e** Hercules, ingens puer, leonem manibus interfecit.
- **f** Ceres, veris dea, cum filia Proserpina in Sicilia habitavit.
- **g** Mithridates veneficium timebat: ergo per multos annos cotidie poculum veneni plenum bibit.
- **h** Antiquas urbes delevimus, magnam auri copiam cepimus.
- **i** Romani multas gentes multosque populos vicerunt.
- **j** Persarum rex contra Graecos bellum gessit et miram classem ad Graecorum litora duxit.
- **k** Ingens clades Romanorum in bello contra Samnites fuit.
- **l** Multi viri multaeque mulieres ob gravem morbum vitam amiserunt.
- **m** Numquam causam tam infandi clamoris intellexi.
- **n** Imperator populi Romani provinciarum fines auxit.

18 CI Traduce las siguientes oraciones.

- **a** Vi ingenii, non corporis, Ulixes urbem Troiam cepit.
- **b** Non semper homines integri et boni praemia atque facultates obtinuerunt.
- **c** Multi philosophi usque ad senectam vixerunt.
- **d** Captivi noctem exspectaverunt, deinde fugerunt.
- **e** Fortes milites contra hostes pugnaverunt et vicerunt: cum victoria pax advenit.
- **f** Multae gentes fortem et aequum regem mortuum luxerunt.
- **g** Numquam patriam amavistis, et nunc quoque hostes estis.
- **h** Socrates cives suos ad virtutem incitavit, sed Athenienses philosophum de impietate accusaverunt.
- **i** Romani coronam ex auro deabus donum in Capitolio posuerunt.

ACTIVIDADES

19 CC Traduce el texto y realiza las actividades.

La infancia de Júpiter

Iovi mater fuit Rhaea, Saturni uxor. Saturnus autem omnes filios suos crudeliter vorabat. Rhaea igitur Iovem, vix natum (*recién nacido*), fideli ancillae secreto commendavit. Ancilla infantem in insulam Cretam asportavit atque in abdito specu occultavit. Specus latus erat et profundus; parietes hedera densa erant vestiti (*cubiertas*). Ibi multae nymphae habitabant: parvulum deum exceperunt et in cunabulis aureis collocaverunt. Divino infanti Amalthaea capra dedit lac purum et apes benigne mel dulce confecerunt. Quotidie columbarum agmen e mari in speluncam advolabat et ambrosiam Saturni filio praebebat. Quotidie etiam de summis montibus devolabat aquila magna et suave nectar infanti suppeditabat. Sic Iovem, ut deum immortalem, nutriverunt.

Júpiter amamantado por la cabra Amaltea, Nicolas Poussin (1594-1665).

- **a** Clasifica los verbos del texto según estén en imperfecto o en perfecto de indicativo.
- **b** Identifica los CCL que aparecen en el texto y explica cómo se han construido.
- **c** Indica de qué palabra latina proceden los siguientes términos castellanos: *miel, nutrir, devorar, fiel, montaña, inmortal, colocar, puro, cruelmente, águila, infante, insular, habitar.*
- **d** Cambia a nominativo singular los siguientes sintagmas del texto: *fideli ancillae, abdito specu, hedera densa, parvulum deum, divino infanti, lac purum, summis montibus, suave nectar.*
- **e** Señala qué oración del texto responde a la estructura CI + Suj. + V + CD + conj. + Suj. + adv. + CD + V.
- **f** Busca información sobre la ambrosía. Investiga qué hizo Tántalo con la ambrosía y qué le sucedió.

20 CS Traduce el siguiente texto sobre las guerras púnicas.

Romani tribus bellis contra Carthaginienses pugnaverunt. Primum bellum fecit Romanos dominos insulam Siciliae et Sardiniae. Attilius Regulus, clarus dux, non dubitavit mortem occumbere pro salute patriae inter foeda tormenta. Secundo bello Punico Romani multas et cruentas clades toleraverunt. Nam Poeni cum duce Annibale Romanos profligaverunt sed P. Scipio Poenos apud oppidum Zamam devicit et pacem componere cum Romanis coegit. Post aliquot annos Romani tertio bello Punico Carthaginienses ad extremam ruinam redegerunt et Carthaginem funditus everterunt.

21 CC Traduce este texto y resuelve las actividades.

Dido y Eneas

Carthago oppidum praeclarum in ora Africae erat; oppidi origo mira fuit. Dido, mulier pulchra, iram Tyrii tyranni vitavit; in Africam cum paucis comitibus fugit et ibi oppidum condidit. Procella saeva Aeneam profugum ad Africam duxit. Aeneas reginae pulchrae pugnas Troianas narravit. Dido magnam fortitudinem amavit, sed infidus Troianus ex Africa cum sociis ad oras Italiae navigavit. Dido misera dolorem morte vitavit.

Miniatura de un manuscrito conservado en la British Library en el que se representan episodios de la historia de Dido y Eneas.

- **a** Cambia los verbos en perfecto de indicativo del texto al número opuesto.
- **b** Identifica en el texto un CI, un atributo, un CC y un CD.
- **c** Indica qué palabras castellanas proceden de los siguientes términos latinos: *origo, mirus, vito, fugio, profugus, duco, regina, pugna, narro, navigo, dolor, vito.*
- **d** Averigua dónde se narra esta historia de Dido y Eneas.

4. El adverbio

Los adverbios son **palabras invariables** que pueden complementar a un verbo o modificarlo, modificar una oración o actuar como especificadores del adjetivo o de otro adverbio. Algunos de los adverbios más usuales en latín son:

De modo	De tiempo	De cantidad	De lugar
bene *bien* **male** *mal* **sic** *así* **forte** *casualmente* **sponte** *espontáneamente*	**hodie** *hoy* **olim** *antiguamente* **postea** *después* **antea** *antes* **nunc** *ahora*	**parum** *poco* **multum** *mucho* **nihil** *nada, en absoluto* **satis** *bastante*	**hic** *aquí* **ibi** *allí* **prope** *cerca* **procul** *lejos*
De afirmación	**De negación**	**De duda**	**De interrogación**
certe *ciertamente*	**non** *no*	**fortasse** *tal vez*	**cur?** *¿por qué?*

4.1. Cómo se forman los adverbios

Los **adjetivos de la primera clase** añaden a la raíz la desinencia **-e**:

liber, -era, -erum libe**re** / *libremente*

- Los **adjetivos de la segunda clase** añaden normalmente las desinencias **-iter** o **-ter**:

  acer → acri**ter** / *cruelmente* fortis, -e → forti**ter** / *fuertemente*

- También se pueden utilizar como adverbios adjetivos en **acusativo** o **ablativo singular neutro**:

  multum / *mucho* falso / *falsamente*

b A partir de sustantivos y de verbos

- Haciendo acabar el sustantivo o el verbo en **-tim**:

  nomen → nomina**tim** / *nominalmente*
  festino → festina**tim** / *rápidamente*

- Utilizando el sustantivo en **ablativo**:

  ius, iuris → iure / *justamente*
  fors, fortis → forte / *casualmente*

ACTIVIDADES

22 Busca en el diccionario el significado de estos adverbios.

cottidie, frustra, hic, postridie, sic, olim, ubi, bene, antiquitus, hodie, illic, tandem, sero, numquam, cras, statim, parum, diu, quondam

23 Forma adverbios a partir de estos adjetivos de la primera clase.

miser, doctus, piger, iustus, maestus, asper, severus, liber, callidus, honestus, iucundus, impiger

24 Palabras variables e invariables. Traduce.

- **a** Pueri et puellae ludos multum amant.
- **b** Olim Romani multa spectacula videbant.
- **c** Cur Marcus currit?
- **d** Hodie prae morbo matronae dominus cum amicis non cenat.
- **e** Nunc propter procellae scaphae in porto manent.
- **f** Repente tyranni filius non propter poenam, sed propter reverentiam epistulam Romam mittit.
- **g** Malitia sua servus domini cottidie mendacia dicit et pecuniae gratia aliquando furtum facit.
- **h** Saepe avaritia miseriae causa est.
- **i** Galli legatos non mittunt.
- **j** Unde venis?
- **k** Cottidie magister praeceptis et exemplis pueros erudiebat.
- **l** Medici morbos facile sanant.
- **m** Romanorum scribae stilo in tabulis diligenter secribebant.
- **n** Dominus scriba sedulum libenter remunerat.

5. Los complementos de tiempo

El complemento circunstancial de tiempo en latín se puede expresar de distintas formas. Veamos qué construcciones se utilizan en los casos más habituales:

a Se expresa en **ablativo sin preposición** siempre que se trate de un sustantivo que por sí mismo ya implica la idea de tiempo:

Fures **nocte** laborant. / *Los ladrones trabajan **de noche**.*

Brevi tempore aranea telam tegit. / ***En poco tiempo** la araña teje la tela.*

b Se expresa en **ablativo** precedido de ***in*** en expresiones más libres, especialmente con sustantivos que por sí mismos no indican tiempo:

In senectute multa scelera patrabat. / ***En su vejez** cometía muchos delitos.*

c El complemento de tiempo continuo, que indica la duración de una acción o situación, se expresa en **acusativo** precedido de ***per***, y en ocasiones simplemente con **acusativo sin preposición**:

Exercitus **tres dies** in regione manet. / *El ejército permanece **tres días** en la región.*

Tenes provinciam **per decem annos**. / *Gobiernas la provincia **desde hace diez años**.*

aurea dicta

¿Qué enseñanza crees que transmiten estos dichos? Tradúcelos y reflexiona sobre ellos.

Después, comprueba tu traducción escuchando el audio.

In portu quies.

Nulla dies sine linea.

Hic Rhodus,
hic saltus.

Doctrina est
fructus
dulcis radicis
amarae.

Alii homines,
alii mores.

Grabado que representa el Coloso de Rodas.

ACTIVIDADES

25 Escribe las palabras según el tipo de expresión temporal que se indica en cada caso.

	Ablativo sin preposición	Ablativo con *in*	Acusativo con *per*
obsidio, -onis			
autumnus, -i			
annus, -i (*duración*)			
vigilia, -ae			
pueritia, -ae			

26 Traduce estas oraciones, que contienen expresiones temporales.

- **a** Veris tempore pastores in frondosos valles et frigida flumina gregem suum ducunt.
- **b** Aestate oves cum canibus in altos montes veniunt et nocte in fronde requiescunt.
- **c** Hieme frigida nives de altis montibus cadunt et pastores in ovile oves timidas portant.
- **d** Vere et aestate, autumno et hieme, pastores contra fulvos lupos oves timidas defendunt.
- **e** Canes pastoribus amici sunt et die nocteque pastores canesque oves albas vigilant.

27 Completa las oraciones con expresiones de tiempo. Piensa en cada caso si debe añadirse una preposición ante la palabra o no.

- **a** ▲ (*antiquum tempus*, en plural) homines agriculturam non exercebant.
- **b** Noctes et ▲ (*dies, diei*) philosophus mentem exercet.
- **c** ▲ (*prima lux*) caligo vallem invadebat.
- **d** ▲ (*nox, noctis*) tenebrae oculos impediunt.
- **e** ▲ (*iter, itineris*) multas atque claras urbes cum amicis visitabam.

▲ **28** CC Traduce el texto.

Casandra y Troya

Per multos annos Graeci Troiam oppugnabant et in planitie sub urbis moenibus multa proelia gerebant. Cassandra, regis Priami filia et Apollinis sacerdos, suis civibus patriae cladem perniciemque praedicebat, sed Troiani Cassandrae verbis fidem non tribuebant et magnam victoriae spem servabant.
Equi dolo post longam annorum seriem Graeci Troiam expugnant; ita hostium acies urbem occupant et omnia ferro ignique vastant. Postremo Cassandra et aliae mulieres Troianae Graecis serviunt.

1. La evolución de las vocales (1)

Recuerda que en latín clásico las vocales tenían cantidad, de manera que había vocales largas y vocales breves. El latín disponía de diez sonidos vocálicos, que se diferenciaban entre sí por el **timbre** y por la **cantidad**.

Este sistema vocálico se simplificó al pasar del latín al castellano. Las vocales tónicas al pasar al castellano evolucionaron así:

Latín clásico	ī	ĭ	ē	ĕ	ā	ă	ŏ	ŏ	ŭ	ŭ
Castellano	i	e		ie	a		ue	o		u

Además de la pérdida de la cantidad, hay algunas reglas que explican la mayoría de los cambios vocálicos producidos. Los más importantes son:

- Las vocales tónicas se suelen mantener más que las átonas.
  Por ejemplo: *ferire* → herir
- Las vocales átonas que están en sílaba inicial también se suelen mantener.
  Por ejemplo: ***a**micu(m)* → **a**migo
- Las vocales en sílaba interior tendían a caer.
  Por ejemplo: *paupere(m)* → pobre
- En sílaba final, las vocales pueden conservarse, caer o transformarse.
  Por ejemplo: *am**a**t* → am**a**; *son**u**(m)* → son; *vin**u**(m)* → vin**o**

1.1. Diptongos

Recordemos que un diptongo es la combinación de dos sonidos vocálicos en una misma sílaba que se pronuncian como un fonema único. En latín había tres diptongos (**ae**, **oe**, **au**), que tendieron a simplificarse en una sola vocal:

- ae → e: *Gr**ae**cia(m)* → Gr**e**cia
- oe → e: *p**oe**na(m)* → p**e**na; *c**oe**menteriu(m)* → c**e**menterio
- au → o (habitualmente): ***au**ru(m)* → **o**ro; *p**au**cu(m)* → p**o**co

De estos tres diptongos latinos, el que más ha perdurado es **au**. Por ejemplo, en francés todavía se conservan las grafías *p**au**vre*, ***au**dace*, etc.

ACTIVIDADES

29 Escribe al lado de cada palabra latina la castellana derivada de ella. Puedes consultar el diccionario.

herbam	semper	fidelem	compositum
secare	pontem	apertum	aetatem
reginam	capillum	legem	cadere
linguam	dentem	veritatem	miraculum
virtutem	auriculam	populum	intrare
dubitare	digitum	timere	desertum
rotam	annum	oratione	volare
iuventutem	formicam	hominem	incensum
multum	rivum	rigare	ferrum
collum	civitatem	iuvenem	directum
aprilem	pratum	nervium	serram
caelum	pretium	librum	ventum

ACTIVIDADES

30 CI Indica en qué palabras de la actividad anterior se han producido estos fenómenos.

Caída de vocal en sílaba interior	Caída de vocal a final de palabra

31 Observa cómo han evolucionado estas palabras en castellano. Después, responde a la pregunta.

veritate(m) → verdad *fonte(m)* → fuente *viginti* → veinte
homo → hombre *nostru(m)* → nuestro *ferru(m)* → hierro

- En el paso del latín al castellano, ¿qué ha sucedido con las vocales que se encontraban a final de palabra?

32 Con ayuda del diccionario, busca qué palabras castellanas proceden de estos términos latinos. Señala qué ha sucedido con los diptongos.

paupere(m) causa(m) poena(m)
praestare praesagiu(m) paucu(m)

33 CA **Deducción de significado.** Escribe la palabra castellana derivada de las palabras latinas de la tabla y señala qué reglas de las que especificamos a continuación han intervenido en su evolución.

aedificare	collu(m)	amore(m)	comoedia(m)
crime(n)	dignu(m)	graecu(m)	pilu(m)
nome(n)	nostru(m)	poena(m)	praemiu(m)
tela(m)	fera(m)	faba(m)	lingua(m)

Reglas:

1. La **a larga** y la **a breve** se conservan como **a**: *f**a**gu(m)* → h**a**ya
2. La **e** y la **i** finales tienden a desaparecer: *flor**e**(m)* → flor
3. La **u** final se convierte en **o**: *templ**u**(m)* → templ**o**
4. La **i** breve en silaba inicial se convierte en **e**: *s**i**ti(m)* → s**e**d
5. Los diptongos **ae** y **oe** pasan a **e**: ***ae**dile(m)* → **e**dil
6. La **e** (breve y larga) y la **i** breve pasan a **e** o a **ie**: *d**e**ce(m)* → d**i**ez

nugae

En Roma había un número interminable de esclavos, pero no todos tenían encomendadas las mismas tareas ni vivían en las mismas condiciones. Había un tipo de esclavo, el *nomenclator*, con una curiosa misión: se encargaba de recordar a su amo el nombre del resto de los esclavos; los amos podían llegar a tener tantos, y era tan poco el esfuerzo que hacían para memorizar sus nombres, que necesitaban esta ayuda.

Como los esclavos conocían muy bien la ciudad y todos sus chismorreos, el *nomenclator* también solía susurrar al amo los nombres de las personas con las que se encontraba por la calle cuando paseaba. Esto permitía a su amo quedar como un señor, y mostrar afecto y familiaridad.

Del nombre de este esclavo viene nuestra palabra **nomenclátor**, que significa 'lista o catálogo ordenado de nombres'.

1. Los latinismos (2)

En ocasiones los latinismos en nuestra lengua presentan la forma de **locuciones**, es decir, expresiones formadas por más de una palabra. Recuerda que debemos escribir en cursiva las locuciones latinas. Las más usuales son las que aparecen en la tabla.

Locución	Significado
a posteriori	'con posterioridad [a la experiencia]'. Se utiliza para expresar que una cosa se hace o se dice basándose en hechos observados.
a priori	'con anterioridad [a la experiencia]'. Expresa que una cosa se hace o se dice sin poder basarse en los hechos, ya que aún no han ocurrido.
ad libitum	'a voluntad, a discreción'
corpore insepulto	'con el cuerpo insepulto'. Se aplica a la misa celebrada delante del cuerpo del difunto.
delirium tremens	'delirio tembloroso'. Psicosis tóxica asociada al alcoholismo crónico, caracterizada por alucinaciones y temblores.
ex aequo	'en igualdad de méritos'. Se utiliza en concursos, competiciones o pruebas de carácter deportivo para indicar que dos o más participantes han quedado empatados.
ex libris	'de los libros'. Designa la inscripción, generalmente con un grabado, que se pone en los libros para indicar la propiedad.
honoris causa	'por honor'. En la expresión «doctor *honoris causa*» significa que la persona ha recibido la valoración académica más alta como honor, por la fama o los méritos que acredita.
in albis	'en blanco'. Indica que la mente ha perdido el recuerdo de alguna cosa.
in extremis	'en el último momento'
in flagranti	'con [el delito] evidente'. En español, la forma latina original evolucionó en *in fraganti*. Se usa para indicar que se ha sorprendido a alguien en el momento de cometer una acción reprensible.
in situ	'en el lugar'. Sirve para indicar que una cosa se halla en su lugar originario.
inter nos	'entre nosotros'. La utilizamos como sinónimo de *confidencialmente*.
ipso facto	'inmediatamente'
lato sensu	'en sentido amplio'. Por oposición a *stricto sensu*.
mea culpa	'por mi culpa'. Se emplea cuando se quiere reconocer un error como propio.
modus vivendi	'manera de vivir'. Coloquialmente equivale a *medio de vida*.
motu proprio	'por propio impulso'. Se dice de aquello que se hace voluntaria y espontáneamente.
mutatis mutandis	'cambiar las cosas que se han de cambiar'. Con ello se quiere decir que se han cambiado los detalles, pero no lo esencial.
numerus clausus	'número cerrado'. Limitación de las plazas ofrecidas por una universidad de una carrera determinada.
peccata minuta	'faltas o errores pequeños'
per capita	'por cabezas'. En economía, la expresión «renta *per capita*» designa el resultado de dividir la renta nacional por el número de habitantes.
per se	'por sí mismo'
post mortem	'después de la muerte'

post scriptum	'escrito después'. Palabras añadidas a un escrito que se había dado por terminado. Es usual encontrar su fórmula abreviada, P. S., tras la firma de una carta precediendo a un añadido.
rara avis	'ave rara'. Se usa para manifestar que una persona tiene características poco comunes.
sine die	'sin fecha'. La expresión «aplazar *sine die*», por ejemplo, significa aplazar un asunto sin fecha determinada.
statu quo	'estado en el cual'. Se refiere al estado actual de las cosas, a la situación en que se encuentran.
stricto sensu	'estrictamente, en sentido propio'
vade retro	'vete atrás, retrocede'. Indica el rechazo hacia alguien o hacia alguna cosa.
vice versa	'con el papel cambiado'. Se utiliza para indicar «en sentido contrario» o «a la inversa».

ACTIVIDADES

34 Deduce qué expresiones de la tabla anterior son las contrarias de estas.

a *a posteriori*
b *numerus apertus*
c *motu alieno*
d *lato sensu*
e *ante scriptum*
f *vox populi*

35 Completa estas oraciones con la expresión latina adecuada.

a Estoy contento porque vino a pedir perdón ▲; nadie se lo sugirió.
b No se puede juzgar ▲ porque es muy fácil equivocarse.
c Pablo es una ▲. Se ha aprendido de memoria la guía de teléfonos.
d No se sabe con certeza si el presidente dimitirá, pero todos lo dan por hecho. Es ▲.

36 Escribe una oración para cada una de las siguientes expresiones.

vade retro *in albis* *peccata minuta*

37 CD Consulta la web y responde a las preguntas.

a Las iniciales *a. m.* provienen de un latinismo. ¿De cuál? ¿Cuál es su traducción literal?
b ¿Qué relación hay entre el latinismo *in situ* y la conservación de los edificios antiguos?
c *Grosso modo* es sinónimo de:
[ ] aproximadamente [ ] deliberadamente
[ ] descaradamente [ ] por sorpresa
d ¿Ante qué siente horror una persona que sufre *horror vacui*?
e Para indicar que alguien ha escrito su primer libro, ¿qué latinismo que empieza por **o** se puede emplear?
f El nombre científico de nuestra especie se expresa en latín. ¿Cómo? ¿Qué significado tiene?

38 CC Este fragmento en latín del Evangelio (Juan 19, 5) contiene la expresión *ecce homo* para expresar el pasaje resaltado. Investiga qué quiere decir actualmente y busca la imagen de un *ecce homo*.

> Entonces Pilatos hizo azotar a Jesús. Los soldados le ciñeron en la cabeza una corona de espinas que habían trenzado y lo cubrieron con un manto púrpura.
> Se le acercaban y le decían:
> –¡Salve, rey de los judíos!
> Y lo abofeteaban.
> Pilatos volvió a salir y les dijo:
> –Ahora os lo sacaré aquí fuera, para que sepáis que no encuentro en él culpa alguna.
> Entonces salió Jesús llevando la corona de espinas y el manto púrpura. Pilatos les dijo:
> **–¡He aquí el hombre!**

nos gustan las palabras

Nuestra palabra **genuino** viene del latín *genu* ('rodilla'). *Genuino*, como sabéis, quiere decir 'de origen verdadero, que no es falso'.
Para explicar la evolución del significado de *genuino* debemos remontarnos a una costumbre de los etruscos –que los romanos heredaron– según la cual, cuando nacía un niño, si el padre lo reconocía, lo colocaba sobre sus rodillas. Con este gesto el niño era declarado legítimo o genuino.
El termino *genu* está presente también en la forma *genuflexión*, que significa 'arrodillarse' (de las palabras latinas *genu flexio*, literalmente 'doblar la rodilla').

Clases sociales en la época republicana

- hombres libres
  - ciudadanos privilegiados
    - patricios
    - nobles
    - caballeros
  - ciudadanos no privilegiados
    - independientes: plebeyos
    - dependientes: clientes
- esclavos

Clases sociales en la época imperial

- ciudadanos
  - *ordo senatorius*
    - patricios
    - nobles
  - *ordo equester*
    - caballeros
  - plebe
    - hombres libres
    - libertos
- esclavos

1. Las clases sociales

La población romana estaba constituida por dos grandes grupos: hombres libres y esclavos. Los hombres libres podían ser ciudadanos (*cives*) o extranjeros (*peregrini*). Estos últimos podían residir en Roma, pero no tenían derechos políticos.

1.1. Los ciudadanos

Patricios y plebeyos

En un principio, los únicos ciudadanos eran los patricios, que se consideraban descendientes de los primeros habitantes de Roma, generalmente divinizados. Sin embargo, los plebeyos fueron adquiriendo derechos que inicialmente les eran negados y así se fueron igualando a los patricios ante la ley. Destacan los siguientes hitos:

- **Los tribunos de la plebe.** En el año 494 a. C., los plebeyos se amotinaron en el Aventino y amenazaron con fundar una nueva ciudad. Los patricios accedieron a crear los tribunos de la plebe, magistrados con amplias e inviolables prerrogativas, encargados de velar por los intereses de los plebeyos.
- **La ley de las Doce Tablas.** Durante los años 451-449 a. C. se pusieron por escrito las leyes romanas, grabadas sobre doce tablas de bronce. Las tablas se expusieron en el foro a la vista de todos. Con esta medida, los plebeyos querían evitar que las leyes fuesen interpretadas arbitrariamente, como se había hecho cuando no estaban codificadas.
- **La ley Canuleya.** Esta ley, del 445 a. C., permitía a los plebeyos casarse legalmente con los patricios. Con esto se autorizaba la mezcla de sangre entre los dos estratos sociales.
- **La ley Hortensia.** En el año 287 a. C., los plebeyos lograron que los plebiscitos o acuerdos emanados de sus asambleas, presididas por un tribuno, tuviesen fuerza de ley tanto para los patricios como para los plebeyos.

Togado romano del siglo I. La toga es una prenda de vestir que llevaban, sobre todo, los magistrados y los patricios.

Con la equiparación política de patricios y plebeyos, la antigua nobleza de sangre perdió gradualmente su importancia y dejó paso a la nobleza por razón de los cargos públicos ocupados (***ordo senatorius***) y por la del dinero acumulado (***ordo equester***). El *ordo senatorius* o *nobilitas* estaba constituido por patricios y por plebeyos cuyos antepasados habían ejercido una magistratura del *cursus honorum* (cuestor, edil, pretor o cónsul). Cuando un plebeyo llegaba a edil, se convertía en *homo novus* e iniciaba la *nobilitas* de su familia. El *ordo equester* estaba integrado por la burguesía rica dedicada a actividades económicas y judiciales. Los caballeros del *ordo equester* se dedicaron al comercio a gran escala, al cobro de impuestos públicos, a la contratación de obras públicas, etc. De esta manera, su fortuna llegó a ser inmensa.

1.2. Los clientes

Constituían una categoría específica entre los hombres libres. Eran ciudadanos libres que se ponían bajo la protección de una persona rica (*patronus*). En principio, la clientela suponía una relación íntima y casi sagrada entre el patrono y el cliente, pero durante el Imperio se convirtió en una relación de alquiler: el cliente pasó a ser una figura decorativa, mal pagada y maltratada, en el séquito de su señor. En el siglo II . C., en Roma había unos 150000 clientes.

HISTORIA ET VITA

1.3. Los esclavos

Roma tenía una **economía esclavista**, es decir, basada en el trabajo de los esclavos como medio principal de producción. Los esclavos, llamados *mancipium*, eran propiedad absoluta del amo. No tenían personalidad jurídica; no tenían derecho de propiedad ni tampoco podían formar una familia propia, ya que su matrimonio, aunque contase con el permiso del amo, se consideraba concubinato y sus hijos eran propiedad de este.

La condición de esclavo se adquiría por una de estas vías:

- Por **nacimiento** si se era hijo de esclava.
- Por **derecho de conquista** si se caía prisionero en la guerra.

Una parte de los esclavos eran domésticos, o sea, vivían con las familias romanas y llevaban a cabo las tareas necesarias para el mantenimiento de la hacienda del dueño. Los ricos llegaban a tener centenares de esclavos.

Mosaico de Cartago que representa esclavos sirviendo un banquete (s. III a. C.).

Los esclavos domésticos ayudaban al señor a ponerse la toga; recibían a los invitados, les cogían la toga y los zapatos, y les ofrecían un baño caliente o un lavado de pies. Los más fuertes y educados servían la comida vestidos de colores vivos, que contrastaban con sus cabelleras, con las cuales, a veces, los amos se secaban las manos. También servían el vino y cortaban las viandas. Otros, peor vestidos, recogían los platos y las mesas. A cada invitado se le asignaba un esclavo, que permanecía a sus pies durante toda la estancia.

Mosaico situado en el interior de la Villa del Casale, en Sicilia. Representa a la familia de un emperador que se dirige hacia el gimnasio, acompañada de dos esclavos –en los extremos– que les llevan el equipo.

A los esclavos se les podía colgar un collar con una placa en la que se leía: «Detenedme si me escapo y devolvedme a mi amo». Algunos esclavos tenían la consideración de hombres libres, bien por la humanidad de sus amos o por el carácter intelectual del trabajo que desempeñaban (secretarios, administradores o educadores). A partir del siglo III d. C., se les empezó a valorar como hombres libres. El emperador Diocleciano, por ejemplo, era hijo de un esclavo que había comprado su libertad.

Los libertos

Los esclavos podían obtener la libertad (manumisión). El esclavo manumitido se llamaba *liberto*. Gozaba de derechos limitados y seguía debiendo a su antiguo amo respeto y fidelidad. Las formas de conseguir la manumisión eran:

- Al morir. Con frecuencia, se liberaba a un esclavo en el momento de su muerte para que tuviese un entierro propio de un hombre libre.
- Con la muerte de su amo. Los testamentos solían contener cláusulas de libertad de esclavos como muestra de generosidad. En estos casos, además, era común dejarles alguna propiedad o dinero.
- Comprando su libertad. Los esclavos podían reunir un pequeño capital llamado peculio.
- Por declaración delante de un magistrado: amo y esclavo defendían la libertad de este. Si era aceptada, el magistrado tocaba la cabeza del esclavo con un bastón, en señal de libertad.

Muchos esclavos emancipados se quedaban en la misma casa realizando las mismas tareas, pero con mayor dignidad.

ACTIVIDADES

1 Detecta los errores de estas afirmaciones y escríbelas correctamente.

- Los ciudadanos y los extranjeros eran hombres libres con los mismos derechos políticos.
- Pertenecían al *ordo senatorius* los hombres ricos gracias al comercio y a los negocios.
- Los plebeyos que ejercían una magistratura se convertían automáticamente en libertos.
- Solo eran esclavos los hijos de padre y madre esclavos.

2 **Sociedad romana.** Completa esta tabla sobre la sociedad romana.

Ciudadanos de pleno derecho	Ciudadanos sin pleno derecho	No ciudadanos
▲: aristocracia romana con privilegios hereditarios. ▲: ciudadanos que inicialmente estaban excluidos de las magistraturas. Clientes: ▲.	Libertos: ▲	▲: eran propiedad del amo y no tenían personalidad jurídica.

3 Completa la tabla sobre la lucha de los plebeyos por sus derechos.

	Año	Función
Creación de los tribunos de la plebe		
Ley de las Doce Tablas		
Ley Canuleya		
Ley Hortensia		

4 Lee este texto de Plinio el Joven (*Cartas*). ¿Trataban todos los amos a sus esclavos como Plinio? ¿Por qué Plinio los trata así? ¿Qué opinas de la esclavitud?

> Me han afectado las enfermedades y la muerte de mis esclavos. En mi casa, los esclavos reparten sus bienes, los regalan y los legan. Porque mi casa es para los esclavos una especie de estado, y esta idea me gusta, ya que es obra mía, aunque yo mismo sea víctima, a veces, de la humanidad que me ha llevado a permitir a los esclavos tantas libertades.

5 CC Lee este texto de Plauto (*Comedia de la Olla*, acto V, escena 1) e indica a qué forma de obtener la libertad hace referencia.

> ESTRÓBILO: Caramba, ¿no es mi amo ese que veo?
> LICÓNIDES: ¿No es ese mi esclavo?
> ESTRÓBILO: Es él.
> LICÓNIDES: Él y no otro.
> ESTRÓBILO: Me acercaré a él.
> LICÓNIDES: Aceleraré el paso.
> ESTRÓBILO: ¿Por qué no le he de decir que he encontrado este botín? Le pediré que me dé la libertad. Voy a decírselo. Lo encontré.
> LICÓNIDES: ¿Qué encontraste?
> ESTRÓBILO: No es lo que los niños llaman haber encontrado un haba...
> LICÓNIDES: Será una broma de las tuyas, como siempre.
> ESTRÓBILO: Amo, espera, te lo explicaré; escucha.
> LICÓNIDES: Habla ya.
> ESTRÓBILO: Amo, hoy he encontrado grandes riquezas.
> LICÓNIDES: ¿Dónde?
> ESTRÓBILO: He encontrado una olla de cuatro libras, llena de oro.
> LICÓNIDES: No me digas...
> ESTRÓBILO: La he robado a Euclión, el viejo que vive aquí.
> LICÓNIDES: ¿Y dónde está ese oro?
> ESTRÓBILO: En un cofre, en mi casa. Quiero que me des la libertad.

Escucha el audio sobre Livia, la segunda esposa de Octavio Augusto, y completa el texto con la información que falta.

1. La mujer y la vida familiar

En Roma, la **mujer** era considerada y tratada como una menor a lo largo de su vida. Por este motivo, siempre estaba **sometida a la tutela de un hombre**: a la de su padre mientras estaba soltera, a la de su marido una vez casada, y a la de un tío o un hermano si se divorciaba y regresaba a la casa de su padre cuando este ya había muerto.

Una madre de familia, o matrona, debía comportarse sumisamente y quedarse encerrada en casa llevando a cabo tareas específicamente femeninas, como hilar y tejer. Sin embargo, dentro de casa la mujer tenía bastante poder, especialmente sobre las sirvientas a las que dirigía y sobre los niños a los que debía educar, que le profesaban un enorme respeto. En muchas familias aristocráticas y acomodadas, encargarse de estas tareas era un trabajo complejo y de responsabilidad, ya que el número de esclavas podía ser elevadísimo.

Escena doméstica representada en un fresco de Herculano. La mujer romana vivía sometida al marido y, en parte, recluida en casa.

A partir del final de la República y durante toda la época imperial, la condición de las mujeres mejoró un poco: empezaron a tener menos hijos y a preocuparse menos de la educación de estos; paralelamente, tampoco se vieron obligadas a vivir tan recluidas en la esfera doméstica.

Efectivamente, a partir del siglo II a. C., fueron admitidas en los banquetes y participaron más en las distracciones sociales, aunque nunca tuvieron derecho a voto ni a participar en las asambleas.

Esta mayor libertad de la mujer se evidencia en la queja que en el siglo I d. C. lanzaba el poeta Juvenal, que lamentaba que las mujeres estuviesen invadiendo terrenos que hasta entonces habían estado reservados a los hombres: aparecían mujeres escritoras o que practicaban deportes. Esta apertura afectó especialmente a las mujeres ricas, que rivalizaron con los hombres en la relajación de costumbres: participación en los banquetes, multiplicación de adulterios y divorcios...

Cuatro mujeres romanas, una de ellas, con un instrumento musical.

1.1. El matrimonio

La edad legal para casarse era de doce y de catorce años, para muchachas y muchachos, respectivamente, aunque los hombres generalmente no se casaban hasta la edad adulta, cuando ya tenían unos treinta años.

Al principio, solo tenían derecho a casarse legalmente los **patricios**. Más tarde, gracias a la ley Canuleya (445 a. C.), también los **plebeyos** se pudieron casar con patricios. En cambio, los extranjeros y los esclavos no pudieron acceder jamás al derecho de matrimonio.

Entre la época de la República y la del Imperio hay diferencias importantes en cuanto al matrimonio y al estatus de la mujer en esta institución, ya que fue ganando en derechos y en libertad para decidir sobre distintos aspectos.

En la **época republicana** los romanos **no se casaban por amor**, sino exclusivamente para tener hijos y cumplir, de esta forma, con un deber cívico y religioso: el de continuar y perpetuar el culto de los antepasados. Así, en esta época eran los padres los que decidían con quién se desposarían sus hijos, y se condenaba cualquier manifestación pública de ternura entre los esposos.

Durante la República, los matrimonios se establecían según una de las siguientes fórmulas:

- **El matrimonio *cum manu*.** Es la forma más antigua de matrimonio. La mujer, al casarse, pasaba de la autoridad del padre a la del marido, que adquiría sobre ella un derecho absoluto, hasta el extremo de que la podía condenar a muerte, por ejemplo, en caso de adulterio.
- **El matrimonio *sine manu*.** La mujer continuaba bajo la autoridad de su padre tras el enlace.

Sin embargo, a partir del siglo II a. C., el poder del marido sobre la mujer se fue debilitando y, al final de la República, se extendió una nueva forma de enlace (*nuptiae*). Según esta modalidad, para casarse era necesario el consentimiento mutuo de los esposos.

1.2. El adulterio

Se producía adulterio cuando un hombre, casado o soltero, tenía relaciones sexuales con una mujer casada; si se tenían con prostitutas o esclavas, no se consideraban adúlteras.

En el año 17 a. C., el emperador Augusto promulgó una ley para sancionarlo severamente y el adulterio pasó a considerarse un **crimen público**. A partir de este momento, el marido estaba obligado a solicitar el divorcio y disponía de sesenta días para presentar una queja contra la esposa adúltera.

El marido podía matar al amante de su esposa en caso de que los sorprendiese cometiendo adulterio; si el amante era de baja extracción social (por ejemplo, un esclavo, un gladiador, un actor o un bailarín), esta acción era considerada, incluso, necesaria.

Las **sanciones** para una mujer culpable de adulterio eran la confiscación de la mitad de su dote y de la tercera parte de sus bienes, y su exilio en alguna isla remota. No se podía volver a casar y se equiparaba, en condición, a las prostitutas. En el caso del hombre, se le confiscaban la mitad de sus bienes y se le exiliaba en alguna isla; también podía ser condenado a trabajos forzados en las minas.

Augusto aplicó las disposiciones de esta ley a su propia familia, particularmente a su hija y a su nieta, ambas llamadas Julia.

La familia romana

La familia era la base de la civilización romana. La formaban todas aquellas personas, parientes o no, que estaban vinculadas a una *domus*, vivían juntas y dependían del mismo patrimonio y de la autoridad del *pater familias*.

Los miembros principales de la familia eran el padre (*pater*) y la madre (*mater*), llamados *parentes*, y los hijos de ambos sexos que tenían en común (*filius* y *filia*), llamados *liberi* porque habían nacido libres.

Los esclavos (*servi*), que también formaban parte de la familia, llamaban al padre y a la madre *dominus* y *domina*.

El cabeza de familia (*pater familias*) se ocupaba de dirigirla. Este papel correspondía al hombre mayor de la familia (el abuelo o el padre).

Cuando el *pater familias* se moría, los hijos de este pasaban a ser *pater familias* de sus propias familias.

Debía mantener a la familia, representarla políticamente y oficiar los ritos religiosos domésticos.

Tenía la autoridad jurídica sobre sus hijos (*patria potestas*), sobre los esclavos (*manus*) y, en función del tipo de matrimonio (*cum manu*), también sobre su esposa. Podía concertar los matrimonios de sus hijos y decidir si los miembros de la familia debían vivir o morir (*ius vitae et necis*).

Se consideraban hijos (*liberi*) los niños nacidos de un matrimonio legítimo que el padre había aceptado.

Si el hijo no era reconocido, podía ser adoptado por otra familia.

La madre (*mater*), esposa (*uxor*) y dueña de la casa (*domina*), dependía de su marido de acuerdo con el tipo de matrimonio que hubiera tenido.

Tenía la llave de la despensa, dirigía las tareas domésticas, estaba obligada a dar hijos al marido y se ocupaba de la educación de estos.

Los esclavos (*servi*) no tenían categoría de persona, sino de cosa (*res*). Podían ser comprados y vendidos.

El esclavo liberto recibía el *praenomen* y el *nomen* de su antiguo propietario, y el nombre que tenía como esclavo pasaba a ser *cognomen*. Mantenía lazos de fidelidad con el antiguo propietario, como *cliens* suyo.

1.3. El divorcio

El marido tuvo siempre la libertad de repudiar a su mujer; generalmente se alegaba como motivo de la ruptura la esterilidad de la mujer, que esta hubiese intentado abortar o que hubiese falsificado las llaves de la casa conyugal para cometer adulterio. No obstante, el hombre tenía la obligación de restituir la dote a la familia de su mujer.

Ellas, en cambio, no se pudieron divorciar hasta principios del Imperio. En esta nueva época, el vínculo matrimonial fue muy fácil de disolver, tanto para el hombre como para la mujer. Ni siquiera era necesario advertir al cónyuge, de forma que era suficiente con que un esclavo llevase una nota en la que figurase la expresión «coge lo que es tuyo y vete». Sin embargo, la mujer de un solo marido (*univira*) estaba mejor considerada que la que había tenido más de uno. También estaba mal visto el concubinato, ya que se consideraba propio de esclavos o de libertos. Incluso en las épocas de costumbres más relajadas, los filósofos siempre defendieron la estabilidad del vínculo matrimonial.

in illo tempore

Los esclavos no se podían casar como los hombres libres. Sin embargo, podían establecer una unión reconocida que se llamaba *contubernium*, es decir, 'cohabitación'.
Los hijos que nacían de la unión de dos esclavos en contubernio pasaban a ser propiedad y esclavos del *pater familias* de sus padres.

ACTIVIDADES

6 Compara el matrimonio romano con el actual. Indica en qué aspectos ha evolucionado más.

7 Observa esta imagen y busca información sobre las siguientes cuestiones:

- **a** ¿Quién era la *pronuba* y en qué lugar de la escena se encuentra?
- **b** ¿Qué nombre recibía el ritual de darse la mano como compromiso de los esposos de vivir juntos?

8 **Roles familiares romanos.** Explica qué miembros formaban la familia romana y qué rol desempeñaba cada uno de ellos.

9 CC CD Lee este texto y realiza las actividades que figuran a continuación.

> ¿Por qué crees que Sertorio desea tan intensamente a Bíbula? Si averiguas la verdad, descubrirás que se ha enamorado de su rostro, no de ella como esposa.
>
> Tan pronto como se le dibujen tres arrugas y se le vuelva flácido el cutis reseco, tan pronto como los dientes se le ennegrezcan y los ojos se le achiquen, un liberto le espetará: «Coge tus trastos y vete. No molestes más; no haces otra cosa que sonarte. ¡Fuera de aquí! ¡Date prisa! Que ya viene otra a la que no le gotea la nariz».
>
> Juvenal, *Sátiras*.

- **a** ¿Cuál es el nombre propio de los esposos?
- **b** ¿De qué acusa Juvenal a Sertorio?
- **c** ¿De qué forma se producirá, según Juvenal, el repudio de Bíbula? ¿Era una forma habitual de divorciarse en la Roma antigua?
- **d** ¿Qué imagen transmite este texto sobre el matrimonio en Roma en época del Imperio? ¿Se puede deducir que el marido ya ha cometido infidelidad?
- **e** Infórmate, en el enlace que te proporcionamos, sobre qué es una sátira. Después, justifica el tono que utiliza Juvenal.

Los arcos de triunfo

Los arcos de triunfo se levantaban habitualmente en el acceso principal de las ciudades, para recordar a sus habitantes la grandeza y la fortaleza del mundo romano. Al principio eran construcciones de madera pensadas para que los generales del ejército expusiesen sus trofeos, logrados en las victorias. Más adelante fueron **conmemorativos**, de piedra y con inscripciones. Principalmente encontramos dos tipos de construcciones:

- **De un arco:** con columnas o pilares adosados. En la cornisa se encuentra el texto que explica el motivo de la edificación.
- **De tres arcos:** dos laterales más pequeños y uno central, más ancho y alto. Son los más comunes. En ocasiones, además de su función conmemorativa, servían también como «puerta de control» de la ciudad: por la abertura central pasaban los carruajes y los animales, y por las laterales, las personas.

En Roma, destacan el arco de Tito (82 d. C.), el de Septimio Severo (203 d. C.) y el de Constantino. Este último marca el límite del foro romano. Fue construido en el año 315 d. C. para conmemorar la victoria de Constantino sobre el emperador Majencio, gracias a la que se convirtió en emperador absoluto de todo el Imperio. En su construcción se utilizaron esculturas, frisos, relieves y mármoles de otros monumentos ya existentes, de forma que en el arco encontramos relieves de la época de Adriano, de Trajano y de Marco Aurelio.

En España, destacan los arcos de Bará y de Medinaceli. El arco de Bará se levanta sobre el trazado de la que fue la Vía Augusta. Construido en la época del emperador Augusto, hacia el año 13 a. C., se supone que estuvo dedicado a él y que sirvió para marcar los límites territoriales de Tarraco. El arco de Medinaceli, construido a finales del siglo I d. C., es el único de tres arcos de todo el Estado español.

1

2

3

1 Arco de Constantino. **2** Arco de Medinaceli. **3** Arco de Bará.

ACTIVIDADES

10 En el arco de Constantino encontramos esta inscripción. Léela y contesta a las preguntas.

IMP · CAES · FL · CONSTANTINO · MAXIMO · P · F · AVGVSTO ·
· P · Q · R · QVOD · INSTINCTV · DIVINITATIS · MENTIS ·
MAGNITVDINE · CVM · EXERCITV · SVO · TAM · DE ·
TYRANNO · QVAM · DE · OMNI · EIVS · FACTIONE ·
VNO · TEMPORE · IVSTIS · REMPVBLICAM · VLTVS ·
EST · ARMIS · ARCVM · TRIVMPHIS · INSIGNEM · DICAVIT

Al emperador César Flavio Constantino, el más grande, piadoso y bendito Augusto: puesto que él –inspirado por la divinidad y la grandeza de su mente– ha liberado al Estado del tirano y de sus seguidores –con el ejército y por la fuerza de las armas–, el Senado y el pueblo de Roma le han dedicado este arco decorado con triunfos.

a ¿A qué emperador está dedicado el arco?
b ¿Quién ha dedicado el arco al emperador?
c ¿Con qué motivo se erigió este arco? ¿Se menciona en el texto?

11 CI Busca información, y exponla brevemente, sobre el arco de triunfo más cercano a tu localidad.

UT SUPRA

1 De las palabras en cursiva, tacha las formas incorrectas.

- **a** Pars *diei/diebus/diem* obscura fuit, pars clara.
- **b** *Domus/domui/domum* sua plena signorum erat.
- **c** *Luxuries/luxuriei/luxuriem* Hannibalis copias corrupit.
- **d** Miseri Troiani tandem de *requies/requie/requiei* curarum optabant.
- **e** Meridies *diei/diem/die* media pars est.
- **f** Tota gens in fines *rem publicam/rei publicae/res publicas* cum manu amicorum venit.
- **g** Puella *faciem/facie/faciei* egregia ad campum venit.
- **h** Historia *rerum/res/rebus* causas explicat.
- **i** *Aciem/aciei/acies* planitiem ocupat.
- **j** Nullam *spei/spem/spe* gloriae habeo.

2 Traduce las oraciones, que contienen palabras de la cuarta y quinta declinaciones.

- **a** Res humanae fragiles et caducae sunt.
- **b** Annus est longa series dierum et noctium.
- **c** Peditatus equitatusque hostium impetus frangent.
- **d** Aestate agricolae ab ortu solis usque ad occasum laborabunt.
- **e** Senatus magnos honores tribuet exercitui post reditum in urbem.
- **f** Diebus festis res asperas non agemus.
- **g** Senatus magnum exercitum in hostes mittet.
- **h** Discordiarum exitus est aut omnium civium interitus aut victoris dominatus.
- **i** Cives impii perniciem rei publicae parant et multi boni cives in acie cadunt.
- **j** Gladiatores curru in harenam intrant atque ludi plausum spectantium movent.
- **k** Dum sol ad occasum praecipitat, agricolae ex campis in pagos et vicos veniebant.
- **l** Voluptas quoque utilitatis speciem interdum habet.

3 Traduce estas oraciones, en las que siempre aparece la palabra *dies*.

- **a** Diebus festis omnes cives theatrum et circos celebrabant.
- **b** Diebus nefastis iudicia in foro non erant.
- **c** Media diei pars est meridies.
- **d** Romani dies natales semper celebrabant.
- **e** Cives diebus natalibus deis animalia multa mactabant.
- **f** Dies diem docet.
- **g** Tribus diebus opus perficiam.
- **h** Paucis post diebus tabellarius venit.
- **i** Sumimus prandium sub meridiem, cenam sub vesperum.

4 CM **Análisis morfosintáctico.** Traduce este texto y realiza las actividades que aparecen a continuación.

Las maravillas de la naturaleza

Admirabilis est caelestium atque terrestrium rerum pulchritudo. Maris ingens magnitudo, caeli species, die nocteque fulgentis, amoenitas montium et planitiei mirae sunt. Mari finitimus aer terram imbribus fecundat: sine aere et imbribus animantium vita in terris non est. Sol diem noctemque gerit, suoque cursu et veris et aestatis et autumni et hiemis causa est. Natura rerum hominum admirationem movet; sed raro homines rerum causas inquirunt; ideo solis astrorumque motus et ceterarum rerum rationem ignorant.

- **a** Identifica las palabras de la quinta declinación que hay en el texto y analízalas morfológicamente.
- **b** Analiza morfológicamente estos adjetivos que aparecen en el texto: *admirabilis, terrestrium, ingens, animantium.*
- **c** ¿Por qué crees que en la expresión *et veris et aestatis et autumni et hiemis* se repite la conjunción *et*?

5 Escribe en la tabla la traducción de estos adverbios o locuciones. En la columna de color aparecerá un nombre de pila romano. ¿Cuál es?

1						
2						
3						
4						
5						
6						
7						
8						
9						

1 agradablemente
2 tal vez, quizá
3 atrás, nuevamente
4 injustamente
5 delante
6 abiertamente
7 demasiado
8 en todas partes
9 siempre

6 Traduce estas oraciones al latín.

- **a** Las tropas combaten valerosamente y, después, invaden la llanura.
- **b** Todos los días los atletas griegos honran a la diosa de la victoria.
- **c** Los maestros romanos eran a menudo esclavos griegos.
- **d** Antiguamente los griegos coronaban a los poetas con el laurel divino y a los atletas, con el oloroso mirto.
- **e** La amistad proporciona, a menudo, felicidad a la vida.
- **f** Todos los días las muchachas y los muchachos llevaban a los templos de los dioses y de las diosas una gran abundancia de rosas.
- **g** Los peligros perturban fuertemente los espíritus de los hombres.
- **h** Augusto administraba bien la ciudad; Nerón, mal.

7 Traduce y declina las siguientes parejas de adjetivo y sustantivo.

- **a** alta porticus
- **b** antiqua tribus
- **c** velox cursus
- **d** fortis exercitus
- **e** laeva manus
- **f** magnus sonitus
- **g** acutum veru
- **h** sinistrum genu
- **i** dextrum cornu
- **j** acre gelu
- **k** laetus reditus
- **l** ampla domus

8 Traduce estas oraciones.

- **a** Postquam in urbem dominus venit in villa incendium fruges vastavit.
- **b** Dum epistulam scribo, magnum clamorem audivi.
- **c** Apud Salamina, navali pugna, Persarum classem Themistocles Atheniensis vicit.
- **d** Romanorum atque Gallorum copiae diu ancipiti proelio pugnaverunt.
- **e** Caesar exploratores praemisit: ita vias atque itinera hostium cognovit.
- **f** Contra Verrem, hominem inhonestum, Cicero claras orationes scripsit.

9 Traduce este texto y realiza las actividades que figuran a continuación.

Julio César

Gaius Iulius Caesar praetor in Hispania fuit atque aspri bello Lusitanos debellavit. Postea difficilibus proeliis Galliae tribus populosque subegit ac Romani imperii fines contra barbarorum incursus munivit. Post Crassi mortem contra Pompeium pugnavit aemulumque in acie apud Phrasalum superavit. Pharsalo Alexandriam navigavit atque per Aegyptum in Hispaniam properavit. Idibus Martiis Caesaris uxor frustra maritum monuit; Caesar autem uxoris verba neglexit et in Curiam properavit. Ibi Brutus et Cassius cum paucis sociis Romanae rei publicae rectorem pugionibus necaverunt.

- **a** Detecta los verbos que hay en el texto y analízalos morfológicamente.
- **b** Señala los CD que aparecen en el texto.
- **c** Indica las palabras latinas del texto correspondientes a estas definiciones:
  - **1** agrupación administrativa y social de algunos pueblos antiguos;
  - **2** viajar con una nave;
  - **3** en el calendario romano, el día 15 de marzo, mayo, julio y octubre, y el 13 del resto de meses;
  - **4** puñal
- **d** Busca información sobre la batalla de Farsalia.

post data

Los puertos

1. In Graecia magnus numerus portuum bonorum erat.
2. Italiae in litore pauci portus erant.
3. Inter portus Graecorum memoria dignus est Piraeus.
4. Piraeus, portus Athenarum, Minervae sacer erat.
5. Inter urbem et portum muri longi erant.
6. In bello iter tutum ex urbe ad portum ducebat.
7. Corinthus, urbs Graeciae, magno portu erat ornata.
8. Graecos portus in arcum undae curvabant.
9. Romani autem magno cum labore portus aedificant.
10. Natura enim paucos portus in litore Italiae struit.

Mosaico romano. Carga de mercancías en un barco del puerto.

10 Fabula picta. ¿Qué pasaje del mito explica cada viñeta? Traduce su leyenda.

LEDAE PULCHRA FORMA IOVEM ACCENDIT IN MAGNUM DESIDERIUM.

IUPPITER IN CYGNUM SE CONVERTIT ET LEDAM SOLLICITAVIT.

LEDA CUM IOVE CONCUBUIT ET DEUS LEDAM COMPLEXU SUO GRAVIDAM FECIT. LEDA OVA DUO PEPERIT.

QUATTUOR INFANTES EX OVIS EXSURREXERUNT: CASTOR, POLLUX, HELENA ET CLYTEMNESTRA.

11 CD Realiza las actividades de autoevaluación de esta unidad que hallarás en los recursos digitales.

verba in glossario

En latín hay cuatro tipos de palabras invariables: preposiciones, adverbios, conjunciones e interjecciones.

Las preposiciones son fáciles de reconocer; forman parte de una lista cerrada que debemos conocer. Lo mismo sucede con las conjunciones y con algunas interjecciones.

En cuanto a los adverbios, algunos son fáciles de identificar, ya que tienen terminaciones que conocemos (por ejemplo, *-e, recte*, 'correctamente'; o *-ter, graviter,* 'gravemente'). Otros, en cambio, presentan una gran variedad.

Si dudamos sobre si una palabra pertenece o no a una de las categorías de palabras invariables, lo más rápido es buscarla en el diccionario. Si se trata de una palabra invariable, la encontraremos recogida exactamente igual. Con el tiempo iremos aprendiendo y reconociendo estos términos.

Jasón y los argonautas

1. La expulsión del rey Esón

En la región de Tesalia, en Yolco, vivía el rey Esón, que fue destronado por su hermanastro Pelias. Un oráculo advirtió a Pelias que se protegiera del hombre que llevase una sola sandalia.

Al llegar a la edad adulta, Jasón se dirigió a Yolco para liberar a su padre. En el camino, ayudando a una anciana –que resultó ser la diosa Hera– a atravesar un río, perdió una sandalia. Cuando llegó al palacio de Pelias y este lo vio, se alarmó y encontró una solución de compromiso: le prometió que devolvería el reino a Esón si Jasón le traía el vellocino de oro. Pensaba que Jasón moriría en el intento.

TRADITIO

1 Identifica las imágenes que aparecen en estas páginas y relaciónalas con los episodios míticos que se narran.

2 CD Visiona el fragmento de la película *Jasón y los argonautas* y explica qué momento del mito representa.

2. La expedición de los argonautas

Jasón se preparó para la expedición. Encargó a Argos la construcción de la nave Argo, en la que se embarcaron cincuenta de los héroes más importantes de Grecia: Heracles, Cástor y Pólux, Teseo, Orfeo, etc. Los tripulantes de la nave recibieron el nombre de Argonautas.

En su viaje, los héroes fueron a parar a la isla de Lemnos. Las lemnias estaban sometidas a una maldición lanzada por Afrodita, ya que habían descuidado el culto de sus santuarios. Las mujeres habían desarrollado un caso extremo de halitosis que repugnaba a sus maridos. Al haber sido rechazadas por estos, las lemnias se vengaron de ellos y, una noche, los mataron a todos, salvo al padre de Hipsípila –la reina de las lemnias–, Toante.

En Tracia se encontraron con Fineo, un adivino ciego, a quien las Harpías torturaban llenando de excrementos los alimentos que se disponía a comer. Fineo aconsejó a Jasón que, al atravesar las Simplégades, hiciese pasar primero a una paloma; si esta pasaba entre los escollos, también lo haría el barco.

3. Jasón en la Cólquida

Tras atravesar el mar Negro, Jasón llegó a la Cólquida y se presentó ante el rey Eetes, a quien reclamó el vellocino de oro. Eetes le exigió como condición previa dos pruebas: debía uncir dos enormes bueyes que exhalaban fuego y labrar un campo con ellos; después, tenía que sembrar en el terreno los dientes del dragón de Cadmo. Jasón superó las pruebas con la ayuda de Medea, la hija de Eetes, que se había enamorado del joven.

Medea también ayudó a Jasón proporcionándole una poción con la que podía dormir al dragón que custodiaba el vellocino de oro. Finalmente, Medea huyó con Jasón a bordo de la nave Argo. Al ser perseguidos por su padre, Medea descuartizó a su hermano, Apsirto, y esparció sus miembros por el mar, con la intención de ralentizar la marcha del barco de su padre.

4. Regreso a Yolco. La tragedia de Medea

Al llegar a Yolco, Jasón entregó el vellocino a Pelias. Pero como este había matado a los padres de Jasón, Medea quiso vengarse de él: convenció a las hijas de Pelias para que lo descuartizasen. Esto provocó que Jasón y Medea fueran desterrados de Yolco y se marchasen a vivir a Corinto.

Al cabo de los años, Jasón repudió a Medea y se casó con la hija del rey de Corinto. Medea, enfurecida por esta traición, envió a la novia un vestido envenenado que la abrasó cuando se lo puso. Asimismo, mató a los hijos que había tenido con Jasón. Finalmente, huyó a a Atenas, a la corte del rey Egeo.

LATINE DICTUM

3 Mitología grecolatina. Análisis morfosintáctico. Traduce estos textos.

La expedición de los Argonautas

Iason, filius Thessaliae regis, rapere cupiebat vellus aureum et magnam expeditionem paravit. Rex Colchorum vellus aureum servabat; vellus custodiebant immanis draco taurique feri. Iason immensam navem construxit, in navem conscendit cum Theseo et Hercule multisque Graeciae principibus et in Colchidem pervenit. Ibi Medea, regis filia, Iasonem adiuvit. Iason Colchidis regem post multos labores vicit, vellus aureum rapuit et Medeam in patriam secum vexit. Argonautae in Graeciam venerunt et Olympicos ludos instituerunt; postea omnes Graeciae populi ludos semper celebraverunt.

Medea

Medea ex Iasone duos filios procreavit; summa concordia Corinthi vitam agebant. Multi tamen in urbe Medeam non amabant, quod venefica erat. Iasoni Creon, Corinthius rex, Creusam, filiam suam minorem, uxorem dedit et exsilium Medeae decrevit. Medea, postquam tantam contumeliam vidit, coronam venenatam auream fecit, Creusaeque donum dedit. Accepit laeta coronam manibus Creusa et subito ardere coepit. Tunc Medea natos suos interfecit et Corintho Athenas venit.

VIII

HÉRCULES

Hijo de Zeus y de una mortal, Hércules es el héroe más corpulento, fuerte, atrevido y feroz que haya existido nunca. Lamentablemente, un día Hércules utilizó su fuerza contra sus propios hijos y los mató. No fue un asesinato voluntario: la diosa Hera lo había hecho enloquecer expresamente.

Cuando recuperó su dominio sobre sí mismo, se estremeció hasta tal punto de la crueldad de sus actos que, para redimirse, se impuso el castigo se someterse durante doce años al rey de Micenas, Euristeo. El rey lo condenó a llevar a cabo doce encargos que todos creyeron imposibles de cumplir. Sin embargo, Hércules, asistido por su fuerza sobrenatural, ejecutó con éxito los trabajos que tenía encomendados, uno tras otro. La última hazaña fue la más difícil: debía capturar al perro Cerbero, un terrible ser de tres cabezas que custodiaba la entrada al Hades, la tierra de los muertos. Cerbero era solícito con las almas de los muertos que acudían a los Infiernos, a las que se acercaba y atendía con ternura, pero era terriblemente feroz con los que pretendían abandonarlos: les ladraba infernalmente y los mordía sin piedad.

Hades, amo y señor del reino de los muertos, convencido de que imponía una condición a Hércules imposible de cumplir, lo autorizó para llevarse al perro si conseguía capturarlo sin armas. Hércules aceptó el reto y se acercó al animal: las manos desnudas, la mirada fija en la fiera, los músculos tensos y vibrantes... Cerbero no había temido a nadie hasta ese momento, pero la visión de Hércules lo aterró. No obstante, le opuso resistencia. Luchó, mordió, embistió... todo en vano. El héroe lo capturó y lo llevó ante Euristeo, que se escondió en un cántaro al ver el monstruoso animal. Admirado por su gesta, Euristeo le otorgó la libertad a Hércules, que devolvió a Cerbero a la puerta de los Infiernos.

1. Los demostrativos

Los demostrativos denotan el espacio o el tiempo en el que se encuentran las personas o cosas a las que nos referimos. Pueden realizar tanto la función de determinante (acompañando a un sustantivo) como de pronombre (sustituyendo a un sustantivo).

Los demostrativos latinos se declinan: el genitivo singular adopta la terminación **-ius** para el masculino, femenino y neutro, y el dativo singular tiene una misma terminación para los tres géneros. El resto de la flexión coincide, en gran parte, con la de los adjetivos de la primera clase *bonus, bona, bonum.*

En latín hay tres demostrativos:

a **Hic, haec, hoc** ('este, esta, esto'). Indica lo que está cerca del que habla o escribe, en el espacio, en el tiempo o en el pensamiento.

b **Iste, ista, istud** ('ese, esa, eso'). Indica lo que está cerca de la persona con quien se habla, o bien alguna cosa que se relaciona directa o indirectamente con ella.

c **Ille, illa, illud** ('aquel, aquella, aquello'). Expresa lo que está lejos de los dos interlocutores, en el espacio o en el tiempo.

Los modelos de declinación de estos demostrativos son los siguientes:

a Hic, haec, hoc

	SINGULAR		
	Masculino	**Femenino**	**Neutro**
Nominativo	hic	haec	hoc
Acusativo	hunc	hanc	
Genitivo	huius		
Dativo	huic		
Ablativo	hoc	hac	hoc

	PLURAL		
	Masculino	**Femenino**	**Neutro**
Nominativo	hi	hae	haec
Acusativo	hos	has	
Genitivo	horum	harum	horum
Dativo	his		
Ablativo			

b Iste, ista, istud

	SINGULAR		
	Masculino	**Femenino**	**Neutro**
Nominativo	iste	ista	istud
Acusativo	istum	istam	
Genitivo	istius		
Dativo	isti		
Ablativo	isto	ista	isto

	PLURAL		
	Masculino	**Femenino**	**Neutro**
Nominativo	isti	istae	ista
Acusativo	istos	istas	
Genitivo	istorum	istarum	istorum
Dativo	istis		
Ablativo			

c Ille, illa, illud

	SINGULAR		
	Masculino	**Femenino**	**Neutro**
Nominativo	ille	illa	illud
Acusativo	illum	illam	
Genitivo	illius		
Dativo	illi		
Ablativo	illo	illa	illo

	PLURAL		
	Masculino	**Femenino**	**Neutro**
Nominativo	illi	illae	illa
Acusativo	illos	illas	
Genitivo	illorum	illarum	illorum
Dativo	illis		
Ablativo			

Función de los demostrativos

- Función de **determinante**:
  *Nos gusta **este** paisaje.*
- Función de **pronombre**:
  ***Nos gusta este.** Ya nos lo puede envolver.*

vocabula

ago, -is, agere conducir, desarrollar
amo, -as, amare amar
aro, -as, arare labrar, cultivar
audio, -is, audire escuchar
colo, -is, colere cultivar
curo, -as, curare cuidar, preocuparse
debeo, -es, debere deber
describo, -is, describere describir
dico, -is, dicere decir
divido, -is, dividere dividir
do, das, dare dar
doceo, -es, docere enseñar
educo, -as, educare educar
exigo, -is, exigere exigir
facio, -is, facere hacer
habeo, -es, habere haber
impedio, -is, impedire impedir
invenio, -is, invenire encontrar
iubeo, -es, iubere mandar
maneo, -es, manere permanecer
mitto, -is, mittere enviar
moneo, -es, monere advertir
moveo, -es, movere mover
oboedio, -is, oboedire obedecer
pono, -is, ponere poner
praebeo, -es, praebere ofrecer
probo, -as, probare aprobar, loar
pugno, -as, pugnare combatir
scio, -is, scire saber
scribo, -is, scribere escribir
timeo, -es, timere temer
venio, -is, venire venir
video, -es, videre ver
vivo, -is, vivere vivir

ACTIVIDADES

1 Pasa los sintagmas a los siguientes casos y números: acusativo singular, genitivo plural y acusativo plural.

a haec infestatio mala
b ista tempestas ignea
c iste liber gracilis
d illud opus quadratum
e istud iter romanum
f hic locus amoenus

2 CA **Enunciado y clasificación de palabras latinas.** Analiza y traduce los siguientes sintagmas.

a illis hominibus
b haec templa
c huic matri
d istud templum
e hae filiae
f horum civium
g has populos
h illa tribunalia
i ista genera
j huius codicis
k ille dux
l illas civitates
m hunc populum
n isto discipulo
ñ ille magister
o huius agri
p haec devotio
q isti philosopho
r isti philosophi
s istius philosophi
t illud animal
u haec proelia

3 Completa las siguientes oraciones escogiendo la forma correcta; después, tradúcelas.

a (*Hae/haec*) ▲ res omnium nostrum animos confirmant.
b (*Illum/illud*) ▲ saepe considerabas: amicus tuus sum.
c (*Hoc/hunc*) ▲ periculum magnum est.
d (*Ista/hac*) ▲ verba non probo.
e (*Illae omnes/haec omnia*) ▲ pulchra, sed inutilia sunt.

4 Traduce estas oraciones.

a In illo tempore homines beati erant.
b Hae causae aperiunt Alpes Hasdrubali.
c Iste homo ceteris hominibus saepe mera mendacia narrat.
d Romulus et Numa sunt primi Romanorum reges; hic fuit pius, ille bellicosus.
e Haec magistra illarum discipularum erit.
f Hoc tuum consilium optimum est: cras hanc periculosam urbem relinquemus.
g Heri illud dicebas, hodie hoc dicis: inconstantia tua manifesta est.
h Illa provincia tributa solvet.
i Dominus servos vocat, servique statim ad illum veniunt.
j Hic senatus, hoc Capitolium Romae gloriae testes sunt.
k Isti fructus terrae fertilitatem confirmant.
l Istorum hominum verba honesta erant.

5 Traduce al latín estas oraciones.

a La puerta de este templo estaba abierta.
b Los libros están en aquellas mesas.
c Aquellas naves navegaban por el Mediterráneo.
d Con estos ejercicios aprenderemos la declinación.
e La historia de este noble pueblo es conocida por todos.
f Esto no salvará a estos desdichados rehenes.
g Esto es cierto, pero aquel hombre es un mentiroso.
h Con las hojas de estos árboles los ciudadanos preparan una medicina.

ACTIVIDADES

6 CM Traduce este texto y realiza las actividades que se plantean a continuación.

Dos tipos de vida: el marinero y el campesino

Nauta et agricola diversi sunt moribus et studiis. Hic stabilem habet sedem, ille locum mutat. Hic mores antiquos servat, ille morum alienorum studiosus est. Huic sermo tantum patrius, illi aliae quoque linguae notae sunt. Huius vita tranquilla est, illius periculorum plena. Hunc agri et prata, illum fluvii et maria delectant. Sermones quoque nautarum et agricolarum diversi sunt: hi narrant de agris, de frugibus, illi de terris alienis, de urbibus, navibus, procellis.

a Detecta los demostrativos que aparecen en el texto y analízalos morfológicamente.

b Analiza morfológicamente estos sustantivos.

nauta	prata
studiis	maria
mores	frugibus
linguae	navibus

c Indica qué preposiciones, conjunciones y adverbios aparecen en el texto.

d ¿Qué tienen en común las palabras anteriores desde el punto de vista de la morfología?

e Busca información sobre estos libros:
- *De agricultura*, de Catón.
- *Geórgicas*, de Virgilio.
- *Historia natural*, de Plinio el Viejo.

7 Declina correctamente el pronombre que aparece entre paréntesis; después, traduce las oraciones.

a (*Iste*) ▲ tua verba fallacia sunt.

b Magister saepe mentionem facit de Homero, (*ille*) ▲ poeta.

c (*Hic*) ▲ regionum aer saluber est.

d Antiquitus (*hic*) ▲ populus bellicosus atque periculosus erat.

e (*Hic*) ▲ antiqui Romani in rege laudabant: clementiam, iustitiam et pietatem.

f (*Hic*) ▲ rei causa multa facio et multa etiam faciam.

g Propter (*ille*) ▲ militum ignaviam consul copias a proelio revocat.

h De (*iste*) ▲ tua adrogantia pauca dicam.

i (*Iste*) ▲ tua obstinatio non semper virtus est.

8 Traduce las oraciones.

a Cur istius gesta nondum damnatis, iudices?

b Homerus, ille Graecus poeta, Achillis iram narrat.

c In illa regione caelum palustre est.

d Istorum insolentia et adrogantia proborum animos offendunt.

e Sub huius platani umbra libenter requiesco.

9 CC **Comprensión global de textos.** Traduce este texto sobre Delfos y realiza las actividades correspondientes.

El oráculo de Delfos

Inter Graeciam et Thessaliam surgebat mons Parnassus: huius montis radices limpidi fontes lavabant et in ipsa valle florida pascua gregibus praebebant. Sed hanc vallem incolae et pastores relinquebant quia Python, ingens serpens, hanc regionem vastabat. Mox Apollo ex Olympo discedit, ex suo arcu sagittas plurimas emittit illudque monstrum interficit. Ad memoriam illius necis, Graeci deo in illa regione templum magnificum dedicant. Per multa saecula Graeci ad illud templum veniebant et oraculum consulebant. Ibi non ipse deus responsa dabat, sed Pythia virgo.

Templo de Delfos (Grecia), dedicado a Apolo.

a Analiza morfológicamente estos demostrativos del texto.

huius, hanc, illud, illius, illa

b Indica qué complementos del nombre (CN) aparecen en el texto y cómo están construidos.

c Indica de qué tipo son los siguientes complementos que figuran en el texto.

1 hanc vallem
2 eam regionem
3 ex suo arcu
4 ad memoriam illius necis
5 in illa regione

d Indica de qué términos latinos provienen estas palabras: *memoria, florido, ingente, monstruo, oráculo, región, devastar, arco, magnífico, surgir, fuente, respuesta.*

e Busca información sobre el oráculo de Delfos y la Pitia.

Fresco procedente de Pompeya. Museo Arqueológico Nacional de Nápoles.

2. El participio

2.1. Los tipos de participio

El participio es una forma no personal del verbo (es decir, una forma que no presenta desinencias de persona) y desempeña las funciones propias de un adjetivo. Por este motivo, se declina y concuerda en género, número y caso con el sustantivo al que se refiere. Además, al ser una forma verbal, puede llevar los complementos propios de un verbo:

La pared <u>blanca</u> → La pared <u>pintada</u> → La pared <u>pintada</u> <u>por un pintor profesional</u>

adjetivo — participio — participio — complemento verbal

En latín hay tres formas de participio:

- El participio de presente: siempre tiene valor activo, es decir, está en forma activa.
- El participio de perfecto: siempre tiene valor pasivo. Es el que veremos aquí.
- El participio de futuro: siempre tiene valor activo.

2.2. El participio de perfecto

Se forma a partir del tema de supino, que, como hemos visto en la unidad anterior (en el apartado de paradigmas verbales) es la última forma del enunciado de un verbo que nos proporciona el diccionario.

amo, amas, amare, amavi, amatum

tema de supino

El tema de supino se forma añadiendo el morfema –t o –s a la raíz de presente más las desinencias de caso:

ama *-t* *-us*

raíz de presente — morfema de supino — desinencia de caso

En ocasiones, los participios de perfecto presentan irregularidades, que recoge el diccionario.

Por ejemplo, si encontramos el participio *tactus*, lo buscaremos directamente:

1 *tactus, -a, -um*, p. p. de *tango*

La entrada nos remite a *tango*. Si buscamos este verbo, encontraremos:

tango, tetigi, tactum, 3 tr. *tocar*

De este modo, la entrada específica nos ha llevado a la irregularidad del enunciado, que de otro modo no habríamos identificado.

El participio de perfecto se declina como un adjetivo de tres terminaciones:

1.ª conjugación	amatus, -a, -um *(amado)*
2.ª conjugación	monitus, -a, -um *(advertido)*
3.ª conjugación	rectus, -a, -um *(gobernado)*
3.ª conjugación mixta	captus, -a, -um *(cogido)*
4.ª conjugación	auditus, -a, -um *(escuchado)*

Debemos tener en cuenta que, como el participio de perfecto es pasivo, será frecuente que lleve un complemento agente.

ACTIVIDADES

10 **Temas verbales.** Forma el participio perfecto de los verbos y declínalos en acusativo singular.

- **a** nuntio, -as, -are, nuntiavi, nuntiatum
- **b** respondeo, -es, -ere, respondi, responsum
- **c** reperio, -is, -ire, repperi, repertum
- **d** scribo, -is, -ere, scripsi, scriptum
- **e** facio, -is, -ere, feci, factum
- **f** refero, refers, referre, rettuli, relatum

11 Indica el caso, género y número de los siguientes participios de perfecto.

visus, moniti, pulsas, rectas, obiurgati, punitos, emptos, auditis, editus, obsessus, obsessis, audita, lecta, laudatis, pulsos.

12 CI Cambia de número las expresiones subrayadas.

- **a** Romani <u>urbem obsessam</u> ceperunt. (las ciudades asediadas) → ▲
- **b** Memoria <u>beneficii acepti</u> fluxa est. (de los beneficios recibidos) → ▲
- **c** <u>Urbium liberatarum</u> cives gaudio exultabant. (de la ciudad liberada) → ▲
- **d** Pompeius cum <u>legionibus in Hispania conscriptis</u> pugnavit. (con la legión alistada) → ▲

13 Completa las siguientes oraciones, transformando el verbo entre paréntesis en participio perfecto. Deben corresponder a la traducción que se proporciona.

- **a** Hostes agros ▲ (*colo*) vastabant. Los enemigos devastaban los campos cultivados.
- **b** Cives ▲ (*obsideo*) auxilium Romanorum petebant. Los ciudadanos sitiados pedían la ayuda de los romanos.
- **c** Ducunt in carcerem captivos ▲ (*vincio*). Llevan a la cárcel a los prisioneros atados.
- **d** Nautae ad insulas numquam ▲ (*video*) perveniunt. Los marineros llegan a islas nunca vistas.
- **e** In urbe ▲ (*deleo*) domus relictae sunt. En la ciudad destruida han quedado las casas.
- **f** Agricola multas fortunas ▲ (*reperio*) domi servabat. El campesino conservaba en casa muchas riquezas encontradas.
- **g** Romani urbi ▲ (*obsideo*) succurrebant. Los romanos prestaban ayuda a la ciudad sitiada.
- **h** Marcus, consul ▲ (*creo*), hostes vicit. Marco, nombrado cónsul, venció a los enemigos.

14 **Traducción de formas verbales.** Traduce estas oraciones, que contienen participios.

- **a** Minerva, galea et hasta ornata, non solum sapientiae sed etiam pugnarum dea est.
- **b** Cicero Archimedis sepulchrum dumetis tectum invenit.
- **c** Post acre proelium multi fortes viri, crudeliter necati, in agro passim iacebant.
- **d** Equites, clamoribus dissonis territi, trepidabant, et icti aut vulnerati diffugiebant.
- **e** Aeneas dux, Troiae natus, pro patria bello troiano fortifiter pugnavit.
- **f** Hostes omnes vicos captos ferro ignique vastaverunt.
- **g** Tarquinius Superbus, ab urbe depulsus, ad Porsenam confugit.
- **h** Venti secundi navem in altum procella (*por una tormenta*) provectam ad litus reduxerunt.
- **i** Orgetorix, rex apud Helvetios, regni cupiditate inductus, coniurationem fecit.
- **j** Erat in urbe multitudo legatorum undique missorum.
- **k** Helvetii, omnium rerum inopia adducti, legatos de deditione ad Caesarem miserunt.
- **l** Pyrrus Romanos captivos summo honore tractavit, occisos sepelivit.

15 Busca el infinitivo de las siguientes formas de participio y completa la tabla, como en el ejemplo.

	infinitivo presente	caso y número	traducción
amatum	amare	ac. sing.	amado
doni tacti			
urbi expugnatae			
hominum petitorum			
iussa			
depositus			
exercitum motum			
mentis paratis			
ferae vulneratae			
amissam			
vinctarum			

ACTIVIDADES

16 CC Traduce el texto y realiza las actividades correspondientes.

Faetón guiando el carro del Sol, de Nicolas Bertin (1720),

Faetón y el carro del Sol

Phaeton currum patris Solis occupat, manibusque leves habenas tangit, et inde invito parenti gratias agit. Interea volucres Solis equi hinnitibus flammiferis auras implent pedibusque repagula pulsant. Tum Tethys repagula aperit et immensum caelum praebet; ita equi viam corripiunt, pedibus nebulas scindunt et ventos, subito agitatos, praetervolant. Sed leve pondus est, nec equi novum aurigam cognoscunt, ideoque dat in aere saltum. Ita equi veterem viam relinquunt et sine ordine currunt. Phaeton pavet, nec flectere habenas solutas scit, nec iter cognoscit. Interim equi caeli regiones incendunt: radiis tactae, stellae incalescunt. Tum pater omnipotens fulmen mittit atque aurigam fulminatum et anima et rotis privat. Phaeton per caelum praecipitat et in Eridanum cadit, ubi Naides in tumulo corpus condunt.

- **a** Identifica los participios de perfecto que hay en el texto. Señala con qué palabra se relacionan.
- **b** Indica qué palabras del texto son de la tercera declinación.
- **c** Identifica las palabras castellanas que provienen de estos términos latinos del texto: *pater, parens, pulso, aperio, immensus, agito, scindo, pondus, vetus, cognosco, omnipotens, praecipito.*
- **d** Indica qué oración presenta la estructura Adv. + Suj. + CD + V + conj. + CCM + V.
- **e** Busca información sobre el mito del carro alado, de Platón.

17 CC Traduce el siguiente texto y realiza las actividades correspondientes.

El cuervo y el zorro

Olim corvus in celsae ulmi ramis residebat et de fenestra raptum caseum tranquille devorare desiderabat. Vulpecula callida hunc vidit et statim caseum optavit, ad ulmum frondosam accessit et deinde corvum blandis dictis temptavit: «Corve, tu es fortunata avis, pulchra et nigra. Si vocem dulcem habes, tunc avium rex eris». Tum corvus, blanditiis inflatus, rostrum aperuit, sed caseum emisit. Vulpecula extemplo caseum arripuit celeriterque voravit. Sic corvus deceptus sero vulpeculae dolum adnimadvertit suamque stultitiam ingemuit.

- **a** Identifica los participios del texto y señala a qué palabra se refieren.
- **b** Clasifica los verbos del texto según estén en imperfecto o en perfecto de indicativo.
- **c** Identifica los CD del texto y señala de qué verbos dependen.
- **d** Busca otra fábula de Esopo o Fedro y explícala por escrito.

18 **Traducción de formas verbales.** Escoge la forma correcta del participio; después, traduce.

- **a** Repentino hostium adventu territi/territus, Galli fugerunt.
- **b** Rex Porsenna Tarquinium Superbum, Roma expulsos/expulsum, hospitio accepit.
- **c** Consul urbem captam/captarum delevit.
- **d** Cervus territus/territum canum latratibus in silvam confugit.

3. El imperativo en presente y futuro

El modo imperativo expresa una orden o una exhortación. Sus formas se obtienen añadiendo al tema de presente las terminaciones que le son propias.

3.1. El imperativo presente

1.ª conjugación	
am-a	*ama* (*tú*)
am-ate	*amad* (*vosotros*)

2.ª conjugación	
mon-e	*advierte* (*tú*)
mon-ete	*advertid* (*vosotros*)

3.ª conjugación (normal y mixta)	
cap-e	*coge* (*tú*)
cap-ite	*coged* (*vosotros*)

4.ª conjugación	
aud-i	*escucha* (*tú*)
aud-ite	*escuchad* (*vosotros*)

3.2. El imperativo futuro

1.ª conjugación	
am-ato	*ama* (*tú*)
am-ato	*ame* (*él o ella*)
am-atote	*amad* (*vosotros*)
am-anto	*amen* (*ellos o ellas*)

2.ª conjugación	
mon-eto	*advierte* (*tú*)
mon-eto	*advierta* (*él o ella*)
mon-etote	*advertid* (*vosotros*)
mon-ento	*adviertan* (*ellos o ellas*)

3.ª conjugación	
cap-ito	*coge* (*tú*)
cap-ito	*coja* (*él o ella*)
cap-itote	*coged* (*vosotros*)
cap-unto	*cojan* (*ellos o ellas*)

4.ª conjugación	
aud-ito	*escucha* (*tú*)
aud-ito	*escuche* (*él o ella*)
aud-itote	*escuchad* (*vosotros*)
aud-iunto	*escuchen* (*ellos o ellas*)

3.3. Verbo *sum*

a El imperativo presente

2.ª persona del singular	es	*sé*
2.ª persona del plural	este	*sed*

b El imperativo futuro

2.ª persona del singular	esto
3.ª persona del singular	esto
2.ª persona del plural	estote
3.ª persona del plural	sunto

Los verbos *dico*, *duco*, *facio* y *fero* forman la segunda persona del singular del imperativo presente sin la vocal final: *dic*, *duc*, *fac* y *fer*.

3.4. El imperativo negativo

En latín no hay una forma verbal para el imperativo negativo. Las órdenes negativas se expresan de distintas formas; la más habitual consiste en el uso del imperativo del verbo *nolo* ('no quiero') seguido del infinitivo.

Noli tacere. / *No calles.*
Nolite tacere. / *No os calléis.*

En esta web, con un simple clic, puedes conjugar todos los verbos latinos.

vocabula

agito, -as, agitare agitar
ambulo, -as, ambulare caminar
canto, -as, cantare cantar
castigo, -as, castigare castigar
cedo, -is, cedere alejarse
clamo, -as, clamare gritar
colligo, -is, colligere recoger, juntar
devoro, -as, devorare devorar
dormio, -is, dormire dormir
duco, -is, ducere conducir
fleo, -es, flere llorar
firmo, -as, firmare fortalecer
iuvo, -as, iuvare ayudar
laudo, -as, laudare loar, alabar
lavo, -as, lavare lavar
lego, -is, legere leer
munio, -is, munire fortificar
narro, -as, narrare explicar
nutrio, is, nutrire nutrir
pareo, -es, parere someterse
pasco, -is, pascere apacentar
pendeo, -es, pendere colgar
peto, -is, petere pedir
punio, -is, punire castigar
reddo, -is, reddere devolver
rego, -is, regere gobernar
sedeo, -es, sedere sentarse
sentio, -is, sentire sentir
sero, -is, serere plantar
servio, -is, servire servir
suadeo, -es, suadere persuadir
teneo, -es, tenere tener
vincio, -is, vincire atar, ligar
vinco, -is, vincere vencer

ACTIVIDADES

19 Completa la tabla con el análisis y la traducción de estas formas verbales.

Forma verbal	Conjugación	Modo	Tiempo	Persona y número	Traducción
es					
ora					
muniunto					
legito					
venite					
laudate					
pugnatote					
regunto					
aperito					
serviunto					
audi					
mone					
donate					
praebete					
canito					

20 Subraya los verbos que aparecen en imperativo; después, tradúcelos.

pasce, deambulabis, navigant, aperite, diligebant, iuva, legam, ducebatis, reddete, inveniunt, monebo, vinci, vincebas, mittunt, currite, scribebamus, scribitote, adiuncto, laudabunt, studebamus, terreto

21 Indica los imperativos negativos de estas formas.

Por ejemplo: **sede** → *noli sedere*

tacete, da, dormi, veni, narrate, doce, sedete, age legite, scribite, audi, ambulate, fac

22 Traduce estas oraciones.

- **a** Audi, amice, tibicinam!
- **b** Musca, araneae insidias vita.
- **c** Avenam in aream, impigri servi, vehite.
- **d** Puellae, libenter pulchras Phaedri fabulas legite.
- **e** Albis liliis rubrisque rosis deorum aras ornate.
- **f** Bonus sedulusque es, puer.
- **g** Magistri, pueros libenter erudite.
- **h** Sociorum bona, Romani, custodite.
- **i** Avia, fabulas puellis narra.
- **j** Vestales flammam sacram custodiunto.
- **k** Surge, piger puer!
- **l** Veniam, miser serve, implora.
- **m** Memoria tenete, puellae, Senecae philosophi sententias.
- **n** Dominam saluta, serve ingrate.
- **ñ** Curre, athleta, et taedam Olympiam porta!
- **o** Dormi, Luci, et fessa membra depone.
- **p** Aurigae, equos incitate et ad metam pervenite.
- **q** Veni ad forum, amice, et in caupona bibemus.

23 Traduce del castellano al latín.

- **a** Pueblo de Roma, escucha las palabras del tribuno.
- **b** Alumnos, estudiad las poesías de los antiguos poetas.
- **c** Gladiador, gana el combate y salvarás la vida.
- **d** Jóvenes, honrad a los ancianos.
- **e** Dad una nueva túnica a la esclava.
- **f** Señores, sed bienvenidos. Sentaos aquí.

24 CI Traduce el texto y realiza las actividades.

Valoración de la amistad

Amicitiam, o mi dilecte puer, magnum bonum existima. Amicus enim solacium praebet in aerumnis, auxilium in periculis, laetitiam in secunda fortuna. Quare iunge firmas amicitias usque a pueritia, sed elige amicos cum prudentia; nam, quoniam amicitia non solum gaudia parat, sed etiam officia, explorare debemus animos amicorum. In secunda fortuna amici abundant, in adversa saepe diffugiunt. Antiqui amicitiam donum deorum putabant et mira exempla fidae et firmae amicitiae tradebant. Multi philosophi et viri docti libros de amicitia conscribunt; etiam Marcus Tullius Cicero praeclarum libellum de amicitia componit et mittit ad Titum Pomponium Atticum, amicum suum.

- **a** Identifica los imperativos que aparecen en el texto y analízalos morfológicamente.
- **b** El texto incluye un vocativo. ¿Cuál es?
- **c** ¿Qué complementos de lugar hay en el texto? ¿Son reales o metafóricos?
- **d** En el texto aparecen elipsis. Señala alguna y coméntala.

4. Los complementos de causa, compañía, modo e instrumento

a El complemento de causa (CC Causa)

Se expresa en **ablativo sin preposición** o bien en acusativo precedido de las preposiciones ***ob*** o ***propter***.

victoria (*ablativo*) / *a causa de la victoria*
propter victoriam / *a causa de la victoria*

b El complemento de compañía (CC Compañía)

Se expresa en **ablativo** precedido de la preposición ***cum***.

cum copiis / *con las tropas*

c El complemento de modo (CC Modo)

– Se expresa en **ablativo** precedido de la preposición ***cum***.

cum diligentia / *con diligencia*

– Si el complemento está unido a un adjetivo, se expresa en **ablativo sin preposición** o ablativo precedido de ***cum*** entre el adjetivo y el complemento.

summo (adjetivo) studio (sustantivo) / *con gran pasión*

summo (adjetivo) **cum** studio (sustantivo) / *con gran pasión*

– No obstante, algunos nombres nunca llevan preposición, como *iniuria* ('sin razón, injustamente') o *ioco* ('en broma').

d El complemento de instrumento (CC Instrumento)

– Se expresa en **ablativo sin preposición** cuando se trata de una cosa.

lyra (*ablativo*) / *con la lira*

– Cuando el instrumento es una persona, se construye con ***per*** + **acusativo**.

per ancillam / *por medio de la sirvienta*

aurea dicta

¿Qué enseñanza crees que transmiten estos dichos? Tradúcelos y reflexiona sobre ellos.

Después, comprueba tu traducción escuchando el audio.

Valde mutabilis homo est.
Ex bono aliquando malum.
Virtus semper viridis.
Non statim finis apparet.
Deus non est velox ad poenam.

ACTIVIDADES

25 Identifica los complementos de estas oraciones y tradúcelas.

- **a** Verum summa cura studioque conquirimus.
- **b** Sagittis multos Romanos Galli necant.
- **c** Cum copiis Helvetii castra movent.
- **d** Piratae propter inopiam Siciliam vastant.
- **e** Calpurnius Spartacum servum manumittit sua benignitate.
- **f** Ob pastoris negligentiam lupi agnos vorant.
- **g** Augustus per legatos Aegyptum administrabat.
- **h** Multi Fortunam contemnunt propter deae inconstantiam.
- **i** Liviae epistulam mitto per servam.
- **j** Propter morbum non quiesco.
- **k** Populi concordia crescunt, occidunt discordia.
- **l** Scythae sagittis pugnabant.
- **m** Italiae et Romae historiam libris discimus.
- **n** Puella et avia aram deae myrto ornant.
- **ñ** Ancillae dominas coronis saepe ornant.

26 Analiza los complementos de estas oraciones y tradúcelas.

- **a** Magna cum laetitia copiarum nostrarum victoriam celebrabimus.
- **b** Romanorum oppida barbari cum ferocia oppugnabant.
- **c** Pompeius magna cum prudentia piraticum bellum gerebat.
- **d** Matrona cum convivis scurrarum facetias laudat.
- **e** Historia feras Romanarum copiarum pugnas cum Germaniae incolis narrat.
- **f** Pyrrhi verba Romanos cum insolentia provocant.
- **g** Puer magna cum pertinacia in cunis flebat.
- **h** Improba est agnarum amicitia cum beluis.
- **i** Laetum nuntium cum gaudio accepimus.
- **j** Sedularum discipularum magistrae scribunt stilo.
- **k** Mea cara avia epistulam tuam lacrimis perfundit.
- **l** Iusta et clara regina per ancillas honestas agricolas laudat.

1. La evolución de las vocales (2)

En la evolución vocálica del latín al castellano se han producido fenómenos que comportan la **desaparición de vocales** (y, por lo tanto, de sílabas) o la **adición de sílabas nuevas**. De estos fenómenos, los más importantes son los siguientes:

1.1. Síncopa

Consiste en la pérdida de un sonido vocálico en el interior de palabra.

Por ejemplo:
comite(m) → *com'te* → conde
solidu(m) → *sol'du* → sueldo
domina(m) → *dom'na* → doña

La síncopa es un hecho accidental que se produce en la lengua oral por la precipitación de los hablantes al emitir un mensaje. La síncopa también se puede encontrar en la lengua escrita en textos poco cuidados.

1.2. Apócope

Es la supresión de los sonidos finales de una palabra.

Por ejemplo:
mercede(m) → merced
cruce(m) → cruz

La apócope ya se produce, en ocasiones, en el propio latín clásico, si bien se limita a casos muy concretos (*deinde* → *dein*, 'después' o *huce* → *huc*, 'aquí').

1.3. Prótesis

Es la adición de una vocal al comienzo de una palabra.

Por ejemplo:
schola(m) → escuela
spiritu(m) → espíritu
studiu(m) → estudio

El latín vulgar desarrolló una vocal de refuerzo en palabras que empezaban con **s + consonante** (como *spiritus*, *scientia* o *spectaculum*). El primer ejemplo de vocal de refuerzo (o protética) en una palabra latina se atestigua en una inscripción del siglo II d. C., encontrada en Barcelona, en la que se lee *ispumosus* en lugar de *spumosus*.

1.4. Hiato

Está constituido por dos vocales seguidas que no forman diptongo. Su evolución al castellano fue diversa:

- Pocas veces se conserva.
  Por ejemplo:
  leone(m) → león
- En general, predomina la tendencia a destruir el hiato.
  Por ejemplo:
  pietate(m) → piedad
- Se pierde una de las dos vocales.
  Por ejemplo:
  ostrea → ostra

ACTIVIDADES

27 Deduce qué palabras castellanas se derivan de estos términos latinos.

capram	*tabulam*	*herbam*	*terram*
me	*praemium*	*periculum*	*decem*
pontem	*libere*	*potionem*	*gaudium*
mare	*pulvis*	*medicum*	*lunam*
misterium	*navem*	*tempus*	*caelum*
catenam	*ferrum*	*ripam*	*dominam*
poma	*illa*	*buccam*	*fumum*

28 Deducción de significado. Completa la tabla explicando qué fenómeno se ha dado en cada caso. Las negritas te ayudarán a detectarlo.

Palabra latina	Palabra castellana	Fenómeno
*sept**i**manam*	semana	
*comitat**um***	condado	
*litt**e**ram*	letra	
*ali**um***	ajo	
*p**e**ll**em***	piel	
*specul**um***	espejo	
*hort**um***	huerto	
*limit**em***	límite	
*p**o**rtum*	puerto	
*vin**ea**m*	viña	
***s**cutulam*	escudilla	

29 CI En todas estas palabras hay muestras de síncopa, salvo en dos. Indica cuáles son estas dos palabras.

arborem → árbol	*litteram* → letra	*tutorem* → tutor
mobilem → mueble	*semitam* → senda	*aequale* → igual
ponere → poner	*sentire* → sentir	*operam* → obra

30 Completa la tabla.

Palabra latina	Evolución al castellano	Palabras relacionadas
caelum		
timere		
focum		
multum		
spatiosum		
regem		
scaenam		
spectatorem		

nugae

Los romanos no localizaban sus tumbas en lugares tranquilos y solitarios, como hacemos nosotros, sino junto a las calzadas, a la salida de las ciudades, para que los transeúntes pudiesen contemplarlas. Los muertos se incineraban y se enterraban sus cenizas.

Las tumbas más lujosas eran sepulcros monumentales o **mausoleos** en forma de templo, torre o casa. Las más modestas eran las fosas comunes, las individuales y los columbarios.

- Sobre las **fosas individuales** solía haber uno de estos elementos:
  - una estela o una piedra con el nombre del difunto;
  - un pedestal con la dedicatoria;
  - un ara en cuyo interior se guardaba la urna funeraria;
  - una copa de piedra en forma de baúl.
- Los **columbarios** eran criptas excavadas en la piedra, o construidas de obra, en cuyo interior había nichos similares a los nidos de un palomar. En ellos se introducían las urnas cinerarias.

A principios del siglo II d. C., la incineración de los cadáveres fue sustituida progresivamente por la inhumación. Esto hizo que, en vez de utilizarse urnas funerarias, se extendiese la costumbre de enterrar a los muertos en cajas de madera o de piedra.

Contenedor de las ollas funerarias de Publio Nonio Zeto y su familia. Las inscripciones se refieren al oficio del titular, molinero (siglo I d. C.).

1. Los campos semánticos (1). Los tópicos literarios

Los términos literarios procedentes del latín son innumerables. Entre otros, la literatura latina ha proporcionado a la nuestra muchos tópicos literarios. Un tópico literario es un tema que se va repitiendo a lo largo de la historia de la literatura (un tópico sería, por ejemplo, comparar la vida con un camino o con un río: muchos autores lo han hecho en sus obras).

En la literatura latina aparecen tópicos de distinta índole (sobre la vida, el amor, el campo, la sociedad, etc.). A causa de la gran influencia que ha tenido esta literatura en la cultura occidental, encontramos sus motivos en poesía, novela, teatro, canciones, y también en pintura, cine, publicidad...

Fotograma de la película *El pequeño salvaje*, de F. Truffaut (1969). La película habla de la educación en París de un niño que no había tenido contacto con la civilización. El niño salvaje es la antítesis del *beatus ille*.

1.1. *Aurea saecula* - La edad de oro

Uno de los tópicos cultivados en la literatura clásica y más utilizados después es la alabanza de la edad de oro, un periodo mítico semejante al paraíso terrenal, en el que los hombres vivían en un estado de felicidad casi absoluta.

En la edad de oro no era necesario trabajar: la tierra ofrecía generosamente y sin esfuerzo sus frutos, que eran para todos, pues no había propiedad privada. Los hombres vivían en paz y justicia, por lo que no se necesitaban leyes, jueces ni jefes. Todo era armonía y libertad.

1.2. *Tempus irreparabile fugit* - El tiempo huye

Este tópico procede del libro tercero de las *Geórgicas* de Virgilio. Ante la constatación de que el paso del tiempo se nota en el envejecimiento de los seres y de las cosas, el tópico expresa la sensación, teñida de melancolía, de que cualquier acción humana es breve y caduca; es la sensación de que el tiempo pasa muy rápido, como si huyese de las manos sin detenerse.

1.3. *Carpe diem* - Goza del presente

Esta expresión, que literalmente significa 'coge el día', es decir, 'goza del presente', está extraída de una de las *Odas* de Horacio. La poesía aconseja no preocuparse del futuro y acaba con una exhortación a gozar del presente: «Mientras hablamos, el tiempo, envidioso, se nos escapa. Goza del día hoy y no confíes demasiado en el de mañana».

La exhortación de Horacio va acompañada de otros tópicos, como el de la brevedad de la vida, la fugacidad de la existencia humana y el paso veloz e inexorable del tiempo.

1.4. *Beatus ille* - Feliz aquel

También procede de unos versos de Horacio que cantan la paz de la vida en el campo y el bienestar que uno siente cuando se aleja del ruido de la ciudad y se adentra en la naturaleza.

Según la literatura helenística, el hombre no podía ser completamente feliz y libre en la ciudad, porque las normas y convenciones de la vida en sociedad coartan la libertad individual. Por ello, era necesario encontrar un escenario –el campo– que proporcionase la deseada paz y liberase al hombre del desasosiego.

Beatus ille

La vida retirada

Dichoso el que de pleitos alejado,
cual los del tiempo antiguo,
labra sus heredades, no obligado
al logrero enemigo.

Ni el arma en los reales le despierta,
ni tiembla en la mar brava;
huye la plaza y la soberbia puerta
de la ambición esclava.

[...]

El agua en las acequias corre, y cantan
los pájaros sin dueño;
las fuentes al murmullo que levantan,
despiertan dulce sueño.

Fray Luis de León

1.5. *Locus amoenus* - El lugar agradable

El tópico conocido como *locus amoenus* consiste, principalmente, en una descripción idealizada de la naturaleza. Se suelen repetir algunos elementos naturales (el prado, la sombra, las aves que cantan, un arroyo cristalino) con objeto de crear un ambiente perfecto. La expresión aparece varias veces en las obras de Virgilio.

1.6. *Aurea mediocritas* - La dorada moderación

Este tópico procede, una vez más, de Horacio (*Odas*), para quien la palabra *mediocritas* no tenía el valor negativo que tiene actualmente *mediocridad*, sino que designaba una posición equilibrada entre lo mejor y lo peor. Horacio elogia el rechazo de cualquier exceso e invita a situarse en un término justo.

1.7. *Militat omnis amans* - Todo amante es un guerrero

Procede del libro *Amores* de Ovidio. Se trata de uno de los tópicos más utilizados en la literatura amorosa, y consiste en concebir el amor y todas sus vicisitudes como una empresa bélica. Relacionado con este tópico está el *servitium amoris*, que concibe al enamorado –un hombre libre– como un esclavo de su amada.

1.8. *Ubi sunt?* - ¿Dónde están?

Se aplica a grandes personajes u obras que han desaparecido: el autor se pregunta dónde han ido a parar con la única intención de insistir sobre la vanidad de las cosas de este mundo. Encontramos una muestra de este tópico en las *Coplas* de Manrique:

¿Qué se hizo el rey don Joan? / Los infantes d'Aragón
¿qué se hizieron? / ¿Qué fue de tanto galán
qué de tanta invinción / como truxeron?

Locus amoenus

Et in Arcadia ego o *Los pastores de la Arcadia*, Nicolas Poussin (1594-1665).

ACTIVIDADES

31 Escribe los tópicos que se podrían relacionar con cada uno de estos temas: nostalgia del pasado, paso del tiempo, bondad de la naturaleza.

32 Indica qué tópico aparece en estos poemas.

Hora tras hora, día tras día,
entre el cielo y la tierra que quedan
eternos vigías, como torrente que se despeña
pasa la vida.
Devolvedle a la flor su perfume
después de marchita;
de las ondas que besan la playa
y que unas tras otras besándola expiran,
recoged los rumores, las quejas,
y en planchas de bronce grabad su armonía.
Tiempos que fueron, llantos y risas,
negros tormentos, dulces mentiras
¡ay! ¿en dónde su rastro dejaron,
en dónde, alma mía?

Rosalía de Castro, *Tiempos que fueron*.

En la quietud de estos valles
llenos de dulce añoranza,
tiemblan, bajo el cielo azul,
las esquilas de las vacas;
se duerme el sol en la yerba,
y, en la ribera dorada,
sueñan los árboles verdes,
al ir lloroso del agua.
El pastor descansa, mudo,
sobre su larga cayada,
mirando el sol de la tarde
de primavera, y las mansas
vacas van, de prado a prado,
subiendo hacia la montaña [...].

J. Ramón Jiménez, *Pirineos*.

nos gustan las palabras

Nuestra palabra **señor** viene del latín *senior*, que es el comparativo de *senex*, 'viejo'; también el término **senado** procede de *senex*, ya que originariamente el Senado era una asamblea de los más ancianos.

Sin embargo, en latín existe otra raíz relacionada con la vejez: el adjetivo *vetus, veteris*, que, además de 'viejo', significa 'veterano'. El adjetivo **veterano** sigue teniendo vigencia en castellano y mantiene el valor positivo y elogioso que los romanos adjudicaban a la vejez, entendida como acumulación de experiencia.

Los veteranos (soldados jubilados) eran considerados toda una institución. El oficio de soldado fue el primero que gozó de una pensión de jubilación. Además, la condición de veterano llevaba asociados una serie de privilegios, como que les regalasen tierras y los eximiesen de pagar impuestos.

1. Los romanos en Hispania

El ataque cartaginés a Sagunto, aliada de Roma, dio ocasión a los romanos para intervenir en Hispania. Roma manda al general **Cneo Escipión**, que desembarca en Emporion (Ampurias) en el 218 a. C., iniciando la conquista de la Península, tarea ardua y larga. Desde Emporion, el ejército romano se dirige a Tarraco (Tarragona), cruza el Ebro y domina toda la costa hasta Cartago Nova (Cartagena). En el año 206 a. C. fue expulsado de la península Ibérica el último general cartaginés, Magón, si bien los cartagineses mantuvieron durante algún tiempo su dominio en las islas Baleares.

La conquista fue dura, ya que hubo que sofocar las **rebeliones de los pueblos indígenas**: la de los ilergetes, bajo el mando de Indíbil y Mandonio; la de los lusitanos, dirigidos por Viriato (147-139 a. C.); la de los numantinos y, finalmente, la de los cántabros y astures (29-19 a. C.). Los pueblos sometidos fueron obligados a pagar tributos, y sus minas y tierras pasaron a ser propiedad del Estado romano.

El siglo I estuvo marcado por los conflictos internos en Italia: Julio César y Pompeyo se disputaban el poder. Esto tuvo su reflejo en Hispania, donde se enfrentaron los partidarios de uno y otro. Pompeyo fue definitivamente vencido en Ilerda (Lérida). Asesinado Pompeyo en Egipto, sus hijos continuaron la lucha hasta ser vencidos por César en la batalla de Munda (Montilla, Córdoba). Esta victoria sobre los pompeyanos puso fin a la guerra civil y abrió un periodo de **paz de casi tres siglos** que hizo posible la **difusión de la cultura romana** por los territorios sometidos.

Roma en Hispania

218 a. C.
Cneo Escipión desembarca en Ampurias, iniciando la conquista de Hispania.

197 a. C.
División territorial de Hispania en dos provincias: Citerior y Ulterior.

27 a. C.
Augusto fracciona la provincia Ulterior en otras dos: Lusitania y Bética. La Citerior pasa a llamarse Tarraconense.

19 a. C.
Con la derrota y el sometimiento de los pueblos cántabros, *Hispania pacata est* ('Hispania ha sido sometida').

Siglo V d. C.
Los visigodos se establecen en Hispania y ponen fin a la dominación romana.

1.1. El proceso de romanización

Una vez conquistada y pacificada Hispania, los romanos impusieron su organización política y administrativa, social y económica.

- El **latín vulgar** sustituyó a las lenguas ibéricas.
- El **derecho romano**, que tendría gran influencia en el futuro, sustituyó al indígena.
- En el campo se confiscaron las tierras de los indígenas y se repartieron entre los colonos y soldados. Se crearon **latifundios** de propiedad privada, en los que se utilizaba mano de obra esclava.
- El trabajo en el campo se organizó en torno a las **villas** o casas de campo. Las primeras villas aparecieron hacia el siglo II a. C. Su máxima expansión tuvo lugar en la época de Augusto.
  La costa y el sur destacaron por la producción y comercialización de vino y aceite, lo que, a su vez, impulsó la producción de ánforas. El aceite de oliva era, ya en la época romana, la principal riqueza de Hispania.
- El desarrollo de una importante red de calzadas y la unificación de la **moneda** contribuyeron a la expansión del **comercio**; el uso de la moneda romana llegó a ser habitual.
- La **ciudad** se convirtió en un centro de producción y de comercio de primer orden. Su organización se adaptó a las necesidades del comercio, de la administración y del número creciente de ciudadanos.
  Esto requirió la construcción de grandes **obras públicas**, como murallas (Carmona, Barcelona, Mérida, Lugo), teatros (Sagunto, Mérida, Itálica), anfiteatros (Tarragona, Itálica, Calahorra, Mérida), circos (Mérida, Toledo, Tarragona), templos (Vic, Évora, Mérida), termas (Itálica, Lugo, Mérida, Alange), necrópolis (Villajoyosa, Fabara, Sádaba), acueductos (Mérida, Tarragona, Segovia), arcos de triunfo (Tarragona, Medinaceli, Mérida, Alcántara) y puentes (Caparra, Alcántara, Segura, Toledo).

Teatro de Sagunto. Los romanos no solo introdujeron la técnica para llevar a cabo complejas e impactantes construcciones, sino también una cultura muy refinada que comprendía, por ejemplo, grandes representaciones teatrales.

Este vídeo te transportará a los tiempos de la Hispania romana.

- El eje principal de la **red de calzadas** en Hispania era la **Vía Augusta**, que bordeaba la costa desde los Pirineos hasta Cartagena. Desde Cartagena se prolongó hasta Cádiz. De esta partían otras hacia el interior. Desde Barcelona salía una que pasaba por Lérida y llegaba a Zaragoza. Mérida era un importante centro de comunicaciones. De allí partía la llamada **Vía de la Plata**, que terminaba en Astorga. La construcción de las calzadas se caracterizaba por su dureza y resistencia.

1.2. La organización del territorio

Los romanos organizaron el territorio en provincias. En el año 197 a. C, la República romana dividió Hispania en dos provincias, la Citerior y la Ulterior, separadas por la sierra de Cazlona (*saltus Castulonensis*).

Más tarde, en el año 27 a. C., Augusto dividió la Ulterior en otras dos provincias, Lusitania y Bética, y dio a la Citerior el nombre de Tarraconense. El emperador Caracalla, hacia el 212 d. C., separó de la Tarraconense la parte noroeste, formando una nueva provincia, la Gallaecia. En el 293 Diocleciano llevó a cabo una nueva división provincial: Bética, Lusitania, Gallaecia, Tarraconense y Cartaginense, a las que luego se agregó la Baleárica.

División del territorio de Hispania ordenada por Octavio Augusto (siglo I a. C.).

División del territorio de Hispania ordenada por Diocleciano (298 d. C.).

En el año 298 Diocleciano dividió Hispania en cinco provincias. Se añadió la *Tingitana* en el norte de África, para constituir la *Diócesis Hispaniarum*, que dependía de la prefectura de las Galias.

1.3. La decadencia del Imperio

En el siglo III, el Imperio romano inició un periodo de decadencia. La crisis incidió de forma destacada sobre las ciudades romanas de Hispania, que sufrieron las invasiones de los pueblos bárbaros. Germanos y francos cruzaron el Rin, ocuparon la Galia y llegaron a Hispania. Las ciudades entraron en crisis y decayó el comercio con Roma. La crisis económica y comercial, la inseguridad y la creciente presión fiscal impulsaron a muchas familias a huir al campo.

Las reformas que introdujeron los emperadores Diocleciano y Constantino I desde finales del siglo III permitieron un periodo de cierta estabilidad. Pero a finales del siglo IV, después de la muerte de Teodosio, el Imperio romano se dividió definitivamente en dos, el de Oriente y el de Occidente.

En Occidente, el vacío de poder lo ocuparon los pueblos germánicos; de este modo, a principios del siglo V los visigodos se establecieron en Hispania.

Muralla romana de Tarragona.

ACTIVIDADES

1 Indica si son verdaderas o falsas estas afirmaciones.

a Los romanos llegaron a Hispania en tiempos de César.
b Indíbil y Mandonio fueron caudillos de los ausetanos.
c La difusión de la cultura romana en Hispania comenzó con la victoria de César sobre Pompeyo.
d Los romanos implantaron un modelo económico cuyo centro principal era la ciudad.
e En el 27 a. C., Octavio Augusto dividió Hispania en tres provincias: la Baleárica, la Lusitania y la Bética.
f Córduba era la capital de la Lusitania.

– Escribe correctamente las afirmaciones que sean falsas.

2 El proceso de romanización en Hispania afectó profundamente a todos los ámbitos de la vida. Explica brevemente qué cambios comportó la conquista de los romanos en relación con:

- la división administrativa del territorio
- la lengua
- el derecho
- la propiedad y el trabajo de la tierra
- las ciudades
- las vías de comunicación
- las obras públicas
- la moneda

3 Señala con una cruz dónde se encuentran los principales monumentos de la Hispania romana.

	Mérida	Sagunto	Itálica	Tarragona	Lugo	Medinaceli	Alcántara
murallas							
templos							
teatros							
anfiteatros							
circos							
termas							
arcos de triunfo							
mausoleos							
acueductos							
puentes							

– Busca imágenes de los monumentos romanos más cercanos a tu localidad.

Escucha el audio sobre Viriato, un hombre que combatió a los romanos en Hispania. Después, completa el texto con la información que falta.

4 CM Los romanos construyeron vías que comunicaban las principales ciudades. Explica por qué crees que era tan importante para los romanos disponer de una buena red de comunicaciones.

5 CD Actualmente, para referirnos a una defensa encarnizada, utilizamos la expresión «resistencia numantina». Explica su significado histórico ayudándote de la información de la web.

HISTORIA ET VITA

1. Las carreteras

Las dos carreteras más antiguas de Italia son la **Vía Apia**, que se empezó a construir en torno al año 312 a. C. (iba desde Roma hasta Bríndisi), y la **Vía Aurelia**, iniciada a mediados del siglo III a. C., que pasaba por Etruria. El Imperio romano llegó a contar con un sistema de carreteras de unos 80 000 km, consistente en veintinueve vías que partían de la ciudad de Roma y una red que abarcaba las principales provincias conquistadas, incluyendo Gran Bretaña.

Vía Apia.

La vía romana más antigua documentada epigráficamente en la península Ibérica es la que enlazaba los poblados de Iluro (actual Mataró) y Ausa (Vic), construida entre el 120 y el 110 a. C. Por Barcelona y Valencia pasaba la Vía Augusta, que unía Cádiz con los Pirineos, y allí enlazaba con la Vía Domitia, que llegaba hasta Italia. Otras grandes vías de la península Ibérica son la que se iniciaba en Tarragona y llegaba hasta Mérida, pasando por Toledo, y la que entraba por Pamplona y se dirigía hacia Astorga; de allí bajaba otra hacia Mérida, que continuaba hasta la península Itálica.

Los nombres de las carreteras nos proporcionan mucha información. Las más antiguas indican su función (la Vía Salaria, que comunica la ciudad de Roma con el mar Adriático, recibe este nombre porque por ella circulaba el transporte de sal); otras adoptan el nombre de la región o de la ciudad a la que conducen (Vía Ostiense), y las hay que llevan el nombre de su constructor (Vía Apia).

1.1. La financiación

La gestión de las carreteras corría a cargo de los censores, los ediles, los cónsules, los pretores y los cuestores urbanos. De su construcción se encargaban los legionarios; los ediles, por su parte, se encargaban de su manutención.

Mientras que la financiación de las carreteras era tarea de los citados magistrados, su manutención corría generalmente a cargo de las provincias. Los funcionarios encargados de recoger fondos para las carreteras eran los *curatores viarum*. Para la financiación de estas vías, se podía solicitar dinero a personas privadas interesadas en su uso o bien recibir donaciones de personajes públicos.

Para circular por las carreteras había que pagar **peajes**, especialmente en los puentes o en las entradas de las ciudades. Esto hizo aumentar considerablemente el coste de los transportes, que ya era elevado por las tasas de importación y exportación.

1.2. La construcción

La técnica de construcción era la siguiente: se cavaba un foso de una profundidad de 45 a 60 cm, se rellenaba con capas de piedra, arena y tierra, y se cimentaba con argamasa. Después se cubría la carretera con unos adoquines encastrados unos junto a otros, sin espacio entre sí.

Los bordes de la carretera se marcaban con piedras clavadas verticalmente en la tierra. Las carreteras tenían, además, canales de escorrentía para aguas pluviales y protección contra desprendimientos y nevadas abundantes. A lo largo del recorrido había hileras de zarzas o setos, así como hitos miliarios de forma cilíndrica o de columna, que señalaban las distancias en millas (una milla equivale a 1 478 metros).

Miliario de la Vía Augusta.

Aunque las carreteras estaban construidas con gran maestría, las aguas del subsuelo las deterioraban, de forma que requerían una continua manutención.

Medían unos cuatro metros de ancho, lo que permitía la circulación de carros en los dos sentidos; también había aceras para los peatones, de unos tres metros de ancho. En las encrucijadas y en las calles del interior de las ciudades había, en ocasiones, hileras de grandes bloques de piedra un poco elevados, para que se pudiese atravesar más fácilmente la calle.

Requerían trazados directos para llegar a los grandes núcleos de población tan rápidamente como fuese posible; además, debían ser fáciles y seguras. Esto impulsó la construcción de **obras auxiliares** a menudo inmensas y costosas, como **puentes**, **viaductos** y **túneles**.

En la península Ibérica destacan el puente de Alcántara, sobre el río Tajo; el de Mérida, sobre el Guadiana; el de Salamanca, que atraviesa el río Tormes, y el Puente del Diablo, sobre el río Llobregat, en la provincia de Barcelona, aunque el aspecto actual de este último responde más a reconstrucciones medievales que a su trazado original romano. Entre los túneles conservados, destaca el de Furlo, en los Apeninos, en la Vía Flaminia, con una longitud de 38 metros.

1.3. Los vehículos

Para desplazarse, los romanos utilizaban caballos, animales de carga y carros, aunque también se viajaba a pie.

Los caballos tiraban de los carros que llevaban mercancías ligeras, mientras que el transporte pesado se llevaba a cabo con bueyes y burros. Los reglamentos de circulación establecían que dentro de la ciudad solo podían viajar con carro los personajes importantes (los reyes, los vencedores durante la celebración de un triunfo o las vestales) y los que transportaban mercancías. El transporte también tenía lugar de noche. Había normas que regulaban el número de personas y la cantidad de mercancías que se podían transportar.

Carro tirado por un buey para el transporte pesado de mercancías.

Vía de Pompeya. En ella se aprecian los bloques de piedra del paso de peatones.

Puente romano de Alcántara, en Extremadura, construido para facilitar el paso sobre el río Tajo.

Las clases acomodadas utilizaban **carros cubiertos** (*raedae*), que se podían alquilar en las áreas de servicio. Las familias o los ricos viajaban con la ***carpenta*** de dos ruedas o con la ***cisia***, arrastrada por mulos.

La ***lectica*** era un carro que transportaba al emperador o a algún personaje importante, y era conducida por los *lecticarii* en viajes breves. Para los viajes más largos se recurría a la *carruca dormitoria*, un carro cubierto y provisto de tienda.

Cuando se emprendía un viaje un poco largo, normalmente se hacía en compañía de esclavos y se llevaba un equipaje ligero. El vestido de viaje debía ser cómodo: generalmente consistía en una túnica corta, un manto de lana con capucha para el invierno y ancho para el verano, y sandalias con correas. En ocasiones, se llevaba un arma o un bastón para defenderse o apoyarse, así como un farol para la noche. El equipaje personal se guardaba en el *marsupium*, un bolso que se ataba a la cintura.

1.4. El servicio postal

El servicio postal era muy importante en el Imperio romano, ya que garantizaba el contacto entre Roma y las provincias. Recibía el nombre de *cursus publicus* y su organización data de los tiempos de Julio César (finales del siglo I a. C. y principios del I d. C.). Las cartas se transportaban mediante mensajeros a caballo o carteros de servicio diario regular. Se otorgaba tanta importancia al servicio postal que este dependía directamente del emperador.

A lo largo de las carreteras y aproximadamente cada diez kilómetros había **estaciones de posta** para cambiar los caballos. Si no se encontraban en centros habitados, estas estaciones se conocían por el nombre del miliario más cercano al sitio donde estaban situadas.

Con el tiempo, las estaciones de posta de las grandes vías fueron creciendo en extensión y ofreciendo comodidades (mercados, termas, servicio médico, etc.), hasta el punto de que originaron la aparición de nuevas poblaciones.

in illo tempore

En el año 1852, en las termas de Vicarello, sobre el lago Bracciano (llamado *Acquae Apollinares*), se encontraron cuatro vasos: los vasos apolinares (o vasos de Vicarello).

Se cree que son exvotos ofrecidos por algún viajero gaditano agradecido que debió de acudir al lago con la intención de tratarse alguna enfermedad con sus aguas; tienen la particularidad de que en sus paredes están grabados los nombres de todas las estaciones de la vía que conducía de Gades a Roma. Constituyen una fuente de información geográfica e histórica excepcional, ya que se trata de un recorrido de unas 1841 millas y en ellos constan las distancias de cada estación respecto a Roma.

Entre otras, aparecen las estaciones de Dertosa (Tortosa), Tarracone (Tarragona), Aquis Voconis (Caldas de Malavella), Gerunda (Gerona), Iuncaria (Figueras) y Ruscinone (Rosellón).

Actualmente, se conservan en el museo de la Villa Giulia, en Roma.

Vasos apolinares.

ACTIVIDADES

6 CM Lee el texto sobre la construcción de la Vía Domitia y responde a las preguntas.

Allí, en otro tiempo, el lento viajero apoyado solo sobre sí mismo se balanceaba como colgado de una cruz; un suelo blando se tragaba las ruedas, y la plebe latina, aun estando en plena llanura, sufría los males de la navegación. La travesía no era rápida; se retrasaba el avance impracticable de las roderas silenciosas, mientras que, resoplando por el exceso de carga, la bestia de tiro se debatía lánguidamente bajo el pesado yugo. Pero hoy el camino donde se perdía un día entero se puede recorrer en apenas dos horas. Ni las aves que extienden su plumaje por el firmamento, ni los barcos, avanzarían más veloces.

La primera labor: marcar los trazados y excavar el terreno, hasta el fondo. A continuación: rellenar las fosas con materiales añadidos y preparar su interior para que el enlosado de la capa superior repose sobre bases estables y no sobre cimientos débiles o sobre un lecho demasiado blando. Por último: acotar la calzada con aceras situadas a uno y otro lado.

¡Oh! ¡Cuántos brazos colaboran en su obra! Unos abaten los bosques y dejan desnudas las montañas. Otros hacen añicos con el hierro las peñas y los grandes árboles. Los de aquí unen las piedras unas con otras y compactan la obra con cal recién salida del horno y con humilde toba. Los de más allá desecan con sus brazos los humedales y conducen las escorrentías bien lejos.

Estacio, *Silvae*.

- **a** ¿Por qué compara el autor la antigua circulación por la zona de la que habla con la navegación?
- **b** ¿De qué medio de transporte se habla en el texto? ¿A qué tipo de carro crees que se hace referencia? ¿Por qué?
- **c** ¿Cómo se construyó la Vía Domitia, de la que habla el autor? ¿Era el sistema habitual de construir carreteras?
- **d** ¿Con qué materiales se unían las piedras de la calzada?

7 CD En el vídeo puedes apreciar las principales vías trazadas por los romanos en la península Ibérica. Escoge una, busca información sobre ella y expón los datos más relevantes. Busca imágenes y añádelas a tu exposición.

Las villas

Una villa (*villae*) era originariamente una casa de campo propiedad de una familia de clase alta. Sin embargo, con el tiempo surgieron tres tipos de villas:

- Las **villas rústicas**. Los propietarios (*dominus*) de las villas rústicas eran, a menudo, ricos que confiaban su administración a un intendente (*rusticus*), que solía ser uno de sus esclavos o un esclavo liberto. En las provincias, lejos de Italia, las *villae* que había en torno a las colonias pertenecían a los notables de la ciudad, que podían ser militares romanos veteranos o notables locales romanizados. Comprendían extensiones medias de terreno y, al final de la época republicana, las villas rústicas basadas en una explotación intensiva (viñas, olivos) y en el trabajo de los esclavos fueron muy productivas.
- Las **villas suburbanas**. Eran residencias de la aristocracia romana, inspiradas en los palacios helenísticos. Se situaban cerca de Roma, de modo que se pudiese llegar a ellas en un día o dos de viaje. A partir del siglo I a. C. presentan lujosos peristilos (patios interiores rodeados de columnas). La mejor conservada es la lujosa villa de los Misterios, en Pompeya, del siglo II a. C. Cicerón poseía siete villas, y Plinio el Joven tenía tres o cuatro.
- Las **villas imperiales**. En ellas residía el emperador: eran enormes y estaban decoradas de una forma lujosísima. Se empezaron a construir a partir del siglo I d. C. Una de las más conocidas es la Villa Adriana, en Tívoli, que incluye un teatro rodeado de un estanque. Había una concentración de villas imperiales cerca de la bahía de Nápoles.

En España se conservan numerosos restos de villas romanas. Destacan la villa de La Olmeda, en Castilla y León; la de Toralla, en Vigo; la de Almenara-Puras, en Valladolid, lujosa y rica en mosaicos; la de Centelles y la villa de Els Munts, en Tarragona, y la villa Fortunatus, en Fraga, Huesca. Destaca, además, por su tamaño la villa de San Pedro, en Ávila.

Villa Adriana, en Tívoli, Italia. La mandó construir el emperador Adriano (76-138 d. C.) y residió en ella hasta el final de su vida.

ACTIVIDADES

8 CI Lee el texto y responde a las preguntas.

> ¡Cuántos días perdidos en ocupaciones inútiles! Esto es lo que siempre me digo cuando llego a mi villa de Laurentum, donde me entrego a la lectura, a la composición y al cuidado de la salud, ya que es la fuerza del cuerpo la que sostiene la del espíritu.
>
> Allí no he de escuchar nada que lamente haber escuchado, ni viene nadie a desacreditar cualquier cosa con discursos malintencionados; yo, por mi parte, no censuro a nadie, si no es a mí mismo cuando la composición no me sale bien. Ningún deseo, ningún temor me inquieta, nada me perturba; solo hablo conmigo mismo y con mis escritos. ¡Qué existencia más sana y pura! ¡Qué ocio más encantador y honroso, posiblemente más bello que cualquier actividad! ¡Oh, mar y ribera! ¡Oh, *mouseion*, santuario de las musas! ¡Cuántas cosas nos descubrís, cuántas nos dictáis!
>
> Plinio el Joven, *Epístolas*.

a Sitúa Laurentum en un mapa. ¿De qué tipo de villa se trataba: rústica, suburbana o imperial?

b ¿A qué clase social debía de pertenecer Plinio el Joven? ¿Recuerdas cuántas villas poseía?

c ¿A qué se dedicaba Plinio el Joven en su villa?

9 CI Busca información sobre la villa más cercana a tu localidad.

1 Ordena las sílabas para obtener cinco pronombres demostrativos en acusativo plural. Después, tradúcelos.

IL	IS	LAS	TA	TOS
LOS	IL	IL	LA	IS

2 **Comparación y clasificación de oraciones.** Sustituye por la forma pronominal adecuada cada palabra destacada. A continuación, traduce las oraciones.

- **a** Puer epistulam scribebat. In **epistula** (*hic*, *haec*, *hoc*) pulchra verba dicebat.
- **b** In Sicilia multi servi erant. **Servi** (*iste*, *ista*, *istud*) in fundis maximis laborabant.
- **c** In Italia multae urbes erant. In **urbibus** (*ille*, *illa*, *illud*) multae viae erant.
- **d** Magistra multa munera discipulis dabat. **Discipuli** (*ille*, *illa*, *illud*) gratias dabant.

3 Traduce estas oraciones.

- **a** Per hanc viam celeriter ad urbem perveniemus.
- **b** Nullus amor patriae, nulla virtus isti homini est.
- **c** Mettius ille est ductor itineris huius, Mettius idem huius machinator belli, Mettius foederis Romani Albanique ruptor.
- **d** Illis teneris arboribus gelu huius hiemis noxium erat.
- **e** Hic totus liber litteras Romanas semper laudat.
- **f** Hi igitur illis deabus heri gratias agebant.
- **g** Mores istius scriptoris erant nimis mali.
- **h** Hic illam virginem in matrimonium ducet.
- **i** Non solum eventus hoc docet, sed etiam ratio.
- **j** Si vis studere philosophiae, hoc studium non potest valere sine frugalitate.

4 Traduce las siguientes oraciones.

- **a** Doctos homines in re publica versatos multos commemorare possumus.
- **b** Non murus nec vallum, sed armati armatis obstabant.
- **c** Hannibal consulem insidiis circumventum occidit.
- **d** Vitellius, aut superatus aut proditus, vitam cum morte commutavit.
- **e** Legatus, de numero Romanorum cohortium rogatus, nihil respondit.
- **f** Caesar cum primis navibus Britanniam attigit atque ibi statim in omnibus collibus expositas hostium copias armatas conspexit.
- **g** Sabini bellum Romanis indixerunt propter virgines raptas.
- **h** Castra sunt victoribus receptaculum, victis perfugium.
- **i** Lucium Domitium productum in publicum circumsistunt et custodiunt.

5 Traduce estas oraciones.

- **a** Pascite boves, pueri; submittite tauros.
- **b** Recense, amice mi, vitae tuae dies.
- **c** Pueri, date aquam manibus! Apponite mensam!
- **d** Semper esto liberalis divesque amicis tuis.
- **e** Tubicen, pugnae signum exercitui sine metu tuba da.
- **f** Multi philosophi poetaeque sapienter monent: «Carpe diem!»

6 CC Traduce este texto y realiza las actividades relacionadas con él.

Prometeo

Homines a dis immortalibus ignem petebant, sed flammam in perpetuum servare nesciebant. Tum Prometheus, humanae progeniei fautor, ignem de caelo surripuit et hominibus donavit. Ob hanc rem Mercurius, Iovis iussu, Prometheum in monte Caucaso deligavit ad saxum clavis ferreis et aquilam, avium reginam, apposuit. Aquila Promethei iecur avide exedit. Quantum die aquila vorabat, tantum nocte crescebat. Sed post multos annos Hercules aquilam interfecit et Prometheum liberavit.

Tortura de Prometeo, Gioacchino Assereto (1600-1649). Encadenado a una roca, un águila le devoraba el hígado.

- **a** En el texto hay un demostrativo. ¿Cuál es? ¿Actúa como determinante o como pronombre?
- **b** Hay un solo adverbio. ¿Cuál es? ¿De qué tipo es?
- **c** Indica qué palabras castellanas proceden de estos términos latinos: *immortalibus, perpetuum, ignem, clavis, reginam, avide, vorabat, liberat*.

7 Identifica los participios de estas oraciones y, después, tradúcelas.

- **a** Romani equites captos interfecerunt.
- **b** Illum exercitum contemno, collectum ex senibus desperatis.
- **c** Reliquos omnes equites Romani aut interfecerunt aut captos ad Domitium deduxerunt.
- **d** Populi victi legatos Romam mittunt et pacem petunt.
- **e** Servi redempti dominum celebrant.
- **f** Marcus Porcius Cato, tribunus in Siciliam missus, fuit quaestor sub Scipione.
- **g** Titus, «amor generis humani» appellatus, quia natura erat benevolus, vir magnanimus fuit.

8 Completa cada oración con uno de los siguientes complementos. Después, tradúcelas.

myrto, cum libris, cum discipulis, iniuria, pila, ob inopiam, magna fiducia, splendidis epulis, per servum, magna cum cura, modestia, propter victoriam, cum magistro

- **a** Romani laudabant matronam Corneliam ▲.
- **b** Hodie dominus ▲ epistulam mittit.
- **c** Galli ▲ procedebant per campum.
- **d** Puellae comas ▲ nectunt.
- **e** ▲ contra Numidiam Metellus triumphum agit.
- **f** ▲ Graecus philosophus cottidie ambulabat.
- **g** Medicus ▲ morbos curat.
- **h** Iulia ▲ venit ad te.
- **i** Multi Aemilium accusabant ▲
- **j** Advenae in Sardiniam ▲ migrabant et novas colonias aedificabant.
- **k** Matrona ▲ filiae suae nuptias celebravit.
- **l** Studiorum curriculum est certe asperum, at boni sedulique discipuli ▲ impedimenta facile vincent.

9 Traduce este texto y realiza las actividades.

Aníbal

Hannibal, Hamilcaris filius, erat Carthaginiensis. Adhuc puerulus, odium aeternum erga Romanos apud aram iuravit. Deinde cum patre in Hispaniam discessit atque post mortem Hamilcaris et Hasdrubalis imperium habuit copiarum terrestrium. Statim cum Romanis bellum inchoavit: omnes Hispaniae gentes bello subegit; Saguntum, foederatam civitatem, vi expugnavit ingentesque copias comparavit. Deinde cum magno elephantorum numero atque cum ingentibus militum copiis Alpes superavit et in Italiam pervenit, ubi bellum cum Romanis gessit.

El ejército de Aníbal camino de Roma.

- **a** Detecta los complementos de compañía, instrumento y modo que hay en el texto.
- **b** Analiza morfológicamente estas palabras: *puerulus, aram, mortem, Hasdrubalis, terrestrium, inchoat, foederatam, ingentibus, gerit.*
- **c** Indica de qué tipo son estos complementos: *odium aeternum, in Hispaniam, deinde, Alpes, in Italiam, bellum.*

post data

Los filósofos

1. Cicero orator ille Romanus haec verba dicit:
2. «Ex illis philosophis multi huic civitati saluti sunt».
3. Inter illos philosophos praeclari sunt Zeno et Epicurus.
4. Huius scholae discipuli Epicurei sunt, illius scholae Stoici sunt.
5. Epicurei felicitatem huius vitae voluptate terminant.
6. Diversa erat illorum sententia; illi enim maximum vitae bonum in honestate, hi in vita beata ponunt.
7. Magno illi Diogeni dissimilis erat Epicurus.
8. Illi enim frugalitas, huic luxuria curae erat.
9. Cynicus autem ille illam luxuriam non virtutem, sed animi mollitiam putat.
10. Digna sunt memoria ista verba illius Cynici: «Nunc paululum a sole».

Diógenes, Jean-Léon Gérôme (1824-1904). Se afirmaba de Diógenes que había vivido dentro de un tonel.

10 Fabula picta. ¿Qué pasaje del mito explica cada viñeta? Traduce su leyenda.

HERACLES AB EURYSTHEO MISSUS AD INFEROS DESCENDIT.

IN INFERORUM TERRA HERACLES ET CERBERUS TRICEPS PUGNAVERUNT.

EURYSTHEUS, CUM VIDIT CRUDELE SAEVUMQUE ANIMAL, TERRITUS IN DOLIO SE ABDIDIT.

HERACLES AD INFEROS CERBERUM REDUXIT. MAGNA FUIT FAMA FORTIS VIRI APUD GRAECOS POSTEROSQUE.

11 CD Realiza las actividades de autoevaluación de esta unidad que hallarás en los recursos digitales.

verba in glossario

Como sabemos, los diccionarios nos proporcionan los temas de presente, de perfecto y de supino de los verbos. Por lo tanto, cuando nos encontremos ante un verbo en perfecto o ante un participio (que se forma sobre el tema de supino), tendremos que buscar la primera persona del presente de indicativo.

Los verbos regulares siguen este esquema; en el caso de los de la primera y cuarta conjugaciones, muchos diccionarios solo proporcionan la primera persona del presente de indicativo, ya que los paradigmas son previsibles.

En cambio, cuando el tema de perfecto o de supino es irregular o presenta alguna dificultad, el diccionario recoge una entrada propia, que nos remite al presente de indicativo. Si lo buscamos, podremos encontrar el significado del verbo. Debemos tener en cuenta esta regla para hallar el significado de formas irregulares.

Los dioses primigenios y los primeros hombres

1. El Caos originario

Antes de que todo existiese reinaba el Caos, del que surgieron Gea (la Tierra) y Eros (el Amor). Gea engendró un hijo, Urano (el Cielo), al que desposó. De este matrimonio nacieron las Titánides –Cibeles y Temis– y los Titanes, que eran diez. Entre estos, los más famosos eran Titán, el primogénito, Crono o Saturno, Océano y Jápeto.

2. La Titanomaquia

Urano temía que sus hijos lo destronasen; por este motivo, los encerraba en el interior de su madre, Gea, a medida que nacían. Gea, cansada de la crueldad de su marido, pidió ayuda a sus hijos y les proporcionó armas para luchar contra su padre.

Crono, el más joven de los Titanes, castró a su padre con una hoz: el esperma de Urano cayó al mar y se formó una espuma de la que nació Afrodita, diosa del amor, mientras que de la sangre que se derramó sobre la tierra nacieron las Erinias, los Gigantes y las Ninfas Melias.

Tras liberar a sus hermanos, Crono ocupó el trono del mundo y se casó con su hermana Rea. Con ella tuvo seis hijos: Deméter, Hestia, Hera, Hades, Poseidón y Zeus. Muy pronto se mostró tan cruel y tirano como su padre; devoraba a sus hijos al nacer, ya que Urano y Gea habían vaticinado que sería destronado por su propio hijo.

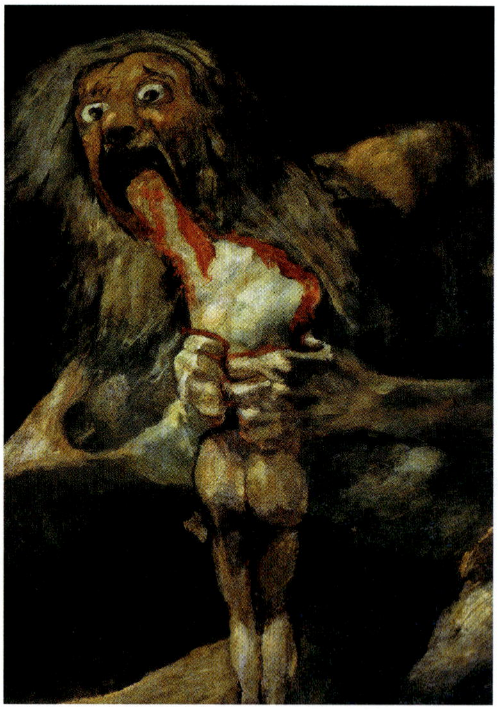

Cuando Rea estaba a punto de alumbrar a Zeus, su último hijo, engañó a su marido ofreciéndole una piedra envuelta en pañales, como si del recién nacido se tratara. Crono no sospechó nada y se la tragó.

Zeus fue conducido a Creta, donde la cabra Amaltea lo crió. Al llegar a adulto, ofreció una poción a su padre que le hizo vomitar todos los hijos que había devorado. Una vez libres sus hermanos, Zeus declaró la guerra a Crono, que contaba con el apoyo de sus hermanos, los Titanes. Esta lucha se conoce con el nombre de Titanomaquia y finalizó con la victoria de Zeus, que devolvió a los Titanes al Tártaro.

3. La Gigantomaquia y la Tifonomaquia

Gea no estaba de acuerdo con el resultado de la contienda, por lo que engendró a los Gigantes, que declararon la guerra a los dioses olímpicos. Pero los Olímpicos los derrotaron.

A continuación, Zeus repartió el mundo entre sus hermanos: ofreció a Hades el mundo subterráneo; a Poseidón, el mar, y se reservó para sí el reino del cielo. No obstante, todavía tuvo que afrontar otra batalla con Tifón, hijo de Gea y del Tártaro. Zeus lo fulminó cerca del volcán Etna, en Sicilia.

TRADITIO

1 Lee este fragmento de *El Quijote* (I, 11), de Miguel de Cervantes (1547-1616), y realiza las actividades correspondientes.

> Dichosa edad y siglos dichosos aquellos a quien los antiguos pusieron nombre de dorados, y no porque en ellos el oro, que en esta nuestra edad de hierro tanto se estima, se alcanzase en aquella venturosa sin fatiga alguna, sino porque entonces los que en ella vivían ignoraban estas dos palabras de tuyo y mío. Eran en aquella santa edad todas las cosas comunes; a nadie le era necesario para alcanzar su ordinario sustento tomar otro trabajo que alzar la mano y alcanzarle de las robustas encinas, que liberalmente les estaban convidando con su dulce y sazonado fruto. Las claras fuentes y corrientes ríos, en magnífica abundancia, sabrosas y transparentes aguas les ofrecían. En las quiebras de las peñas y en lo hueco de los árboles formaban su república las solícitas y discretas abejas, ofreciendo a cualquiera mano, sin interés alguno, la fértil cosecha de su dulcísimo trabajo.

- **a** ¿Cómo presenta Cervantes la edad de oro?
- **b** Clasifica sus características, atendiendo a su relación con la naturaleza o con el comportamiento humano.

2 Observa las imágenes de estas páginas y describe los episodios que ilustran.

4. La edad de oro y el mito de las edades

Los antiguos consideraban que, durante el reinado de Saturno, la humanidad había vivido su edad de oro. No había leyes escritas ni tribunales; reinaba la paz y todo era abundancia. La tierra producía todo tipo de frutos sin necesidad de trabajarla y la naturaleza vivía en una primavera perpetua.

Esta edad de oro fue sustituida por una edad de plata: en ella el año se dividió en estaciones y hubo que trabajar para que la tierra fuese productiva. Después vino la edad de bronce, en la que los hombres empezaron a guerrear y codiciaron el dinero. En la última edad, la de hierro, se plasmó sobre la Tierra la violencia y la traición.

Las Saturnales, en el mes de diciembre, rememoran esta edad mítica de Saturno. En un ambiente festivo, muchos amos agasajaban a sus esclavos, a los que sentaban a su mesa.

LATINE DICTUM

3 Pervivencia del héroe mítico. Análisis morfosintáctico. Traduce estos textos.

La edad de oro

Erat quondam aetas aurea: omnes homines beati erant, deos colebant, fidem servabant. Quia homines honeste modiceque vivebant, non leges, non iudices, non urbium moenia, non agrorum termini erant. Non bellum, non fures, non scelerum conscientia, non mortis timor homines terrebant. Agnus cum lupo, cum tigride capella dormiebant. Caelum quoque semper costans et temperatum, ver aetenum erat; placidi Zephiri natos sine semine flores mulcebant et terra inarata omnia ferebat. De ramis dulcia poma pendebant: semper uvae de palmite vitis rubescebant, flumina lactis flubant, stillabant de ilice mella. Erant quoque casae, sed aureae: aureus matris et patris thalamus, aureae atri columnae; omnia aurea erant.

Los Titanes son derrotados por los Gigantes y los Cíclopes

In terrae cavernis Tartara patebant: ibi laborabant Cyclopes, iamdudum Iovis amici fideles. Ibi quoque habebant sedem Gigantes, monstra quinquaginta capitibus et brachiis centum. Ab his omnibus Iuppiter petivit auxilium atque impetravit. Gigantes Cyclopesque, e tenebris in lucem vocati, Titanes rebelles et adversos habuerunt. Statim infesto animo cum Iovis hostibus conflixerunt. Vibrabant Cyclopes dextris igneas hastas. Gigantes autem manibus suis innumerabilibus ingentia saxa coniciebant. Titanes in aciem acri impetu irruunt et ferociter conclamant. Anceps tamen erat proelii fortuna. At subito Iovem flammeus currus advehit et deus fulmina sua sicut tela iacit. Tunc Titanum fuit caedes atrox. Alii, a deorum rege perculsi, gregatim concidunt. Alios densus fumus silvarum incensarum opprimit et mox suffocat.

IX HERO Y LEANDRO

En Abidos hay un templo dedicado a Afrodita, la diosa del amor. Hero se dirige hacia allí todos los días, ya que es su sacerdotisa. Un día, el joven Leandro acude también al recinto sagrado para hacer una ofrenda a Afrodita. Hero le roba el corazón: volviendo del templo el joven no puede olvidar su porte majestuoso, la fuerza de su mirada...

Crece en él un amor persistente por la muchacha y se lo confiesa; ella siente lo mismo, pero sus familias se oponen a la relación e impiden que se vean. Leandro vive en Sestos, una población situada frente a Abidos. Ambos lugares se encuentran separados por una lengua de mar, el estrecho del Helesponto, pero los jóvenes no están dispuestos a renunciar a su amor y se las ingenian para verse a escondidas: cada noche Hero coloca una antorcha en la ventana de su habitación, situada en lo alto de una torre. Leandro espera esta señal para emprender a nado la travesía del estrecho que separa ambas casas. La antorcha, además, le indica el camino que debe seguir. De esta forma los jóvenes amantes se encuentran todas las noches.

Así transcurre el verano, pero una noche de otoño, cuando Leandro se encuentra en medio del estrecho, se levanta un fuerte viento. Una ráfaga apaga la antorcha de Hero, y Leandro pierde el rumbo mientras las olas ganan altura. Aunque el muchacho se debate en las aguas embravecidas, la tempestad no cede, se le acaban las fuerzas y una ola demasiado grande lo engulle; cuando el mar devuelve el cuerpo del joven a la superficie, este ya está muerto.

Al alba, Hero, angustiada, corre a la playa: una ola deposita el bello cuerpo de Leandro a sus pies. La angustia se vuelve insoportable y Hero pone fin a su vida lanzándose desde su torre al mar que le ha arrebatado a su amado.

1. Los pronombres personales, los posesivos, el anafórico y los pronombres de identidad

En esta unidad estudiaremos:

- Los pronombres personales.
- Los posesivos.
- El anafórico.
- Los pronombres de identidad.

Excepto los pronombres personales, todos los demás también pueden funcionar como determinantes.

aurea dicta

¿Qué enseñanza crees que transmiten estos dichos? Tradúcelos y reflexiona sobre ellos.

Después, comprueba tu traducción escuchando el audio.

Est et formicae et culici sua bilis.
Omnia mea mecum porto.
Non mihi, non tibi, sed nobis.
Vita stulti recta in oculis eius.
Rex Iuppiter omnibus idem.

1.1. Los pronombres personales

Los pronombres personales son palabras que utilizamos para designarnos a nosotros mismos (*yo/nosotros*), para nombrar a la persona o personas con las que hablamos (*tú/vosotros*) o para referirnos a los demás seres (*él/ella, ellos/ellas*), sin usar el sustantivo. Los pronombres personales no tienen género.

Praedia mea **tu** possides, **ego** aliena misericordia vivo.
***Tú** posees mis campos, **yo** vivo de la misericordia ajena.*

Su paradigma es el siguiente:

	SINGULAR		
	1.ª persona	**2.ª persona**	**3.ª persona**
Nominativo	ego (*yo*)	tu (*tú*)	–
Vocativo	–	–	–
Acusativo	me	te	se
Genitivo	mei	tui	sui
Dativo	mihi	tibi	sibi
Ablativo	me	te	se

	PLURAL		
	1.ª persona	**2.ª persona**	**3.ª persona**
Nominativo	nos (*nosotros*)	vos (*vosotros*)	–
Vocativo	–	–	–
Acusativo	nos	vos	se
Genitivo	nostrum, nostri	vestrum, vestri	sui
Dativo	nobis	vobis	sibi
Ablativo	nobis	vobis	se

Como sucede en castellano, en las oraciones latinas no suele aparecer el pronombre personal que lleva a cabo la acción verbal, salvo en casos en los que se pretende enfatizar, como en el siguiente:

Ego tibi sarcinam porto. / ***Yo** mismo te he traído el paquete.*

Si el pronombre de primera, segunda o tercera persona de singular o plural en ablativo va acompañado de la preposición *cum*, esta aparece tras el pronombre, unida a este (posposición):

Multi veniunt **mecum** in forum. / *Muchos vienen al foro **conmigo**.*

ACTIVIDADES

1 Completa la tabla con las características de cada pronombre. Si hay más de una posibilidad, indícalas todas.

	Caso	**Número**	**Persona**	**Forma del nominativo**
se				
vestri				
mihi				
nos				
nobis				

ACTIVIDADES

2 Traduce al latín las siguientes formas.

- **a** a mí
- **b** a ti
- **c** a nosotros
- **d** vosotros
- **e** de mí
- **f** de ti
- **g** vosotros (Suj.)
- **h** vosotros (CD)
- **i** conmigo
- **j** a él
- **k** para nosotros

3 Reescribe las oraciones pasando al plural los pronombres personales. Después, tradúcelas.

- **a** Ego te expecto.
- **b** Puer te laudat.
- **c** Magister mihi libros donat.
- **d** Tibi secretum dicam.
- **e** Memoriam tui semper servabo.
- **f** Tibi vita rustica placet, mihi urbana.
- **g** Tua verba me laetificant.
- **h** Gratam memoriam tui servabo.

4 Identifica los pronombres personales de estas oraciones y, a continuación, tradúcelas.

- **a** Persae nos armaque nostra valde timebunt.
- **b** Equites, pauci vestrum in hibernis manebunt.
- **c** Tu et ego dissimiles sumus.
- **d** Multi nostrum Caesaris interfectorum finem vident.
- **e** Animus optima pars nostri est.
- **f** Liberi nostri mecum Romam cras remeabunt.
- **g** Tu spes omnium nostrum eris.
- **h** Terentia matrona saepe secum multas ancillas ducit.
- **i** Hannibal veneno sibi mortem dat.
- **j** Semper cara nobis erit, Vergili, memoria tui et tuorum carminum.
- **k** Nos philosophiam laudamus, vos historiam praediligitis.
- **l** Hamilcar filium Hannibalem, novem annorum puerum, secum in Hispaniam ducit.

5 CS Traduce el texto y realiza las actividades.

La boda de Licia

Pater familias universos propinquos et accolas ad villam invitat: nam Lycia filia Tullio nubit. Multa mane turba virorum et feminarum ad villam convenit cum donis novae nuptae. Matronae et puellae splendidas stolas et pallas, gemmas et fibulas pretiosas. Venusta sponsa cum casta pronuba ad aram accedit, caelicolas invocat et matrimonii formulam pronuntiat: «Ubi tu Gaius, ego Gaia!». Amici et amicae favent lingua, deos orant, laetitiam divitiasque Lyciae exoptant; postea cantant laete aut clamant: «Io! feliciter!» facetiasque iactant. Mox ad mensas accumbunt. Ad vesperam, cum iam tenebrae imminent terris, maritus nuptam e gremio materno rapit: tum convivae mensas relinquunt et Lyciam cum taedis ad villam mariti ducunt. Cras nova nupta victimas genio novae villae sacrificabit.

- **a** ¿Qué pronombres personales aparecen en el texto? ¿A quién se refieren?
- **b** Indica qué adjetivos encontramos en el texto y con qué palabras concuerdan.
- **c** Identifica los CD y los CI del texto.
- **d** Repasa lo que sabes sobre las ceremonias nupciales en Roma e indica si hay algún elemento que no se explique en el texto.

1.2. Los posesivos

Los posesivos indican posesión, propiedad y pertenencia. Cuando actúan como determinantes, conciertan con lo poseído:

Officium **suum** probe gerebat. / *Hacía bien **su** trabajo.*

Las formas de los posesivos, que se derivan de los pronombres personales, son:

SINGULAR			PLURAL		
1.ª persona	**2.ª persona**	**3.ª persona**	**1.ª persona**	**2.ª persona**	**3.ª persona**
meus, mea, meum	tuus, tua, tuum	suus, sua, suum	noster, nostra, nostrum	vester, vestra, vestrum	suus, sua, suum

Los posesivos siguen el modelo de declinación de los adjetivos de tres terminaciones: el masculino y el neutro se declinan por la segunda declinación, y el femenino, por la primera.

ACTIVIDADES

6 **Declinación y concordancia.** Traduce las siguientes expresiones.

- **a** prudentiam tuam
- **b** ancillarum tuarum
- **c** amice noster
- **d** perfidia vestra
- **e** imperii mei
- **f** vestrorum magistrorum
- **g** capellas meas
- **h** canistrorum tuorum
- **i** cerasorum vestrarum
- **j** belli nostri

7 Pasa a plural estas expresiones, manteniendo su caso.

- **a** populus meus
- **b** scribae tui
- **c** ruinam nostram
- **d** sagittae tuae
- **e** templum vestrum
- **f** oppido nostro
- **g** soceri tui
- **h** statuae vestrae

8 Completa las oraciones con el posesivo adecuado. Después, tradúcelas.

- **a** Verbis (*tua, tuis, tuos*) ▲ non credo.
- **b** Magister discipulos (*sui, suos, sua*) ▲ interrogabat.
- **c** Leonia filiae (*sua, suam, suae*) ▲ librum emit.
- **d** In pugnis Germanorum feminae viros (*suos, sui, sua*) ▲ incitabant.

9 Traduce las expresiones y analiza los posesivos.

ob vestrum donum, mea sponte, sua manu, in suos inimicos, cum suis amicis, sua sponte, cum patre suo, domi suae

10 Traduce estas oraciones, que contienen posesivos.

- **a** Caesar suos milites ad castra mittit.
- **b** Mercenarii pro patria sua non pugnant, sed pro aliorum patria.
- **c** Titus militias suas in castra reducebat, trans Sequanam.
- **d** Terentio tribuno, amico meo, mea bona liberosque meos libenter committo.
- **e** Avari sua tantum diligunt curantque.
- **f** Romani multis populis imperium suum imponebant.
- **g** Militiae nostrae mox ad arma concurrunt et vallum conscendunt.
- **h** Verba mea animos conciliant, vestra ad discordiam excitant.
- **i** Puellae suas comas ornant.
- **j** Nostrae tunicae albae sunt, vestrae rubrae.
- **k** Fili mi, mecum semper es et mea tua sunt.
- **l** Vestrorum templorum statuae vestrorum deorum et vestrarum dearum famam honorant.
- **m** Tuos libros magno cum gaudio legebam.
- **n** Consilium meum expensum est, tuum stultum.
- **ñ** Multi amico tuo grati sunt: nam semper amicis auxilium suum praebet.
- **o** Magistro officia nostra diligenter praestabamus.
- **p** Medici scientia sua populorum morbos curant.
- **q** Narcissus effigiem suam in liquore videt.
- **r** Puella sibi non placebat et suam faciem foedam putabat.

1.3. El anafórico

El pronombre anafórico se refiere a personas o cosas ya mencionadas en el texto y que están presentes en la mente de la persona que habla o escucha. En castellano no existe, por lo que se suele traducir por *este, esta, esto, ese...*

El paradigma de este pronombre es el siguiente:

	SINGULAR		
	Masc.	**Fem.**	**Neutro**
Nominativo	is	ea	id
Acusativo	eum	eam	id
Genitivo	eius		
Dativo	ei		
Ablativo	eo	ea	eo

	PLURAL		
	Masc.	**Fem.**	**Neutro**
Nominativo	ei/ii	eae	ea
Acusativo	eos	eas	ea
Genitivo	eorum	earum	eorum
Dativo	eis, iis, is		
Ablativo	eis, iis, is		

Como en latín no hay pronombre personal de tercera persona, el anafórico **is** se suele usar como tal. Fíjate en esta serie:

ego amo / ***yo*** *amo*
tu amas / ***tú*** *amas*
is amat / ***él (este)*** *ama*

1.4. Los pronombres de identidad

Indican que la persona o cosa a la que se refieren es igual a otra que ya ha aparecido anteriormente (*idem, eadem, idem,* 'el mismo, 'la misma, 'lo mismo'), o bien que la persona a la que se refieren es esa y no otra (*ipse, ipsa, ipsum,* 'él mismo', 'ella misma', 'aquello mismo').

a Idem, eadem, idem

	SINGULAR		
	Masculino	**Femenino**	**Neutro**
Nominativo	idem	eadem	idem
Acusativo	eundem	eandem	
Genitivo	eiusdem		
Dativo	eidem		
Ablativo	eodem	eadem	eodem

	PLURAL		
	Masculino	**Femenino**	**Neutro**
Nominativo	eidem, iidem	eaedem	eaedem
Acusativo	eosdem	easdem	
Genitivo	eorundem	earundem	eorundem
Dativo	eisdem, iisdem, isdem		
Ablativo			

Este pronombre se forma a partir de **is, ea, id,** añadiéndole la partícula **-dem.**

Nos omnes **idem** optamus: belli finem.
Nosotros deseamos ***lo mismo****: el fin de la guerra.*

b Ipse, ipsa, ipsum

	SINGULAR		
	Masculino	**Femenino**	**Neutro**
Nominativo	ipse	ipsa	ipsum
Acusativo	ipsum	ipsam	
Genitivo	ipsius		
Dativo	ipsi		
Ablativo	ipso	ipsa	ipso

	PLURAL		
	Masculino	**Femenino**	**Neutro**
Nominativo	ipsi	ipsae	ipsa
Acusativo	ipsos	ipsas	
Genitivo	ipsorum	ipsarum	ipsorum
Dativo	ipsis		
Ablativo			

Dux **ipse** in proelio accepit. / *El general* ***mismo*** *resultó herido en la lucha.*

ACTIVIDADES

11 Escribe la forma adecuada de *idem, eadem, idem* y de *iste, ista, istud* ante cada sustantivo.

- ▲ terrarum
- ▲ castra
- ▲ discipula
- ▲ temporibus
- ▲ scriptore
- ▲ virtutes
- ▲ exercitum
- ▲ virum
- ▲ servos
- ▲ res

12 Sustituye las palabras subrayadas por el pronombre anafórico correspondiente y traduce las oraciones.

a Tarquinius pacem cum populo Tusco facit.
b Vercingetorix milites dimittit.
c Dux copias in oppidum recipit.
d Tarquinius equites centuriis addit.
e Legati ad Caesarem perveniunt.

13 **Análisis morfosintáctico.** Traduce estas oraciones.

a In civilibus bellis filii eiusdem patriae inter se pugnant.
b Suis ipse manibus Hercules filios suos necat.
c Servitus omnibus hominibus dura est; liberis autem hominibus ea intolerabilis est.
d Luscinia est parva; vox tamen eius est suavis.
e Robur leonis est in eius ossibus et dentibus.
f Tonitrua sunt terribilia, sed utilitas eorum est maxima.
g Megarenses Atheniensibus finitimi erant, sed iis dispares.
h Non semper idem floribus est color.
i Vera et falsa non eadem sunt.
j Homo ipse est faber fortunae suae.

2. La voz pasiva

2.1. Las voces: activa y pasiva

El verbo latino, como el castellano, tiene dos voces, la activa y la pasiva. En latín, la voz pasiva se forma de dos modos distintos:

a En los temas de presente, se añaden a la raíz desinencias personales específicas de esta voz. Por ello, a diferencia de la voz pasiva castellana, que se forma con el verbo *ser* acompañado del participio, la voz pasiva latina presenta formas propias para los temas de presente. Estas se denominan sintéticas, ya que en una sola palabra sintetizan toda la información:

amo	*-r*
lexema	desinencia

b En los temas de perfecto, se forma con el participio de perfecto pasivo del verbo y la forma correspondiente del verbo *sum*. La pasiva de los temas de perfecto presenta, de este modo, la misma estructura que la castellana.
Todos los tiempos de la voz activa tienen su equivalente en voz pasiva. Los tiempos más utilizados en voz pasiva son los siguientes:

2.2. Presente de indicativo pasivo

número	persona	1.ª conjugación	2.ª conjugación	3.ª conjugación	3.ª conjugación mixta	4.ª conjugación
singular	1.ª	am-or (*soy amado*)	mone-or (*soy advertido*)	reg-o-r (*soy gobernado*)	cap-i-or (*soy cogido*)	audi-or (*soy escuchado*)
	2.ª	ama-ris, -re	mone-ris, -re	reg-e-ris, -re	cap-e-ris, -ere	audi-ris, -re
	3.ª	ama-tur	mone-tur	reg-i-tur	cap-i-tur	audi-tur
plural	1.ª	ama-mur	mone-mur	reg-i-mur	cap-i-mur	audi-mur
	2.ª	ama-mini	mone-mini	reg-i-mini	cap-i-mini	audi-mini
	3.ª	ama-ntur	mone-ntur	reg-u-ntur	cap-i-u-ntur	audi-u-ntur

2.3. Imperfecto de indicativo pasivo

número	persona	1.ª conjugación	2.ª conjugación	3.ª conjugación	3.ª conjugación mixta	4.ª conjugación
singular	1.ª	ama-ba-r (*era amado*)	mone-ba-r (*era advertido*)	reg-e-ba-r (*era gobernado*)	cap-i-e-ba-r (*era cogido*)	audi-e-ba-r (*era escuchado*)
	2.ª	ama-ba-ris, -re	mone-ba-ris, -re	reg-e-ba-ris, -re	cap-i-e-ba-ris, -re	audi-e-ba-ris, -re
	3.ª	ama-ba-tur	mone-ba-tur	reg-e-ba-tur	cap-i-e-ba-tur	audi-e-ba-tur
plural	1.ª	ama-ba-mur	mone-ba-mur	reg-e-ba-mur	cap-i-e-ba-mur	audi-e-ba-mur
	2.ª	ama-ba-mini	mone-ba-mini	reg-e-ba-mini	cap-i-e-ba-mini	audi-e-ba-mini
	3.ª	ama-ba-ntur	mone-ba-ntur	reg-e-ba-ntur	cap-i-e-ba-ntur	audi-e-ba-ntur

2.4. Futuro de indicativo pasivo

número	persona	1.ª conjugación	2.ª conjugación	3.ª conjugación	3.ª conjugación mixta	4.ª conjugación
singular	1.ª	ama-b-or (*seré amado*)	mone-b-or (*seré advertido*)	reg-a-r (*seré gobernado*)	cap-i-ar (*seré cogido*)	audi-ar (*seré escuchado*)
	2.ª	ama-b-e-ris, -re	mone-b-e-ris, -re	reg-e-ris, -re	cap-i-e-ris, -ere	audi-e-ris, -re
	3.ª	ama-b-i-tur	mone-b-i-tur	reg-e-tur	cap-i-e-tur	audi-e-tur
plural	1.ª	ama-b-i-mur	mone-b-i-mur	reg-e-mur	cap-i-e-mur	audi-e-mur
	2.ª	ama-b-i-mini	mone-b-i-mini	reg-e-mini	cap-i-e-mini	audi-e-mini
	3.ª	ama-b-u-ntur	mone-b-u-ntur	reg-e-ntur	cap-i-e-ntur	audi-e-ntur

2.5. Perfecto de indicativo pasivo

número	persona	1.ª conjugación	2.ª conjugación	3.ª conjugación	3.ª conjugación mixta	4.ª conjugación
singular	1.ª	amatus, -a, -um sum *o* fui (*fui/he sido amado*)	monitus, -a, -um sum *o* fui (*fui/he sido advertido*)	rectus, -a, -um sum *o* fui (*fui/he sido gobernado*)	captus, -a, -um sum *o* fui (*fui/he sido cogido*)	auditus, -a, -um sum *o* fui (*fui/he sido escuchado*)
	2.ª	amatus, -a, -um es *o* fuisti	monitus, -a, -um es *o* fuisti	rectus, -a, -um es *o* fuisti	captus, -a, -um es *o* fuisti	auditus, -a, -um es *o* fuisti
	3.ª	amatus, -a, -um est *o* fuit	monitus, -a, -um est *o* fuit	rectus, -a, -um est *o* fuit	captus, -a, -um est *o* fuit	auditus, -a, -um est *o* fuit
plural	1.ª	amati, -ae, -a sumus *o* fuimus	moniti, -ae, -a sumus *o* fuimus	recti, -ae, -a sumus *o* fuimus	capti, -ae, -a sumus *o* fuimus	auditi, -ae, -a sumus *o* fuimus
	2.ª	amati, -ae, -a estis *o* fuistis	moniti, -ae, -a estis *o* fuistis	recti, -ae, -a estis *o* fuistis	capti, -ae, -a estis *o* fuistis	auditi, -ae, -a estis *o* fuistis
	3.ª	amati, -ae, -a sunt *o* fuerunt	moniti, -ae, -a sunt *o* fuerunt	recti, -ae, -a sunt *o* fuerunt	capti, -ae, -a sunt *o* fuerunt	auditi, -ae, -a sunt *o* fuerunt

2.6. Sintaxis de la voz pasiva

La voz pasiva se emplea para formar las oraciones pasivas, en las que el sujeto gramatical no realiza la acción, sino que la recibe o la padece.

Las oraciones pasivas constan de un sujeto paciente (en nominativo), de un verbo en voz pasiva (que concierta con el sujeto) y de un complemento agente (en ablativo; en ocasiones, no se expresa).

Pons	a militibus	deletur.	*El puente es destruido por los soldados.*
sujeto paciente	complemento agente	verbo en voz pasiva	

Para transformar una oración activa en pasiva se siguen estos pasos:

El complemento directo pasa a ser el sujeto paciente y se escribe en nominativo.

El verbo se indica en voz pasiva, concertando con el sujeto.

El sujeto agente debe ir en ablativo, precedido de la preposición **a** o **ab** si es nombre de persona. Ejemplo:

Milites scutum portant. → Los soldados llevan un escudo.
Scutum portatur a militibus.→ El escudo es llevado por los soldados.

La voz pasiva era mucho más habitual en latín que en castellano; normalmente, se debe traducir por una oración impersonal:

Annosa arbor non transplantatur. → Un árbol viejo no se trasplanta.

ACTIVIDADES

14 Conjuga los tiempos de la voz pasiva trabajados en esta unidad de los siguientes verbos.

a coquo, -is, -ere, coxi, coctum
b custodio, -is, -ire, custodivi, custoditum
c invenio, -is, -ire, inveni, inventum
d damno, -as, -are, damnavi, damnatum
e augeo, -es, -ere, auxi, auctum
f tego, -is, -ere, texi, tectum

15 **Identificación de formas verbales.** Completa el verbo entre paréntesis con la terminación correspondiente del presente de indicativo pasivo.

a Ego a domina laud▲ (laudo)
b Vos a piratis non pun▲ (punio)
c In insula perfuga relinq▲ (relinquo)
d Tu a poeta dilig▲ (diligo)
e Copiae a Persis mitt▲ (mitto)
f Victoria ab incolis nunti▲ (nuntio)
g Nos ab ancillis tim▲ (timeo)
h Litterae a puellis scrib▲ (scribo)
i A domina tu non defend▲ (defendo)
j Ego a pirata rap▲ (rapio)
k Nos doc▲ a magistra (doceo)

▲ **16** Relaciona ambas columnas, uniendo las formas que estén en la misma persona y número.

tangemur	lucti sumus
lugebimini	vitati estis
donaris	delectatus es
delectantur	tactus sum
vitabar	donati sunt
videntur	missus es
cogimur	vocati estis
redderis	visi sumus
vocatur	redditi sunt
mittimini	cogitur

▲ **17** **Cambio de voz de formas verbales.** Transforma estas oraciones a voz pasiva

a Amphora vinum continet.
b Puer atramentum consumet.
c Ramus arboris labrum discindit.
d Antonius nomen amici nesciebat.
e Vigiles oppidum muniunt.
f Multos pisces captabis.
g Servi pocula implebant.
h Capsas vacuas inveniebamus.
i Magistra discipulas laudat.
j Amabant filiae Aureliam.
k Catenae canem vinciunt.
l Puellae epistulam scribent.
m Domina gemmas custodiebat.

▲▲ **18** Traduce estas oraciones y pásalas a voz activa.

a Pecunia ab ancillis invenitur.
b Litterae a poetis scribuntur.
c Epistula a filiis traditur Aureliae.
d A domina ancilla interrogatur.
e A fele gallina surripitur.
f Sagitta a Persis iacitur.
g Iuliae coma fibulis ornatur.
h A dominis ancillae non aspiciuntur.
i Flammis deletur villa.
j Ferula gallina a coquo custoditur.

▲▲ **19** Traduce estas oraciones y subraya el complemento agente que aparece en cada una de ellas.

a Multi dei et multae deae a populo Romano colebantur.
b Ignis sempiternus a Vestalibus in templo Vestae custoditur.
c Iudicabor, sed non damnabor a iudicibus.
d Nisi salutem fuga petimus, hostium sagittis interficiemur.

ACTIVIDADES

- **e** Dominus equo per insulam vehitur.
- **f** A viris Romanis olim aurum spernebatur.
- **g** Persarum victoria a legatis nuntiabatur.
- **h** Ab ancillis curabaris, domine.
- **i** In horto pigri servi a firmo domino ferula puniebantur.

20 Traduce estas oraciones. Clasifica sus verbos en presente, imperfecto o futuro imperfecto de indicativo.

- **a** Pugnae armis et animo vincuntur.
- **b** Urbs validis munitionibus atque natura loci muniebatur.
- **c** Anulus ex auro a viro sponsae ostendebatur.
- **d** A Romanorum agricolis Sosiae verba laudabantur: nam Sosia magister et amicus existimabatur.
- **e** Mox comitia vocabuntur, populus interrogabitur et consules creabuntur.
- **f** Ab oppido aurea corona poetae ob ingenium dabatur.
- **g** A militibus nostris hostium insidiae non timebuntur.
- **h** Terrae dona ab agricolis non spernuntur: nam semper agricolae agros magna cum patientia colunt.
- **i** In mari a nautis sidera spectabuntur et iter ad emporia expedite invenietur.

21 Trasforma estas oraciones a perfecto de indicativo pasivo. Te proporcionamos las formas del participio.

oración activa	formas del participio	oración pasiva
Consul proelium renovavit.	renovatus, -a, -um	
Exercitus multa oppida expugnavit.	expugnatus, -a, -um	
Servi amphoras impleverunt.	impletus, -a, -um	
Dux copias e castris eduxit.	eductus, -a, -um	
Ancilla arcam aperuit.	apertus, -a, -um	
Aranea multas muscas captavit.	captus, -a, -um	
Coqua ollam in flamma posuit.	positus, -a, -um	
Gloria famam auxit.	auctus, -a, -um	

22 Traduce estas oraciones, que contienen verbos en perfecto pasivo de indicativo.

- **a** Ob audacem orationem consul a civibus laudatus non est.
- **b** Belli ruinae populo a legatis nuntiatae sunt.
- **c** Cum urbs obsessa est, a militibus defensa est.
- **d** Sententiae in tribunali dictae sunt.
- **e** A Romanis imperium auctum est et multae gentes victae sunt.
- **f** Apud pontem praesidium positum est et in altera ripa fluminis legati relicti sunt.
- **g** Mercedem temeritatis vestrae habetis: a Romanis et a sociis vestris relicti estis.

23 CC **Identificación morfológica.** Traduce este texto y realiza las actividades correspondientes.

Neptuno y Afrodita en una tormenta, Jacob Jordaens (1644).

El náufrago que pidió ayuda a Neptuno

Vir quidam cum servis ab Attica ad Peloponnesum navigabat. Aquae satis tranquillae erant, sed repente navigium procelloso vento evertitur et submergitur, navigii dominus et servi in undas proiciuntur. Tum ille Neptunem deum summo studio implorare incipit: «Neptune, inferorum rex, domine aquarum, patrone nautarum, audi verba mea, serva me! In tua ara multas immolabo hostias, capros, agnos, vitulos, sed serva me, serva servos meos, Neptune!». Et servus prope dominum natabat et audivit eum. «Domine -clamat- Neptunem invoca, sed simul move bracchia!».

- **a** Identifica los verbos del texto que aparezcan en indicativo y clasifícalos en activos y pasivos.
- **b** Analiza los imperativos del texto.
- **c** ¿Qué oración de infinitivo concertado hay en el texto? ¿Cómo la has traducido?
- **d** Señala tres palabras del ámbito religioso e indica a qué términos castellanos han dado lugar.

3. El pronombre relativo

El pronombre relativo sustituye a un antecedente e introduce una oración adjetiva (ya que explica alguna característica del antecedente):

adjetivo
He perdido la lanza [nueva].

oración adjetiva
He perdido la lanza [que me regalaste].

antecedente **pronombre relativo**

En latín, el pronombre relativo concuerda con su antecedente en género y número; en relación con el caso, adopta el que le corresponde según su función dentro de la oración adjetiva:

oración adjetiva
Pilum perdidi [quod mihi dedisti].

antecedente
neutro
singular

pronombre relativo
neutro
singular
acusativo

Quod está en neutro y singular porque su antecedente, *pilum*, está en neutro y singular; está en acusativo porque es el complemento directo del verbo de la oración adjetiva *dedisti*.

El paradigma del relativo es:

	Caso	Masculino	Femenino	Neutro
SINGULAR	Nominativo	qui	quae	quod
	Acusativo	quem	quam	
	Genitivo	cuius		
	Dativo	cui		
	Ablativo	quo	qua	quo

	Caso	Masculino	Femenino	Neutro
PLURAL	Nominativo	qui	quae	quae
	Acusativo	quos	quas	
	Genitivo	quorum	quarum	quorum
	Dativo	quibus		
	Ablativo			

HVGONIS GROTII
DE IVRE BELLI
AC PACIS
LIBRI TRES.
In quibus ius naturæ & Gentium : item iuris publici præcipua explicantur.
PARISIIS,
Apud NICOLAVM BVON, in via Iacobæa, sub signis S. Claudij, & Hominis Siluestris.
M. DC. XXV.
CVM PRIVILEGIO REGIS.

Portada de la obra *Del derecho de la guerra y de la paz*, de Hugo Grocio, considerado el padre del derecho internacional. París, 1625. Se puede observar en ella el relativo *quibus*.

ACTIVIDADES

24 Indica qué forma del relativo, en latín, correspondería a estas oraciones. Para ello, debes identificar dónde empieza y dónde acaba la oración adjetiva. Fíjate en:

- El género y el número del antecedente.
- La función sintáctica que desempeña el relativo dentro de la oración adjetiva.

a Me gustan los libros que estoy leyendo.
b La ciudad que veis es la más bonita del país.
c El tren con el que he llegado se ha averiado por el camino.
d El vendedor de la esquina, que es muy espabilado, me quería dar gato por liebre.

25 Señala la forma de relativo correcta.

a Videtis servos, qui / quae aurum quaerunt.
b Deinceps fuit annus, qua / quo ego petivi consulatum.
c Romulus urbem condidit, quas / quam Romam vocavit.
d Pulchrum est Minervae templum, quod / qui clarus artifex aedificavit.
e Romani statuam lupae, quae / qui geminos fratres aluerat, in Capitolio constituerunt.

26 Traduce estas oraciones.

a Pecuniam, quam mihi praestasti, tibi reddo.
b Amici quibus confido multi non sunt.
c Bis miser est ille, qui ante felix fuit.
d Ille dolet vere, qui sine teste dolet.
e Gallus in tecto gallinarii stabat in quo gallinae erant.
f Ventus, qui vela implet, secundus est.
g Naves, quarum remiges robuste remigant, celeriter navigant.
h Venio cum amicis, quorum virtus me a periculis servavit.
i Mercurius, qui deorum nuntius est, viatores iuvat atque mercatoribus favet.

27 Indica la forma adecuada del pronombre relativo en las siguientes oraciones.

a Hannibal ad Alpes venit, ▲ Italiam ab Gallia seiungunt.
b Regem omnesque, ▲ sub Micipsae imperio fuerant, metus invadit.
c Augustus, cuius auctoritas magna fuit, ▲ electus est dictator perpetuus.
d Cohortes quinque in Eburones, ▲ sub imperio Ambiorigis erant, misit.
e Vos videtis illos agricolas, ▲ domus est in agris.

28 Clasificación de oraciones compuestas. Traduce estas oraciones.

a Los templos griegos que ves son antiguos.
b La nave con la que navegamos llegará hoy al puerto.
c El emperador contempla a los gladiadores, que luchan en el anfiteatro.
d Aníbal, que era un soldado cartaginés, juró odio eterno a los romanos.

29 Traduce estas oraciones.

a Fere homines id, quod volunt, libenter credunt.
b Navis, quae in flumine magna est, in mari parva est.
c Diligens agricola serit arbores, quarum fructus ipse numquam aspiciet.
d Phidias Minervae simulacrum fecit, quo ornavit templum, quod Athenienses illi deae sacraverant.

▲ **30** CC Traduce este texto y realiza las actividades.

Reinas de Persia a los pies de Alejandro, de C. Le Brun (1660).

Prodigios en torno al nacimiento de Alejandro Magno

Res mirabiles de Alexandro Magno dicuntur. Nam nocte qua eum mater concepit, ingens serpens apparuit, qui corpus eius circumvolvebat; eadem die, duae aquilae supra culmen domus patris eius sederunt, quasi omen duplicis imperii: Europae et Asiae. Praeterea, ea die, eius pater nuntium duarum victoriarum accepit: alterum belli Illyrici, alterum certaminis Olympici, in quod quadrigarum currum miserat (*había enviado*); id omen universi orbis terrarum victoriam infanti portendebat. Is enim, admodum iuvenis, immensum imperium condidit.

a Busca los pronombres del texto y clasifícalos.
b Analiza sintácticamente las oraciones de relativo que aparecen en el texto.
c ¿Con qué palabras latinas relacionarías los términos castellanos *domicilio, culminar, bélico, admirable, certamen* y *nuncio*?
d Busca información sobre la división del Imperio de Alejandro Magno después de su muerte.

4. El predicativo

El predicativo es, al mismo tiempo, un complemento del verbo y del sujeto de la oración, o bien del verbo y del complemento directo.

Carla llegó a casa **cansada**. Los alumnos encuentran la lección **difícil**.

sujeto predicativo CD predicativo

En latín, si el complemento predicativo **complementa al sujeto**, concuerda con este en caso (nominativo); si es un adjetivo, concuerda también en género y número:

Priscus magister **laetus** Romae vivit.

sujeto predicativo

*El maestro Prisco vive **contento** en Roma.*

sujeto predicativo

Si el predicativo **complementa al CD**, también concuerda con este en caso (acusativo) y, si es un adjetivo, además, en género y número:

Priscus magister Romam appellat gloriae **magistram.**

CD predicativo

*El maestro Prisco llama a Roma **reina** de la gloria.*

CD predicativo

ACTIVIDADES

31 Indica si las siguientes oraciones tienen atributo o complemento predicativo, y subráyalos.

- **a** El cuaderno está manchado de fango.
- **b** He encontrado a tu padre bastante optimista.
- **c** Lo nombraron diputado en las pasadas elecciones.
- **d** Hemos llegado muy cansados del viaje.
- **e** Tras la tormenta, las aguas bajaban turbias.
- **f** Esta muchacha parece muy interesante.
- **g** Tienes rota la cremallera de los pantalones.
- **h** El pintor dibujaba abstraído.
- **i** Saludó contenta a su hermano.
- **j** Nos vimos desbordados por la llegada de tanta gente.
- **k** Tu razonamiento es muy sensato.
- **l** Si llegas tan tarde, te comerás el arroz pasado.
- **m** Ingrid está muy enfadada por lo que has dicho.

32 CI Clasifica los predicativos de las anteriores oraciones según complementen al sujeto o al CD.

33 Indica qué oraciones tienen complemento predicativo y cuáles presentan CC Modo. ¿Cómo se expresarían estos complementos en latín?

- **a** Lo habéis hecho muy mal.
- **b** Si trabajas tanto, acabarás agotado.
- **c** Los actores han representado la obra con muchas ganas.
- **d** Siempre se explica con mucha gracia.
- **e** ¿Por qué lo haces todo tan complicado?
- **f** Encuentro razonable el precio del diccionario.
- **g** Encuentro mal que no te invitasen.

34 Identifica los predicativos de estas oraciones, indica si complementan al sujeto o al CD y tradúcelas.

- **a** Romani Siciliam Italiae horreum appellabant.
- **b** Cornelia matrona cogitabunda in horto deambulat.
- **c** Marcellum tribunum virum probum putabamus.
- **d** Vir suae fortunae faber apparet.
- **e** Anicula lenta et maesta procedebat.
- **f** Romani Marcum in Galliam legatum mittunt.
- **g** Liviam et Drusillam sedulas ancillas existimamus.
- **h** Ante domini iram servi attoniti manent.

35 Traduce estas oraciones, que incorporan complementos predicativos.

- **a** Aquilae in caelo superbae volant.
- **b** Romanus populus iniustum superbumque Tarquinium existimabant.
- **c** Albae columbae in silvam territae fugiunt.
- **d** Legati in patriam laeti remeant.
- **e** Ancillae matronae consilia pretiosa existimant.
- **f** Agricola in parva casa sollicitus filios suos exspectabat.
- **g** Romani deum Mercurium putabant callidum, vafrum et facetum.

1. La evolución de las consonantes

La evolución de las consonantes fue diferente según se tratase de una consonante simple o de un grupo de consonantes, y según su posición en la palabra.

1.1. Las consonantes simples

a En posición inicial

La mayoría se mantienen. Por ejemplo:

***p**ectine* → **p**eine

La **f** se conservó en la lengua escrita hasta el siglo XV y luego fue sustituida por **h**: ***f**errum* → **h**ierro (en cambio, se conservó en portugués y catalán: ***f**erro*).

b En posición intervocálica

Las consonantes oclusivas sordas **p**, **t**, **k** se transformaron en las oclusivas sonoras **b**, **d**, **g**, respectivamente:

- *ca**p**ere* → ca**b**er
- *ro**t**a(m)* → rue**d**a
- *spi**c**a(m)* → espi**g**a

Los sonidos **b**, **d**, **g** pueden desaparecer o no. Por ejemplo:

- *fa**b**a* → ha**b**a
- *ca**d**ere* → caer
- *fa**b**ula* → ha**b**la
- *rumi**g**are* → rumiar

c En posición final

En general, las consonantes finales tienden a desaparecer, excepto en los siguientes casos:

- La **s** y la **l** se mantienen: *cantaba**s*** → cantaba**s**; *anima**l*** → anima**l**.
- La **r** pasa al interior de palabra si esta tiene más de una sílaba: *inte**r*** → ent**r**e.

1.2. Grupos consonánticos

a En posición inicial

Como ya sabemos, los grupos **sc-**, **st-** y **sp-** suelen desarrollar una **e** epentética o de apoyo:

- ***sc**ribere* → **esc**ribir
- ***st**atus* → **est**ado
- ***sp**atium* → **esp**acio

b En posición medial

- Los grupos **nn**, **mn**, **gn** y **ng** se suelen transformar en **ñ**:
  *ca**nn**a* → ca**ñ**a; *da**mn**are* → da**ñ**ar;
  *pu**gn**us* → pu**ñ**o; *pla**ng**ere* → pla**ñ**ir.
- El grupo **cr** se suele sonorizar, pasando a **gr**: *so**cr**u(m)* → sue**gr**o; *la**cr**ima(m)* → lá**gr**ima.
- Los grupos **pl**, **pr** y **tr** suelen sonorizarse en interior de palabra, pasando a **bl**, **br** y **dr**: *du**pl**u(m)* → do**bl**e; *ca**pr**a(m)* → ca**br**a; *pe**tr**a(m)* → pie**dr**a.
- Las consonantes dobles se simplifican (*va**cc**a* → va**c**a), excepto **rr** (*cu**rr**ere* → co**rr**er).

Sabemos que en latín vulgar y, por lo tanto, también en la evolución del latín al castellano, tuvo lugar un curioso fenómeno llamado **betacismo**, que consistió en la confusión fonética entre el sonido oclusivo **b** y el fricativo **v**. Por este motivo, en distintos documentos encontramos casos como:

bictor en lugar de *victor* ('vencedor')
bita en lugar de *vita* ('vida')
cibes en lugar de *cives* ('ciudadano')
serbus en lugar de *servus* ('esclavo')

La prueba de que estos dos sonidos se confundieron en latín vulgar la tenemos en el hecho de que en griego encontramos palabras como *Vesuvius* o *Nerva* transcritas con beta, es decir, con **b** en vez de **v**.

Esta vacilación entre la **b** y la **v** ha perdurado hasta nuestros días y tenemos testimonio de ella, por ejemplo, si comparamos el castellano con el francés:

vulturem → castellano ***b**uitre* → francés ***v**autour*

ACTIVIDADES

36 Busca las palabras castellanas derivadas de estos términos latinos e indica cuál de los casos estudiados ilustran.

capram	formicam	iocare
sapere	ripam	mutam
securum	nepotem	vitam

37 CA Clasifica estas palabras, con **b**, **d**, **g** intervocálicas, según su evolución al pasar al castellano: *tabernam, caballum, amabat, castigat, habere, tribunam, sudorem, rugam, possidere, crudelem, crudam.*

Se conservan	
Se transforman	
Desaparecen	

38 Escribe uno o más derivados cultos y patrimoniales de las siguientes palabras y explica su evolución.

clavem, pluviam, plorare, plenum, flammam

39 Indica qué palabras castellanas proceden de estos términos latinos y cuál ha sido su evolución.

plangere	pugnum	signalem
iungere	pignoram	cognatum

40 Indica qué palabras castellanas proceden de estas latinas.

imperium	mortem	legalem	insulam
nomen	locum	causam	litteram

- Formula la regla que explica su evolución.

nugae

Muchos **nombres de poblaciones** de España son de origen latino. He aquí algunos:

- **Cortegana**, pueblo de la sierra de Huelva, abundante en alcornoques y corcho; procede del latín *corticata*, 'guarnecido de corteza'.
- **León**, de *legione*, porque allí estuvo asentada la *Legio Septima Gemina*.
- **Mérida**, del latín *emerita*. El nombre alude a los méritos que se atribuyen a la ciudad por servicios prestados a los romanos.
- **Pamplona**, del latín *Pompaelo*, nombre que se debe a que fue fundada por Pompeyo o por haber estado allí el campamento de invierno de Pompeyo.
- **Valencia**, topónimo frecuente en la Península. Significa 'poderoso', 'fuerte', y procede del latín *valeo* ('ser fuerte').

1. Los campos semánticos (2). La ciencia y la técnica

Un campo semántico es un conjunto de nociones que pertenecen al mismo ámbito del conocimiento. Así, existen los campos semánticos de la historia, el deporte, la construcción, el derecho, etc.

La creación del **léxico filosófico** y **científico** europeo es, en gran parte, obra de los griegos. Utilizaron únicamente los recursos de su propia lengua. El léxico científico griego nació del lenguaje de la calle. Sorprende saber que *diagramma* significa simplemente 'dibujo'; que *theorema* es 'espectáculo'; que *problema* es 'aquello que se lanza delante de alguien' y que *sintaxis* significa 'disposición en el combate'.

El léxico científico griego pasó rápidamente al latín. Recordemos que, durante siglos, las comunidades griegas y latinas convivieron en la Magna Grecia, la gran colonia griega del sur de Italia, y en otras colonias griegas del Mediterráneo. Esta circunstancia favoreció que muchas palabras griegas fueran incorporadas al latín y se sometieran a las reglas fonéticas y morfológicas de esta lengua.

Con el tiempo, a partir del siglo XVI, muchos científicos se inspiraron en modelos griegos para desarrollar sus teorías: Copérnico resucitó la hipótesis de Aristarco al defender la teoría del heliocentrismo (que sostiene que el Sol es el centro del universo), y la química de Dalton se inspiró en el atomismo de Demócrito y Leucipo.

Desde el Renacimiento se produjo la incorporación de un gran número de términos científicos de origen grecolatino a las lenguas románicas. Son palabras de distintos campos semánticos: de la medicina (*agonía*, *anatomía*, *narcótico*, *epidemia*); de las matemáticas (*aritmética*, *diámetro*, *geometría*); de la zoología (*anfibio*, *hipopótamo*, *delfín*); de la botánica (*narciso*, *opio*, *menta*); de la geografía (*clima*, *meteoro*, *horizonte*), etc.

La incorporación de términos grecolatinos continuó durante los siglos XIX, XX y XXI. La expansión industrial, técnica y científica que tuvo lugar en estos siglos exigió la creación de palabras para los nuevos descubrimientos (neologismos): *periscopio*, *microscopio*, *teléfono*, *monitor*, *hidroterapia*, *hipertexto*, *virus*, etc.

El término *periscopio* es un neologismo.

1.1. ¿Cómo surgen los neologismos?

Los neologismos a partir de términos grecolatinos se han creado y se pueden crear:

- Con **lexemas griegos**: de *electrón* ('ámbar') y *lysis* ('disolución') se obtiene *electrolisis*; de *ichtys* ('pez') y *sauros* ('lagarto') se forma *ictiosauro*.
- Con **lexemas latinos**: de *planta* ('planta del pie') y *gradus* ('paso, acción de caminar') surge *plantígrado*; de *herba* ('hierba') y *-vorus* ('que come'), *herbívoro*.
- Con un **lexema griego y otro latino**: del latín *anxius* ('angustiado') y del griego *lytikós* ('que disuelve') obtenemos *ansiolítico*.
- Con un **lexema latino o griego y otro de una lengua románica**: del griego *anti* ('contra') y del castellano *cuerpo* procede *anticuerpo*; del francés *bureau* ('oficina') y del griego *kratos* ('poder') se forma *burocracia*.

El léxico técnico y científico se parece mucho en todas las lenguas occidentales, ya que todas han acudido a la fuente grecolatina común.

Inglés	Francés	Alemán	Italiano	Portugués	Castellano
cosmopolitan	cosmopolite	kosmopolitish	cosmopolita	cosmopolita	cosmopolita
telephone	téléphone	Telephon	telefono	telefone	teléfono
syntax	syntaxe	Syntax	sintassi	sintaxe	sintaxis
synthesis	synthèse	Synthese	sintesi	sintese	síntesis
phonetics	phonétique	Phonetik	fonetica	fonética	fonética

ACTIVIDADES

41 Teniendo en cuenta que en griego *gameo* significa 'unirse', indica qué significado aporta el otro componente de la palabra en cada caso. Para averiguarlo, puedes consultar el diccionario.

a monogamia
b poligamia
c endogamia
d exogamia
e heterogamia
f isogamia

42 CM Fauna era una diosa itálica, protectora de los animales salvajes; Flora era la potencia vegetativa que hacía florecer los árboles y Ceres era la diosa romana de la agricultura. Sabiendo esto, define los siguientes términos; si lo necesitas, puedes consultar el diccionario.

a microfauna / ornitofauna
b florístico / florilegio
c cereal / cerealista

43 Deducción de significados. Relaciona los términos, del campo semántico de la zoología, de las tres columnas.

felis	toro	ovino
ovis	paloma	equino
taurus	gato	columbino
bos	can	taurino
canis	caballo	felino
equus	oveja	canino
columba	buey	bovino

44 El campo semántico de la medicina incorpora cultismos griegos y latinos, como los de la tabla. Enlaza las palabras de las diferentes columnas que se refieren a la misma parte del cuerpo.

Palabra de raíz latina	Palabra de raíz griega	Palabra patrimonial
oculista	neumonía	ojo
dentista	podólogo	dedo
pulmonía	odontólogo	piel
pedicura	dactilar	nariz
nasal	epidermis	pie
digital	otitis	diente
auricular	oftalmólogo	oreja
cutáneo	rinitis	pulmón

45 Clasifica las siguientes palabras del campo semántico de la medicina según el concepto especificado en la tabla que contenga cada una.

psicosis, otalgia, artrosis, dermatitis, otitis, hepatitis, osteoporosis, neuralgia, neurosis, bronquitis, gastritis, sinusitis

Dolor: *-algos*	
Inflamación: *-itis*	
Enfermedad: *-sis*	

– Explica el significado del primer término de cada casilla. Puedes consultar el diccionario para las palabras que no conozcas o no puedas deducir.

46 La morfina es una sustancia usada actualmente en medicina para calmar el dolor intenso. Su nombre proviene de la Antigüedad: investiga su origen.

47 En botánica, para designar los géneros de las plantas, se utiliza un nombre latino o latinizado, y se añade otro, también latino, para indicar la especie en particular. Busca la correspondencia entre los términos de las dos columnas.

Nombre científico	Nombre popular
1 *Betula alba*	**a** romero
2 *Abies pectinata*	**b** ciprés
3 *Lavandula angustifolia*	**c** abedul
4 *Beta vulgaris*	**d** perejil
5 *Viscum album*	**e** lavanda
6 *Fraxinus angustifolia*	**f** violeta
7 *Petroselinum crispum*	**g** muérdago
8 *Cucumis sativus*	**h** abeto
9 *Thymus vulgaris*	**i** encina
10 *Viola odorata*	**j** pepino
11 *Rosmarinus officinalis*	**k** acelga
12 *Iuniperus communis*	**l** fresno
13 *Quercus ilex*	**m** tomillo
14 *Cupressus sempervivens*	**n** enebro

nos gustan las palabras

En el Salmo 25 de la Biblia aparecen estos cuatro versos:
Como estoy libre de culpa, me lavo las manos / y giro en torno a tu altar, Señor, / cantando bien alto la acción de gracias / y anunciando tus maravillas.

La versión latina del Salmo comienza así: *Lavabo inter innocentes manus meas.*
La palabra *lavabo* es la primera persona del futuro imperfecto de indicativo del verbo *lavo* ('lavar, limpiar'). Como se encuentra al principio del versículo y es, por lo tanto, más fácil de retener, el término pasó a designar el lugar o la pila donde nos lavamos las manos. Actualmente, el **lavabo** no es solo la pila, sino toda la sala en la que nos aseamos.

El culto religioso en Roma

- culto público
  - actos de culto
    - plegarias
    - ofrendas
    - sacrificios
    - juegos funerarios
  - colegios sacerdotales mayores
    - flamines
    - pontífices
    - vestales
  - colegios sacerdotales menores
- culto privado
  - dioses lares
  - dioses penates
  - dioses manes

Relieve que representa al emperador Marco Aurelio participando en un sacrificio ante el templo de Júpiter, en Roma.

1. La religión romana

La religión romana tiene dos vertientes bien diferenciadas: el culto público y el culto privado. Las primeras manifestaciones de esta religión son privadas; las ceremonias públicas se introducen más tarde.

1.1. El culto público

La religión romana era **politeísta**, con un conjunto muy complejo de creencias, ritos y supersticiones. Durante los diez siglos de su historia evolucionó considerablemente.

Los romanos temían y respetaban a sus **dioses**, bastante numerosos. El más importante era **Júpiter**, dios de la luz y honrado en el Capitolio (el centro religioso y político de Roma) junto con Juno y Minerva; los tres constituían la «tríada capitolina». La mayoría de los dioses romanos se fueron asimilando progresivamente a los griegos: adoptaron su mitología, así como las funciones y la caracterización que les habían atribuido los griegos; otros, en cambio, no tenían equivalencia griega, como Jano o Silvano, y mantuvieron sus rasgos originales.

Los **actos de culto** comprendían las plegarias, las ofrendas, los sacrificios y los juegos funerarios. Normalmente se realizaban en lugares consagrados: generalmente delante del templo, pero también en bosques sagrados o delante de una fuente. Las estatuas de los dioses se situaban en el interior de los templos, aunque las ceremonias se llevaban a cabo en el exterior.

El acto de culto más importante era el **sacrificio**, considerado como una manera de relacionarse con los dioses. El animal que se sacrificaba debía ser inmaculado (sin ningún elemento que supusiese impureza) y tenía que parecer que consentía el sacrificio. Una vez muerto, se examinaban sus vísceras para ver si los dioses lo aceptaban; en caso afirmativo, se quemaban sobre el altar sus entrañas, mientras que el resto podía comerse en comunidad. Los sacrificios debían realizarse respetando rigurosamente las fórmulas y los rituales: cualquier error suponía volver a empezar.

También se consultaba a los dioses cuando se debía tomar una decisión importante para la ciudad, mediante los **auspicios**. Podían ser de muchas clases, pero el más conocido es la interpretación del vuelo de las aves: si el pájaro aparecía a la izquierda del cielo (*sinistra*), era señal de mal agüero; en caso contrario, la señal era positiva.

1.2. Los sacerdotes

Los sacerdotes romanos eran muy numerosos –en correspondencia con el número de dioses, también elevado– y se agrupaban en **colegios**; algunos eran más importantes y más respetados que otros.

Los **flamines** (originariamente, dieciocho) eran sacerdotes consagrados al culto de un determinado dios. Los tres flamines mayores se ocupaban de Júpiter, Marte y Quirino. Los flamines menores, dedicados a cultos arcaicos y oscuros, eran quince, a los que se fueron añadiendo los correspondientes a los emperadores divinizados. Encarnaban al dios y asistían pasivamente a los sacrificios.

El principal es el flamen dial o de Júpiter: tenía que ser un patricio y debía respetar una serie de normas y tabúes sobre su vestimenta y su vida cotidiana: por ejemplo, no podía llevar anillos, montar a caballo, salir de Roma, divorciarse, pronunciar ciertas palabras como *haba, cabra, cadáver*, etc.

Los **pontífices** (originariamente, cinco) eran los encargados de vigilar las prácticas religiosas. Establecían los deberes del pueblo ante los dioses; fijaban el calendario de los días fastos y nefastos (días dedicados a la actividad humana y a la actividad divina, respectivamente), y organizaban las ceremonias anuales. Sobresalía el pontífice máximo, cargo vitalicio considerado la auténtica autoridad religiosa en Roma, que controlaba los otros colegios sacerdotales.

A partir de Augusto, los emperadores se reservaron el título de pontífice máximo, ya que, más allá del terreno religioso, también era una de las autoridades más importantes del Estado.

Tumba de los augures (siglo VI a. C., Tarquinia, Italia).

Las **vestales** o sacerdotisas de Vesta eran inicialmente seis (después, siete), elegidas por el pontífice máximo entre las familias patricias de Roma cuando tenían entre seis y diez años, y estaban al servicio de la diosa durante treinta años. Llevaban la cabeza tapada y tenían el privilegio de conceder indultos (perdonar las penas de muerte). Su función principal era cuidar del fuego sagrado, que, como símbolo de la patria, debía arder sin interrupción en el templo de Vesta: si se apagaba, se creía que caería sobre Roma un desastre, y la vestal responsable era azotada. También guardaban el tesoro de Vesta y ciertos objetos sagrados. Debían mantener la virginidad durante los treinta años de su servicio y solo podían abandonar la casa de las vestales y casarse una vez acabado este periodo, aunque muchas preferían permanecer allí después de retirarse. Si faltaban al voto de castidad, como castigo, eran enterradas vivas.

Había, además, una serie de **colegios sacerdotales menores** con atribuciones muy diversas. Son conocidos los **augures** y los **arúspices**, ambos, expertos en la interpretación de las señales que enviaban los dioses. Los augures interpretaban los auspicios, especialmente el vuelo de las aves y el apetito de los pollos sagrados. Los arúspices adivinaban el futuro y escudriñaban la voluntad de los dioses estudiando las entrañas de las víctimas del sacrificio.

Contrariamente a lo que se podría pensar, el ejercicio de una función religiosa no impedía a los ciudadanos llevar una vida normal: los sacerdotes se casaban, tenían hijos (excepto las vestales, mientras duraba su sacerdocio) y podían, también, ocupar cargos civiles y religiosos al mismo tiempo.

1.3. El culto privado

Entendemos por culto privado los actos religiosos que se desarrollaban en el seno de la familia, bajo la responsabilidad del *pater familias*. El culto privado honraba a los dioses familiares, que eran los lares, los penates y los manes.

- Los **lares**. En el atrio o en la habitación principal de las casas se solía colocar una capilla u hornacina llamada *lararium*. Allí se veneraba a los lares protectores del hogar y del fuego, a los que se rendía culto diariamente. Se les representa jóvenes, vestidos con una túnica corta y con un cuerno lleno de bebida en una mano y una copa en la otra.
- Los **penates**. Eran los protectores de la despensa y de la casa. Velaban por el bienestar de los miembros de la familia. Cada casa tenía su propio altar y eran venerados en cada comida familiar y en ocasiones especiales. Se les ofrecía alimentos, vino, miel, incienso y, en circunstancias especiales, sangre de los animales sacrificados en privado.
- Los **manes**. Eran los espíritus de los antepasados muertos, a los que se invocaba para atraer su benevolencia. El olvido o abandono de su culto podía comportar que se convirtiesen en influencias nocivas. Se aseguraba su recuerdo gracias a las máscaras de los difuntos, generalmente de cera, que colgaban de las paredes de la casa. Recibían ofrendas de vino, miel, leche y flores.

Dios lar con el cuerno de la abundancia (siglo I o II d. C., Sevilla).

Escucha el audio sobre uno de los emperadores romanos más famosos, y no precisamente por su sensatez... Después, completa el texto con la información que falta.

Tres vídeos te permitirán conocer la religiosidad de los antiguos romanos, sus raíces griegas, los cultos secretos, los dioses, la irrupción del cristianismo, etc.

Rómulo y Remo, Jacques-Laurent Agasse (1767-1849).

ACTIVIDADES

1 ¿Cuáles eran los actos de culto de la religión romana? Subraya la opción correcta.

- plegarias, sacrificios, juegos funerarios, ofrendas
- plegarias, procesiones, sacrificios, ofrendas
- plegarias, juegos funerarios, peregrinaciones, sacrificios

2 Completa esta tabla sobre los sacerdotes romanos.

	Flamines	**Pontífices**	**Vestales**
Número			
Funciones			
Otras características			

3 CC Observa estas imágenes e indica a qué corresponden.

– ¿Qué te ha permitido identificarlas?

4 CC **Mitología grecolatina.** Lee este texto, que procede de la biografía de Nerón escrita por Suetonio, y contesta a las preguntas.

Claudio Pulcro, que gobernaba en Sicilia, viendo que los pollos sagrados no querían comer y que los auspicios no serían favorables, tuvo la osadía, con desprecio de la religión, de lanzarlos al mar para que bebiesen, ya que no comían. A continuación, fue vencido en una batalla naval.

Según los romanos:

– ¿Por qué la actitud de Claudio Pulcro constituye un acto de impiedad?
– ¿Qué consecuencia dedujeron de esta actitud?

5 Relaciona cada auspicio con el elemento en que se basa.

- signa ex diris
- signa ex avibus
- signa ex tripudiis (auspicia pulleria)
- signa ex quadrupedibus (pedestria auspicia)
- signa ex caelo (caelestia auspicia)

- relámpago y trueno
- hechos extraños o poco frecuentes
- aves diversas
- pollos sagrados
- animales de cuatro patas

1. El derecho romano

Una de las grandes aportaciones de Roma en Occidente es el derecho. Aunque en algunos ámbitos la evolución del derecho ha sido muy significativa, son romanos los principios generales de nuestro sistema legislativo, así como algunas distinciones básicas, como la que se establece entre derecho civil (*ius civile*) y derecho internacional (*ius gentium*), o entre derecho público (*ius publicum*) y derecho privado (*ius privatum*). Numerosas instituciones, especialmente de derecho civil, siguen prácticamente punto por punto lo que dispusieron los romanos.

En Roma tenía una gran relevancia la **costumbre** (*mos maiorum*) como fuente de derecho. Incluso cuando las leyes se pusieron por escrito, la costumbre conservó una gran fuerza jurídica y los juristas romanos acudieron a ella con frecuencia.

1.1. Las fuentes del derecho romano

La primera ley escrita en Roma fue la **ley de las XII Tablas**. No nos ha llegado su texto íntegro; solo la conocemos a partir de citas y referencias.

Se trata de un texto muy sencillo, con expresiones imperativas de una gran severidad. Se admite, por ejemplo, la ley del talión (según la cual, alguien se puede vengar de otra persona haciéndole sufrir un daño igual al que causó) y la pena de muerte para determinados ladrones.

La ley de las XII Tablas cayó pronto en desuso; en su lugar surgieron nuevas fuentes de creación de derecho. Las más importantes fueron las siguientes:

- **Las leyes.** Un magistrado presentaba las leyes ante las distintas asambleas o comicios, que las autorizaban o vetaban. Una vez autorizadas, las leyes se publicaban, para su cumplimiento por los ciudadanos.
- **El plebiscito.** Eran normas aprobadas por las asambleas de la plebe. Inicialmente eran de cumplimiento obligatorio solo para la plebe; después, a partir de la ley Hortensia (287 a. C.), afectaron a todos los ciudadanos.
- **El senadoconsulto.** Eran resoluciones del Senado que, pese a no tener un carácter legal, sino consultivo, se cumplían *de facto* como leyes. En época imperial, los decretos del Senado adquirieron plena fuerza de ley.
- **Los edictos de los magistrados** (*ius honorarium*). Los magistrados y, sobre todo, los pretores, tenían el poder de elaborar reglamentos y comunicaciones, únicamente limitados por el veto de otros magistrados. Los pretores, que impartían justicia, fueron adaptando el derecho al ritmo de las necesidades sociales, y convirtieron el *ius honorarium* en la principal fuente del derecho y en la creación más original de los romanos en este ámbito.
- **Las respuestas de los jurisconsultos.** Puesto que ni los magistrados ni los jueces estaban demasiado familiarizados con el derecho, adquirieron gran importancia determinadas personas que dominaban a la perfección las leyes: los *iurisprudentes* o *iurisconsulti*. Sus dictámenes (*responsa*) ante las consultas que les planteaban los jueces y magistrados tenían una autoridad proporcional a su reputación como juristas.
- **Las constituciones imperiales.** Eran las distintas normas emanadas de los emperadores. En época imperial se convirtieron, prácticamente, en la única fuente de derecho. El poder legislativo se concentraba, sin limitaciones, en la figura del emperador: este vetaba las leyes que no le gustaban y promulgaba las de su agrado.

Las numerosas leyes que generó la práctica jurídica romana se recopilaron en libros. De este modo, nacieron las distintas codificaciones o compilaciones. Son famosos el código de Mucio Escévola (siglo I a. C.) y la recopilación del emperador Justiniano (siglo VI d. C.).

Las fuentes del derecho

En la **época republicana**, las fuentes del derecho son:

- La ley de las XII Tablas.
- Las leyes votadas por los comicios.
- Los senadoconsultos.
- Los edictos de los pretores.

En la **época imperial**, se añade la legislación emanada del emperador, que acaba por imponerse sobre el resto de fuentes.
Asimismo, siempre se consideraron las respuestas de los jurisconsultos como fuente de derecho.

Mosaico de la Gran Caza, siglo IV, Piazza Armerina, Italia. El comercio y el contacto con otros pueblos propiciaron el desarrollo de una avanzada legislación.

Si se mezclan las cosechas de dos campesinos vecinos, se produce un caso de confusión.

Villa romana en Cartago. Una casa puede ser objeto de propiedad o de posesión.

1.2. La regulación romana de la propiedad

Uno de los aspectos del derecho que mejor regularon los romanos es la propiedad. Si analizamos nuestras leyes sobre la propiedad, advertiremos que el derecho romano sigue teniendo, en la actualidad, una gran vigencia.

En primer lugar, el derecho romano sobre este aspecto establecía una importante distinción: no era lo mismo la propiedad que la posesión.

- La **posesión** era el poder que tenía una persona sobre algo por el simple hecho de querer hacer uso de ello. Por ejemplo, un arrendatario tiene el derecho de posesión de un piso porque quiere usarlo para vivir en él (pero no es su propietario).
- La **propiedad** consistía en el poder que tenía el propietario de usar algo y de disponer de ello sin ninguna limitación: lo podía vender, alquilar, hipotecar, donar, dejar en herencia, etc. Por ejemplo, el propietario de un piso nunca dejará de ser su propietario (aunque en la propiedad viva el arrendatario) y puede disponer del piso como desee: puede alquilarlo a otra persona o no, y venderlo. De este modo, la distinción entre posesión y propiedad constituye la base de los arrendamientos, tanto en época romana como hoy en día.

La adquisición de la propiedad

Los romanos estudiaron con detenimiento las distintas formas de obtener la propiedad. Veamos algunas:

- **Ocupación.** Se consideraba ocupación el hecho de que alguien tomase e hiciese suyo algo que no era de nadie; por ejemplo, un animal salvaje que había cazado.
- **Accesión.** La accesión tenía lugar cuando dos posesiones de propietarios diferentes se unían, tanto de forma natural como artificial. Por ejemplo, un caso de accesión sería que el campo de un propietario aumentase de extensión a causa de la acumulación de tierras arrastradas por la corriente de un río, procedentes del campo de otro propietario.
- **Especificación.** Se consideraba especificación tomar un material de otra persona y crear un nuevo elemento con este material. Por ejemplo, si alguien reparaba una nave con maderas pertenecientes a otra persona, el derecho de propiedad consideraba que la madera pasaba a ser de quien había reparado la nave, si bien esta persona debía indemnizar a la otra por la pérdida sufrida.
- **Confusión.** La confusión se producía cuando se mezclaban propiedades de un mismo tipo pertenecientes a varios propietarios. Por ejemplo, el hecho de que se hubiesen mezclado dos rebaños de ovejas y fuese imposible saber cuáles pertenecían a cada uno de sus dueños. Si la mezcla se llevaba a cabo con el consentimiento de los distintos propietarios, se hablaba de copropiedad.

Protección de la propiedad

Para asegurar el derecho a la propiedad, se establecieron varios mecanismos de protección que actuaban en caso de que se discutiese la propiedad por más de una persona, o de que alguien la arrebatase indebidamente a su propietario.

La *reivindicatio* protegía al propietario de algo que no tuviera en posesión (como sucedería en el caso del propietario de un piso alquilado) para que pudiese recuperar su propiedad, en el supuesto de que alguien la poseyera indebidamente (en este caso, el arrendatario).

La acción negatoria defendía al propietario de una finca contra cualquiera que le impidiese disfrutar de esta tranquilamente.

ACTIVIDADES

6 En la ley de las XII Tablas se indica que si alguien ha sufrido una agresión física y la considera injusta, puede aplicar la ley del talión. ¿Qué significa?

7 Indica qué poder legislativo tenían en Roma las siguientes personas o instituciones.

asambleas de la plebe, pretores, Senado, emperadores

8 En Roma, ¿los magistrados tenían poder absoluto? ¿Cómo limitaban recíprocamente estos poderes?

9 El *ius honorarium* es la creación más original de los romanos en el ámbito del derecho. Justifica esta afirmación a partir de las siguientes preguntas.

a ¿Quién dictaba el *ius honorarium*?
b ¿Qué permitían estos edictos?
c ¿Qué sucedería con un sistema de leyes que no tuviese la capacidad de adaptarse a los cambios que se producen en cualquier sociedad?

10 Imagina que un romano tiene un terreno por el que pasa todos los días su vecino, montado a caballo, para ir a su finca. Si considera que su vecino no tiene derecho a ello, ¿por qué mecanismo de protección podría defender su propiedad, es decir, su terreno?

11 Lee los siguientes casos reales y contesta a las preguntas. Ten en cuenta que no hay una única respuesta, sino que lo importante es tu razonamiento.

Rutilia Pola compró el lago Angulario Sabateno y diez pies de tierra alrededor del mismo. El lago creció y los diez pies de tierra quedaron sumergidos. Se pregunta si Rutilia Pola tendrá derecho a los diez pies que quedan actualmente próximos al agua.

Próculo

a ¿Crees que Rutilia Pola puede reclamar la propiedad de estos nuevos terrenos en virtud del derecho de accesión?

El propietario del campo (Cayo), al realizar su venta, dispuso que el comprador (Ticio) entrase en posesión del terreno libremente, pero el colono (Vinicio) se lo impidió. El comprador expulsó con violencia al colono.

Papiniano

b ¿Quién es el propietario y quién, el poseedor del campo, al inicio de la historia?

c ¿Crees que Ticio hubiera podido expulsar a Vinicio en lugar de recurrir a la violencia? ¿Por qué?

El emperador Justiniano con su corte. Justiniano promulgó una importante recopilación de leyes romanas.

HISTORIA ET VITA

Los templos

Antiguamente, la palabra *templum* designaba un espacio generalmente rectangular, reservado a un augur: dentro de este espacio, el sacerdote –encargado de interpretar la voluntad de los dioses a partir del vuelo de las aves– hacía sus observaciones. Con el tiempo, este espacio se edificó y el término *templo* pasó a designar el edificio consagrado a los dioses.

Los primeros templos romanos seguían el modelo de los etruscos, pero, sobre todo a partir de la invasión de Grecia en el siglo II a. C., cambiaron por influencia griega y adquirieron la estructura clásica:

- Se alza sobre un **podio**.
- La ***cella*** (la cámara interior que contiene la imagen del dios) es alargada y puede tener una sola nave o bien tres.
- Para acceder a la *cella*, hay una **escalinata** enfrente.

Maison Carrée de Nimes.

Panteón de Roma.

También se construyeron algunos templos circulares, generalmente dedicados a Vesta, y en época tardía se llevó a cabo una estructura más complicada.

Los rituales públicos que se celebraban en los templos los pagaba el Estado; en cambio, la manutención se costeaba con las tarifas y las multas que cobraban los sacerdotes. La administración suprema de los templos de Roma corría a cargo de un colegio de pontífices.

El templo romano más conocido es el Panteón de Roma, construido en el año 27 a. C. por orden de Agripa, amigo y general del emperador Augusto, y reconstruido por el emperador Adriano entre los años 125 y 128, tras un incendio.

Fuera de Roma, uno de los templos mejor conservados es la Maison Carrée de Nimes, probablemente de la época de Augusto. En Hispania destacan el templo de Córdoba (siglo I d. C.); el de Évora (siglos II-III d. C.), en Portugal, y el de Vic (siglo II d. C.).

ACTIVIDADES

12 Lee este texto de Vitruvio y realiza las actividades.

> Para situar bien los templos consagrados a los dioses inmortales y orientarlos hacia donde deben mirar, debe respetarse esta regla: si no hay nada que lo impida, la representación del dios que se encuentra en su interior debe tener el rostro mirando hacia Poniente, a fin de que quien quiera acudir al altar para llevar a cabo sacrificios o hacer sus plegarias pueda, dirigiendo su cara hacia Oriente, ver de frente el rostro de la divinidad, como si esta hubiese de interpretar sus peticiones. Sin embargo, si la naturaleza del dios no lo permite, deberá cambiarse la disposición del edificio, de forma que desde el templo se vea la mayor parte de la ciudad. Pero si deben disponerse templos a lo largo de las riberas de los ríos, como en Egipto en los alrededores del Nilo, es razonable que estos primeros miren hacia el curso de agua, y si deben erigirse junto a lugares de paso, deben construirse de forma que los caminantes, al dirigir hacia el templo su mirada, puedan saludar a las estatuas cara a cara.

a ¿Cómo deben orientarse los templos, según Vitruvio? ¿Por qué?
b ¿Qué hay en el interior de un templo romano? ¿Dónde se menciona este dato?
c ¿Qué actividades de las que lleva a cabo el fiel en el templo romano se citan en este texto?
d Busca información sobre Vitruvio y la importancia que tuvo para la arquitectura romana.

13 CI Busca información e imágenes del templo de Diana de Mérida y elabora una ficha sobre el monumento.

1 Completa la tabla con las características de cada pronombre. Si hay más de una posibilidad, indícalas todas.

	Caso	Número	Género	Enunciado	Tipo de pronombre
eius					
hoc					
idem					
ipsi					
earundem					
his					
iisdem					

2 Completa la tabla introduciendo los cambios necesarios en las oraciones para pasarlas a singular o a plural.

Singular	Plural
Ego athleta sum.	
Ille iudex erat.	
	Illi advenae erant.
	Vos senatores estis.
Tu mercator eris.	
Illa domina erat.	

3 Traduce estas oraciones.

a Hostes se nobis tradunt.
b Multi vestrum felices sunt.
c In nobis est innata erga patriam charitas.
d De suis laudibus homines libenter praedicant.
e Stulti se laudant; Antonius se laudat, nos eum vituperamus; Antonius sibi nocet.
f In adversa fortuna amici auxilium suum praebent.
g Cur ancillas tuas vexas?
h Sub imperio meo copiae erant.
i Mea sententia, exercitus Romanus post pugnam fessus erat.

4 CC **Comentario cultural.** Traduce el texto y realiza las actividades.

a ¿Qué posesivos aparecen en el texto? ¿Hay algún pronombre anafórico? Analízalos.
b Analiza los imperativos del texto. ¿Son afirmativos o negativos? ¿Cómo están construidos?
c Busca en el texto un ejemplo de CC Lugar, CD, aposición, CC Tiempo, CC Materia, predicativo.
d Busca información sobre el Minotauro y exponla brevemente.
e Indica si son verdaderas (V) o falsas (F) estas afirmaciones en latín, referidas al texto.
  1 Daedalus aedificavit labyrinthum in insula Rhodo.
  2 Minos sivit Daedalum exire ex labyrintho.
  3 Daedalus magnam navem construxit et fugam labirinthi temptavit.
  4 Icarus nimium ad solem appropinquavit et in mare cecidit.

Dédalo e Ícaro

Clarus architectus Daedalus in insulam Cretam cum filio suo Icaro pervenit et ibi aedificavit labyrinthum, domicilium Minotauri monstri, quod Minois filius erat. Sed cum (*cuando*) Daedalus insulam Cretam relinquere exoptavit, Minos licentiam profectionis architecto negavit et Daedalum eisque filium in labyrintho clausit. Tum Daedalus, vir ingeniosus ac peritus, suam filiique fugam paravit: magnas alas pennis ceraque exstruxit et eas filii humeris ac suis humeris aptavit. Ante fugam pater severis verbis filium monuit: «Icare memento: noli altius volare quia alae ex cera sunt et calidi solis radii ceram fundunt!». Postea Daedalus Icarusque e labyrintho evolaverunt. In caelo Icarus alas beatus agitabat sed ad solis radios nimium appropinquavit. Daedalus frustra filium revocavit; nam alarum cera tabuerunt et miser puer in pelagus praecipitavit.

Representación del Minotauro en el centro del laberinto, en un manuscrito del siglo XVII.

5 CM Traduce el texto y realiza las actividades.

Una carta tras la erupción del Vesubio

Periculum nostrum iam intelligis. Ego et mater mea vivimus, sed avunculus non iam vivit. Subito prima hora mater avunculo dicit: «Magna nubes ex Vesuvio surgit». Mox nubes mira montem cingit et tegit. Avunculus classem regit. Itaque navem flectit et ad montem iter dirigit.

Ego matrem non neglego. Mox cineres oppidum tegunt et cingunt. Surgimus et fugam paramus. Vix pedes nostros regimus. Cineres densi vias tegunt. Capita nostra linteis stringimus et tegimus. Mater infelix vix pedes trahit. Matrem dextra duco. Mihi autem dicit: «Quo me ducis? Salutem tuam causa mea neglegis». Nox terram tegit. Saepe surgimus et pedes trahimus. Tandem periculo liberi sumus. Flammae non iam ex monte surgunt. Cineres densi non iam oppidum cingunt. Postridie nuntius nobis dicit: «Avunculus tuus non iam vivit. Cineres corpus tegunt». Iam satis intelligis. Gratias ago, quod ego et mater vivimus. Vale.

a Clasifica los pronombres o adjetivos que aparecen en el texto en personales y posesivos. Analízalos morfológicamente.

b Analiza morfológicamente estas palabras.

intelligis, avunculo, nubes, montem, neglego, vix, linteis, dextra, terram, liberi, oppidum, corpus

c Indica qué palabras castellanas proceden de estos términos latinos.

intelligis, ego, subito, neglego, cineres, nuntius, vivimus

6 CC Lee el siguiente texto y responde.

Apolo y la serpiente Pitón

Inter Graeciam et Thessaliam surgit mons Parnassus. Apud montis radices est vallis amoena et olearum plena et limpidus fons frigidis aquis terram fecundat. Olim tamen vallis a pastoribus deserta erat, quia ingens anguis –Python ab accolis appellabatur– omnes agros vastabat et ad fontem accessum impediebat. Ex serpentis ore pestilens halitus emittebatur et homines atque animalia veneno necabantur. Olim Apollo, postquam ex Olympo descendit, in vallem pervenit et fonti appropinquavit. Ubi deum vidit Python, ex ore suo venenum magno impetu vomuit. Tunc Apollo ex suo arcu argenteo plurimas sagittas emisit, taetrum monstrum interfecit atque incolas ex omni metu liberavit. Ad memoriam tanti beneficii Apollo nominatur Pythius et in illa regione templum magnificum erigitur et consecratur, in quo deus oraculum suum ponit.

a Mons Parnassus surgebat:
[ ] In regione Thessaliae.
[ ] Romae, iuxta Palatinum montem.
[ ] In Graecia meridionali.

b Vallis propter montem Parnassus deserta erat quia:
[ ] Campi nondum colebantur.
[ ] In valle erant milites, qui sagittas emittebant.
[ ] Ingens anguis, Python appellatus, halito suo pestilenti terras vastabat.

c Apollo Pythius nominatur quia:
[ ] In insula Pythia natus est.
[ ] Pythiam, pulchram puellam, uxorem duxit.
[ ] Pythonem anguem interfecit.

post data

El campesino y el marinero

1. Ego agricola strenuus sum, tu nauta validus es.
2. Me tauri et cervi delectant, tibi oceanus et venti grati sunt.
3. Mihi dominus est Marcus, tibi Tullius.
4. Oppidum mihi molestum, tibi gratum est.
5. Ego et tu diversi studiis sumus.
6. Ego a te diversus regulis vitae sum.
7. Ego te sapientia supero, tu me prudentia superas.
8. Ego tui semper cupidus ero, nam tu mei cupidus es et semper eras.
9. Si populus cupidus mei et tui erit, vita nobis periculosa non erit.
10. Si tu mihi fidus eris, ego tibi semper fidus ero.

Mosaico romano de la vendimia.

7 **Fabula picta.** ¿Qué pasaje del mito explica cada viñeta? Traduce su leyenda.

SESTIUS ET ABIDUS URBES VICINAE SUNT, SED PONTI MARIS UNDIS DIVISAE.

LEANDRUS ADULESCENS IN SESTIO, HERO PULCHRA PUELLA IN ABIDO HABITAT.

PUELLAM LEANDRUS AMAT. LEANDRUS, AUDACIA IMPULSUS, SE PONTO TRADIT ET AD PUELLAM NATAT. TAMEN, IN AQUA VITAM AMITTIT.

LEANDRI CORPUS IN RIPA EIECTUM HERO VIDET. HERO LEANDRUM PLORAT ET DE TURRE SE PRAECIPITAT.

8 CD Realiza las actividades de autoevaluación de esta unidad que hallarás en los recursos digitales.

verba in glossario

Además del significado de la palabra, el diccionario nos proporciona abundante información gramatical. Por ejemplo, el género de los sustantivos, la conjugación de los verbos, si estos son transitivos o intransitivos, etc.
A medida que avanza nuestro conocimiento del latín, es importante que nos vayamos fijando en la información de la entrada que buscamos. Por ejemplo, algunos verbos exigen un régimen determinado, hay expresiones y frases hechas, se dan ejemplos de uso de una palabra concreta, etc.

Teseo

1. Primeros episodios de Teseo en Atenas

Teseo, hijo de Egeo, rey de Atenas, demostró desde joven extraordinarias habilidades; mató al bandolero Perifetes, que asaltaba a todos los que pasaban por los alrededores de Epidauro.

Más adelante, liberó al Ática de una serie de malhechores, como Procusto, Escirón, Cerción y Sinnis. Procusto tumbaba a los viandantes sobre un lecho de hierro y, si las piernas de estos excedían los límites del lecho, les cortaba el trozo que les sobraba. Por el contrario, si sus piernas eran más cortas, las estiraba hasta que coincidiesen con la longitud del lecho.

2. La marcha de Teseo a Creta

En Creta, el rey Minos había vencido a los atenienses y los había condenado a enviarle cada año a siete muchachos y a otras tantas jóvenes para que sirvieran de alimento al Minotauro.

Teseo, con el fin de liberar a Atenas de este tributo, se ofreció como uno de los siete jóvenes que debía ir a Creta. Al llegar a la isla, la princesa Ariadna, hija del rey Minos, se enamoró de Teseo y lo quiso ayudar. Este le prometió que, si salía del laberinto con vida, se casaría con ella.

Ariadna proporcionó a Teseo un ovillo de hilo con el que podría orientarse por los pasillos del laberinto.

Teseo mató al monstruo y encontró la salida gracias al hilo de Ariadna. Sin embargo, al llegar a la isla de Naxos, abandonó a Ariadna en la playa, mientras la joven dormía.

El laberinto de Creta, prisión del Minotauro, había sido construido por Dédalo. Caído en desgracia, Dédalo fue encerrado en el laberinto junto con su hijo, Ícaro. Para poder escaparse, construyó para el muchacho y para él unas alas de cera, advirtiendo a Ícaro que no debía acercarse demasiado al Sol. Pero este desobedeció a su padre y cayó al mar.

TRADITIO

1 Identifica los episodios representados en las imágenes de estas dos páginas.

2 Lee este fragmento de *Fedra*, de Jean Racine (1639-1699), y responde a las preguntas.

Fedra: ¡Cruel! Muy bien me has entendido.
He dicho lo bastante como para que no haya equívoco.
¡Pues bien! Conoces a Fedra y todo su furor.
Te amo. No creas que por ello, en este momento,
me creo inocente, ni apruebo mi conducta.
Tampoco he alimentado con dulce complacencia
el loco amor que envenena mi corazón.

Objeto infortunado de las venganzas del cielo,
me odio y aborrezco más de lo que tú pudieras.
Testigos son los dioses; ellos, que en mi pecho
encendieron ese fuego fatal para mi linaje;
esos dioses que, crueles, gozan del honor brutal
de engañar el pobre corazón de una débil mortal.
Primero de ti huía; después, te envié lejos.
Me he mostrado contigo odiosa e inhumana;
para resistir mejor, he provocado tu odio.
Tan inútil afán de nada me ha servido:
cuanto más me odiabas, tanto más te amaba.

a ¿Ha sido Fedra correspondida por Hipólito? ¿Cómo ha reaccionado ella?
b ¿Acepta Fedra de buen grado su sentimiento? ¿Por qué?
c Racine también escribió una tragedia sobre el ciclo de Tebas y otra sobre el de Troya. ¿Cuáles son?

3. Teseo regresa a Atenas

Con anterioridad a la partida de Teseo, su padre le había indicado que, si volvía vencedor, en vez del pabellón negro que ondeaba en su barco, izase una bandera blanca. Egeo se asomaba todos los días a un acantilado, para esperar la llegada de la nave. Teseo finalmente llegó, pero, con las prisas, se había olvidado de izar la bandera blanca. Cuando su padre avistó la bandera negra, se lanzó al mar.

En Atenas, Teseo fue un buen rey: engrandeció la ciudad, estableció la primera organización política y atrajo a población foránea.

4. Fedra e Hipólito

Teseo se casó con Fedra, hija del rey Minos. Sin embargo, Fedra se enamoró del joven Hipólito, que se pasaba el día de caza, con sus compañeros. Fedra declaró su amor a Hipólito, pero este la rechazó; Fedra, entonces, se suicidó, no sin antes dejar una carta escrita a su marido, en la que afirmaba que Hipólito la había intentado violar.

Teseo creyó las palabras de Fedra y desterró a Hipólito. Pidió, además, a Neptuno, que se vengase de él, a pesar de las justificaciones que profería el muchacho, tratando de hacerle entender que era inocente.

Neptuno escuchó a Teseo: envió a Hipólito un monstruo marino, que espantó a sus caballos. Estos se encabritaron y arrastraron a Hipólito, quien falleció. Cuando Teseo comprendió su error, ya era demasiado tarde.

LATINE DICTUM

3 Mitología grecolatina. Análisis morfosintáctico. Traduce estos textos.

Teseo y el Minotauro
In Creta Minotaurus, foedum portentum, in labyrintho claudebatur; pueri puellaeque ex Graeciae oppidis ad Minotaurum mittebantur et ut hostiae fera violentia mactabantur. Sed, olim, vir Theseus ad Cretam venit et ab Ariadna, Minois filia, amatus est; Ariadna patriam suam prodebat et Theseum, virum Graecum, servabat. Ariadna enim Theseo monstravit licio labyrinthi effugium. Theseus periculum adiit: in labyrinthum iniit et magno animo Minotaurum interfecit; postea, licium revolvit et ex labyrintho discessit; ex insula solvit et Ariadnam in coniugio avexit e regno.

Dédalo e Ícaro
Puerum Icarum Daedalus sic monebat: «Medio caelo volamus, Icare, quoniam infra pennas undae gravant, supra solis radii ceram liquefaciunt, sed nunc viam carpimus». Filii umeris alas accomodat, lacrimis genae iam madebant et dabat oscula nato. Daedalus movet alas suas et natum respicit: iam pennis volabant in altum, iam Cycladas insulas relinquebant, cum puer obstupescebat, praeceptis Daedali non obtemperabat et altius volabat. Cerae molliebantur, alae tabebant et puer in pelagus praecipitabat. Daedalus: «Icare, ubi es, fili?» iterum clamabat, dum adspiciebat pennas in undis et artem suam devovebat.

Perfecto de indicativo

a Senatores magnam partem plebis incitaverunt.
b Hannibal Saguntum, foederatam civitatem, vi expugnavit.
c Caesar eum locum vallo fossaque munivit.
d Tellus diversis formis animalia peperit.
e Summam pietatem numinum et religionem Agesilaus in victoriis suis adhibuit.
f Contra Ciceronem Antonius sicarios misit et oratorem necavit.
g Per multas calamitates Paulus Aemilius ad extremam senectutem pervenit.
h Caesar Gallos vicit et eorum principem Vercingetorigem captivum Romam duxit et senatui tradidit.
i Alexander Darei matrem et sorores captivas in summo honore habuit earumque regalem dignitatem servavit.
j Ex solis ortu usque ad meridiem exercitus in angusta planitie dimicaverunt.
k In villa Adriani mirabilia opera exstant: imperator a Graecia multa opera clarorum artificum duxit.
l Multis arcubus antiqui Romani Augusti gloriam celebraverunt.
m Diu in illa urbe vixistis.
n Achilles prior hastam contra Hectorem coniecit.
ñ Athenienses, post acres et diutinas dissensiones, imperium ad Solonem commiserunt.
o Caesar commentarios de bello Gallico scripsit.
p Post Didonis mortem Aeneae classis Carthagine solvit et longo per mare itinere ad Latium perrexit.

Participio de perfecto

a Cantharus assidue gestatus perdit ansam.
b Numquam potentia scelere quaesita est diuturna.
c Equi donati dentes non inspiciuntur.
d Roditur positum robigine ferrum.
e Flamma semel accensa facile servatur; exstincta haud facile reaccenditur: ita fama facile custoditur; exstincta non facile restituitur.
f Vidi multos iussu Caesaris vexatos, verberatos, necatos, multas adflictas et eversas domus, armatis militibus refertum forum.
g Successit Nervae Ulpius Traianus, natus Italicae in Hispania.
h In Hispania Hannibal Saguntum, oppidum haud procul ab Hibero flumine situm, vi et armis cepit.
i Consul urbem captam delevit.
j Puella obiurgata a matre flebat.
k Legati, a Germanis missi, ad Caesarem venerunt.
l Exsules desiderio patriae amissae vexabantur.

Voz pasiva

a Currus vehuntur magna velocitate.
b Legati ad Caesarem a rege Aeduorum mittebantur.
c Cervus vasti corporis a sociis capiebatur.
d Imperator a gladiatoribus in circo salutabatur.
e Clarorum poetarum versus semper laudabuntur, quia humanitatis sapientiae pleni sunt.
f Oppidorum oppugnatio a militibus impediebatur.
g Pretiosae merces mercatorum navibus vehebantur.
h Rapidi fluminis vorticibus piscatorum navicula rapitur.
i Coronae laureae victoribus in Olympicis certaminibus donabantur.
j Quercuum rami saepe, cum procellae furiosae sunt, fulguribus feriuntur.
k Puer monebatur saepe, sed raro verba audiebantur.
l Homeri versus in omnibus ludis legebantur magno cum dilectu.
m Honores semper cupiuntur, onera non semper digne tolerantur.
n Catilinae socii a senatu capite condemnati sunt.

Determinantes y pronombres

a Mihi crede: verum gaudium res severa est.
b Vitia nobis sub virtutum nomine obrepunt.
c Philippus, Macedoniae rex, prudentia atque temperantia sua clarus est; Alexander, filius eius, audacia atque intemperantia.
d Idem est beate vivere et secundum naturam.
e Ego dormio et cor meum vigilat.
f Cornelia, Gracchorum mater, propter filios suos clara est.
g Metellus cum copiis suis Numidarum agros vastat multaque eorum oppida incendit atque delet.
h Vir stultus, etiam si errat, ob insipientiam suam numquam sententiam mutat.
i Iuppiter imperium mundi regebat: ei omnes dii et deae oboediebant.
j Coriolanus in odium plebi venit: is enim superbus et contemptor populi fuit.
k Pluto Proserpinam rapuit eamque secum in inferos duxit.
l Consulibus senatus triumphum decrevit iisque in foro statuas posuit.
m Dominus ipse vestem servo suo dabit.
n Fortuna non eosdem homines semper deprimet.

Pronombre relativo

a Bellum, quod ante paucis diebus gessimus, ad finem venit.
b In nave, in qua semper navigavi, Romam redeo.
c Canis, qui ianuam custodit, ferox est.
d Deus, quem Galli maxime colunt, Mercurius est.
e Miles, cuius virtutem laudamus, Romanus est.
f Adherbalem omnesque, qui sub Micipsae imperio erant, metus invadit.
g Milites sub montem, in quo erat oppidum Ilerda, succedunt.
h Litteras, quas ad Pompeium scripsi, tibi misi.
i Verba quae pueris proponemus ad exemplum, non otiosas sed honestas sententias habent.

TEXTO

La condición de los esclavos entre los romanos

Apud Romanos servorum filii patrum conditionem retinebant. Milites in bello capti plerumque redigebantur in servilem conditionem et a divitibus civibus emebantur. A servis agri colebantur, armenta pascebantur, domestica ministeria absolvebantur, opera in officina praestabatur. Si emptor erat, redemptori tradebantur. Servi dura disciplina cogebantur, interdum levibus culpis gravibus poenis afficiebantur, cruci affigebantur, suppliciis torquebantur. Nullis legibus servi defendebantur. Solum Seneca, sapiens et philosophus, clara verba humana caritate praedita dicit: «Servi sunt»; immo homines. «Servi sunt»; immo contubernales. «Servi sunt»; immo humiles amici. «Servi sunt»; immo conservi.

Esclavos crucificados, Fiódor Andréyevich Bronnikov, 1878.

Perfecto de indicativo

a Ab adulescentia vitae meae rectam rationem suscepi.
b Sophocles senex claram tragoediam composuit.
c Hannibal amphoras plumbo replevit et in templo Dianae locavit.
d Saepe populus Romanus parvis copiis bella gessit cum opulentis regibus.
e Domitianus proelium duplex, equestre et pedestre, commisit.
f Agesilai pietatem laudamus: nam opulento regno bonam existimationem anteposuit.
g Quia diuturna siccitas in Hispania agros siccavit, in ingenti inopia erant Caesaris legiones.
h Copiae Carthaginiensium iter in Appennino interruperunt, quia corusca fulmina et copiosus imber cum grandine de caelo cadebant.
i Improvida cicada per totam aestatem laeta cantavit nec cibaria ad hiemem comparavit.
j Contra patriam suam coniurationem hominum perditorum Catilina fecit, sed Cicero coniuratis maxima vi obstitit et urbem a periculo servavit.
k Omnes cives libenter sapientia verba loquacis oratoris audiverunt.
l Milites diu strenue pugnaverunt pro urbis salute in feros et fortes hostes.

Participio de perfecto

a Iniuriae spretae exolescunt.
b Facile perit amicitia coacta.
c Vercingetorix locum castris delegit, palude silvisque dotatum.
d Primo concursu in fugam coniecti milites proximas silvas petiverunt.
e Timotheus a patre acceptam gloriam virtutibus suis auxit.
f Saepe multorum improbitate depressa veritas emergit.
g Te semper contra fortunam paratum armatumque cognovi.
h Victus amore tui omnia vincla rupi.
i Pompeius, a Caesare victus, pacem petivit.
j Fame coacta, vulpes alta in vinea uvam adpetebat.
k Olim equus, ornatus freno aureo et sella pretiosa, occurrit misero asello in via angusta.

Voz pasiva

a Hibernis noctibus, si caelum serenum est nec nubibus velatur, candor lunae et stellarum cernitur.
b A magistratibus civitates reguntur et eorum auctoritati cives obtemperare debent.
c Pretiosi thesauri in templo Iunonis a Crotoniensibus servabantur.
d Hostium aciei prospectus impediebatur, quia densa caligine tota planities obcaecabatur.
e In Capitolio, apud Iunonis Monetae templum, officina argentaria aedificata erat, et ibi nummi cum imperatorum effigie cudebantur.
f Saepe magister discipulos sedulos laudabat, quamquam interdum discipuli pigri valde admonebantur.
g Omnes oratoriae virtutes in Catonis orationibus reperientur.
h Romanorum legati a rege Pyrrho honorifice accepti sunt.
i Saepe ex minimis causis maxima bella gignuntur.
j Ara deae Veneris rore matutino myrtoque a puellis ornata est.
k Ingentes Persarum copiae profligatae sunt a parva Graecorum manu.

Determinantes y pronombres

a Ipse quattuor apros cepi.
b Ad portam propero, nam ibi mihi negotium est.
c Gloriam, honorem, imperium bonus et ignavus aeque sibi exoptant.
d Vive tibi, tecumque habita, nec grandia tentes; parvula puppis effugit immodicas aquas.
e Ipsae voluptates in tormenta vertuntur.
f Alexander Magnus Dareum eiusque copias fugat.
g Vir iustus ac pius deos colit eorumque verbis oboedit.
h Multorum virorum lingua prompta ac superba est, sed eorum animus pavidus ac sordidus.
i Syracusarum incolae tyrannum Dionisium eiusque propinquos propter eorum saevitiam in odio habent.
j Id omnibus clarum apparet.
k Achilles Hectorem ad pugnam provocavit et eum occidit; postea eius corpus Priamo patri multis cum lacrimis reddidit.
l Pacis condiciones iniquae sunt: eas repudiate, cives!

Pronombre relativo

a In laqueos, quos posuerunt venatores, cadunt apri.
b Belgae proximi sunt Germanis, qui trans Rhenum incolunt.
c Viri, qui summam domi potestatem habebant, patres familias erant.
d Antonius et Trebonius, quibus hae partes obvenerant, militibus auxilium praebebant.
e In insula Melita, quam latum mare a Sicilia disiungit, est eodem nomine oppidum.
f More maiorum, pater, qui infantem manibus suis suscipit, illum pro filio agnoscit.
g Pythagoras fuit in Italia iisdem temporibus, quibus Brutus Italiam a regibus liberavit.
h Themistocles, qui rem familiarem neglegebat, a patre exheredatus est.
i T. Marcellinus, quem tu bene cognoscebas, insanabili morbo correptus, de morte sua deliberavit.

TEXTO

Venus lamenta la muerte de Adonis, Cornelis Holsteyn, 1647.

Adonis

Puer in silvis feras agitabat et Venus saepe cum eo ibat et timidos cervos aut dammas agitabat. Ursos autem luposque leonesque aprosque dea vitabat quod eos timebat. Adonis autem ridebat et sine dea apros et leones et lupos et ursos agitabat. Olim dea eum monuit, «O Adoni, noli apros leonesque agitare. Saevi sunt et tibi nocebunt aut interficient.» Adonis autem risit et, «Nec leones», inquit, «nec apros timeo; statim ad silvas pergam et aprum petam et dentem eius ad te referam». Venus flevit, sed Adonis surrexit, hastam et arcum sumpsit, ad silvam perrexit, aprum petivit. Subito aprum magnum conspexit, sed antequam arcum tetendit, aper in eum impetum fecit et dentibus longis eum momordit. Adonis vulneratus, «O Venus», clamavit, «me monuisti. Quod stultus eram non audivi. Nunc vulneratus sum. Da mihi auxilium». Statim mortuus cecidit et humi iacuit. Venus, quamquam in summo caelo currum dirigebat, maesta vocabula pueri audivit. Ad terram descendit et eum inter herbas invenit. «Cur mihi non paruisti? Cur feras agitavisti?» Maeste flevit nec eum reliquit. Tandem Hermes eam conspexit et, «Animam», inquit, «pueri ad Orcum ducam», et eum sustulit. Venus maeste surrexit et discessit. Di rubras guttas pueri in anemones, et lacrimas argenteas deae in rosas mutaverunt.

La épica

Entendemos por épica las manifestaciones literarias que narran con un lenguaje solemne y majestuoso las **gestas legendarias de héroes** o los **orígenes míticos de un pueblo**. La mayoría de estudiosos consideran que la épica surge vinculada a la tradición oral: se trataría de composiciones que al principio se transmitían oralmente, casi siempre con acompañamiento musical, y que no tenían ni un único autor ni un texto fijo. Serían muestras de esta tradición oral las dos grandes epopeyas de la India –el *Ramayana* y el *Mahabarata*– y los poemas homéricos –la *Ilíada* y la *Odisea*–, que en algún momento posterior habrían sido puestos por escrito, lo que iniciaría la tradición de la épica culta.

Las obras épicas de la literatura latina son de **carácter culto** y de **autor conocido**. En el origen y el desarrollo del género épico en Roma, podemos observar, asimismo, dos características más: la utilización de la **historia nacional** como argumento épico y la influencia de la poesía alejandrina.

Virgilio (70 a. C.-19 a. C.) fue uno de los máximos representantes de la poesía latina durante el reinado de Augusto. Su obra más importante, la *Eneida*, narra las aventuras de Eneas, el hijo troyano de Anquises y de Venus, a quien el destino tiene asignado el papel de fundador de la civilización romana. En la obra se retoman las leyendas sobre el origen mítico de Roma y gran parte de los hechos históricos más relevantes, que culminan con el advenimiento de Augusto.

Desde el punto de vista estructural, la *Eneida* consta de doce libros o cantos. Los seis primeros toman como modelo la *Odisea* de Homero: en ellos se relata la huida de Eneas de Troya, su periplo por el Mediterráneo y su llegada a las costas del Lacio. Los otros seis libros, que se inspiran en la *Ilíada* de Homero, narran las batallas sostenidas entre los supervivientes del pueblo troyano y algunos pueblos indígenas de Italia, que se oponían al establecimiento de los troyanos en el Lacio.

[Eneas, en su viaje desde Troya a Italia, llega a Cartago, donde la reina Dido solicita a los troyanos que le relaten cómo cayó Troya en manos de los griegos.] Todos callaron, dispuestos a escuchar con profunda atención; enseguida, Eneas, desde lo alto de su lecho, comenzó de este modo: «Oh, reina, me mandas que renueve inefables dolores, refiriéndote cómo los dánaos asolaron Troya y destruyeron aquel reino digno de compasión; espantosa catástrofe que yo presencié, y en la que tomé parte en gran medida. [...] Mas, si es tan grande tu deseo de conocer nuestros infortunios y de escuchar brevemente el supremo trance de Troya, a pesar de que el corazón se me estremece al recordarlo, y retrocede, espantado, empezaré».

Virgilio, *Eneida* II, 1-13.

En el siglo XVII, Henry Purcell escribió una de las primeras grandes óperas de la historia, *Dido y Eneas*, que recrea el episodio de la *Eneida* protagonizado por Dido –la reina de Cartago– y Eneas. Esta ópera se ha escenificado en numerosas ocasiones, en los principales teatros del mundo. En la imagen, un momento de una representación en el Covent Garden de Londres.

La comedia

La comedia romana imita a la comedia nueva griega, cuyo principal autor fue Menandro. Ambas son comedias de caracteres, con un **argumento lleno de enredos** que siempre acaba con un **final feliz**, a menudo, el encuentro de un padre con un hijo o una hija que había perdido y que puede reconocer gracias a una marca u objeto. Suele presentar un **conflicto amoroso** y los **personajes** son **arquetípicos**: el viejo de mal genio; su astuto esclavo, que siempre lo engaña y le roba el dinero; los jóvenes enamorados, el militar fanfarrón y el alcahuete sin escrúpulos.

Los autores romanos **partían de un original griego**, aunque lo trataban con gran libertad: a menudo prolongaban o acortaban los diálogos y monólogos, e introducían en la obra escenas o personajes de otra comedia griega.

En la comedia romana, los personajes tienen nombres griegos –muy complicados y ridículos para los romanos–, los actores llevan los ropajes típicos griegos y el lugar de la acción es siempre una ciudad griega.

Sin embargo, existe una importante diferencia con la comedia griega: la **música**. Mientras que en la comedia nueva no se incluía música en la obra, en la latina, sobre todo en Plauto, predominaban los fragmentos cantados y los recitados, con acompañamiento musical.

Solo nos han llegado comedias de dos comediógrafos romanos: **Plauto** y **Terencio**.

TÓXILO: Por suerte estoy temporalmente libre.
SAGARISTIÓN: ¿Y eso?
TÓXILO: Mi amo está de viaje.
SAGARISTIÓN: ¿Dices que está de viaje?
TÓXILO: Sí, hombre, ven a casa: vivirás conmigo a cuerpo de rey.
SAGARISTIÓN: ¡Quita, quita! Ya me pica la espalda, solo de oírte.
TÓXILO: Pero hay algo que no me deja vivir...
SAGARISTIÓN: ¿Qué ocurre?
TÓXILO: Hoy sabré si mi amiga será libre o continuará siendo esclava.
SAGARISTIÓN: ¿Y qué es lo que necesitas?
TÓXILO: Si me ayudas, te lo agradeceré eternamente.
SAGARISTIÓN: ¿Cómo?
TÓXILO: Con unas seiscientas monedas será suficiente para liberarla, y en un par de días te las devuelvo. ¡Venga, ayúdame!
SAGARISTIÓN: ¡Qué cara...! ¡Pedirme esa cantidad desorbitada! ¡Ni vendiéndome la conseguiría! Le pides peras al olmo.

Plauto, *El persa*, acto 1, escena 2.

Fotograma de la película musical *Golfus de Roma*, de Richard Lester, 1966.
La película recrea episodios de las comedias de Plauto.

La oratoria

La democracia griega fomentó el arte de la oratoria (o de la elocuencia), es decir, el arte de saber hablar, necesario para intervenir en la asamblea o en los jurados populares. La oratoria griega llegó a su cenit con nombres como Lisias o Demóstenes.

Como el resto de géneros literarios, la **retórica** (el arte de la elocuencia) pasó de Grecia a Roma. La elocuencia escolar se dirigía a formar buenos oradores, ya que saber hablar en público era el medio por el cual el ciudadano de la clase media podía seguir una carrera política, sobre todo en la última etapa de la República, cuando las sentencias judiciales, las cuestiones políticas y los cargos públicos se decidían tras deliberaciones en los tribunales, en el Senado o en las asambleas.

De los miles y miles de discursos que pronunciaron los oradores romanos, en la actualidad solo quedan 58 de los que escribió **Cicerón** y unos cuantos de época imperial. De los demás oradores solo tenemos noticia porque el propio Cicerón, **Quintiliano** y **Tácito** los citan en sus tratados de retórica, así como distintos gramáticos e historiadores.

El hecho de que Cicerón se considere, ya desde su época, el modelo clásico de elocuencia ha impedido la transmisión a la posterioridad del resto de oradores romanos, tanto anteriores como coetáneos.

¿Hasta cuándo, Catilina, abusarás de nuestra paciencia? ¿Cuándo nos veremos libres de tus intentos de sedición? ¿Hasta qué límites llegará tu desenfrenada audacia? ¿Acaso no te desconcierta la guardia nocturna en el Palatino, ni la vigilancia diurna en la ciudad, ni la alarma del pueblo, ni el acuerdo de los hombres honrados, ni este sólido lugar donde el Senado se reúne, ni el rostro o las frases amables de todos los senadores? ¿No adviertes que tus designios se han descubierto? ¿No ves que tu conjuración ha fracasado y que todos tienen noticia de ella? ¿Crees que alguno de nosotros ignora lo que ayer y anteayer hiciste, dónde estuviste, a quiénes reuniste y qué determinación tomaste?

¡Oh, qué tiempos, qué costumbres! El Senado lo sabe todo, lo ve el cónsul y, aun así, ¡Catilina sigue vivo! ¡Qué digo, vivo! Incluso acude al Senado y participa en sus acuerdos, mientras que nos observa y decide a quién de nosotros va a asesinar. ¡Y nosotros, valientes varones, pensamos que beneficiamos a la República si evitamos las consecuencias de su furor y de su espada! Hace tiempo, Catilina, que, por orden del cónsul, deberías haber sido ejecutado inmediatamente, para sufrir la misma suerte que, contra todos nosotros, maquinas.

Efectivamente, hubo un tiempo en que, en esta República, los varones esforzados llevaban a cabo la buena práctica de imponer un mayor castigo a los ciudadanos perniciosos que a los más acerbos enemigos. Contra ti tenemos, Catilina, un severísimo decreto del Senado. No falta a la República, ni al consejo, ni a la autoridad de este alto cuerpo; somos nosotros –lo digo francamente–, nosotros, los cónsules, los que faltamos a la República.

Cicerón, *Contra Catilina* I,1.

Martin Luther King (1929-1968) fue un tenaz defensor de los derechos de la población afroamericana, en los Estados Unidos. Pero también fue un gran orador que convencía y conmovía con sus palabras, hasta el punto de que, tal vez, el episodio más conocido de su trayectoria es el famoso discurso «Tengo un sueño», pronunciado ante una multitud en Washington.

La lírica

En la literatura clásica, la poesía lírica era un género destinado a ser cantado con el acompañamiento de una lira; de ahí su nombre. Se trata de una **poesía intimista y subjetiva** que expresa sentimientos u opiniones del autor.

La poesía lírica latina se inspira en las temáticas y en el estilo de la poesía lírica griega. Entre los principales cultivadores del género destacan Catulo (87/84 a. C.-57/54 a. C.) y Horacio (65 a. C.-8 a. C.).

Catulo pertenecía al círculo de los *poetae novi*, un grupo de poetas de carácter aristocrático que querían renovar la literatura latina incorporando, entre otros, motivos griegos. Se conservan 116 de sus poemas, de temática variada: piezas eróticas, de amistad, de sátira política, poemas nupciales (epitalamios), elegías, escenas mitológicas y epigramas.

En la obra de Catulo tiene un papel esencial el denominado *ciclo de Lesbia*, una serie de poemas en los que el autor explica su relación con una influyente dama de la aristocracia romana, oculta bajo el seudónimo de Lesbia.

Terminé un monumento más perenne que el bronce
y más alto que las regias pirámides
que ni la lluvia voraz, ni el impotente Aquilón[1]
podrán destruir, ni la innumerable
sucesión de los años o la fuga del tiempo.
No moriré del todo: una parte de mí
se salvará de Libitina[2]. Creceré en los que vengan
tras de mí, con gloria renovada,
mientras el pontífice ascienda al Capitolio[3]
junto a la virgen silenciosa.
Se dirá de mí, allí donde el violento
Áufido[4] fluye, estrepitosamente, y donde
Dauno[5], pobre de agua,
reinó sobre los pueblos agrestes,
que, nacido de humilde cuna, fui capaz,
el primero, de trasladar la lira eolia[6]
a metros itálicos.

Horacio, *Odas* III, 30.

[1] Viento del norte.
[2] Diosa romana de los difuntos y de los funerales.
[3] Centro religioso y político de la Roma republicana.
[4] Río de la región romana de Apulia.
[5] Río de los Apeninos italianos.
[6] Los eolios eran uno de los tres grandes pueblos de Grecia, junto con los dorios y los jonios. El eólico es uno de los principales dialectos del griego arcaico.

La poesía lírica, en la que el autor expresa sensaciones y sentimientos propios, nació estrechamente vinculada a la música: era una poesía concebida para ser cantada, con el acompañamiento de la lira. Por lo tanto, no nos debe extrañar que, actualmente, muchos artistas expresen sus sensaciones más íntimas y personales a través de la música.

El epigrama

El epigrama se caracteriza por la brevedad, la concisión, el ingenio y la viveza expresiva. En Roma, los primeros epigramas literarios datan de finales del siglo II a. C., aunque como forma literaria se configuró definitivamente más tarde, con **Marco Valerio Marcial** (ca. 40-103/104 d. C.). Marcial adopta el epigrama como forma exclusiva de expresar sus ideas y sentimientos; esto dotó a la composición del carácter que tiene en la actualidad.

La poesía de Marcial no se explica sin la ciudad de Roma: sus epigramas muestran con gran realismo los distintos tipos humanos que se movían por la corrupta sociedad romana de la época de los Flavios (cazadores de fortuna, delatores, glotones, etc.). Tampoco faltan en ellos las alusiones personales, de modo que en la obra de Marcial se reflejan las dificultades de su vida de cliente, las quejas por la tacañería de sus patronos e, incluso, la petición de regalos y préstamos.

Las composiciones dedicadas al emperador Domiciano son abiertamente aduladoras, sin que parezca que esto le resultase humillante: consideraba la adulación como un medio de supervivencia.

La intención de Marcial es, sencillamente, presentar sin tapujos la vida de la sociedad de su tiempo.

Su actitud está lejos de la propugnada por los poetas satíricos, ya que no tiene ninguna intención moralizante; no intenta provocar un cambio de actitud, sino simplemente observar la realidad en su aspecto más risible y jocoso.

Diaulo había sido cirujano, ahora es enterrador:
empezó a ser médico de la forma que podía.

Si mal no recuerdo, Elia, tenías cuatro dientes:
una tos acabó con dos y otra, con otros dos.
Ya puedes toser sin cuidado todos los días:
una tercera tos no tiene ya nada que hacer.

¿Te extrañas, Teodoro, de que no te regale mis libros
aunque tú me los pidas y exijas tantas veces?
Existe un motivo importante:
para que tú no me regales los tuyos.

Gelia, cuando está sola, no llora la pérdida de su padre,
pero si hay alguien, le asaltan unas lágrimas forzadas.
No siente tristeza, Gelia, quien busca que la alaben;
quien de verdad siente dolor, lo siente sin testigos.

Marcial, *Epigramas*.

Groucho Marx (en el centro de la imagen) fue un director de cine, actor y escritor de principios del siglo XX. Ha pasado a la historia por su humor característico. Podemos advertir que no difiere demasiado del tono de los epigramas de Marcial: «Tu futuro depende de tus sueños; por eso, no pierdas más el tiempo y vuélvete a dormir»; «La próxima vez que lo vea, recuérdeme no saludarlo».

La elegía

La **poesía elegíaca** tiene un tono intimista, un carácter eminentemente subjetivo. El poeta expresa sus preocupaciones amorosas, normalmente **quejas** por amores no correspondidos o **estados de ánimo tristes y desesperados**.

Catulo y los *poetae novi* fueron los introductores del género elegíaco en la literatura latina. No obstante, los principales poetas elegíacos (Tibulo, Propercio y Ovidio) escriben en la época de Augusto (31 a. C.-14 d. C.).

Propercio (50/47 a. C.-15 a. C.) es autor de cuatro libros de *Elegías*. En los tres primeros predomina la temática amorosa, centrada en la figura de Cintia, una muchacha frívola, caprichosa, voluble e irascible.

En ellos se recorren todas las fases de la evolución amorosa. En el último libro, Cintia, tras su muerte, es objeto de una idealización literaria.

Ovidio nació en el año 43 a. C. en la Italia central. Algunas de sus obras no se ajustaban a la moral romana que preconizaba Augusto, por lo que, en el año 8 d. C., fue desterrado a Tomis, en la costa del mar Negro. Murió en esta ciudad en el año 17 o 18 d. C.

Las obras de Ovidio pertenecen a distintos géneros, entre los que destacan la epístola literaria (las *Tristes* y las *Pónticas*) y la poesía didáctica (*Arte de amar* y *Remedios de amor*). También escribió un extenso poema en el que recrea distintos mitos, las *Metamorfosis*, de más de doce mil versos.

Son algo los manes. La muerte no todo acaba
y una pálida sombra huye de la hoguera apagada.
En efecto, me ha parecido ver, apoyada en mi lecho,
a Cintia –enterrada, hace poco, al borde del camino–,
una noche en que el sueño de las exequias de mi amor me prendía
y en que me lamentaba del frío dominio de mi lecho.
Tenía su mismo pelo, con el que nos fue arrebatada,
y sus propios ojos; su vestido, en parte, consumido por el fuego,
así como el aguamarina que lucía en su dedo.
Marchitos ya sus labios por las aguas del Leteo.
Su voz y su aliento eran los de una persona viva,
mas le crujían, frágiles, en sus manos, los dedos.

Propercio, *Elegías* IV, 7.

Balcón de Julieta, en la ciudad italiana de Verona. La historia de Romeo y Julieta, que inspiró a Shakespeare, recoge la dificultad de vivir el amor con plenitud, tema ya tratado por la elegía romana.

I La declinación de los sustantivos

1. Primera declinación

	singular	plural
N.	ros**a**	ros**ae**
V.	ros**a**	ros**ae**
Ac.	ros**am**	ros**as**
G.	ros**ae**	ros**arum**
D.	ros**ae**	ros**is**
Ab.	ros**a**	ros**is**

2. Segunda declinación

nominativo en -us		nominativo en -er		neutros	
singular	**plural**	**singular**	**plural**	**singular**	**plural**
domin**us**	domin**i**	pu**er**	puer**i**	templ**um**	templ**a**
domin**e**	domin**i**	pu**er**	puer**i**	templ**um**	templ**a**
domin**um**	domin**os**	puer**um**	puer**os**	templ**um**	templ**a**
domin**i**	domin**orum**	puer**i**	puer**orum**	templ**i**	templ**orum**
domin**o**	domin**is**	puer**o**	puer**is**	templ**o**	templ**is**
domin**o**	domin**is**	puer**o**	puer**is**	templ**o**	templ**is**

3. Tercera declinación

3.1. Temas imparisílabos o consonánticos

	Temas en labial (masc./fem.)		Temas en velar (masc./fem.)	
	singular	**plural**	**singular**	**plural**
N.	princep**s**	princip**es**	vox	voc**es**
V.	princep**s**	princip**es**	vox	voc**es**
Ac.	princip**em**	princip**es**	voc**em**	voc**es**
G.	princip**is**	princip**um**	voc**is**	voc**um**
D.	princip**i**	princip**ibus**	voc**i**	voc**ibus**
Ab.	princip**e**	princip**ibus**	voc**e**	voc**ibus**

	Temas en dental			
	(masc./fem.)		(neutros)	
	singular	**plural**	**singular**	**plural**
N.	virtus	virtut**es**	caput	capit**a**
V.	virtus	virtut**es**	caput	capit**a**
Ac.	virtut**em**	virtut**es**	caput	capit**a**
G.	virtut**is**	virtut**um**	capit**is**	capit**um**
D.	virtut**i**	virtut**ibus**	capit**i**	capit**ibus**
Ab.	virtut**e**	virtut**ibus**	capit**e**	capit**ibus**

	Temas en nasal labial (m)		Temas en nasal dental (n)		Temas en nasal neutros	
	singular	**plural**	**singular**	**plural**	**singular**	**plural**
N.	hiem**s**	hiem**es**	legio	legion**es**	flumen	flumin**a**
V.	hiem**s**	hiem**es**	legio	legion**es**	flumen	flumin**a**
Ac.	hiem**em**	hiem**es**	legion**em**	legion**es**	flumen	flumin**a**
G.	hiem**is**	hiem**um**	legion**is**	legion**um**	flumin**is**	flumin**um**
D.	hiem**i**	hiem**ibus**	legion**i**	legion**ibus**	flumin**i**	flumin**ibus**
Ab.	hiem**e**	hiem**ibus**	legion**e**	legion**ibus**	flumin**e**	flumin**ibus**

	Temas en lateral (l)		Temas en vibrante (r)	
	singular	**plural**	**singular**	**plural**
N.	consul	consul**es**	honor	honor**es**
V.	consul	consul**es**	honor	honor**es**
Ac.	consul**em**	consul**es**	honor**em**	honor**es**
G.	consul**is**	consul**um**	honor**is**	honor**um**
D.	consul**i**	consul**ibus**	honor**i**	honor**ibus**
Ab.	consul**e**	consul**ibus**	honor**e**	honor**ibus**

	Temas en sibilante			
	(masc./fem.)		(neutros)	
	singular	**plural**	**singular**	**plural**
N.	mos	mor**es**	corpus	corpor**a**
V.	mos			
Ac.	mor**em**			
G.	mor**is**	mor**um**	corpor**is**	corpor**um**
D.	mor**i**	mor**ibus**	corpor**i**	corpor**ibus**
Ab.	mor**e**	mor**ibus**	corpor**e**	corpor**ibus**

3.2. Temas parisílabos o en *-i*:

	(masc./fem.)				(neutros)	
	singular	plural	singular	plural	singular	plural
N.	navis	naves	nubes	nubes	mare	maria
V.	navis	naves	nubes	nubes	mare	maria
Ac.	navem	naves	nubem	nubes	mare	maria
G.	navis	navium	nubis	nubium	maris	marium
D.	navi	navibus	nubi	nubibus	mari	maribus
Ab.	nave	navibus	nube	nubibus	mari	maribus

3.3. Temas mixtos

	singular	plural
N.	pons	pontes
V.	pons	pontes
Ac.	pontem	pontes
G.	pontis	pontium
D.	ponti	pontibus
Ab.	ponte	pontibus

4. Cuarta declinación

	Temas en sibilante			
	(masc./fem.)		(neutros)	
	singular	plural	singular	plural
N.	fructus	fructus	genu	genua
V.	fructus	fructus	genu	genua
Ac.	fructum	fructus	genu	genua
G.	fructus	fructuum	genus	genuum
D.	fructui	fructibus	genui, -u	genibus
Ab.	fructu	fructibus	genu	genibus

5. Quinta declinación

	singular	plural
N.	dies	dies
V.	dies	dies
Ac.	diem	dies
G.	diei	dierum
D.	diei	diebus
Ab.	die	diebus

II Declinación de los adjetivos

1. Adjetivos de la primera clase

a. Con el nominativo masculino en *-us*:

	singular			plural		
	masculino	femenino	neutro	masculino	femenino	neutro
N.	bonus	bona	bonum	boni	bonae	bona
V.	bone	bona	bonum	boni	bonae	bona
Ac.	bonum	bonam	bonum	bonos	bonas	bona
G.	boni	bonae	boni	bonorum	bonarum	bonorum
D.	bono	bonae	bono	bonis	bonis	bonis
Ab.	bono	bona	bono	bonis	bonis	bonis

b. Con el nominativo masculino en *-er*:

	singular			plural		
	masculino	femenino	neutro	masculino	femenino	neutro
N.	miser	misera	miserum	miseri	miserae	misera
V.	miser	misera	miserum	miseri	miserae	misera
Ac.	miserum	miseram	miserum	miseros	miseras	misera
G.	miseri	miserae	miseri	miserorum	miserarum	miserorum
D.	misero	miserae	misero	miserIs	miserIs	miseris
Ab.	misero	misera	misero	miseris	miseris	miseris

2. Adjetivos de la segunda clase

a. Adjetivos de tres terminaciones

<table>
<tr><th></th><th colspan="3">singular</th><th colspan="3">plural</th></tr>
<tr><th></th><th>masc.</th><th>fem.</th><th>neutro</th><th>masc.</th><th>fem.</th><th>neutro</th></tr>
<tr><th>N.</th><td rowspan="2">celer</td><td rowspan="2">celeris</td><td rowspan="3">celere</td><td colspan="2" rowspan="3">celeres</td><td rowspan="3">celeria</td></tr>
<tr><th>V.</th></tr>
<tr><th>Ac.</th><td colspan="2">celerem</td></tr>
<tr><th>G.</th><td colspan="3">celeris</td><td colspan="3">celerium</td></tr>
<tr><th>D.</th><td colspan="3" rowspan="2">celeri</td><td colspan="3" rowspan="2">celeribus</td></tr>
<tr><th>Ab.</th></tr>
</table>

b. Adjetivos de dos terminaciones

<table>
<tr><th></th><th colspan="2">singular</th><th colspan="2">plural</th></tr>
<tr><th></th><th>masc./fem.</th><th>neutro</th><th>masc./fem.</th><th>neutro</th></tr>
<tr><th>N.</th><td rowspan="2">nobilis</td><td rowspan="3">nobile</td><td rowspan="3">nobiles</td><td rowspan="3">nobilia</td></tr>
<tr><th>V.</th></tr>
<tr><th>Ac.</th><td>nobilem</td></tr>
<tr><th>G.</th><td colspan="2">nobilis</td><td colspan="2">nobilium</td></tr>
<tr><th>D.</th><td colspan="2" rowspan="2">nobili</td><td colspan="2" rowspan="2">nobilibus</td></tr>
<tr><th>Ab.</th></tr>
</table>

c. Adjetivos de una terminación

<table>
<tr><th></th><th colspan="3">singular</th><th colspan="3">plural</th></tr>
<tr><th></th><th>masc.</th><th>fem.</th><th>neutro</th><th>masc.</th><th>fem.</th><th>neutro</th></tr>
<tr><th>N.</th><td colspan="3" rowspan="2">audax</td><td colspan="2" rowspan="3">audaces</td><td rowspan="3">audacia</td></tr>
<tr><th>V.</th></tr>
<tr><th>Ac.</th><td colspan="2">audacem</td><td>audax</td></tr>
<tr><th>G.</th><td colspan="3">audacis</td><td colspan="3">audacium</td></tr>
<tr><th>D.</th><td colspan="3" rowspan="2">audaci</td><td colspan="3" rowspan="2">audacibus</td></tr>
<tr><th>Ab.</th></tr>
</table>

III Declinación de los determinantes y pronombres

1. Pronombres personales

	singular		plural	
	1.ª persona	**2.ª persona**	**1.ª persona**	**2.ª persona**
N.	ego (*yo*)	tu (*tú*)	nos (*nosotros*)	vos (*vosotros*)
V.	-	tu	-	vos
Ac.	me	te	nos	vos
G.	mei	tui	nostrum, nostri	vestrum, vestri
D.	mihi	tibi	nobis	vobis
Ab.	me	te	nobis	vobis

2. Posesivos

singular		
1.ª persona	**2.ª persona**	**3.ª persona**
meus, mea, meum	tuus, tua, tuum	suus, sua, suum
plural		
1.ª persona	**2.ª persona**	**3.ª persona**
noster, nostra, nostrum	vester, vestra, vestrum	suus, sua, suum

3. Demostrativos

a. Hic, haec, hoc

<table>
<tr><th></th><th colspan="3">singular</th><th colspan="3">plural</th></tr>
<tr><th></th><th>masc.</th><th>fem.</th><th>neutro</th><th>masc.</th><th>fem.</th><th>neutro</th></tr>
<tr><th>N.</th><td>hic</td><td>haec</td><td rowspan="2">hoc</td><td>hi</td><td>hae</td><td>haec</td></tr>
<tr><th>Ac.</th><td>hunc</td><td>hanc</td><td>hos</td><td>has</td><td></td></tr>
<tr><th>G.</th><td colspan="3">huius</td><td>horum</td><td>harum</td><td>horum</td></tr>
<tr><th>D.</th><td colspan="3">huic</td><td colspan="3" rowspan="2">his</td></tr>
<tr><th>Ab.</th><td>hoc</td><td>hac</td><td>hoc</td></tr>
</table>

b. Iste, ista, istud

	singular			plural		
	masc.	**fem.**	**neutro**	**masc.**	**fem.**	**neutro**
N.	iste	ista	istud	isti	istae	ista
Ac.	istum	istam		istos	istas	
G.	istius			istorum	istarum	istorum
D.	isti			istis		
Ab.	isto	ista	isto			

c. Ille, illa, illud

	singular			plural		
	masc.	**fem.**	**neutro**	**masc.**	**fem.**	**neutro**
N.	ille	illa	illud	illi	illae	illa
Ac.	illum	illam		illos	illas	
G.	illius			illorum	illarum	illorum
D.	illi			illis		
Ab.	illo	illa	illo			

4. Pronombre anafórico (*is*, *ea*, *id*)

	singular			plural		
	masc.	**fem.**	**neutro**	**masc.**	**fem.**	**neutro**
N.	is	ea	id	ei / ii	eae	ea
Ac.	eum	eam		eos	eas	
G.	eius			eorum	earum	eorum
D.	ei			eis, iis, is		
Ab.	eo	ea	eo			

5. Pronombres de identidad

a. Idem, eadem, idem

	singular			plural		
	masc.	**fem.**	**neutro**	**masc.**	**fem.**	**neutro**
N.	idem	eadem	idem	eidem, iidem	eaedem	eadem
Ac.	eundem	eandem		eosdem	easdem	
G.	eiusdem			eorundem	earundem	eorundem
D.	eidem			eisdem, iisdem, isdem		
Ab.	eodem	eadem	eodem			

b. Ipse, ipsa, ipsum

	singular			plural		
	masc.	**fem.**	**neutro**	**masc.**	**fem.**	**neutro**
N.	ipse	ipsa	ipsum	ipsi	ipsae	ipsa
Ac.	ipsum	ipsam		ipsos	ipsas	
G.	ipsius			ipsorum	ipsarum	ipsorum
D.	ipsi			ipsis		
Ab.	ipso	ipsa	ipso			

6. Pronombre relativo

	singular			plural		
	masc.	**fem.**	**neutro**	**masc.**	**fem.**	**neutro**
N.	qui	quae	quod	qui	quae	quae
Ac.	quem	quam		quos	quas	
G.	cuius			quorum	quarum	quorum
D.	cui			quibus		
Ab.	quo	qua	quo			

IV Conjugación de los verbos

1. Las cuatro conjugaciones regulares

1.1. Voz activa

1.ª	2.ª	3.ª	3.ª mixta	4.ª
presente de indicativo				
am-**o** (*amo*)	mone-**o** (*advierto*)	reg-**o** (*gobierno*)	capi-**o** (*cojo*)	audi-**o** (*escucho*)
ama-**s**	mone-**s**	reg-**i-s**	capi-**s**	audi-**s**
ama-**t**	mone-**t**	reg-**i-t**	capi-**t**	audi-**t**
ama-**mus**	mone-**mus**	reg-**i-mus**	capi-**mus**	audi-**mus**
ama-**tis**	mone-**tis**	reg-**i-tis**	capi-**tis**	audi-**tis**
ama-**nt**	mone-**nt**	reg-**u-nt**	capi-**u-nt**	audi-**u-nt**
imperfecto de indicativo				
ama-**ba-m** (*amaba*)	mone-**ba-m** (*advertía*)	reg-**e-ba-m** (*gobernaba*)	capi-**e-ba-m** (*cogía*)	audi-**e-ba-m** (*escuchaba*)
ama-**ba-s**	mone-**ba-s**	reg-**e-ba-s**	capi-**e-ba-s**	audi-**e-bas**
ama-**ba-t**	mone-**ba-t**	reg-**e-ba-t**	capi-**e-ba-t**	audi-**e-ba-t**
ama-**ba-mus**	mone-**ba-mus**	reg-**e-ba-mus**	capi-**e-ba-mus**	audi-**e-ba-mus**
ama-**ba-tis**	mone-**ba-tis**	reg-**e-ba-tis**	capi-**e-ba-tis**	audi-**e-ba-tis**
ama-**ba-nt**	mone-**ba-nt**	reg-**e-ba-nt**	capi-**e-ba-nt**	audi-**e-ba-nt**
futuro imperfecto de indicativo				
ama-**b-o** (*amaré*)	mone-**b-o** (*advertiré*)	reg-**a-m** (*gobernaré*)	capi-**a-m** (*cogeré*)	audi-**a-m** (*escucharé*)
ama-**bi-s**	mone-**bi-s**	reg-**e-s**	capi-**e-s**	audi-**e-s**
ama-**bi-t**	mone-**bi-t**	reg-**e-t**	capi-**e-t**	audi-**e-t**
ama-**bi-mus**	mone-**bi-mus**	reg-**e-mus**	capi-**e-mus**	audi-**e-mus**
ama-**bi-tis**	mone-**bi-tis**	reg-**e-tis**	capi-**e-tis**	audi-**e-tis**
ama-**bu-nt**	mone-**bu-nt**	reg-**e-nt**	capi-**e-nt**	audi-**e-nt**
pretérito perfecto de indicativo				
amav-**i** (*he amado*)	monu-**i** (*he advertido*)	rex-**i** (*he gobernado*)	cep-**i** (*he cogido*)	audiv-**i** (*he escuchado*)
amav-**isti**	monu-**isti**	rex-**isti**	cep-**isti**	audiv-**isti**
amav-**it**	monu-**it**	rex-**it**	cep-**it**	audiv-**it**
amav-**imus**	monu-**imus**	rex-**imus**	cep-**imus**	audiv-**imus**
amav-**istis**	monu-**istis**	rex-**istis**	cep-**istis**	audiv-**istis**
amav-**erunt** / amav-**ere**	monu-**erunt** / monu-**ere**	rex-**erunt** / rex-**ere**	cep-**erunt** / cep-**ere**	audiv-**erunt** audiv-**ere**
imperativo presente				
-------	-------	-------	-------	-------
am**a** (*ama*)	mone (*advierte*)	reg**e** (*gobierna*)	cap**e** (*coge*)	aud**i** (*escucha*)
-------	-------	-------	-------	-------
-------	-------	-------	-------	-------
ama-**te**	mone-**te**	regi-**te**	cap-**i-te**	audi-**te**
-------	-------	-------	-------	-------
imperativo futuro				
-------	-------	-------	-------	-------
ama-**to** (*ama*)	mone-**to** (*advierte*)	reg-**i-to** (*gobierna*)	cap-**i-to** (*coge*)	audi-**to** (*escucha*)
ama-**to**	mone-**to**	-------	cap-**i-to**	audi-**to**
-------	-------	-------	-------	-------
ama-**tote**	mone-**tote**	reg-**i-tote**	cap-**i-tote**	audi-**tote**
ama-**nto**	mone-**nto**	reg-**u-nto**	cap-**i-u-nto**	audi-**u-nto**

1.2. Voz pasiva

1.ª	2.ª	3.ª	3.ª mixta	4.ª	
presente de indicativo					
amo-**r** *(soy amado)*	mone-**or** *(soy advertido)*	reg-**or** *(soy gobernado)*	capi-**or** *(soy cogido)*	audi-**or** *(soy escuchado)*	
ama-**ris, -re**	mone-**ris, -re**	reg-**eris, -re**	cape-**ris, -re**	audi-**ris, -re**	
ama-**tur**	mone-**tur**	reg-**itur**	capi-**tur**	audi-**tur**	
ama-**mur**	mone-**mur**	reg-**imur**	capi-**mur**	audi-**mur**	
ama-**mini**	mone-**mini**	reg-**imini**	capi-**mini**	audi-**mini**	
ama-**ntur**	mone-**ntur**	reg-**untur**	capi-**untur**	audi-**untur**	
imperfecto de indicativo					
ama-**ba-r** *(era amado)*	mone-**bar** *(era advertido)*	reg-**ebar** *(era gobernado)*	capi-**e-ba-r** *(era cogido)*	audi-**e-ba-r** *(era escuchado)*	
ama-**ba-ris, -re**	mone-**ba-ris, -re**	reg-**e-ba-ris, -re**	capi-**e-ba-ris, -re**	audi-**e-ba-ris, -re**	
ama-**ba-tur**	mone-**ba-tur**	reg-**e-ba-tur**	capi-**e-ba-tur**	audi-**e-ba-tur**	
ama-**ba-mur**	mone-**ba-mur**	reg-**e-ba-mur**	capi-**e-ba-mur**	audi-**e-ba-mur**	
ama-**ba-mini**	mone-**ba-mini**	reg-**e-ba-mini**	capi-**e-ba-mini**	audi-**e-ba-mini**	
ama-**ba-ntur**	mone-**ba-ntur**	reg-**e-ba-ntur**	capi-**e-ba-ntur**	audi-**e-ba-ntur**	
futuro imperfecto de indicativo					
ama-**b-or** *(seré amado)*	mone-**b-or** *(seré advertido)*	reg-**a-r** *(seré gobernado)*	cap-i-**a-r** *(seré cogido)*	audi-**a-r** *(seré escuchado)*	
ama-**b-e-ris, -re**	mone-**b-e-ris, -re**	reg-**e-ris, -re**	cap-i-**e-ris, -re**	audi-**e-ris, -re**	
ama-**b-i-tur**	mone-**b-itur**	reg-**e-tur**	cap-i-**e-tur**	audi-**e-tur**	
ama-**b-i-mur**	mone-**b-i-mur**	reg-**e-mur**	cap-i-**e-mur**	audi-**e-mur**	
ama-**b-i-mini**	mone-**b-i-mini**	reg-**e-mini**	cap-i-**e-mini**	audi-**e-mini**	
ama-**b-u-ntur**	mone-**b-u-ntur**	reg-**e-ntur**	cap-i-**e-ntur**	audi-**e-ntur**	
perfecto de indicativo					
amatus, -a, -um *(fui/he sido amado)*	monitus, -a, -um *(fui/he sido advertido)*	rectus, -a, -um *(fui/he sido gobernado)*	captus, -a, -um *(fui/he sido cogido)*	auditus, -a, -um *(fui/he sido escuchado)*	sum *o* fui es *o* fuisti est *o* fuit
amati, -ae, -a	moniti, -ae, -a	recti, -ae, -a	capti, -ae, -a	auditi, -ae, -a	sumus *o* fuimus estis *o* fuistis sunt *o* fuerunt

1.3. El verbo *sum*

indicativo				imperativo	
pres.	**imp.**	**fut. imp.**	**pret. perf.**	**pres.**	**fut.**
sum es est sumus estis sunt	eram eras erat eramus eratis erant	ero eris erit erimus eritis erunt	fui fuisti fuit fuimus fuistis fuerunt o fuere	-- es -- -- este --	-- esto esto -- estote sunto

1.4. El verbo *possum* (indicativo)

pres.	imp.	fut. imp.	pret. perf.
pos**sum** pot**es** pot**est** pos**sumus** pot**estis** pos**sunt**	pot**eram** pot**eras** pot**erat** pot**eramus** pot**eratis** pot**erant**	pot**ero** pot**eris** pot**erit** pot**erimus** pot**eritis** pot**erunt**	potu**i** potu**isti** potu**it** potu**imus** potu**istis** potu**erunt/ ere**

Editorial Casals, fundada en 1870

Libro adaptado a los contenidos que prescribe el Real Decreto 1105/2014, de 26 de diciembre, por el que se establece el currículum básico de la Educación Secundaria Obligatoria y el Bachillerato.

Las actividades de este libro se proponen como modelos de ejercicios que cada alumno/a debe resolver en su libreta o cuaderno. En ningún caso, debe realizarlas en el propio libro.

Este libro tiene una versión digital en ecasals.net, cuyo ISBN es 978-84-218-6164-6

Edición: Mireia Sánchez
Revisión lingüística: Susana Alés e Irene Lorenzo
Diseño de cubierta: Miquel Puig
Diseño interior y maquetación: Bassa & Trias
Ilustración: Jaume Farrés, Josep Alfons López, Pep Montserrat, Pere Anton Torres
Fotografía: AISA, ACI, ALBUM, Prisma i Thinkstock

Casp 79, 08013 Barcelona
Tel.: 902 107 007 Fax: 93 265 68 95
editorialcasals.com ecasals.net

Tercera edición: marzo de 2017
ISBN: 978-84-218-6111-0
Depósito legal: B-1640-2016
Printed in Spain
Impreso en Grafo, S.A.